公益論

— 公法的 探究 —

崔松和

서울대학교출판문화원

이 연구에는 서울대학교 1996학년도 발전기금 일반 학술연구비 지원이 있었음.

Public Interest As a Legal Problem

— An Analytical Study in Public Law —

Song-Wha Choi
Emeritus Professor
College of Law / School of Law
Seoul National University

Seoul National University Press

머리말

오늘날 신자유주의 경제질서하에서 행정기능은 엄청난 변화를 요구받고 있다. 이에 따라, 규제완화, 민영화, reinventing government, outsourcing 등 오늘의 행정의 변화를 촉구하는 변화의 모델들이 행정현상을 연구하는 행정법학, 행정학의 중심적인 주제가 되고 있다. 그런데, 행정의 역할, 정부의 기능에 대한 이해방식의 변화에도 불구하고 공익의 추구와 보호는 여전히 핵심적인 가치로 인식되고 있다는 것을 주목할 필요가 있다. 아니, 오히려 민영화와 행정권한의 사인에 대한 위탁이나 outsourcing이 활성화될수록, 전통적인 행정청이 아닌 사적 기구에 의한 공익관련 활동을 어떻게 법적으로 통제할 것인가가 더 심각하게 문제시되므로, 공익의 결정과 인식 그리고 그에 관련되는 법적 논증의 중요성은 더욱 커진다고 할 수 있다.

이처럼 공익개념이 행정과 관련되는 제학문에 있어서 차지하는 비중이 커지고 있음에도 불구하고 지금까지 공익개념을 둘러싼 논의가 충분하게 이루어졌다고 말하기는 어렵다. 특히 법학분야에서는 공익은 논증의 출발점이기보다는 논증을 종결시키는 하나의 암묵적으로 전제된 개념으로 취급되어 왔고, 따라서 공익개념의 논증과 해명 그리고 그 적용과 관련되는 문제점의 검토는 충분하게 이루어지지 않고 있었다.

저자는 공익개념이 종래 행정의 목적과 가치로 주로 인식되면서도 때때로 공익위반이 중요한 법적 의미를 가진다는 점에 주목하면서 공익이 가지는 다양한 학문적 의미를 천착해 나가고 싶은 흥미를 가지게 되었다. 우선은 공익개념의 역사적 의미변화가 법적 · 사회적 현상에 미친 영향에 대해서 깊은 관심을 가지게 되었고, 다음으로 공익과 사익의 구별이 전제하고 있는 공 · 사 개념의 구별이 가지는 사회적 함의를 진지하게 생각하게 되었다. 공익과 관련되는 이러한 학문적 관심은 철학, 사회학, 정치학, 행정학, 역사학을 넘나드는 인문과학과 사회과학의 대주제를 대상으로 하는 것이었기에, 이는 사고의 폭을 공법학이라는 울타리를 넘어 광대한 학문의 대지로 인도하는 것이었다.

그러나 궁극적인 관심은 이러한 인문학적 사회과학적 검토의 바탕 위에서 여하히 공익개념을 법적 개념으로서 제시하는가 라는 데 있었다. 공익개념은 이미 일정 부분 법적 개념으로 자리잡고 있었지만 그것이 진정한 의미에서 법적 논증의 대상이 되지 않고 있다면 아직 완전한 의미의 법개념이라고 말할 수 없다. 그리고 공익이 무엇인가 라는 것은 이미 오늘날과 같이 다원화된 사회에서 일의적 · 선험적으로 전제하거나 인식할 수 있는 것이 아니었다. 이러한 상황에서 공익개념의 논증을 여하히 오늘의 우리 사회와 법질서에 적합한 형태로 구현할 것인가 라는 것은 우리 시대의 법학자의 중요한 임무라고 인식하지 않을 수 없었다.

그러나 주지하다시피 법문제화는 곧 사회문제화의 의미를 가지는 것이다. 공익개념을 법문제화하고자 하는 시도는 공익개념의 법제도적 의미에서의 적정화만을 목표로 하는 것이 될 수는 없다. 법문제로 부상한 공익개념이 사회적 · 역사적 맥락에 적실성을 결여한다면 그것은 또 하나의 제도적 실패에 다름 아닌 것이다. 이 때문에 저자는 오늘의 변화하는 행정상황과 오랜 역사를 가지고 있는 우리 민족의 법의식과 법적 문제의식에 걸맞은 형태로 공익개념을 법문제화하고자 하는 문제의식을 가지고 수년 간을 씨름하였다.

이 연구가 이러한 저자의 원초적인 문제의식에 얼마만큼 부합하고 있는가에 대해서는 확신할 수 없다. 그러나 적어도 이러한 시도가 공익개념에 대한 법적 · 사회적 문제의식을 일깨우고 공익개념의 법문제화의 단초를 제공할 수 있게 되기를 바라는 마음 간절하다.

어떤 의미에서는 공익은 공법 또는 행정법의 알파요 오메가라고 할 수 있다. 우선 공익은 공법의 목적이며 공법의 존재가치라고 할 수 있다. 그러나 동시에 공익은 공법 또는 행정법의 영역의 진입로이자 관문이기도 하다. 저자는 1960년, 은사이신 목촌 김도창 선생님의 인도로 바로 그 통로와 문을 통하여 공법학에 입문하게 되었다. 그로부터 40여 년이 흐른 지금 그 때의 인도자는 팔순을 맞이하게 되었고, 그 때의 새로운 공법학도는 이제 耳順에 이르게 되었다. 생각해 보면 공익론을 공법학의 중심개념으로 인식하면서 이러한 연구성과를 내게 된 것도 김도창 선생님의 학은에서 말미암은 것이다. 이 자리를 빌어 감사를 드린다.

— 오늘을 위하여 다리를 놓은 분들에게 그 다리를 건너
미래로 전진하는 이들은 손을 흔들어야 한다. —

2002년 6월 27일
관악캠퍼스 연구실에서
최송화

차 례

Contents

第1章 序　論

第1節　公法的 問題化의 對象으로서의 公益

1. 行政法的 論證의 課題로서의 公益

公益과 私益의 구별은 公과 私의 구분에서부터 출발한다. 그런데 公 · 私의 구별은 그 자체가 중요한 사회철학적 함의를 가지고 있을 뿐 아니라 이것이 사회의 구성원리의 하나로 기능할 때 커다란 실천적인 의의를 가진다. 그러므로 公私論辯은 시대와 장소에 따라 상이하게 전개되기 마련이다. 그러나 일찍이 동양에서의 公私論辯은 서구의 모델을 본뜬 근대적 국가제도 및 법제도에 크게 영향을 미치지 못하고 다만 그러한 제도적 公私區別論의 실제적인 문화적 배경을 이루는 것에 그쳤다. 이에 반하여 서구의 公과 私의 구별은 제도적 · 현실적 의의를 구체화시키는 형태로 나타났다. 공사논변의 실천적 의의를 가장 중요하고도 크게 발현시킨 학문분야는 사회과학 또는 국가학의 영역이었는데, 이들 학문영역에서 公私 구별의 중심 개념은 公共性[1] 또는 公益 개념이었다. 이들 개념은 때로는 공동체와 개인 사이의 상호관련에 대한 학문

1) L. Hölscher, "Öffentlichkeit", in: Otto Brunner/Werner Conze/Reinhart Koselleck (Hrsg.), *Geschichtliche Grundbegriffe*, Band 4, 1978, 413ff. 참조.

적 분석의 틀로서 또는 공동체가 추구하여야 할 가치로서 학문적 대상이 되어 왔다.

사회철학, 일반 사회과학 및 국가학에서의 公益과 그 관련 개념에 대한 논의의 발전은 법학적 공익개념 형성의 기반을 이루는 것이라고 할 수 있다. 그러나 공법학에서의 공익개념의 논의[2)]는 이 개념을 단순한

---

2) 獨逸의 경우 公益에 관한 법적 논의는 비교적 활발하였던 편이다. Achterberg, N., "Strukturen der Geschichte des Verwaltungsrechts und der Verwaltungsrechtswissenschaft", *DÖV* 1979; Arnim, v., *Gemeinwohl und Gruppeninteressen*, 1977; Brugger, "Konkretisierung des Rechts und Auslegung des Rechts", *AöR* 119, 1994; Bullinger, M., *Öffentliches Recht und Privatrecht*, 1968; Fach, "Begriff und Logik des öffentlichen Interesses", *ARSP* 1974; Feindt, "Zur Gemeinwohlbindung des öffentlichen Dienstes", *DÖD* 1975; Fleiner, F., *Einzelrecht und öffentliches Interesse*, 1908(2. Abdruck, 1925); Huber, E. R., *Nationalstaat und Verfassungsstaat*, 1965; Häberle, P., *Öffentliches Interesse als juristisches Problem*, 1970; ______, "Die Gemeinwohlproblematik in rechtswissenschaftlicher Sicht", *Rechtstheorie* 14, 1983; ______, "Gemeinwohljudikatur und Bundesverfassungsgericht — Öffentliches Interessen, Wohl der Allgemeinheit in der Rechtssprechung des BVerfG", *AöR* 95, 1970 Heft 2; ______, "Besprechungen — Das Gemeinwohl als Schrankenschranke", *AöR* 1970; Hölscher, L., "Öffentlichkeit", in: O. Brunner/W. Conze/R. Koselleck(Hrsg.), *Geschichtliche Grundbegriffe*, Band 4, 1978; Krawietz, "Unbestimmter Rechtsbegriff, Öffentliches Interesse und gesetzliche Gemeinwohlklausel als Entscheidungsproblem", *Staat* 1972; Krüger, E., *Die Lehre vom "öffentlichen Interesse" in der Verwaltungsrechtswissenschaft*, 1932; Leisner, W., "Privatinteressen als öffentliches Interesse", *DÖV*, April 1970; Link und Ress, "Staatszwecke im Verfassungsstaat", *VVDStRL* 48, 1990; Läufer, T., ""Gemeinwohl" und "Öffentliches Interesse" — Summarische Wertsetzung oder unverzichtbare Rechtsprechungshilfe?", *JuS* 1975 Heft 11; Martens, W., *Öffentlich als Rechtsbegriff*, 1969; Nelson, *Theorie des wahren Interesses*, 2. Aufl., 1936; Orth/Fisch, "Interesse", in: Brunner/Conze/Kosellek (Hrsg.), *Geschichtliche Grundbegriffe* III, 1982; Ryffel, u.a., *Wohl der Allgemeinheit*

분석의 관점이나 추상적 가치개념으로서가 아니라 법학 도그마틱(Dogmatik)에 있어서의 중요한 위치를 차지하는 법이론적 개념으로 위치 지운다는 점에서 일반 사회과학에서 추구하는 관심보다 훨씬 실제적인 측면이 있다.

그러나 우리 나라의 경우, 공법학에 있어서 공공성 및 공익개념의 법적 함의는 그 동안 만족할 만큼 깊이 음미되지 못하였던 것이 사실이다.[3] 그 동안 공익개념은 오히려 超法的인 차원의 국가권력의 정당화

---

und öffentliches Interesse(Speyerer Schr. 39), 1968; Schubert G., *The Public Interest*, 1962; Steiger, "Zur Entscheidung kollidierender öffentlicher Interessen bei der politischen Planung als rechtlichem Problem", in: *FS Wolff* 1973; Smend, R., "Zum Problem des Öffentlichen und der Öffentlichkeit", in: *Gedächtnisschrift für Walter Jellinek*, 1955; Stettner, R., "Gemeinwohl und Minimalkonsens", *Aus Politik und Zeitgeschichte* 28, 1978; ______, "Öffentliches Interesse als juristisches Problem", *VerwArch* 15, 1974; Stolleis, M., "Öffentliches Interesse als juristisches Problem", *VerwArch*, 65 Band Heft 1, 1974; Uerpmann, R., "Das öffentliche Interesse", 1999; Weber, M., *Wirtschaft und Gesellschaft, Grundriss der verstehenden Soziologie* 2. Halbband, 1956; Zezschwitz, v., *Das Gemeinwohl als Rechtsbegriff* (Dissertation. jur. Marburg), 1969 등 참조.

3) 우리 나라의 경우 公法學에서의 공익논의는 주로 土地 公槪念 논의와 관련하여 이루어져 왔고 일반공익 자체를 학문적 관심의 대상으로 한 경우는 비교적 드물다. 徐元宇, 「行政法에 있어서의 公益槪念」, 『行政學의 諸問題』, 청계 박문옥 박사 화갑기념논문집, 1986; 金南辰, 「行政에 있어서의 公益」, 『行政法의 기본문제』, 1989; 金文顯, 「우리 헌법상의 토지공개념」, 韓國土地開發公社, 『土地開發』 1989. 4; 金相容, 「土地公槪念과 그 실천」, 韓國土地開發公社, 『土地開發』 1989. 4; 金鐵容, 「토지의 공개념에 관한 검토」, 『대한변호사협회회지』 1978. 10; 李康爀, 「基本權과 公共利益」, 『고시연구』 1978. 5; 李太載, 「토지소유권의 특성과 토지공개념」, 韓國土地開發公社, 『土地開發』 1989. 4; 曺圭昌, 「土地公槪念의 모호성」, 『月刊考試』 1985. 1; 許在榮, 「토지공개념의 확대도입방안」, 大韓辯護士協會, 『人權과 正義』 1989. 7; 許營, 「土地公槪念有感」, 法律新聞 1989. 5. 18 등 참조.

근거로서, 논증의 대상이 아니라 논증의 방향을 결정지어 주는 사회적 · 국가적 公理로 기능하여 왔던 것이다. 그러나 공익에 대한 이러한 수준의 이해는 공익개념을 支配的 政治理念을 포장하는 법적 도구 정도로 이해하여 오던[4] 권위주의 정부 시대에나 통용될 수 있는 것이며, 오늘날과 같이 민주사회를 지향하는 민주정부하에서는 시대착오적인 것이라 할 것이다. 오늘날과 같이 개방적 · 민주적 사회를 지향하고 국가적 결정에서의 透明性이 요구되는 시대상황하에서는 과거와는 달리 공익이 가지는 법적 함의가 충분히 구명되고 또한 그에 대한 적절한 법적 취급의 계기가 마련되어야 할 것이다.[5]

법학에 있어서 공익개념이 가지는 중요성은 특히 공법의 분야에서 두드러진다. 憲法에 있어서 公益概念[6]은 중요한 국가적 가치개념으로 상정되어 있다.[7] 그러나 공익개념 일반이 가지는 법적 함의와 그와 관련된 문제의식이 가장 첨예하게 나타나는 분야는 역시 行政法 분야라 할 수 있다. 헌법이 공익개념에서 가지는 문제상황은 다양한 행정상황이 공익개념과 관련하여 가지는 변화무쌍한 법현상의 한 유형을 형성할 뿐이다. 憲法은 국가의 근본질서를 규정하고 있으므로 헌법이 想定하는 공익개념이 행정법적 공익개념을 구속하고 규정지을 수 있다는 점에서

---

4) Häberle, "Die Gemeinwohlproblematik in rechtswissenschaftlicher Sicht", *a.a.O.*, S. 282.

5) 이러한 변화된 상황하에서 비로소 公益은 法的 問題로서 적절히 논의될 수 있을 것이다. M. Stolleis, *a.a.O.*, S. 28.

6) 물론 헌법이 공익이라는 용어를 직접 사용하고 있는 것은 아니다. 그러나 헌법 제37조 제2항, 그리고 제23조 제2항의 公共福利, 제23조 제3항의 公共의 必要, 제77조의 公共의 安寧秩序 등의 개념은 용어법의 차원을 넘어 공익개념 그 자체를 말하고 있다고 보아도 무방할 것이다. 자세한 것은 *Infra.* 제5장 제3절 참조.

7) 나아가서 憲法 자신이 개방된 公益의 과정이라고 할 수도 있을 것이다. T. Läufer, *a.a.O.*, S. 691.

헌법적 공익개념의 특성이 나타난다고 볼 수도 있다. 그러나 이러한 차원의 헌법적 공익개념의 특성은 헌법이 규정하는 바의 공익개념이 一義的으로 해석될 수 있다는 전제하에서 가능한 것이다. 이미 헌법 자신이 표현하고 있는 공익 관련 개념 상호간에도 반드시 통합적 법해석이 가능하다고 보여지지 않을 뿐 아니라, 헌법상의 공익 관련 개념은 그것이 개념 규정상 이미 결정되어 있는 것이 아니라 그 개념의 적용과 관련되는 事實學的 所與와 관련하여 개방되어 있는 개념으로 관념하여야 할 것이다.[8] 憲法이 一義的인 공익개념을 전제로 제정되었고 그것을 기준으로 각종의 行政法規의 공익이 구속을 받는다고 하는 것은 비현실적일 뿐 아니라 부적절한 개념논리에 불과한 것이다.[9]

이렇게 이해할 때 공익관념의 구명은 오히려 구체적인 행정현실과 부닥치는 행정법학의 주된 임무라고 하지 않을 수 없다. 헌법을 行政法의 法源의 하나로 인식하는 보편적인 사고에 입각한다고 하면, 헌법규범을 그 하나의 法源으로 포함하는 행정법의 지평, 또는 공법의 지평에서 공익관념을 검토하는 것이 적절한 태도가 아닌가 생각한다.[10]

2. 公益概念의 公法的 含意

행정의 가장 중요한 개념 징표의 하나로 지칭되는 것이 행정의 '公益指向性'이라고 할 수 있다. 전통적인 삼권분립이론하에서 행정은 제정

8) 헤벨레(Häberle)는 공공성의 본질을 사실적 규범적 요소의 구속, 즉 소여(Gegebenheit)와 지향성(Aufgegebenheit)의 구속에 있다고 한다. Häberle, "Öffentliches Interesse als juristisches Problem", *a.a.O.*, S. 21.

9) 이런 관점에서 보면 公益은 憲法的으로 전제되었다 라고 하기보다는 具體化로의 과제가 부과된 것이다. Häberle, "Die Gemeinwohlproblematik in rechtswissenschaftlicher Sicht", *a.a.O.*, S. 284.

10) 사실 公益의 문제는 憲法과 立法 사이의 문제라고 할 수 있다. Häberle, "Gemeinwohljudikatur und Bundesverfassungsgericht", *a.a.O.*, S. 295.

된 법을 집행하는 작용으로 관념되고 있으나, 입법이 언제나 공익을 명확한 형태로 제시하지 못하기 때문에 행정활동은 법해석의 테두리 안에서 행정청의 공익판단을 전제로 수행되게 된다. 다르게 말하면 행정법규의 해석에 있어서 公益合致的 解釋과 適用은 어느 경우에나 행정청의 의무로 요구되는 사항이라고 할 수 있다. 또한 공익합치적 활동이 행정의 의무라고 할 때 그 義務의 준수여부는 공법의 중요한 관심사항이 되며 나아가 그와 같은 행정청의 의무를 이행하지 못함으로 인하여 자신의 권익을 침해받은 자는 자신의 권익을 지키고 회복하기 위하여 공익위반을 이유로 하는 쟁송을 제기할 수 있게 된다는 것을 의미한다.[11)]

이렇게 보면 公法的 判斷, 즉 행정법의 해석과 적용에 있어서의 공익지향은 공법의 토포스(topos)가 되며 따라서 이를 공법의 일반원리라고 말할 수 있다고 생각한다.[12)] 행정청에게 공익지향의 의무가 있다고 보는 한 공익판단의 문제는 단순한 행정의 정책적 판단의 문제가 아니라 法的 判斷의 문제가 되는 것이다. 그러므로 법률요건 규정에 있어서의 不確定法槪念에서 공익판단을 그르친 경우에는 그것이 판단여지에 해당되지 않는 한 司法審査의 대상이 된다.[13)] 또한 법률효과 규정에 있어서 裁量領域에서의 법적 판단에서 공익지향이 실패한 경우 그것은 行政目的을 위반한 것이 되고 행정목적 위반행위는 소위 '不當'한 것으로 지칭된다. 그런데 目的違反이 재량영역을 벗어날 정도에 이른 경우에는 그것은 재량권의 逸脫 · 濫用으로서 위법을 구성할 수도 있다.[14)] 이러한 점에서 행정활동의 공익지향성은 중요한 규범적 의미를 가지는 것이고,

---

11) 이러한 관점에서 公益은 法原理(Rechtsprinzip), 法規(Rechtssatz), 法 토포스(Rechtstopos)의 성격을 가진다고 할 수 있다. Häberle, "Die Gemeinwohlproblematik in rechtswissenschaftlicher Sicht", *a.a.O.*, S. 281.

12) *Id*.

13) T. Läufer, *a.a.O.*, S. 690.

14) 金道昶, 『一般行政法論(上)』, 1993, 136면 주 2 참조.

그 규범적 의미를 고려하여 '公益'에 관한 토포스를 하나의 법의 일반원칙으로까지 인정할 수 있는가 라는 것이 문제된다.[15]

이처럼 공익문제는 공법현상에서 보편적인 것으로서 구체적으로 '公益'이라는 입법문언이 채택된 경우에만 문제되는 것은 아니다. 예컨대 공공기관의정보공개에관한법률의 경우 '公益'이라는 용어가 널리 입법문언으로 채택되어 있지 않다 하더라도 公開 및 非公開 여부의 결정은 공익판단 사항에 해당하는 것이다. 그러므로 공익에 대한 고려는 공법판단에 있어서 '一般的' 토포스의 하나라고 할 수 있을 것이다. 그러나 모든 행정적 판단에서 고려되어야 할 보편적인 법적 규율요소로서의 공익이 아니라 구체적인 實體判斷要素로서 공익의 판단이 前面에 등장하는 경우도 공법질서에서는 흔하게 나타난다. 요컨대 공익 또는 공익과 유사한 개념을 표시하는 용어가 입법문언으로서 구체적인 법규에서 채택된 경우이다.

공법에 있어서 일반적 의미를 가지는 토포스로서의 공익은 매우 보편적인 의미를 가지는 것으로서 一般公益(allgemeine öffentliche Interessen)의 성격을 가지기 쉬운 속성이 있으며 그 규범구속적 테두리를 넓게 잡고 있음에 반하여, 입법문언으로 채택된 공익 또는 공익 관련 개념의 문제는 관련 행정사안에 보다 직접적인 의미를 가지고 구체적인 행정현상에서 特殊公益(besondere öffentliche Interessen)으로서의 성격이 강하며 그 規範拘束的 性格 또한 직접적 · 제한적인 것이다.[16]

그런데 공익 또는 공익 관련 개념(예컨대 公共福利, 公共의 安寧秩序, 公共必要, 公共福祉 등)은 행정법규의 증대와 아울러 점차 늘어나고 있는 실정이다. 입법자로서는 행정적 판단에 완전히 맡겨 버릴 수도

15) *Infra*. 제6장 제2절 1. 행정법의 일반원칙으로서의 공익 참조.

16) 一般公益, 特殊公益의 개념은 이 연구가 채택하고 있는 基本的 概念이다. *Infra*. 제2장 제2절 및 Wolff/Bachof/Stober, *Verwaltungsrecht* 1, 1999, S. 419-422.

없고 그렇다고 하여 구체적인 규율을 하기도 어려운 공익판단 사항에 대해 '公益에 適合' 하게 하여야 한다는 등의 가벼운 규범적 베일을 가려 놓음으로써 행정청에게 약한 규범적 구속을 부여하고자 하는 경우가 많을 것이다.[17] 이와 같은 경우에 관련 사안에 대한 공익판단은 행정청의 몫이 되지만 '公益' 이라는 법문언을 근거로 하여 司法的 判斷이 가능하게 된다. 물론 공익 또는 공익 관련 개념이 법문언상 명확히 등장하지 않는다고 하여 법원의 공익에 대한 司法的 判斷이 전혀 불가능한 것은 아니지만, 입법 문언에서 명백히 표현된 공익 또는 공익 관련 개념은 그 맥락(context)이 제공하는 論證的 所與로 인하여 더욱 구체적인 법판단을 가능하게 한다.

이처럼 公益은 보편적인 의미에서든 특별한 의미에서든 중요한 법적 판단의 대상이 됨에도 불구하고 지금까지의 법적 판단의 과정에서 도외시되어 왔던 것이다.

3. 公益의 意味內容과 法的 具體化

이상과 같이 공익개념은 공법 도그마틱에서, 그리고 행정 관련 입법의 해석과 적용에 있어서 매우 중요한 의의를 가지고 있다. 그러나 실제로 공익개념에 대한 법적 취급이 이루어지기 위해서는 공익에 대한 정교한 이해의 틀이 요구된다. 공익이라는 개념 자체가 가지는 歷史性, 그리고 구체적인 상황에의 제약성 등으로 인하여 공익의 의미 내용은 결코 一義的일 수는 없다. 더구나 오늘날과 같은 다원주의적 민주주의하에서는 公益은 그 국가관련성 및 전제성(Vorgegebenheit)을 상실하고 있으므로[18] 공익의 의미내용은 다양해질 수밖에 없다. 그러

17) Häberle, "Besprechungen — Das Gemeinwohl als Schrankenschranke", *a.a.O.*, S. 28.

18) Häberle, "Die Gemeinwohlproblematik in rechtswissenschaftlicher Sicht", *a.a.O.*,

므로 공익을 의미하는 법문언이 같은 용어로 쓰여져 있다 할지라도 각 특별법 영역에서 상이한 뜻으로 해석된다. 그 법영역에 관련하는 人的集團이 어떠한 성격을 가진 사람들의 집합인지, 그리고 그 특별법 영역이 어떠한 事物領域에 영향권을 형성하고 있는지, 또한 공익개념이 어떠한 법적 문제해결을 위하여 채택되었는지에 따라 공익개념은 사뭇 다른 형태와 의미로 나타나게 된다. 이런 까닭에 경우에 따라서는 같은 행정부 내에서도 공익에 대한 이해가 달리 나타날 수 있는 것이고 公益判斷이 작용하는 국면의 규모, 그리고 공익판단이 관련되는 合理性의 범위의 廣狹에 따라 공익판단은 상이해질 수 있다.[19] 요컨대 공익판단과 관련되는 考慮要素의 範圍에 따라 공익판단은 상이해질 수 있다.

이러한 까닭에 공익판단에 있어서 문제 되는 공익이 어떠한 고려요소의 범위를 가진 공익인가에 대한 분석이 요구된다. 이러한 분석은 결코 입법문언의 분석에서 도출될 수 없는 것이고 공익판단에 관련되는 事實學的 所與에 의해 결정되는 것이라 할 수 있다. 그 구체적 사실학적 요소가 법해석에 있어서의 質料라고 한다면, 공익관련 토포스는(더구나 그것을 법의 일반원칙으로 인정할 수 있다고 하면) 法解釋上의 形相에 해당한다고 할 것이다.[20]

공익판단에 있어서 문제 되는 공익의 성격구명 또는 구체화가 중요한 것은, 흔히 私益도 어떤 형태로든 공익이라는 假面을 쓰고 행정과정에 등장한다는 사실[21]과 관련이 있다. 즉 문제 되는 공익의 구체화 과정에서 주장되는 공익이 과연 眞正公益이라고 할 수 있는지, 아니면 공익을

S. 282.

19) 이 과정에서 公益 상호간의 충돌 현상도 나타나게 된다. *Id*.

20) Häberle, “Öffentliches Interesse als juristisches Problem”, *a.a.O.*, S. 21; M. Stolleis, *a.a.O.*, S. 29.

21) T. Läufer, *a.a.O.*, S. 689.

빙자한 私益의 주장에 불과한 것인지가 판명될 수 있기 때문이다.

公益의 구체화 과정에서 보다 중요한 의의를 가지는 것은 利益衡量과 利益代辯이다.[22] 공익을 하나의 先驗的 개념으로, 存在論的으로 주어진 것으로 관념한다면 모르겠으나,[23] 공익을 적어도 認識되거나 決定되어지는 것이라고 할 때, 공익의 인식 내지 결정에 있어서 매우 중요한 역할을 하는 것이 바로 이익형량이라는 법적 과정이라고 할 수 있다. 또한 공익이 어떠한 법적 과정을 통하여 인식되거나 결정된다고 할 때, 그러한 법적 과정에서의 이익대변이 중요한 문제로 대두된다. 이와 같은 이익대변의 확보는 行政節次의 법적 규율을 통하여, 그리고 行政訴訟에 있어서 原告適格 범위의 확장 논의를 통하여 구체적으로 문제될 수 있다.

한편 공익이 언제나 國家 領域에서만 문제 되는 것인지, 아니면 특정한 社會領域을 전제로 하는 공익도 상정할 수 있는지가 문제 된다. 요컨대 公益을 國益과의 연관에서만 논의할 것인가, 아니면 公益과 國益, 그리고 공익 상호간에서의 分化를 인정할 것인가가 문제이다. 오늘날과 같은 다원주의 사회에서 공익이 언제나 국가라는 실체를 전제로 하는 것이라는 점은 수긍하기 어렵다. 궁극적으로 공익에 대한 법적 판단이 법원이나 헌법재판소 등 국가기관에 의해 내려진다는 점은 부인할 수 없지만 공익판단의 실체가 國家的 觀點에서만 이루어진다고 할 수는 없다. 個別社會領域에서의 공익판단은 문제 되는 영역 그 자체의 共同體利益과 관련하여 판단이 내려져야 할 것이며, 국가가 모든 영역에서 判斷의 基準이 된다는 것은 국가가 사회 전 영역을 지배하는 전체주의적 상황이 아니라면 이해할 수 없는 것이다. 이러한 관점에서 보면 公益과 私益은 다분히 상대적인 관념이라고 볼 수 있다. 어떤 사익은 다

---

22) W. Leisner, *a.a.O.*, S. 217-218.

23) 이러한 의미에서의 公益은 質問의 대상이 되지 않는다. Häberle, “Die Gemeinwohlproblematik in rechtswissenschaftlicher Sicht”, *a.a.O.*, S. 282.

른 법적 관련하에서 공익의 의미를 가질 수도 있다고 본다.[24] 요컨대 공익과 사익이 논란되는 데 있어서 결정적인 의미를 가지는 것은 해당 이익이 논의되는 맥락이라고 할 것이다.

공익판단이 법적 문제로 대두되기 위해서 공익이 개념적으로 구체화되고 공익 상호간의 관계설정, 公益과 私益의 관련성 등에 대한 조망이 반드시 필요하다. 공익의 개념적 구체화는 法學 도그마틱이 공익관념을 적절히 개념적으로 유형화하고 공익과 관련되는 법적 문제의식을 소화하기에 적절하게끔 시도되어질 필요가 있다. 또한 공익을 주어진 存在論的 觀念으로 이해하지 않는다면 공익의 발견 내지 결정과정에 대한 법적 통제와 규율 및 이에 대한 법적 원리의 개발도 공익판단과 관련하여 法學이 해결하여야 할 중요한 문제가 될 것이다.

결국 공익의 법문제화를 위해서 공익개념의 구체화와 개별적 理念型의 설정은 반드시 전제되어야 할 과제라고 할 것이다.

4. 公益의 法問題化

공익개념이 行政活動의 目標이자 그 根據로서의 의미를 가지고 있다는 점은 주지하는 바와 같다. 그러나 동일한 공익개념이 또한 행정활동의 制約要因으로 그리고 행정활동의 限界設定의 規準으로 기능한다는 점은 그 동안 별로 주목의 대상이 되지 못했다. 그 동안 공익개념에 대한 이해방식을 지배해 왔던 사고방식은 公益은 행정활동의 목표이며 행정활동의 근거라고 하는 측면이었다. 이러한 측면을 강조하게 되면 공익은 논증의 대상이라기보다는 規範 자체의 目標가 되어서 規範超越的인 존재로 이해되기 쉽다. 실제로 權威主義 政府하에서의 공익개념은 그 의미내용의 인식 내지 결정조차도 권위주의적 방식에 의해 이루어졌을 뿐 아니라 법질서를 초월하고 법질서의 형성을 향도하는 支配的 行

---

24) W. Leisner, *a.a.O.*, S. 218.

政理念으로 기능하여 왔던 것이다.[25)] 이러한 이해방식하에서는 공익은 대체로 法的 論證의 대상이 되기 어렵다. 오히려 법학 도그마틱이 가지고 있는 제반 법개념과 법원리를 무시하고 그 위에 군림할 수 있는 超토포스로서 법치주의의 예외영역을 형성하는 역할을 하기 쉬운 것이다.

그러나 공익개념의 다른 측면, 즉 국가권력이나 행정활동이 진정한 의미의 공익추구활동이 아니면 안 된다라는 차원의 이해방식은 공익개념을 법치주의의 차원으로 끌어들인다. 이러한 차원에서는 공익은 과연 어느 정도의 타당범위를 가지고 있는가 또한 그 의미내용은 무엇인가라는 점이 논증되어야 한다. 그러한 논증이 실패할 경우 그것이 아무리 공익의 이름으로 표방되었다 하더라도 그것은 眞正公益으로서의 법적 취급을 받을 수는 없는 것이다. 그러므로 이러한 의미의 공익은 더 이상 法體系의 外延에 위치하는 것이 아니라 법체계 안에 內包되는 것으로서 規範超越的인 존재가 아니라 規範構成的인 존재로 전환되는 것이다.

지금까지의 우리 공법학에서 공익은 部分的인 例外를 제외하고는 법적 논증의 대상이 되지 못했다. 공익개념이 법학의 차원에서 다소간 검토되었다 하더라도 아직 그것은 법체계의 外部效果 정도로 관념되었을 뿐이었던 것은 아닌지 모르겠다.

오늘의 변화된 정치질서나 법질서의 상황하에서 공익개념의 두 번째 측면이 부각되어야 한다면 공익개념이 法槪念化되어야 하며 공익판단의 과정이 法過程化되지 않으면 안 된다. 요컨대 오늘의 시대적 상황하에서 법치주의와 민주정치의 구현을 위해서 공익개념은 법적 분석과 논증의 대상으로 자리매김되어야 하며, 동시에 공익판단의 과정은 중요한 법적 과정으로 공법학적 체계화와 검토의 대상이 되어야 한다는 것이다.

이와 같은 공익개념의 法問題化는 공익판단에 대한 국가권력의 취급양상의 변화를 초래한다. 공익개념을 行政活動의 目標로 이해하는 시각이 지배하는 상황하에서는 공익개념은 대부분 행정기관에 의해 판단된

25) *Infra*. 제4장 참조.

다. 국회가 입법을 통해 규정하여 놓은 공익개념의 의미내용이 명확하지 않는 한 공익의 의미내용은 行政機關의 주도적 영향하에 판단되는 것이다. 이런 상황설정하에서는 대체로 국회는 공익의 의미내용에 대한 판단권을 제대로 행사하기 어렵다.[26] 더구나 공익의 판단은 구체적인 事實狀況的 所與를 質料로 하여 公益의 原則이라고 불리워질 수 있는 체계적인 規範的 理解의 토포스라는 形相의 향도를 받아 이루어지는 것이라고 한다면[27] 본질적으로 공익판단에 있어서 국회의 기여는 한계를 가진 것이다.

그러나 공익개념이 본격적인 법적 논증의 대상으로서 인식되고 公益判斷이 法過程化 될 것이 요구된다고 하면 공익판단에 있어서 國會 및 裁判機關의 역할이 증대되어야 한다. 공익판단은 더 이상 行政機關만의 독점사항이 될 수 없다. 국회는 스스로 공익개념의 의미내용을 명확히 정할 수 없다 하더라도 공익판단에 대한 재판통제가 가능할 정도로 공익판단의 嚮導를 시도하여야 할 것이고, 법원과 헌법재판소는 공익판단을 법외적인 판단으로 치부할 것이 아니라 공익판단의 과정에 대한 재판 통제의 기법을 개발하고 한편 재판기관 스스로의 實體的 공익판단이 타당할 수 있는 영역과 재판기관 스스로에 의한 실체적 공익판단보다는 공익판단과정의 合理性, 論據의 明確性만을 심사할 수 있는 영역을 구분하기 위하여 애써야 할 것이다. 요컨대 공익판단의 새로운 理念型하에서는 재판기관의 공익판단 통제기능이 부각되고 행정기관의 恣意的인 공익판단에 대한 다양한 관점에서의 통제가 모색되어질 필요가 있는

26) 그러나 國會가 立法을 통하여 공익판단을 어느 정도 구체화시켜 놓았다 하더라도 최종적인 공익판단에 요구되는 이익형량은 行政機關에 의해 이루어질 수밖에 없는 것이다. '公共機關의情報公開에관한法律' 제7조가 비공개대상에 대한 구체적인 규정을 두고 있지만 최종적인 공개여부의 판단은 여전히 입법적으로 확정되어져 있다고 볼 수 없고 또 다른 공익판단과 이익형량이 요구되고 있다는 사실이 이러한 현실을 잘 설명해 주고 있다.

27) Häberle, "Öffentliches Interesse als juristisches Problem", *a.a.O.*, S. 21.

것이다.

第2節 硏究의 目的과 方法, 範圍

1. 硏究의 目的 및 基本觀點

이 연구는 이상에서 제시한 公益의 法問題化에 관한 문제의식을 충족하여 우리의 공법학에서 미처 논증되지 못한 채로 남아 있던 공익개념을 법체계 안에 소화함으로써 공법 질서가 법치주의 실현에 보다 크게 기능할 수 있도록 하기 위한 것이다. 그러므로 이 연구는 기본적으로 공익개념의 분석과 공익판단의 法問題化를 지향함으로써 공익개념을 둘러싼 법개념과 재판기관의 기능, 공익판단과정 등이 어떤 형태로 변화하여 새로운 법적 패러다임(paradigm)에 접근하여야 할 것인가 하는 것을 구명함을 목적으로 한다.

따라서 이 연구의 목적은 첫째, 公益槪念을 의미 있고 유용한 토포스로서 법체계의 해석을 위한 유용한 이해의 觀點으로 설정하고자 하는데 기본적인 주안점을 두고, 둘째, 입법문언에 등장하거나 판례에 나타나는 공익개념의 理念型的 類型化를 시도함으로써 공익개념을 실용성 없는 추상적 법관념으로부터 실질적인 의미를 가지는 법관념으로 재구성하는 것이다.

또한 공익개념의 이러한 체계화와 재구성은 궁극적으로 공익판단의 과정에 대한 法的 再檢討와 결부되지 않을 수 없다.

그러나 이상과 같은 이 연구의 목적은 우리의 국가권력이 公共性과 公益에 대한 이해와 판단을 과거와는 다른 차원에서 한다고 하는 태도의 전환과 결부될 때 비로소 실질적인 의의를 가질 수 있음을 밝히고자 한다. 行政府는 행정의 목표를 자신의 독단에 의해 결정할 수 있다는 태도를 버려야 할 것이고, 立法府는 행정과 국가적 과제의 방향설정을 진지한 자기 과제로 깊이 인식하여야 할 것이며, 裁判機關은 종래의 소극적인 입장을 버리고 국가적 목표나 행정적 지향점의 설정과 그것의 인식 및 결정 과정의 합리성을 위한 스스로의 소명을 명확히 재확인하여야 할 것이다. 공익개념과 공익판단의 법문제화는 이러한 국가기관들의 역할인식이 제대로 되었음을 전제로, 그들 기관이 적절히 기능할 수 있도록 필요한 論議資料를 제공하고자 하는 학문적 노력에 다름 아닌 것이다.

이러한 연구목적을 가지고 공익문제를 접근함에 있어서는 '공익이란 무엇인가' 라는 근본적인 질문을 항상 염두에 두어야 할 것이며, 따라서 다음과 같은 다차원적인 측면에서의 접근이 요청된다. 우선 공익이 무엇인가 라는 문제는 제1차적으로 공익의 향유주체 내지 귀속주체라는 차원에서 접근할 필요가 있다. 즉 공익이란 '누구의 이익을 의미하는가' 라는 문제가 공익의 의미를 밝히는 기초를 제공할 것이다. 둘째는 공익판단권의 귀속주체, 즉 공익판단권자라는 차원에서 공익의 본질을 구명하여야 할 것이다. 이러한 접근은 공익의 향유주체와 관계없이 실제로 공익이 무엇인지에 대하여 '누가 결정을 내리는가' 를 밝힘으로써 공익판단이 어떻게 조직적으로 제도화되고 있는가를 밝혀 줄 것이다. 세 번째로는 공익의 내용이 구체적으로 '어떻게 결정되는가' 라는 공익판단의 절차 내지 방법론 차원에서의 접근이 요청된다. 이러한 세 가지 각기 다른 차원에서의 문제의식을 가지고 공익이란 무엇인가라는 문제를 바라볼 때 비로소 공익의 실체를 규명하려는 이 연구의 목적을 달성할 수 있을 것이다.

2. 研究의 方法

이 연구는 대부분의 법해석학적 연구가 그러하듯이 기본적으로 문헌연구이다. 法學方法論의 차원에서 본다면 이 연구는 價値判斷法學(Wertungsjurisprudenz)的 法學方法論의 전제에 서 있다. 공익관념이 법체계의 가치판단을 위한 토포스로 기능하도록 할 것을 목표로 하여 공익개념 및 그 판단과정을 분석하는 것이 이 연구의 중심적인 방향이기 때문이다.

다음으로, 이 연구는 比較法的 方法論의 전제 위에 이루어졌음을 부인할 수 없다. 공익의 법문제화에 대한 논의는 獨逸의 公法學에서 보다 충실한 논의의 소재를 발견할 수 있기 때문에 우리 나라의 문제상황과 독일의 그것이 반드시 일치한다고 할 수는 없다고 하더라도 독일에서의 공익논의를 크게 참조하지 않을 수 없다.

한편, 이 연구는 입법과 판례가 공익개념에 대한 규정이나 취급을 어떻게 하고 있는가 라는 것에 대한 實際的인 探索이 그 논의의 기초가 되되고 있다. 이런 측면에서 보면 이 연구는 제한된 의미에서 實證的 研究方法을 채택하고 있다고 볼 수 있다.

또한, 이 연구는 公益觀念에 대한 가장 초보적인 차원의 역사인식과 사회인식에 기초하고 있다. 이 연구가 法史學的 方法論이나 法社會學的 方法論을 전면적으로 채택하여 역사적 분석이나 사회학적 연구조사를 실시한 것은 아니지만 이 연구는 이 연구의 기본적인 시각이 되는 나름의 歷史認識과 社會認識의 바탕 위에 서 있다는 점을 부인할 수 없다. 다만 이 연구가 채택하고 있는 역사인식과 사회인식은, 이 연구의 先行研究로서의 이러한 社會科學的 研究가 결여된 상황하에서 부득이 충분한 實證的 研究의 토대를 가질 수 없었다는 점을 미리 밝혀 두고자 한다.

3. 研究의 範圍

이 연구는 公益概念의 분석과 公益判斷의 法過程化를 궁극적인 목표로 삼고 있다. 이러한 목표에 도달하기 위해 공익개념이 공법학의 맥락에서 어떻게 발전되어 왔으며 공법학이 이를 어떻게 다루어 왔는가 라는 점을 學說史的 視覺에서 검토해 볼 필요가 있으며, 한편 이 연구가 比較法的 視覺에서 주된 검토대상으로 하는 독일에서의 공익론이 독일 행정법학의 발전과 더불어 어떻게 변천되어 왔는가 라는 점을 점검해 볼 필요가 있다. 그런데 이 연구에서는 궁극적으로 한국에서의 공익론의 논의 패러다임을 모색하는 것이 목적이므로 공익과 관련된 한국적 문제상황을 점검하고 한국의 입법과 판례에서의 공익개념의 취급상황과 향후의 법문제화의 방향을 점검해 보지 않으면 안 된다. 한편 공익의 普遍性이라는 것이 매우 제한된 의미와 기능밖에 가지지 못한다고 한다면 향후의 구체화의 여지는 과제로 남겨 두더라도 각 個別公法領域에서의 공익개념의 機能과 問題點에 대한 검토가 반드시 필요하다고 할 것이다.

이 연구는 이상과 같은 논의의 맥락하에서 제반 문제점에 대한 구명과 방향제시를 그 연구의 범위로 설정하였다. 공익에 대한 망라적이고 광범위한 논의의 구축이라는 관점에서 보면 비단 독일에서의 논의만이 아니라 英 · 美나 日本 등에서의 공익논의도 아울러 깊이 분석하여야 할 것이나, 영 · 미의 경우 그 논의의 지평이 우리와는 많이 달라서 우리의 시각에서는 현실적인 문제해결에 기능하는 공익론으로 초점을 맞추기에 불가능한 측면이 많았다. 英 · 美의 公益法(public interest law)에 있어서 공익이란 사회의 구성원으로서 개개인이 가지는 권익이 부당하게 침해당하는 경우에 이를 법적 수단을 통하여 회복시키는 것을 의미한다.[28] 따라서 英 · 美의 공익법에서의 公益이란 社會正義의 실현과 밀접한 관계를 맺는 것으로서[29] 독일의 공익개념과는 문제의식을 달리하는 것이다. 한편 日本의 공익논의[30]는 일본 특유의 정치적 · 법적 상황에

---

28) J. Bell, "Public Interest: Policy or Principle?", in: *Law and the Public Interest ARSP Beitheft* 55, 1993, p. 41 참조.

29) J. Cooper, Jeremy & Dhavan, *Public Interest Law*, 1986, 3ff. 참조.

30) 일본에서의 공익에 관한 연구로서, 安達和志, 「行政法における公益保護の再檢討」, 『行政法の諸問題(上)』(雄川一郎先生獻呈論集), 1990; 晴山一穗, 「田中行政法學における公共の福祉概念」, 『福島大學商學論集』 55卷 4號, 1987; 渡邊宗太郎, 「公益の本質」, 『公法雜誌』 1卷 1號, 1935; 日本法社會學

영향을 받은 점을 제외하면 대체로 독일에서의 논의를 승계하고 있으며 그 이상의 큰 전망을 보이지 못하고 있다.

이상과 같은 범위와 한계하에서 진행된 이 연구의 構成과 그 內容을 章別로 보면 다음과 같다.

제2장 '行政法上 公益槪念의 形成과 展開'에서는 行政上의 公益의 意義와 行政法上의 公益槪念의 一般的 定義를 밝히려고 시도하였다. 먼저 우리 나라의 公益論議의 課題와 독일의 公益論 및 그 示唆點을 검토하고, 나아가서 독일에서의 公益과 公共性 개념의 形成과 發展을, 기본적으로 學說史的 관점에서 검토하였다. 이 장에서는 독일의 역사를 배경으로 공공성과 공익이 근대적 가치체계하에서 법체계 안에 적절히 자리매김되기까지의 배경을 검토함으로써 공익개념과 관련되는 기본적인 문제의식을 제시하고 있다. 또한, 형성기의 독일 행정법학의 발전과정을 학설사적 관점에서 조망하면서 그러한 학설사적 발전이 공익개념의 법적 취급과 어떻게 관련되어 있는가 라는 문제를 검토하였다. 이것은 오늘의 독일 행정법학과 독일에서의 공익논의의 기본적 문제의식이 형성되기까지의 역사적 궤적을 행정법학의 발전이라는 관점에서 조망한 것이다.

제3장 '獨逸 公法上의 公益槪念'에서는 현대 독일 공법학의 공익개념 정립에 기여해 온 역대 독일 공법학자들의 공익론을 탐구하였다. 먼저 제2차 세계대전 이전 독일 공익론의 전개를 검토하고, 다음에 현대 독일의 공익론 형성에 지대한 역할을 수행한 대표적인 공익론으로서 뒤리히(Dürig)의 직접민주주의적 공익론, 볼프(Wolff)의 객관주의적 공

會(編), 『公共の福祉』, 1968 등이 있으며, 公共性에 관한 연구로서, 室井力 外 3人, 『現代國家の公共性分析』, 1990; 小林直樹, 「現代公共性の考察」, 『公法研究』 第51號, 1989; 日本公法學會(編), 「公法における公共性」, 『公法研究』(第54號), 1992; 佐佐木毅/金泰昌, 『公共哲學』(전10권), 東京大學出版會, 2002 등이 있다.

익론, 마르텐스(Martens)의 대의제 민주주의적 공익론, 하버마스(Harbermas)의 公共性의 構造變動論과 오늘날 독일 공법학의 공익개념 논의에 큰 비중을 차지하고 있는 헤벌레(Häberle)의 공익문제의 법문제화에 관한 주장, 그리고 이들의 공익론에 대한 비판적 검토 위에 최근 정립되어 주목받고 있는 위르프만(Uerpmann)의 권능이론적 공익론을 검토하였고, 마지막으로, 독일 행정법 일반이론에 있어서의 공익개념을 구체적으로 살펴봄으로써 오늘날 독일 행정법 도그마틱에 있어서 공익론이 가지는 의미를 점검하였다.

제4장 '行政法의 토포스(topos)로서의 公益: 우리 나라의 問題狀況과 性格究明'에서는 헤벌레 등 독일 공법학자들의 공익관념에 대한 이해방식에 비추어 우리 나라의 공익관념의 법적 처리가 어떠한 문제상황에 있는가 라는 점을 지적하고 이에 대한 기본적인 이론적 방향제시를 시도하고 있다. 이 장에서는 우리 현대사에 있어서의 공익관의 변화를 조망하면서 이러한 공익관의 변화에 대응하여 공익개념 및 공익판단의 법문제화를 위한 문제제기, 기본적인 用語法 및 개념의 정리 등이 이루어지고 있다. 이 장의 논의성과는 물론 독일에서의 공익논의에 힘입은 바 크지만, 기본적으로 이 장에서는 韓國的 問題狀況 및 問題意識에 근거한 이론적 틀의 수립을 위해 노력하였다.

제5장 '立法上의 公益槪念의 機能과 解釋 · 適用'에서는 '公益' 개념이 일차적으로 입법문언에 나타날 경우, 이를 어떻게 법문제화할 것인가 라는 점을 검토하면서 현재의 立法에 나타난 '공익' 및 유사개념의 법적 기능을 類型別로 분석하고 있다. 이 장에서는 법률 기타의 하위법령에 나타난 공익개념뿐 아니라 헌법에서 제시되고 있는 공익개념에 대해서도 검토하고 있다.

제6장 '判例에 있어서의 公益槪念의 法問題化'에서는 판례를 통한 공익판단이 가지는 法體系上의 의미를 검토하고 이에 비추어 재판기관이 공익개념의 법문제화를 위하여 어떠한 관점에서 공익개념에 접근하여야 하는가 라는 점을 검토하고 있다. 나아가서 우리 판례가 그 동안

공익판단에 있어서 취하여 온 이론적 실제적 입장을 점검하고 그에 대한 비판 및 대안을 제시하고 있다.

제7장 '個別公法 領域에서의 公益論議'에서는 秩序行政法 영역, 經濟行政法 영역, 給付行政法 영역, 教育行政法 영역, 土地行政法 영역, 環境行政法 영역, 文化行政法 영역 등에서의 공익판단의 문제상황과 공익개념의 기능 등을 검토하였다. 이 연구의 기본방향 중 하나가 공익개념의 具體化·類型化를 지향하는 것이라고 할 때, 보다 자세하고 세밀한 공익개념의 분화가 시도되어야 할 것이지만 이 장에서는 일단 전통적인 행정법 영역의 구분에 따라 공익개념의 구체적인 문제를 검토하고 있는 것이다.

제8장 '結論'에서는 제7장까지 논의된, 現代社會에서의 公益에 대한 이해와 公益判斷의 관점을 이 연구의 기본시각에 입각하여 정리하고, 공익론과 관련된 이 연구의 문제의식에 대한 나름대로의 해답을 결론으로 제시하였다.

제9장 '補論: 英·美의 公益法運動의 法的 意義'에서는 독일에서의 공익론과 전혀 맥락을 달리하는 英·美에서의 公益法運動의 개요를 소개하였다. 英美法에 있어서의 공익법운동은 이 연구의 전반적인 주제와는 거리가 있지만, 이 연구가 공익론에 대한 포괄적이고 보편적인 연구에 접근하고자 하였다는 점에서 전혀 도외시할 수 없었다. 이것이 英美法에 있어서의 공익법운동에서 의미하는 공익관념이 독일 및 우리 법체계에서 말하는 공익관념과 상이함에도 불구하고 이 연구의 補論 부분에서 이를 취급하게 된 연유이다.

第 2 章　行政法上 公益概念의 形成과 展開

第1節 序　說

行政法學이 그 고찰대상으로 하는 行政에 대한 정의는 다양하다. 그 가운데 우리 나라 행정법학에서 통설적인 위치를 가지는 적극설의 입장은 행정을 '법 아래서 법의 구속을 받으면서, (司法 이외의) 國家目的을 구체적 계속적으로 실현하는 작용'으로 본다.[1] 논란의 여지는 존재하지만 행정의 존재의의는 역시 國家目的이든 社會目的이든 개개인의 이익과는 구별되는 사회 공동의 이익을 증진하는 데 있다는 것을 부정할 수 없을 것이다. 이렇게 개개인의, 혹은 특수한 단체나 집단의 이익을 넘는 이익을 널리 公益으로 부르고 있다.

公益目的은 단지 행정에서만 문제 되는 것은 아니고, 立法이나 司法 등 국가작용 전반에 걸쳐서 당해 작용의 지도이념이 되고 있다. 또한 단지 행정에 관한 법만이 아니라 헌법을 비롯하여 국가법체계가 공익의 실현에 이바지하기 위해 만들어지고 또 집행되고 있다. 그러나 이미 언급한 바처럼 공익이 실천적으로 중요한 의미를 가지는 것은 行政法 분야라고 할 수 있다. 이러한 까닭에 이 연구에서는 行政法에 있어서의 公益을 중심적인 고찰대상으로 하도록 한다. 실제로, 행정법은 그 概念

1) 金道昶, 『一般行政法論(上)』, 1993, 56-59면 참조.

定義 자체에서 공익의 실현을 직접 지향하고 있고, 행정법이론 자체를 자세히 살펴보면 공익이 행정법 체계에서 큰 자리를 차지하고 있기 때문에 행정법 안에서의 공익개념에 대해서 탐구하는 것은 행정법이론의 보다 깊은 연구를 위해서도 요긴하다고 사료된다.

행정법 안에서 공익이라는 개념은 위에서 잠깐 언급한 행정법학 고찰범위의 확정문제를 비롯하여 여러 중요한 대목에서 빠짐없이 등장한다. 이를 우선 행정법서론 및 행정법통칙 영역에 국한하여 살펴보면 行政法의 특징에 대한 記述, 행정작용의 분류, 행정법 관계의 성립원인, 法律留保理論, 신뢰보호의 원칙, 철회의 제한 사유, 비례원칙, 公·私法의 구별, 私法規定의 公法規定에 관한 적용제한, 재량이론, 계획확정절차, 불확정개념, 확약의 요건, 행정행위의 성립요건, 예선적 효력(공정력, 잠정적 통용력)의 의의, 불가변력, 행정행위의 흠(하자)의 이론, 흠(하자)의 치유론, 직권취소 철회사유, 공법상 계약론, 행정지도의 필요성, 행정절차(공청회)의 필요성, 대집행의 요건, 행정범에 관한 이론[2] 등에서 확인할 수 있다. 말하자면 행정법의 기초이론에서 公益이 가지는 위치는 중요하며, 그 존재는 곳곳에서 발견된다.

그러나 이 모든 경우에 반드시 '公益'이라는 용어가 사용되는 것은 아니다. '公益'은 때로는 公共의 福利(혹은 福祉)로 표현되며, 때로는 公共의 利益이라는 형태로 나타나기도 하고, 때로는 '公共性'만이 등장하기도 하고 또 때로는 國家目的 혹은 社會目的으로 기술되기도 한다. 이 용어들이 경우에 따라서는 다른 의미 혹은 내용을 가지는 경우도 있

---

2) 각각 金道昶, 前揭書, 57, 58, 66, 69, 77, 83, 86, 87, 96, 129, 135, 136, 139, 162, 167, 170, 200, 206, 208, 211, 211, 213, 214, 229, 235, 237, 240, 249, 292, 345-6, 378, 381, 383, 408, 414, 429, 430, 441, 445, 450, 458, 473, 473, 484, 492, 494, 496, 497, 505, 507, 508, 520, 524, 526, 543, 556면 및 570면 참조.

겠으나 일단은 이들 용어가 같은 것을 나타내는 다른 이름들이라고 보고 논의를 전개하기로 한다.

公益概念이 이렇게 行政法 분야에서 중요한 역할을 하면서 빈번히 등장하는 개념이기는 하지만 公益의 개념이 가지는 실체적 내용에 대해서는 우리 나라에서 자세히 고찰되지 않은 것으로 파악된다. 이것은 우선 公益概念이 엄밀한 法概念이라는 인식이 결여되어 있었던 데 이유가 있지 않은가 사료된다. 법실증주의적인 사고가 지배적이게 되면 아무래도 이익이라든가 하는 價值概念의 고찰은 자연 등한시될 수밖에 없을 것이다. 한편으로는 公益概念의 의미가 너무나 자명해 보이기 때문에 개념을 규명하려 드는 자체가 의미 없는 행동으로 보이는 연유도 있을 수 있겠고, 또 다른 한편으로는 公益이라는 개념이 쓰이는 경우 그 상황마다 각각 다른 의미 연관을 가지기 때문에 개념을 규명하는 일 자체가 불가능한 것이 아닌가 라는 생각이 들 수도 있다. 그러나 어쨌든 공익개념은 그 중요성에도 불구하고 이제까지 우리가 소홀히 해 온 행정법개념 가운데 하나이며, 이것이 또한 이 연구가 가지는 의미가 될 수 있다고 본다.

第 2 節 行政法上의 公益概念: 一般的 定義의 摸索과 그 意味

1. 우리 行政法學에서의 公益觀念

우리 나라 공법학에 있어서의 공익개념은 英·美의 공익법의 경우와는 달리 그 자체가 社會正義나 平等實現 등 직접적인 價值指向的 實踐概念의 의미를 가진다고 할 수는 없다. 우리 공법학에 있어서의 공익개념은 독일의 경우처럼 하나의 법해석의 원리 또는 법 토포스나 법원칙의 의미로 나타나고 있다고 보여진다. 그러나 公益이 하나의 행정목표로 상정되고 국가목적의 의미로서 이해될 때, 그러한 의미의 公益이 사회정의나 평등개념과 전혀 무관할 수는 없기 때문에 그 범위 안에서 우리의 공익개념도 英·美의 公益法에 있어서의 공익개념과 연관을 가질 수 있다.

우리 공법학에 있어서의 공익관념은 독일의 논의에 깊은 영향을 받아 왔던 것이 사실이지만, 그간 우리의 관점에서의 行政法上 公益概念에 대한 논의가 전혀 없었던 것은 아니다.[3)]

1) 行政目的으로서의 公益概念

우리 나라의 行政法 學者들은 대개 行政目的과 公益을 등치관계로 놓고 있다.

김도창 선생은 行政目的, 즉 公益을 다시 國家目的과 社會目的으로 나누면서, 전자에는 다시 財政目的·軍政目的·外政目的·司法目的·組織目的 등이 포함되고, 후자에는 다시 소극적인 질서유지 목적과 적극적인 공공복리 목적이 포함된다고 한다. 여기서 秩序維持는 국가사회의 체제와 질서의 유지 보전을 의미하며, 公共福利는 ① 법적으로 보호될 가치가 있는 個人의 利益(예컨대 개인의 자유, 재산, 건강, 명예, 행복, 최저생활 등)의 보호원리를 뜻하기도 하고, ② 많은 사회구성원 사이의 利害調節原理를 뜻하기도 하며, ③ 대중의 이익이 되는 사업 또는 역무의 수행을 의미하기도 한다고 본다. 그리고 公益을 민주국가적·사회국가적·법치국가적 헌법가치로 보며, 公益의 내용은 상황에 따라서 변동하기를 잘한다(사정변경)고 본다.[4)]

---

3) 徐元宇, 「社會國家原理와 公法理論의 새로운 傾向」, 『現代法學의 諸問題』, 1981, 103면 이하; 徐元宇, 前揭, 「行政法에 있어서의 公益概念」, 1986; 徐元宇, 「現代法을 보는 視角」, 『考試界』, 1989. 1, 177면 이하, 1989/2, 158면 이하; 金南辰, 前揭, 「行政에 있어서의 公益」, 1989.

이상규 변호사는 公共福利는 매우 다의적인 것으로서 일반적 · 적극적 정의를 내리기는 매우 어렵지만 개인의 이익을 포용하는 다수인의 이익, 즉 社會公共의 이익을 뜻한다고 한다.5)

김철용 교수는 公共福利 개념은 매우 다의적인 것이라고 전제하면서도, 일응 "個個人의 利益과 무관계한 이익이 아니라 개개인에게 공통되면서 개개인의 私的 利益에 優越하는 利益"이라고 정의하고, 무엇이 공공복리에 적합하지 아니한가의 여부는 명확한 판단기준이 있는 것이 아니므로, 구체적인 사건에 임하여 제반 사정을 검토하여 판단되어야 하며, 이 과정에서 비례원칙이 엄격히 적용되어야 한다고 지적한다.6)

박윤흔 교수는 公共福利의 觀念은 매우 추상적인 것으로 일반적 적극적 정의를 내리기가 어렵다고 전제하면서, 그러나 일반적으로 개인의 人權尊重과 社會公益의 조화 위에 창출되는 사회 전체의 공동행복, 공동이익을 의미하는 고차원적 개념이라고 하고 있다.7)

또한 김동희 교수는 行政은 공익실현작용임을 인정하면서 그러한 公益에는 一般公益과 관계법상의 具體的 公益이 있다고 한다. 그리고 다른 학자들과 같이 대체로 公益과 公共福利를 같은 개념으로 이해하고 있는 듯하며, 공공복리에 대하여 '國民全體 또는 特定社會構成員 全體의 利益'이라고 정의하고 있다.8)

한편, 우리 학자들은 행정법의 공익우선성을 대체적으로 인정하고 있으나 그러한 公益優先性이란 결코 사익을 경시하는 것이 아니라 사익과의 합리적인 조화를 전제로 하는 것이라고 한다.9)

---

4) 金道昶, 前揭書, 136면 주 2 참조.

5) 李尙圭,『新行政法論(上)』, 1997, 879면.

6) 金鐵容,『行政法 I』, 2002, 587면.

7) 朴鈗炘,『最新行政法講義』, 2001, 1015면.

8) 金東熙,『行政法 I』, 2002, 6, 255, 693면.

9) 李尙圭, 前揭書, 112면; 金南辰,『行政法 I』, 2001, 31면; 朴鈗炘, 前揭書, 59면. 다만, 김남진 교수는 행정이 공익(또는 공공이익 · 공공복지)을 실현

2) 公益에 대한 分析의 틀: 公益觀

우리 나라에서도 공익개념을 法槪念化하기 위하여 공익관의 변화 및 다원화가 필요하다는 점이 인정되고 있다. 이러한 多元的 公益觀은 주로 독일의 이론을 소개하면서 제시되고 있다. 서원우 교수는 독일의 현대적 공익관을 規準的 公益說, 個人權擴張說, 潛在的 公益說로 나누어 설명하면서, 종래 公共性 내지 公益槪念이 마치 블랙박스처럼 그 구체적 확정이나 평가의 대상이 되지 못했던 결과 공익개념이 행정법에서 차지하는 중요성에 비추어 제대로 해명되지 못한 채 抽象的 · 先驗的으로 전제되어 왔음을 지적하고, 공익개념을 法槪念의 하나로 해명할 것을 촉구하고 있다.[10] 그러나 서원우 교수 스스로 지적하듯이 공익개념의 실체적인 알맹이의 명확화는 실체법적 권리, 이익의 법적 구성과 다분히 연관되어 있는 것이고, 또한 공익개념의 相對化, 潛在的 公益觀의 등장 등으로 인하여 공익개념을 일반적 · 적극적으로 정의하기는 쉽지 않은 것으로 보고 있다.[11]

3) 公益違反의 法的 效果

우리 나라 행정법학자들의 일반적 견해는 公益違反의 法的 效果는 不當이라고 한다. 또한 不當은 재량권 행사를 그르친 경우로서 재량권의 일탈 · 남용이 되어 違法에 이르지는 않은 정도의 하자를 의미하는

하는 작용이라는 점은 자명한 것으로 받아들여지고 있다고 하면서, 공익은 다의적 개념으로서 "公" 또는 "公益"이 무엇인가에 대해서는 한마디로 대답하기 어렵다고 한다. 金南辰, 前揭書, 5-6면; 金南辰, 前揭論文, 793면 이하.

10) 徐元宇, 前揭「行政法에 있어서의 公益槪念」, 115-117면; 김남진 교수도 規準的 公益과 潛在的 公益이라는 두 가지 개념을 언급함으로써 독일의 현대적 공익론을 받아들이는 입장을 취하고 있다. 金南辰, 前揭書, 6면 주 10.

11) 徐元宇, 前揭論文, 147면.

것으로 관념되고 있으며, 公益違反이 재량권의 일탈 · 남용의 정도에 이르게 되면 그 법적 효과가 違法이 됨을 인정하고 있다.

김도창 선생은 公益의 내용이 정해지는 방식을 법규에서 정해지는 경우와 행정주체에 의해서 정해지는 경우로 구분하고 공익위반의 법적 효과는 전자의 경우에는 違法을, 후자의 경우에는 不當을 구성한다고 설명하고 있다.[12] 이는 우선 공익의 결정주체를 입법자와 행정주체의 두 가지로 보고 있는 점, 공익위반의 효과를 공익의 결정주체에 따라서 違法과 不當으로 나누어 고찰하고 있는 점에서 특징적이다.

김철용 교수는 公益法理를 하나의 법의 일반원칙으로 보고, 公益原則違反을 재량권 일탈 남용의 한 예로 설명하고 있으면서도, 재량행위는 당 · 부당의 문제만을 발생시키는 것으로 인식하고 있어서, 재량권을 그르친 정도에 따라 公益違反의 법적 효과를 달리 파악하고 있는 듯하다.[13]

박윤흔 교수도 目的違反이 재량권 행사의 위법을 초래할 수 있음을 인정하여 동일한 견해를 나타내고 있다.[14]

한편, 김동희 교수도 不當한 행정행위의 관념은 일반적으로 公益違反行爲로 정의되고 있다고 하면서도 이러한 정의가 지나치게 넓게 정의된 점을 인정하고 公益違反이 違法이 될 수 있는 경우를 적시하고 있다. 또한 不當한 행정행위의 법적 효과는 수익적 행정행위와 침익적 행정행위의 경우에 서로 다르게 나타남을 지적하고 있다. 즉 수익적 행정행위의 경우에 있어서는 부당을 이유로 하는 취소는 상대방의 신뢰보호의 관점에서 허용되지 않는다고 한다.[15]

---

12) 金道昶, 前揭書, 136면 주 2 참조.

13) 金鐵容, 前揭書, 44면, 177면.

14) 朴鈗炘, 前揭書, 353면.

15) 金東熙, 前揭書, 290-291면 주 1, 325면. 김동희 교수의 부당관념에 대해서는, 金東熙, 「우리 나라 行政法上의 不當概念에 관한 考察」, 『고시연구』 1987/3 참조.

4) 公益判斷의 基準과 利益衡量

우리 학계에서도 公益判斷을 법판단으로 파악하려는 경향이 뚜렷하다. 그리하여 김남진 교수와 같이 오늘날과 같은 다원화된 사회에서는 공익판단이 쉽지 않으나 결국 그 척도는 憲法이어야 한다고 하거나[16] 홍정선 교수와 같이 공익판단에 대해 헌법이나 법률이 이를 규정하고 있으면 이에 따라야 하고, 궁극적인 판단의 最高基準은 憲法이며, 우리 현행 헌법상 최고의 원칙은 인간의 존엄과 가치의 실현이므로 행정도 궁극적으로 이에 봉사하는 것이어야 한다고 본다.[17]

公益判斷은 구체적인 사실관계에 대한 판단과 결부되는 것이므로 이익형량이 그 판단의 중요요소가 된다는 점에 대해서도 우리 학자들의 견해는 대체로 일치하고 있다고 할 수 있다.[18] 판례도 公益判斷에 利益衡量이 필요하다는 점을 확인하고 있다.[19]

5) 公益概念의 分類와 公益의 主體

공익개념을 분류하는 것은 아직 보편적이라 할 수는 없지만 몇몇 학자들에 의해서 그 필요성이 인정되고 있다. 예컨대 김도창 선생은 앞에서 설명한 바와 같이 '行政目的' 즉 公益을 國家目的과 社會目的으로 나누고,[20] 김동희 교수는 공익을 一般公益과 具體的 公益으로 나누고 있으며,[21] 또한 홍정선 교수는 볼프 · 바호프를 인용하면서 公益을 일반

---

16) 金南辰, 前揭書, 6면; 金南辰, 前揭論文, 793면 이하.

17) 洪井善, 『行政法原論』, 2002, 10면.

18) 金南辰, 前揭書, 812면; 金鐵容, 前揭書, 587면; 朴鈗炘, 前揭書, 1015면; 金東熙, 前揭書, 693면.

19) 대법원 1980. 12. 23. 선고 76누70 판결.

20) 金道昶, 前揭書, 136면 주 2 참조.

21) 金東熙, 前揭書, 290-291면 주 1 참조.

적 공익과 특별한 공익으로 나누고 있다. 한편 홍 교수는, 공익의 주체로서, 자연인인 모든 국민, 조직화된 질서의 단일체로서의 인간공동체, 그리고 법기술상의 법인 등은 모두 公益(利益)의 歸屬主體가 될 수 있다고 본다. 그리고 公益은 國會制定의 法律에 의해서 보다 세부적으로 나타나게 된다고 본다.[22]

2. 行政法上의 公益槪念: 理解 準據의 摸索

1) 우리 나라의 公益論議의 課題

공익판단의 문제를 法的 問題로 인식하고 그의 법적 관련성을 적절히 해명하기 위해서는 공익개념과 공익판단에 대한 좀더 전향적이고 구체적인 분석이 필요하다고 본다. 종래 우리 나라에서는 공익을 행정목적으로 이해하고 그러한 公益의 優先 내지 公益과 私益의 조화를 행정법의 중요한 기능으로 이해하여 왔다. 이러한 이해는 21세기의 變化된 狀況하에서도 여전히 유효하고 의미 있는 것임에 틀림없지만, 공익의 法問題化를 염두에 둘 때, 공익논의에 있어서 좀더 進一步한 과제의 인식과 대응이 필요하지 않은가 한다.

첫째, 公益과 公共性의 영역의 多元化를 인정할 필요가 있다. 공익판단은 국익을 포함한 다양한 차원의 공공이익 상호간 및 공익과 사익 간의 형량과 조화를 통하여 보다 보편적인 공동체 이익의 판단으로 나아가는 과정이라고 이해되므로 공익에 대한 이해는 하나의 고정된 관념이나 정태적인 인식의 틀 안에 가두어질 수 없다는 점이 깊이 인식되어야 할 것이다. 이러한 점에서 우리 나라의 공익에 대한 이해방식은 개념에 대한 엄밀한 인식에 너무 큰 비중을 두지 말고 개별적인 공익의 이익상황을 분석하고 그러한 공익의 次元과 妥當領域을 한정시키는 동시에 다

22) 洪井善, 前揭書, 10-11면.

른 공익 또는 그보다 더 큰 보편성을 가지는 공익과의 관계를 적절히 설정할 수 있는 법이론적 방법을 개발해 나아가는 데 초점을 두어야 할 것이 아닌가 한다.

둘째, 공익을 더 이상 先驗的인 인식의 대상이라고만 치부할 수 없다고 할 때, 공익판단의 과정과 공익의 논증방식에 대한 논의가 보다 활발히 이루어질 필요가 있다. 특히 잠재적 공익관의 관점에서 공익판단의 정당성은 공익결정에 있어서의 節次的 要件의 준수 및 이해관계자들의 결정에의 적절한 참여 등에 의해 확보된다고 할 것이므로 절차법적 관점이 보다 강조될 필요가 있다. 또한 공익의 논증이 충분하지 못한 우리 판례에 대한 비판을 통하여 공익결정이 법관의 無意識的 裁量事項으로 되어 버리지 않도록 하여야 할 것이다.

셋째, 공익을 하나의 規範體系 안에 편입시킨다고 할 때, 규범적으로 정당한 공익의 인식이나 판단과 정당하지 않은 공익의 인식이나 판단을 어떻게 구별하고 그 관계를 어떻게 이해할 것인가가 문제 된다. 공익관념을 어떻게 이해하느냐에 따라 공익판단에 대한 규범적인 인식이 달라질 것이지만 공익을 규범체계 안에서 논의한다고 할 때, 公益判斷의 正當性에 대한 논의는 필수적인 것으로 사료된다.

이러한 관점에서 이하에서는 위와 같은 우리 公益論의 課題認識과 새로운 公益 理解의 準據로서 유용한 示唆點을 제시할 수 있는 독일의 공익론에 대해 검토해 보기로 한다.

2) 獨逸의 公益論과 그 示唆點

독일 行政法學에서의 公益槪念에 대한 논의에 대한 상세한 검토는 후술할 것이나, 독일공익론 중 볼프 · 바호프 · 슈토버의 공익론과 헤벌레의 공익론이 현대 독일의 공익론을 대표하는 것으로 이해되고 있다. 그리고 최근의 이론으로 위르프만의 공익론을 들 수 있다. 이들 공익론은 각기 상이한 측면에서 현대국가에서의 공익론의 문제점을 시사하고 있어서 우리 행정법상의 공익이해에 매우 유익한 관점을 제시해 줄 수 있다고 사료된다.

가. 볼프 · 바호프 · 슈토버의 公益論과 그 示唆點

볼프 · 바호프 · 슈토버가 제시하고 있는 公益에 대한 一般的인 설명은 독일에서의 논의를 一目瞭然하게 보여 주고 있고 독일 행정법학에 있어서의 공익개념에 대한 가장 전형적인 설명이라고 보여진다.

볼프 · 바호프 · 슈토버는 우선 행정의 公益에 대한 拘束을 강조하면서 법률적인 구속으로부터 자유로울 수 있는 행정도 공익으로부터 자유로울 수는 없다고 하고 있다.[23] 왜냐하면 民主的 法治國家, 社會國家, 環境國家에서는 公益 혹은 公共福利의 유지와 증진이 바로 행정목적이 되는데, 행정은 자신의 목적에 대한 구속으로부터 벗어날 수 없기 때문이다. 따라서 공익은 行政法에 있어서 당연히 일반적인 혹은 기본적인 의미를 가지면서도 행정법 교과서에서는 이에 대한 고찰이 왕왕 등한시되는 경향이 있는데, 이는 너무 자명하게 보이기 때문에 특별히 언급될 가치가 없는 것으로 취급된 것이 아닌가 생각한다.[24]

볼프 · 바호프 · 슈토버는 公益을 상론하면서 우선 利益의 의미로부터 고찰을 시작한다. 그에 의하면 利益(Interesse)이란 한 주체가 어떤 대상에 대하여 가지는 關心(Anteilnahme)이다. 이익에는 다시 두 가지가 있다. 그 하나는 어떤 주체가 어떤 대상에 대하여 실제로 가지는 주관적 · 사실적인 이익이다. 이들 이익의 강도와 범위, 그리고 그에 상응하는 주관적인 평가는 주체에 의하여, 특히 그의 재능, 경험의 범위 및 판단능력에 의해 결정된다. 또 하나는 이와는 달리 어떤 주체가 객관적으로 결정 가능한 진정한 이익이 존재한다. 이것은 어떤 대상이 사실적이

23) Wolff/Bachof/Stober, *a.a.O.*, S. 416.

24) *Id*.

아니라 특수하게 질서 지워진 필요나 목표 혹은 목적과 연결되며, 그로부터 무오류적으로 평가할 때 확인된다. 이러한 眞正利益(wahres Interesse)의 확인에 있어서, 관련되는 판단주체의 필요나 목표 혹은 목적은 '人格의 自由로운 形成 및 發展'이나 '본질에 상응하는 가능성의 실현' 등과 같은 객관적인 표준에 종속되어야만 한다고 한다.[25)]

다음에 볼프 · 바호프 · 슈토버는 공익의 개념에 대하여 일반공익과 특수공익으로 나눈다. 一般公益(allgemeine öffentliche Interessen) 혹은 公的 一般利益(öffentliche Gemeininteressen)이란 그 구성원의 활동 및 질서의 통일체로서의 國家 혹은 公共團體의 이익이다.[26)] 다시 일반공익에는 事實的 一般公益(tätsächliche öffentliche Gemeininteressen)과 眞正一般公益(wahre öffentliche Gemeininteressen)이 포함된다. 사실적 일반공익은 예를 들면 투표나 여론을 통하여 표출되거나 혹은 공동체조직의 관리를 통해 나타나는 (國家)主體(Träger) 자신의 事實的 利益이다.

한편 眞正 一般公益이란 오류 없이 인식되는 共同體의 利益이다. 그것은 평화적인 사회질서, 인간의 가치와 존엄의 유지, 점유, 소유 및 법적 거래의 가능성, 교육, 문화, 경제, 그리고 환경유지의 가능성 및 증진 등 간단히 말하자면 각각의 관계에 상응하는 實質的인 법적 상태의 형성 또는 유지의 이익이다. 이것은 혹자가 주장하듯이 '空虛한 形式(Leerformel)'에 그치는 것이 아니라 모든 法發見 및 法定立의 기초가 된 抽象的인 原理라고 한다.[27)]

또한 볼프 · 바호프 · 슈토버에 의하면 特殊公益이란 특정지역의 혹은 기능적 국가 내부적 總體(Gesamtheit)의 共同利益(多元的 利益(plurale Interessen))이거나 국가 혹은 좁은 의미의 일반에 대해 의미를 가지거나 그의 보호를 위해 公的 組織이 존재하는 個別的인 成員의 利益을 말

---

25) *Ibid.*, S. 418.

26) *Ibid.*, S. 419.

27) *Ibid.*, S. 420.

한다. 원천적으로는 私的 利益이라도 그의 내용적 의미나 범위 혹은 다른 이유로 공적인 성격을 띨 수 있다. 특수이익의 범주에 속하는 것 같은데 법리적으로 중요한 의미를 가지는 것은 구체적인 경우 개인에 의해 대표되거나 혹은 개인을 통해서 실현되는 '不特定의 一般人(unbestimmte Allgemeinheit von Personen)'의 利益이라는 것이다.

이와는 달리 特殊公益이 오로지 일반성을 형성하는 관련인들에게 공통하는 실제적인 이익으로만 환원된다면, 이 때에는 事實的 特殊公益이 된다. 이것의 성립은 필연적이기보다는 우연적인 것이며, 그것의 의미는 그 배후에 존재하는 집단과 권력의 힘과 영향에 달려 있다는 것이다. 그러나 관련된 사람들의 공통의 진정한 이익으로 환원되는 경우에는 眞正 特殊公益이 된다고 한다.[28] 이상 볼프 · 바호프 · 슈토버의 公益의 분류를 표로 나타내면 다음과 같다.

- 公益
  - 一般公益
    - 事實的 一般公益
    - 眞正 一般公益
  - 特殊公益
    - 事實的 特殊公益
    - 眞正 特殊公益

위에서 보듯이 볼프 · 바호프 · 슈토버의 公益概念 정의에서 특징적인 것은 眞正公益과 事實的 公益에 대한 구별이다. 이는 앞에서도 잠시 나온 이익의 구별, 즉 서로 비교할 수 없는 主觀的인 利益(기수적 이익)과 客觀的인 利益(서수적 이익)의 구별에 상응하는 것이다. 그래서 이러한 구별에 따른다면 개개인이 가지는 事實的 利益이 반드시 眞正公益과 상응하는 것은 아니며 서로 대립 충돌하는 경우가 많게 된다.

그런데 이는 개념적으로 의미 있는 구별인 듯하지만 이러한 추상적인 설명으로 구체적인 경우에 그것이 과연 어떤 문제 해결에 도움을 줄

28) *Ibid.*, S. 421-422.

것인지 의문이다. 앞에서 眞正 公的 一般利益이란 오류 없이 인식되는 공동체의 이익이라고 했다. 그리고 또한 각각의 관계에 상응하는 실질적인 법적 상태의 형성 또는 유지에서 오는 이익이 진정 일반이익이라고 했다. 그러나 이 정도의 설명으로 무엇이 眞正 一般公益인지 명확해진 것일까?

행정법적으로 어떻게 이 眞正 一般公益을 확인할 것인지가 또한 어려운 과제가 된다. 이 문제에 대해서 볼프 · 바호프 · 슈토버는 질서 잡힌 국가에서는 공행정 주체에 대하여 그의 견해를 중심으로 眞正 公的 一般利益 혹은 特殊公益을 확정하거나 실현하도록 하지 아니하고, 법률 또는 조례에 의하여, 또는 법적인 권능의 보유자나 혹은 그의 헌법상의 기관이 구속력 있는 公益을 부여하는데, 이를 規準的 公益(die maßgebenden öffentlichen Interessen)이라고 한다.[29] 다시 말하면 볼프 · 바호프 · 슈토버는 공익에 대해서 입법자의 우선권을 부여하고 있는 것이다. 입법자가 정하는 공익이 바로 행정이 실현해야 하는 공익이 된다는 것이다. 그러나 경우에 따라서는 입법자가 정한 공익이 眞正公益이 아닌 때도 있는데, 이 때에도 실정법을 준수하는 것 자체가 비할 바 없이 큰 公益이 된다고 본다.[30] 이러한 이해는 法的 安定性을 법의 핵심적 이념으로 파악하는 입장에서 비롯된 것이라 할 수 있다. 한편, 볼프 · 바호프 · 슈토버는 공익은 고정, 불변의 것이 아니라고 하고, 민주사회에서 공적 일반이익은, 眞正 一般公益을 한축으로 하고 국가 주체의 사실적 이익과 영향력 있는 집단의 공통적인 개별이익을 다른 한 축으로 하여 그 사이의 합의의 표현으로 나타나는 것이 표준적 양상이라고 이해한다.[31]

---

29) *Ibid.*, S. 423.

30) *Id*.

31) *Id*.

나. 헤벌레의 公益論과 그 示唆點

헤벌레는 『法的 問題로서의 公益』이라는 그의 역저에서 公益概念의 의미와 법적 기능을 잘 분석하고 있다.[32] 그는 이제까지 법외적인 요소로 다루어지던 公益을 법형성적인 요소의 하나로 분석하면서 공익이 입법 및 판례에서 차지하는 의미를 세밀히 규명, 기술함으로써 공익개념의 실제적인 법적 기능이 무엇인가를 잘 보여 주고 있다.

헤벌레의 공익분석은 두 가지 측면에서 이루어졌다. 첫째, 그는 독일의 입법에서 구성요건으로 나타나는 공익의 위치분석을 시도하였다. 둘째, 프로이센 시대로부터 독일의 판례에서 공익이 어떻게 구체화되어 왔는가를 분석하고 있다. 헤벌레는 입법 및 판례에서의 公益의 현상형태에 대해서 언급하고 나서, 그를 바탕으로 해서 나타나는 公益의 특징을 요약 기술하고 있다.

헤벌레에 의하면 公益은 전혀 법과 관계없거나 법 이전에 미리 결정되어 있는 '어떤 것'이 아니다. 公益은 법과는 서로 구별되면서도 서로 영향을 미친다. 법관은 법률의 해석과정에서 法律을 公共福利法으로 구체화하는 역할을 한다. 이러한 과정은 res publica의 규범적인 公益秩序로서의 憲法에 근거하여 이루어진다. 그러나 국가는 공익에 대하여 독점권을 가지지 않을 뿐더러 公益決定에 대한 무오류성이라는 것도 존재하지 아니한다.[33]

헤벌러의 가장 큰 공헌은 공익과 관련한 다양한 질문들과 문제들을 구체적인 법률규정과 판례들을 실증적으로 분석함으로써 검토하고 있다는 점이다. 공익에 대한 실증적 분석으로부터 헤벌레는 광범위한 일반 법이론을 정립하였다. 예컨대 공익이라는 관점에서 법률을 어떻게

---

32) Häberle, *Öffentliches Interesse als juristisches Problem*, 1970.

33) Häberle, "Die Gemeinwohlproblematik in rechtswissenschaftlicher Sicht", *a.a.O.*, S. 25-30.

해석할 것인가 라는 문제로부터 일반적인 법률해석방법론을 정립하고, 재량행사를 공익에 적합하게 수행해야 하고 이에 대한 사법적 통제가 가능하다는 관점으로부터 재량에 대한 일반이론을 정립하고 있다.[34)]

다. 위르프만의 公益論과 그 示唆點

위르프만은 1999년 출판된 그의 교수자격청구논문에서 공익에 대한 그 동안의 독일 공법학계의 연구성과를 종합하고 그 바탕 위에 자신의 공익에 관한 법이론을 전개하였다.[35)]

위르프만은 독일 공법학상 공익론을 발전시킨 중요한 이론가로 뒤리히, 볼프, 마르텐스 및 헤벌레를 들고, 이들의 공익론을 비판적으로 검토하고, 이러한 바탕 위에서, 공익개념의 법적 의미를 크게 다음 세 가지 문제로 나누어 취급한다.

첫째, 公益과 國益, 私益의 區別 문제이다. 우선 그는 독일법질서상으로 공익과 국가의 이익을 구별하는 것은 적절하지 못하다고 한다. 이는 공익과 국익을 엄격히 구별해 온 크뤼거 이래의 일반적 입장과 다른 점이다. 위르프만은 실질적 법치주의가 확립된 헌법 아래에서 실정법규범의 해석에 중점을 두고 있기 때문에, 공익과 국가이익이라는 개념은 서로 대용될 수 있으며, 어느 개념을 사용하느냐는 입법자의 선택의 문제로서 실무상 양자를 구별할 아무런 기준도 존재하지 않는다고 한다.

이에 반해 공익과 사익의 대비는 일반적으로 인정될 수 있다. 그러나 공익과 사익이 하나의 관점에 의해 구별될 수 있는 것은 아니다. 이들의 구별은 그것이 처한 다양한 맥락 속에서 각각의 경우에 다양한 내용과 기능에 의해 대비되어 나타난다. 그리고 공익을 규정하는 데 있어서 결정적인 기준을 제시해 주는 것은 각각의 경우에 있어서 결정주체의

---

34) 자세한 것은 *Infra*. 제3장 제8절 참조.

35) Uerpmann, *Das öffentliche Interesse*, 1999.

권능이다.

둘째, 公益의 具體化의 문제이다. 위르프만에 따르면 공익의 내용은 公益具體化權能에 의하여 결정된다. 따라서 위르프만은 공익내용의 구체화를 위한 지침을 형식적 내지 조직법적 관점에서 도출한다. 이를 위해 입법·사법·행정 상호간에서 공익구체화권능이 구체적으로 어떻게 배분되어 있는지, 그리고 헌법과 법률 속에 공익구체화권능이 어떻게 규정되어 있는지 등을 이론적인 차원과 실증적인 차원에서 분석하고 있다.

셋째, 구체적 공익판단의 도출을 위한 利益衡量의 문제이다. 위르프만은 헌법과 법률에서 명시적 혹은 묵시적으로 규정하고 있는 공익구체화 지침, 즉 공익을 구체화하는 데 있어서 고려되어야 할 관계이익들을 전통적인 법해석방법론에 의해 도출해 내고, 이러한 다양한 관계이익들 상호간의 형량을 통해 공익을 도출하고자 한다. 이 과정에서 법도그마틱은 이러한 형량과정을 구조화하기 위한 도구로 사용된다.

위르프만의 權能理論과 衡量理論은 공익구체화를 위한 기본적인 방향을 제시하고 있다. 공익의 구체화를 위해 국가기관 간의 權限의 配分을 중요시한다는 것은 중요한 의미 있는 방법론 중 하나라고 생각되고, 나아가 공익구체화를 위한 형량의 중요성에 대한 강조는 법적 문제로서의 공익판단을 가능케 하는 기본적 이해의 틀에 해당한다고 사료된다.[36)]

3) 行政法學에 있어서의 公益理解의 觀點

공익개념이 多義的이며 그 실체적인 의미 내용을 실정법과 그 적용상황의 法所與의 구체화 없이 확정할 수 없다는 점에 대해서 우리 학자들의 견해는 대체로 일치하는 것으로 보인다. 이렇게 볼 때 공익개념을 一般的 積極的으로 定義하고자 하는 노력은 종종 무모한 것으로 비칠

---

36) 자세한 것은 *Infra*. 제3장 제9절 참조.

수밖에 없는 것이다. 다만 공익이 私益과는 달리, 개인이 아닌 共同體的 觀點에서의 利益이라는 점은 누구도 부인할 수 없을 것이다. 그러나 공동체적 관점의 이익이라 하여도 그 準據共同體의 성격이나 지위, 이익의 포괄성의 정도, 관련 이익의 중요도 등에 따라서 구체적인 공익판단은 달라질 수 있는 것이다. 또한 경우에 따라서는 단순히 全體 共同體의 이익의 總量을 공익으로 이해하는 것이 부적절할 수도 있다. 예컨대 社會構成員으로서의 정당한 지위를 박탈당한 사회적 弱者의 이익은 그러한 사회적 약자의 보호가 단순한 전체 공동체의 이익의 總量을 증대시키는 데에는 부정적인 효과를 가지더라도, 優先的인 公益으로 평가되어야 할 측면도 있게 된다.[37] 요컨대 공익판단도 일종의 가치판단이므로 그에 대한 단순한 도식적 설명은 한계를 가질 수밖에 없다.

때문에 공익개념에 대한 올바른 접근방법에 있어서는 그에 대한 보편적이고 일반적인 정의를 시도하는 것이 아니라 공익개념의 분석과 그 법적 기능성의 제고를 위한 분석과 이해의 틀을 정비해 나가는 것이 先決的으로 요구된다고 본다. 이를 위하여 볼프 · 바호프 · 슈토버가 정리한 一般公益, 特殊公益, 眞正公益의 개념, 그리고 공익 상호간의 충돌과 이익형량의 필요 등의 관념은 공익개념의 해명을 위하여 매우 중요한 분석의 도구개념이 된다고 보며 또한 우리 나라에도 이미 소개된 바 있는 規準的 公益說, 潛在的 公益說, 個人權擴張說 등의 관점에서의 공익이해도 매우 중요한 공익분석의 틀을 제공해 준다고 생각한다.

요컨대 공익판단에서 문제 되는 것은 보편적인 공익개념의 부재가 아니라 공익개념의 분석틀의 부재 또는 불비라고 할 수 있고, 이 연구의 목적도 이러한 공익에 대한 이해와 분석의 틀을 모색하고자 하는 데 있는 것이다.

---

37) 이러한 국면에서의 공익개념은 英 · 美의 公益法(Public Interest Law)에 있어서의 공익개념에 접근한다.

第 3 節 獨逸 行政法學의 形成 發展과 公益論

1. 行政法의 發展과 行政法學의 成立

국가의 존재가 바로 행정의 성립을 의미하지 않으며, 행정의 성립이 바로 行政法의 형성을 의미하지 않고, 행정법의 성립이 또한 行政法學의 성립을 의미하는 것은 아니었다.[38] 行政法學은 여러 가지의 여건이 갖추어진 이후에 비로소 하나의 법학의 분과로 형성 · 발전될 수 있었다. 이러한 여건에는 특히 權力分立制度와 行政裁判所의 設立, 그리고 이를 기초로 한 法治行政原理의 發展이 중요한 요소를 이루게 된다.

신성로마제국 말기까지 독일에는 독립적인 行政法이 존재하지 않았다. 15세기 이래 존재한 라이히 및 란트의 경찰조례는 그것 자체로는 통일적인 법원으로 기능하지 못하였다. 이 당시에는 영주의 의사가 동시에 법원으로 기능하였다. 이는 이 당시에 행정법으로 불릴 수 있는 규율체계의 주목적이 영주나 귀족계급의 효율적인 통치수단에 지나지 않았음을 의미한다.

그러나 절대주의 국가 안에서 일반 신민에게 법의 보호가 전혀 없었던 것은 아니다. 그렇지만 라이히 법원[39]과 라이히 궁정법원 등에 제소하는 길은 당시 귀족 신분이 가지고 있던 免訴의 特權(das privilegium de

---

38) E. Forsthoff, *Lehrbuch des Verwaltungsrechts*, Band 1. Allgemeiner Teil, 10. Aufl., 1973, S. 41.

39) 라이히 법원이 만들어진 것은 1495년의 영구평화령(Ewiger Landfrieden)과 관련이 깊다. 즉 이 법으로 인하여 복수와 자력 구제가 금지되고 분쟁이 있을 때는 라이히 법원에서 재판을 받도록 하였다. 이 법원에서는 로마법을 적용하였으므로 이에 대한 연구가 활발히 이루어지는 계기가 되었다. E. Forsthoff, *Deutsche Verfassungsgeschichte der Neuzeit* 4. Aufl., Kohlhammer Studienbücher, 1961, S. 14.

non appelando)에 의하여 크게 제한받을 수밖에 없었다. 이 당시에 行政法上 권리보호의 한 방법으로 큰 역할을 한 것은 로마법에서 유래한 Fiskus(國庫)라는 개념이다. 이 개념은 국가 및 공작의 재산을 서로 구분하는 징표가 된 동시에 국가의 소송상의 지위를 나타내 주는 것이기도 하였다.[40] 만일 개인이 영주에 대하여 보상을 청구하고자 할 때에는 국고에 대하여 하여야 하며, 지배자에 대하여 해서는 안 된다는 것이다.[41] 이러한 이론은 수용을 강제매수로 이해하며, 공무수행관계를 근무관계로 이해하는 이론과 상당히 밀접한 성격을 가진다.

行政法 발전에 획기적인 역할을 한 입법으로는 프로이센 일반 란트법이 있다. 이 법의 성격은 이제까지 군주와 신민의 관계로 생각되어 오던 것을 國家와 市民의 관계로 파악한 점에서 독일 근대 입법의 序章을 열었다고 평가할 수 있다. 따라서 종래의 절대주의적인 군주권 사상에서 후퇴하여 군주가 권리를 가짐과 동시에 의무도 부담하는 '法律關係'가 형성되는 계기를 이루었다.

이러한 국가와 국민 사이의 권리 · 의무 관계의 형성은 19세기 초반의 시민계급의 성장과 밀접한 관계가 있다. 이 때 독일에서 진행된 산업의 발전은 계산가능성 및 예측가능성을 요구하였으며,[42] 법제도 또한 이러한 방향으로 발전하였다. 이것이 구체적인 제도로 나타난 것이 헌법에 의한 개인의 權利保護, 權力分立 및 司法에 의한 權利救濟 등이었다.

따라서 이제 군주는 자기 마음대로 국민의 권리와 의무에 관한 사항

---

40) N. Achterberg, "Strukturen der Geschichte des Verwaltungsrechts und der Verwaltungsrechtswissenschaft", *DÖV* 1979, S. 738.

41) 이 개념은 공 · 사법의 구별 아래서 국가는 고권적인 지위를 가지면서도 私法的으로 작용할 수 있다는 후기 국고이론과 구별된다. 국고이론에 대해서는 또한 이 장 제3절 4. 1) 나. 참조.

42) M. Weber, *Wirtschaft und Gesellschaft, Grundriss der verstehenden Soziologie 2.* Halbband, 1956, S. 503ff.

을 專斷하지 못하고 단지 법률 및 그로부터 파생하는 법규에 의해서만 작용할 수 있게 되었다. 이 당시에 성립한 원칙이 근대 법치행정의 출발점이라고 할 수 있는 法律의 優位 및 法律의 留保原則이다.

이러한 行政法 발전에 결정적인 계기를 형성한 것은 역시 行政裁判所의 설립이다. 이 당시에는 행정에 관한 사건에 대하여 독립한 행정재판소가 존재했던 것이 아니라 행정기관에서 그에 대한 심판도 아울러 담당하였으나, 행정사건에 대하여 심판하는 독립적인 행정재판소가 설립되면서 行政法은 비로소 체계적인 발전의 길에 들어서게 되었다. 그러나 이 당시만 하더라도 행정재판소에 제소할 수 있는 사항은 제한적으로만 인정되었다. 가령 '特別權力關係'는 행정재판소의 심사대상에서 제외되었다. 마찬가지로 裁量問題나 不確定法概念의 해석은 소위 列記主義라 하여 出訴可能性이 대폭 제한되었다.

행정에 관한 제도의 발전과 함께 그에 관한 학문의 발전도 계속되어 관방학, 경찰학, 국가법학의 순서로 점차 세분화되기에 이르렀다. 그러나 엄밀히 말해서 권력분립체계가 확립되기 전에는 行政法이 성립할 여지가 없다. 군주의 입법권을 인정하는 절대주의 시대까지는 행정법의 발전을 기대하기 힘들었다. 나중에 警察學으로[43] 발전한 官房學은 그 당시 필요로 하던 궁정의 유지나 공무원의 고용을 위한 재정조달을 목적으로 출발한 것이었다. 이 경찰학의 내용으로는 오늘날의 경제학, 재

---

43) 15, 16세기의 문헌에서 '경찰'은 Pollicey(ei), Policey(ei), Pullucey 혹은 Pollizey(ei) 등 다양한 형태로 표현되고 있다. 그 의미도 다양한 것을 지칭하므로 오늘날과 같은 의미만으로 한정해서 파악할 수 없다. Grimm의 백과사전에서는 15세기부터 17세기까지 사용된 '경찰' 개념의 용례를 다음과 같이 서술하고 있다. "die regierung, verwaltung und ordnung, besonders eine art sittenaufsicht in staat und gemeinde, auch, den staat selbst sowie die staatskunst, politik" J. und Grimm, Deutsches Wörterbuch, Bd. VII, bearb. von M. Lexer, Leipzig, 1889, Art. Polizei, Sp. 1981-85. 더 자세한 내용은 Hans Maier, *Die ältere deutsche Staats- und Verwaltungslehre*, 1986, S. 93-100.

정학, 농업 및 광산업에 대한 이론 등이 포함되었다. 이 가운데서 국가의 활동을 법적으로 파악하려고 시도한 것이, 오늘날 行政法學의 발전의 계기를 가져왔다. 19세기 행정이론의 정점을 이루는 것으로는 로버트 폰 몰의 행정학과 로렌츠 폰 슈타인의 행정학이 있다.[44] 이 가운데 전자는 행정의 자유주의적인 과제를 중시하였으며, 후자는 행정의 사회적인 목표를 강조하였다.[45]

신성로마제국이 무너지고 초기 입헌주의가 시작되면서 오늘날의 行政法學의 뿌리가 되는 國家學이 발전하기 시작하였다. 그러나 그 발전의 방법론은 처음부터 상호 대비되는 두 가지의 흐름으로 나타났다. 먼저 그 하나는 국가학적인 방법으로, 이는 종래 경찰학에서 다양하게 파악되던 행정을 그 목적과 조직을 기준으로 개념적 · 체계적으로 파악하려고 하였다. 이 방법의 목적은 행정의 실제적인 기능들을 국가의 여러 작용별로 기술하려는 것으로서, 行政法은 단지 여러 요소들 가운데 하나로 취급되었다. 이와는 달리 법학적인 방법은 실정법의 해석을 통하여 모든 행정활동영역에 공통적으로 작용하는 법제도 및 법원칙을 추출함으로써 국가의 모든 행정활동을 법적인 관점 아래에 파악하려고 하는 것이었다.

이러한 과정에서 자유주의적인 사고가 큰 역할을 하였다. 즉 이 당시에는 國家와 社會를 엄격하게 구별하고, 사회는 자유를 가지는 개인들의 활동에 의하여 발전한다고 생각했기 때문에 국가의 작용은 질서유지를 위한 소극적인 범위에 국한되어야 한다고 보았다. 이러한 사고 아래서 당연히 국가활동 가운데 개인의 자유와 재산을 침해하는 경찰명령이나 조세의 부과 등 行政行爲가 행정활동의 중심적인 형태로 파악되었다. 그러나 급속한 산업화 및 도시화와 함께 사회 형성적인 국가작용에

---

44) Robert v. Mohl, *Die Polizeiwissenschaft nach den Grundsätzen des Rechtsstaates*, 3 Bände, 3. Aufl., 1866; Lorenz v. Stein, *Verwaltungslehre*, 8 Teile, 1866-1884.

45) N. Achterberg, *a.a.O.*, S. 741.

대한 요청도 함께 증대한 것도 사실이다.

이렇게 19세기는 行政法學 탄생의 여러 조짐들을 내비치면서 저물어 갔고, 마침내 20세기에 들어서 오늘날과 같은 방법과 내용을 갖춘 行政法學이 성립하였다.

2. 行政法, 行政法學의 發展과 公益

行政法이 존재하지 않았던 영주의 지배 시기에는 公益이라는 관념은 따로 존재하지 않았으며, 영주가 전체의 안전과 복리를 책임진다는 관념 아래서 개인의 기득권이 침해되지 않는 범위에서 공동체 목적을 위한 여러 활동이 이루어졌다.

경찰국가 혹은 절대국가 아래서는 개인의 자유를 바탕으로 국가와 사회를 서로 분리하여, 시민 각자의 활동으로 전체의 이익과 발전이 자연적으로 도출되는 것으로 파악되었다. 이 때에도 公益概念은 법적으로 파악된 것이 아니라 추상적 · 관념적으로만 파악된 것으로 볼 수 있다.

공익개념이 비로소 법적인 의미를 획득한 것은 近代立憲主義가 실시되면서부터이다. 이 때는 개인의 자유를 보장하는 헌법이 마련되고 국가의 작용도 법률을 위반할 수 없으며(法律의 優位), 법률의 근거가 있을 때에만(法律의 留保) 가능하다고 보았다. 따라서 이 시기부터 公益은 명시적 혹은 묵시적으로 법규에 편입되며, 그 입법에 의거하여 행정은 작용을 할 수 있었다. 그런데 주의할 점은 법치주의의 초기 형태인 形式的(혹은 市民的) 法治國家 아래서는 국가활동이 소극적인 면에 국한되거나 적어도 행정법적으로는 논리적으로만 파악되었기 때문에, 국가활동의 목적이 되는 공익의 실현은 어떤 국가작용의 전제를 이룰 뿐이지 그 내용에 대해서는 자세한 언급이 없었다. 예컨대 오토 마이어의 行政法 체계에서 공공의 복리 혹은 公益이 직접 언급된 것은 극히 제한적이다.[46] 공익의 내용에 대하여 법학적으로 논의된 것은 社會的 法治國家가 형성되는 제2차 세계대전 후라고 보아야 한다.[47]

3. 公法으로서의 行政法과 公益

1) 公 · 私法 區別論議의 槪觀

行政法이 법학의 독립적인 한 분과로 발전하기 시작한다고 할 때 그것은 필연적으로 기존의 다른 법분과와의 관계에서 그와 구별되는 다른 목적이나 체계를 가져야 할 것이다. 특히 公法의 한 분야로서의 行政法은 그 목적이나 개념체계상 私法과의 비교가 중요하다. 독일의 법제도가 公法과 私法의 이원적인 구조로 되고, 행정법이 公法의 한 영역으로 간주되는 전통은 17세기 초 독일에서 公法이 독립된 분과로 강의된 이래 계속되어 온 현상이다.

그러나 공법과 사법의 엄밀한 구분은 언제 어디서나 명확히 인식된 것은 아니다. 지금의 公法과 私法에 상응하는 라틴어는 ius publicum과 ius privatum이다. 그러나 로마시대의 ius publicum은 res publica에 관련된 모든 법을 지칭하는 개념으로, 이것이 특별히 소송의 가능성이나 소송의 형태와 연결되는 것은 아니었다. 말하자면 ius publicum과 ius privatum의 구별은 개념적 체계와의 관련성이 없었으며, 또한 법실무와의 현실적인 관련도 없었다.[48)]

로마법적인 전통은 휴머니즘 안에서 계승되었다. 이 때에도 ius publicum은 주로 국가관련법, ius privatum은 주로 개인 관련법으로 이해되었다. 그런데 16, 17세기에도 公法이나 私法이라는 표현이 모든 법을

---

46) 오토 마이어는, 행정의 재량에 대하여 언급하면서, 법률의 수권이 있는 범위 아래서 필요한 경우에 공공의 복리(혹은 공익)에 대한 판단을 할 수 있다 라고 한다. O. Mayer, *Deutsches Verwaltungsrecht* Band 1., 3. Aufl., 1924 (Nachdruck 1969), S. 99.

47) 물론 나치시대에도 비슷한 논의가 있었으나 그 중 대부분은 전체주의적 국가관에서 비롯된 것이므로 '공익'에 관한 옳은 논의는 아니라고 본다.

48) M. Bullinger, *Öffentliches Recht und Privatrecht*, 1968, S. 15-16.

엄밀히 구별짓는 개념으로 사용된 것은 아니었으며, 단지 특정의 법영역에서 특정의 법관계를 도그마적으로 성격 지우기 위해서 사용된 것일 따름이다. 이 때에는 ius privatum에서 형성된 많은 실체규정 및 소송방식이 ius publicum에도 또한 적용된다고 보았다. 여기에 대하여 군주는 자신의 입법권(legibus soluta potestas)에 의하여 이런 일반적인 법의 적용으로부터 배제될 수 있었다.[49] 이 때 가끔은 ius publicum의 ius privatum에 대한 우월성이 주장된 경우가 있었으나, 이 경우에 公法의 私法에 대한 우월성이 주장된 것이라기보다는 전체로서의 공동체의 위엄과 중요성을 강조한 데 지나지 않는 것이었다.

한편으로 군주는 입법권 및 명령권에 의하여, 군주 개인을 위해서가 아니라 지배자로서의 직무에 의하여 公共福利를 위하여(im Interesse des gemeinen Wohls) 신민의 권리와 이익을 침해할 수 있다는 원칙이 확립되어 갔다. 물론 이 때 서로 충돌하는 경우에 양보되어야 하는 것은 학문적 체계적인 의미가 아니라 연원이나 종류에 관계없이 모든 사권이 여기에 해당하는 것으로 이해되었다. 말하자면 이 당시까지만 하더라도 公 · 私法의 구별은 이론적 · 체계적인 구별이 아니라 사항 관련적인 구분에 지나지 않았다.

그러나 18세기에 들어오면서 사정은 바뀌었다. 대표적인 예로 슈마우스(Schmaus)는 ius publicum을 국가 및 정부의 조직에 관한 법으로 보고, 私法과는 구별되어야 할 것으로 파악하였다.[50] 하지만 이 당시까지만 하더라도 公 · 私法의 구별은 실체적인 의미를 지닌다기보다는 방법체계적인 의미를 가지는 것으로 인식되는 데 불과하였다.[51]

公法과 私法의 구별이 일반적인 체계를 가지는 실체로 서로 뚜렷이 구분되기 시작한 것은 理性法이 관념화되기 시작하면서이다. 자연법 체

---

49) *Ibid.*, S. 28.

50) *Ibid.*, S. 30.

51) *Ibid.*, S. 30.

계 안에서 公法과 私法은 서로 완전하며, 대립적인 법체계로 대립하게 된다. 이 때 私法이란 자연법적으로 상정된 시민과 시민 간의 관계를 규율하는 법이며, 국가법 혹은 公法이란 국가권력과 시민과의 관계를 규정한 법이다. 그러나 여기서 중요한 점은 자연상태의 私法이라는 관념은 그 자체로 임시적인 것으로, 국가공동체 및 '公法'의 존재 없이는 불안정한 개념일 뿐이다. 또한 자연법적으로 관념된 私法은 공동체의 公法에 의해 수정되지 않을 수 없으며, 경우에 따라서는 私法의 교환적인 정의가 公法의 배분적인 정의에 복종해야 하는 경우도 생긴다. 이를 잘 표현한 것이 칸트의 "각 사람의 자유가 다른 사람의 자유와 일반적인 법률 아래서 공존할 수 있는 조건 아래서 제한된다."는 원리이다.[52)]

이 당시에 스바레즈(Svares)는 일반란트법안에서 公法과 私法은 그 범위가 서로 겹치는 것으로 보았다. 따라서 公共福利에 대한 구속성은 私法에도 그대로 적용된다. 그는 私法이 개인과 개인 사이의 관계를 규율하는 법일 뿐만 아니라 공동체 안에서 적절한 생활 질서의 조건을 규정하는 것으로 보았다. 그러나 한편 스바레즈는 국가가 존재하는 일차적인 의의는 시민의 권리 및 자유로운 발전을 보장하는 데 있다고 보고, 公共福利를 위한 국가활동은 엄격한 조건 아래서만 예외적으로 허용되는 것으로 보았다.[53)]

1819년 뷔르템부르크 헌법 제95조에서는 "공권력에 의하여 자신의 권리를 침해당한 자에게는 訴權이 주어져야 한다."고 규정하였다. 그러나 이에 대하여 폰 몰(v. Mohl)은 이 권리는 국민과 국민 사이의 권리를 규정한 것으로, 국민과 국가 간의 관계에 대하여는 적용되지 아니한다고 하였다.[54)] 단지 국가가 사인으로 행동한 경우에는 被訴될 수 있었

---

52) E. Kant, *Werke* IV, 1957, sonderausgabe 1983, S. 412f. 각인의 자유를 가능하게 하는 것은 인간의 의지이다. A. Baruzzi, *Freiheit, Recht und Gemeinwohl*, 1990, S. 179.

53) M. Bullinger, *a.a.O.*, S. 46-47.

다. 그러나 반면에 私權이라도 公權的인 성격을 함께 지니는 것은 재판에 의한 권리 구제의 대상에서 배제되었다. 이러한 제소가능성에 대한 차별화가 사권과 공권을 엄격히 구별지우는 동기가 되었다. 이러한 구분은 법학적 · 방법론적인 동기를 가진 것이라기보다는 법정책적인 이유에 의한 것이었다.[55] 18세기 및 그 이후의 군주들은 자신의 입법권 및 행정권을 재판통제의 대상에서 제외시키고자 하였으며, 그것은 개인들의 다툼에 대해서만 법원에 제소할 수 있다고 하는 제소가능성의 논리에 의하여 뒷받침되었다. 이것은 위에서 본 國庫理論과 맥락을 같이 하는 것으로서 이러한 입장에서 公法과 私法을 구분하려는 시도가 많았다. 이러한 경향은 국가를 대부분 다른 사회조직과는 구별되는 어떤 것으로 보든가, 국가생활을 사회생활과는 다른 것으로 보는 것에서 비롯되었는데, 이에 대한 이론적인 뒷받침을 부여한 것이 헤겔(Hegel)의 법철학이다.

18세기 이전에는 公 · 私法의 구별은 넓은 의미의 普通法(Gemeinrecht im weiteren Sinne) 안에서 사항적으로 구별되는 것으로 인식되었다. 그러나 19세기로 전환되는 시점에는 이러한 인식이 변화하여 公 · 私法은 서로 확연히 구분되는 범주로 인식되기 시작하였다.

2) 公 · 私法의 區別과 公益

公 · 私法을 구분하려는 시도는 처음에는 현실적인 소송제도상의 필요성 때문에 이루어졌으며, 그 후에는 관념적인 국가 · 사회의 분리론에 기초하였다. 그러나 公法과 私法을 서로 대립하는 법체계로 엄격히 분리하여 파악하는 것은 여러 가지의 문제점을 낳는다. 공법과 사법을 분

---

54) R. v. Mohl, *Das Staatsrecht des Königreiches Württemberg*, 1. Aufl., Tübingen, 1829, Band. 1., S. 328f.

55) M. Bullinger, *a.a.O.*, S. 51.

리하면 일응 公法은 공공의 복리 혹은 공익을 위한 법이요, 私法은 사적인 사익을 보호하기 위한 것이라는 공식이 성립하는 것으로 오해할 수가 있다. 그러나 개인들의 이익과 공익은 서로 분리할 수 없을 정도로 결합되어 있는 것이 통상이라는 점을 간과하여서는 아니 될 것이다. 국가공동체의 公共福利는 특수한 공법의 외적인 형태에 의존하는 것은 아니며, 구체적인 법률 및 법률 관계가 그 속에서 어떻게 형성되어 있는가의 여부에 따라서 달라진다고 말할 수 있다. 가령 헌법에서 사적인 소유권, 시장경제 및 경쟁의 원리를 公益에 합치하는 것으로 규정한 경우에는 개인의 소유권 보호와 사기업의 시장을 통한 경쟁이 유지되도록 보장하는 것도 公共福利에 합치하는 것으로 해석된다.

公·私法을 구별하는 개념은 오랜 역사를 통해 형성된 것이므로, 이를 하루아침에 포기할 수는 없을 것이다. 그러나 公·私法의 구별을 엄격한 방법론의 준거로 하는 것은 재고되어야 하며, 이를 극복하려는 노력도 병행되어야 할 것이다. 즉 공법이 공익을 실현하기 위한 유일한 법형식은 아니며(아니었으며), 또한 私法과 그것이 보호하려는 개개인의 권리, 이익을 효과적으로 보호하고 또한 그것이 신장되는 기반을 마련하는 것도 公益을 진작시키는 중요한 방안이라고 볼 수 있다.

4. 個人權과 公益

行政法의 형성은 종전의 國家·臣民의 관계가 國家·市民의 관계로 전환됨을 의미한다. 여기서 시민이 국가에 대하여 대등한 존재로 나타나는 것을 가능하게 만드는 것이 법적으로 보장되는 국민의 권리이다.

公益과 個人의 權利를 논의할 때는 대개 충돌하는 개념으로 이해한다. 그러나 개인의 권리를 보호하고 신장시키는 것도 중요한 公益의 하나이므로 그 관계를 고찰해 보는 것도 유익하다. 公益과 個人權에 대한 논의에는 대략 세 가지의 태도가 있을 수 있다. 먼저 하나는 公益과 個人의 權利를 서로 대립하는 것으로 보고 양자를 서로 拮抗關係로 파악하는 방법이다. 다른 하나는 개인의 이익을 공익에 포함시켜서 고찰하는 방법이다. 개인도 사회의 일원으로서만 의의를 지니므로 이것도 전혀 의미가 없는 방법은 아니다. 이와는 반대로 공익을 개인의 이익에 완전히 융해시켜서 생각할 수도 있다. 즉 公益은 개개의 시민과는 별도로 존재하는 어떤 것이 아니라 개개인의 이익의 총계라고 볼 수 있는 것이다. 사회란 결국 개개인의 집합으로 생각할 수 있기 때문에 이런 사고가 전혀 존재할 여지가 없다고 볼 수는 없을 것이다.

1) 個人的 公權의 成立

가. 封建君主의 支配期

동양과 마찬가지로 서양에서도 중세에는 사회의 중심이 개인이 아니라 가장을 중심으로 하는 가족에 놓여 있었다. 또한 이 때에는 국가라는 정치단위도 존재하지 않았으므로 현대적 의미의 公益도 존재하지 않았던 것으로 볼 수 있다. 특히 독일 중세의 경우는 왕의 지배권은 그대로 관철되지 못했으며, 오늘날의 행정에 해당하는 것에 대한 관념도 독일제국보다는 領邦國家(Territorien)에서 찾아볼 수 있었다.

한편 영방국가 내에서도 국가와 국민 간의 관계보다는 영주(Landesherr)와 신민(Untertan)의 관계가 설정되었다. 오늘날 국가라고 하는 추상적인 정치적 단위는 이 때 존재하지 않았으며, 단지 신민 개개인에 대한 영주개인의 지위만이 문제 될 따름이었다. 따라서 영주는 원칙적으로 신민과 대등한 법적 주체로서의 지위를 가지고 있었다. 그러나 그는 영주에 고유한 우월적 법적 지위를 가졌는데, 이는 자기의 영지를 대표하며, 그에 속한 사람들을 지배하는 것이었다. 이를 領主高權(Hoheitsrechte)이라 불렀으며, 그것의 집합을 란트 고권(Landeshoheit)이라고 불렀다. 이 개별적인 영주고권은 추상적으로 주어진 것이 아니고, 개별적인 권원에 따라서 각각 획득된 것이었다. 영주는 자신의 신민에 대하여 부담을 지우거나 급부를 요구하려고 할 때는 이러한 권원을 내세우지 않으면 안 되었다. 영주가 가지는 이러한 여러 가지의 高權에는 財産的 高權(jus dominium) 및 對人的 高權(jus potestas)이 포함된다.[56] 이 외에도 財産的인 성격을 가지는 레갈리아의 特權(iura fisci: regalia)이 있었다. 위에서도 언급했으나 이 영주고권을 주장하기 위해서는 그 권원을 입증할 수 있어야 했는데, 여기에는 라이히의 수권, 점유 혹은 계약, 혹은 신민의 동의가 필요하였다. 위의 영주고권 가운데 특히 재정에 관한 특권에 대해서는 끊임없는 저항이 계속되었다.[57]

이러한 영주의 諸高權으로부터 점차 行政高權(jus politiae)이라고 하는 포괄적인 고권이 확립되어 갔다. 여기에 다시 자연법적인 사고가 첨가되어서 行政高權은 점차 포괄적인 지배권의 형태로 발전하였다.

영주고권은 처음에는 필요한 경우에만 예외적으로 발동할 수 있는 권리로 인정되었다.[58] 그러나 緊急權(jus eminens)의 발동은 군주 개인의 이익을 위해서가 아니라 지배자로서의 직무에 의하여 公共福利의 이익을 위해서는 언제든지 발동할 수 있는 것으로 확립되어 갔다.[59] 만일 기득권에 대한 군주의 위법한 침해가 있는 경우에는 訴權이 있을 경우에 라이히 혹은 란트의 법원에 제소할 수 있었다. 그러나 소권에는 항상 일정한 한계가 있었기 때문에 이러한 영주들의 권리를 제약할 필요가 있었다. 이러한 의미에서 영주는 일반의 이익을 위해서만 고권을 발동할 수 있으며, 어느 경우에도 그것은 남용될 수 없다는 것이 하나의 원칙으로 지배하게 되었다.[60]

영주의 고권에 대응하는 신민의 권리가 旣得權(wohlerworbene Rechte:

---

56) 이 외에 영주는 司法權(potestas jurisdictinis), 立法權(jus legisratorium), 訴權(jus sequelae) 등을 가졌었다.

57) O. Mayer, *a.a.O.*, S. 29.

58) N. Achterberg, *a.a.O.*, S. 738.

59) M. Bullinger, *a.a.O.*, S. 29.

60) O. Mayer, *a.a.O.*, S. 32.

iura quaesita)이다. 기득권이라고 하는 것은 '단순히 자연적 자유에 관한 것이 아니라 특별한 법적인 원인에 의하여 취득한 권리'를 의미한다. 기득권의 종류에는 소유권과 채권 및 조합원으로서의 권리 등이 포함된다. 기득권은 새로운 법을 만들 때 이미 형성된 개인의 권리를 소급해서 제한하지 못한다는 법의 시간적인 한계를 의미하는 것으로 이해된다. 그러나 원래의 의미는 위에서 말한 영주의 諸高權으로서도 침해할 수 없는 신민의 권리를 의미하였다. 이것은 모든 고권을 포괄적으로 대표하는 行政高權(jus politiae)에 대해서도 마찬가지였다.

따라서 군주의 고권과 신민의 기득권이 서로 대립할 때의 조정이 문제될 수 있다. 이 경우에 발동할 수 있는 군주의 권한이 위에서 든 비상권력으로서의 緊急權(jus eminens, potestas, imperium 혹은 dominium eminens)이었다.

나. 絶對主義時代

경찰이라는 이름으로 모든 공적인 것을 나타내는 絶對國家,[61] 혹은 警察國家의 시대에는 國家理念(Staatsidee)이 전면에 내세워졌다. 이제 군주는 자신이 획득한 고권의 이름이 아니라, 그가 대표하는 공동체의 이름으로 모든 것을 요구하였다. 무제한적으로 확대된 공권력은 영주 자신의 이름으로 혹은 국가의 이름으로, 여러 층의 관원에 의하여 행사되었다. 군주는 국가목표를 수행한다라고 하는 막중한 과제의 수행자로 나타났다. 신민에 대해서 그는 무제한적인 권력을 소유하였다. 고권은

---

61) 베스트팔렌(Westfalen) 조약 이후에 라이히는 점차 힘을 잃고 영방국가로 주도권이 넘어간다. 그 가운데 가장 두드러진 발전을 한 것이 브란덴부르크=프로이센이다. 절대국가의 형성에는 자연과학에 힘입은 새로운 세계관의 형성, 종교개혁의 영향, 상비군의 필요성에 대한 인식 등 여러 가지 요소가 복합적으로 작용하였다. E. Forsthoff, *a.a.O.*, S. 36-39.

단지 이름상의 흔적만이 남았을 뿐이며, 그에 대한 남용불가의 원리라든지 그에 대항하는 기득권은 더 이상 대항적인 권리로서 역할하지 못하는 상황이 되었다. 이러한 기득권에 대신하여 이제는 영주에 의하여 만들어진 법에 의한 규율이 중심이 되었다. 따라서 군주는 입법자일 뿐만이 아니라 또한 스스로 재판하거나 판결을 명하는 판관의 역할을 겸하게 되었다.

이 때의 법률이라는 것은 국민에 대하여 어떤 공적인 가치를 미리 마련해 준다는 의미가 아니라 단지 私法的 법규로 이해되었다. 따라서 국가와 신민 사이의 법률관계를 의미한다고 볼 수 있는 公法은 여기서 존재하지 아니하였다.[62]

따라서 이 당시의 법체계의 특징으로는 민법이 모든 법관계의 중심적인 원칙으로서의 역할을 한 것을 들 수 있다. 여기서 중요한 역할을 한 것이 앞에서 본 國庫理論[63]이다. 국고는 로마법 체계에서 온 것으로 처음에는 황제에 속하는 법인으로 國家目的을 위한 재산의 주체가 되며, 민사소송의 대상에 해당하는 것으로 이해되었다. 경찰국가 사상과 결합되면서 이제 국고는 영주 및 공권력을 행사하는 관리에 부속되어서 모든 民事法的인 소송관계에서 그를 대표하는 기관으로 취급되었다. 따라서 국가는 관념적으로 두 가지로 구별되는데, 그 하나는 고유의 의미에서의 국가로서 公權力을 행사하는 '國家社會'이며, 다른 하나는 민사소송의 주체가 되는 '經濟社會'에서의 국가이다.[64] 고유한 의미의 국가는 재산을 가지지 않으며, 일반적인 명령권을 보유한다. 국고는 하급기

---

62) O. Mayer, *a.a.O.*, S. 46.

63) Fiskus라는 개념 안에는 고권에 대한 법률관계를 민사법적인 관계로 바꾸는 논리조작이 들어 있다. 이는 계약을 중심적인 요소로 보는 계몽시대의 자연법적인 사상과도 밀접한 관계가 있다. 후기에는 Fiskus에 의하여 국가 자체가 사법적 권리 및 의무의 주체로 파악된다. E. Forsthoff, *a.a.O.*, S. 29.

64) O. Mayer, *a.a.O.*, S. 50.

관이다.[65] 따라서 명령자로서의 국가가 개인에 대하여 권리를 침해했을 경우에는 국고가 이에 대하여 民事法的인 賠償을 해 주는 것이 이 시대의 법적인 체계이다.

다. 市民的 法治國家 時代

警察國家 이후에 市民的 法治國家의 시대가 도래했다. 法治國家의 특징은 국가의 고권적 활동이 법의 형식을 띠고 법의 모습으로 나타나 행사되는 것이다. 따라서 이 시기에 비로소 행정에 대하여 적용되는 公法이 民法과 나란히 성립했을 뿐만이 아니라 민법과는 다른 독자적인 모습으로 나타난다.[66] 行政法이 성립하기 위한 전제조건은 우선 입헌국가의 성립에 있다. 立憲國家에서 가장 중심적인 요소는 국민의 기본적인 인권, 특히 자유 및 재산권을 성문의 헌법으로 보장하며, 국가기관도 이를 함부로 침해하지 못하도록 규정하는 것이다.

그 다음에 行政法 성립의 역사적 조건을 이룬 것으로 權力分立 思想을 들 수 있다. 권력분립 역시 근본적인 목적은 정치적인 자유를 보장하는 데 있다. 국가권력을 한 곳에 모아 두고, 그 권력이 바로 국민에게 향하게 하는 것보다는 국가권력을 복수의 국가기관에 분산시켜 놓고 서로 견제를 통한 약화를 가져오도록 하는 것이 권력분립사상이 뜻하는 바이다. 공화정체에서는 입법작용은 국민의 대표기관인 의회에 주어지며, 행정작용은 정부에 주어지고 사법작용은 독립적인 법원에 주어진다. 이 가운데 행정의 경우를 보면, 경찰국가 아래서의 행정과는 달리 法治國家 아래서의 행정은 그 작용에 관하여 사전에 법률에 의하여 그 활동범위가 정하여지는 특징을 가진다. 따라서 法治國家는 잘 정서된 行政法을 가진 국가를 말한다.[67]

---

65) *Ibid.*, S. 51.

66) *Ibid.*, S. 55.

행정의 독립은 특히 司法으로부터의 분리에 큰 의미를 가진다. 프랑스 혁명을 통하여 행정은 司法과 혼합적으로 취급되던 형편에서 벗어나서 독립적인 틀을 갖추게 되었다. 이런 과정에서 행정의 자기표현은 行政行爲(acte administratif)라고 하는 개념에서 잘 나타났다. 행정행위는 초기에 판결(Urteil)과 비견되는 법형식으로서의 위치를 부여받았으며, 이로 인하여 행정행위개념이 行政法上 중심적인 위치를 차지하게 되었으며 그 영향이 오늘에 이르기까지 지속되고 있다.

法治國家의 성립이 국민 개개인에게 미치는 영향은 무엇보다 개개인이 이제, 신민이 아니라 법적으로 보장된 權利의 主體로 인정받게 되었다는 점이다. 개인의 권리가 법적으로 보장됨으로써 국민은 권리의 주체가 되었고, 그로 인하여 주어진 권리, 의무의 범위 안에서는 개개인도 국가와 대등한 법적인 지위를 가지게 되었다. 국가는 함부로 개인의 권리를 침해할 수 없으며, 법적으로 허용된 범위 내에서만 개인의 권리를 침해할 수 있고, 이 때에도 권리침해의 사유 및 그 형식이 엄격히 제한된다. 이 때 어떤 경우에 개인의 권리를 침해할 수 있는가, 군주가(혹은 국가가) 어느 정도로 개인의 권리에 대하여 침해할 수 있는가 라는 문제가 국가의 목적과 관련되어 많이 논의되었다. 라반트는 諸自由權 혹은 기본권은 국가권력이 스스로 부과한 규범이기 때문에 그 범위 안에서만 관청의 권능을 제한하는 것으로 보았다.[68] 자르바이는 行政法을 公益에 관한 의사표시 혹은 공권력의 의사표명과 개인의 권리범위를 확정하는 것으로 나누었다.[69] 이 때 행정은 公益을 실현하고, 그 가운데 개인의 권리범위에 대하여 제약을 가할 수 있는 여지가 많아지므로

---

67) *Ibid.*, S. 58. 행정(Verwaltung)이라는 개념이 경찰(Polizei)이라는 개념 대신에 국가의 작용 전반을 지칭하는 개념으로 자리잡은 것은 19세기 전반의 일이다.

68) P. Laband, *Das Staatsrecht des Deutschen Reiches* Bd. 1., 5. Aufl., 1911, S. 151.

69) O. v. Sarwey, *Das öffentliche Recht und die Verwaltungsrechtspflege*, 1880, S. 65-67.

자연히 이를 견제하고 방지할 재판의 필요성이 대두하고, 재판에 의한 개인권의 보호 없이는 行政法이 존재할 여지도 없어지게 된다. 옐리네크는 公法의 존재를 共同利益(Gemeininteresse)에 봉사하기 위한 것으로 보았다.[70)]

2) 權利의 發展過程에서 公益의 意義

봉건영주가 신민을 지배하는 諸高權을 가지는 배경에는 그가 지배하는 공동체를 대표하며, 이를 다스린다는 전제가 놓여 있었다. 여기에는 카톨릭의 가르침과 자연법적인 사고가 게재되어 있다.[71)] 이러한 중세의 公共福利에 관한 사상은 jus politiae에서 보듯이 나중에 '경찰개념'으로 발전하는 Polizei 개념과 상당히 밀접한 관련이 있다. 이 개념은 사회질서의 유지 및 일반의 복리추구를 의미하였다. 여기에도 역시 자연법적인 사고가 많이 개입되어 있으며, 특히 이 당시에 jus politiae라는 개념은 군주가 그 이름으로 행할 수 있는 모든 것의 집합을 의미하였다.[72)] 그러나 여기에 대해서 남용금지의 일반적인 제약 및 개인의 기득권을 침해할 수 없는 한계가 있었음은 전술한 바와 같다. 그런데 고권과 기득권이 충돌하는 경우에 國家目的을 달성하기 위하여 긴급한 필요가 있을 때에는 긴급권에 의하여 기득권의 한계를 뛰어넘을 수 있었다.

절대국가 시대에도 영주 및 그에 속하는 관리는 공동체의 전체이익을 위하여 봉사해야 한다는 전제에는 변함이 없었다. 그러나 이 때 무엇이 公益인가는 한편으로는 신과 자신의 양심에 의해서 결정되며, 또 한편으로는 합목적성과 덕의 합리적인 고려 아래에서 도출되는 성질을 가진 것이었다. 따라서 이 때 公益 혹은 公共福利라는 것은 전혀 법적

---

70) W. Jellinek, *Verwaltungsrecht*, 3. Aufl., Neudruck, 1966, S. 1ff.

71) O. Mayer, *a.a.O.*, S. 27.

72) *Ibid.*, S. 30.

인 성질을 가지지 못하는 것이었다.[73)]

市民的 法治國家가 형성되면서 公益論에 있어서 큰 변화가 초래되었다. 우선 公益 결정이라는 측면에서 이제 과거 경찰국가에서와 같이 절대군주가 公益이 무엇인지를 일방적으로 정할 수 있는 권한이 없어졌다. 그 대신에 국민의 대표기관인 의회에서 그 내용을 정할 수 있게 된 것이다. 다음에 公益의 내용면에 관해서도 이제는 특정 개인이라든지 집단의 이익을 公益의 이름으로 실현할 수 있는 가능성은 적어졌다. 그야말로 국민대중의, 혹은 불특정 다수의 사람들이 가지는 이익이 公益으로 규정되고 집행될 수 있는 토대가 마련되었다고 볼 수 있다. 그러나 이 시기의 각종 문헌에서 파악할 수 있는 바와 같이 公益의 실체가 무엇인지에 관하여는 직접적인 논의가 거의 없다. 특히 이는 이 당시에 방법론으로 자리잡은 실증주의 법사상의 영향이 크다고 생각된다. 그러면 절을 바꾸어서 이 당시의 行政法 理論에서 나타나는 公益의 구조를 살펴보기로 한다.

5. 公法에 있어서의 公共性의 意義

뒤에서 살피는 바와 같이 공익의 개념을 실질적으로 정의하고자 할 때, 그 핵심은 결국 公共性에 있음을 알 수 있다. 公共性이야말로 公益을 公益답게 만드는 본질적인 요소이다. 여기서는 公共性의 의미에 대해서 좀더 고찰해 보기로 한다.

1) 公共性의 概念史

公共性이라는 말은 여러 가지 의미를 담을 수 있는 낱말이지만 여기에서의 公共性이란 독일어의 Öffentlichkeit를 옮긴 것이다. 이 말은

---

73) *Ibid.*, S. 39.

öffentlich의 명사형이다. 독일어의 言語史에 따르면 öffentlich라는 말은 유사한 단어인 offenbar와 마찬가지로 형용사인 offen이라고 하는 말에서 형성되었다. 이 말의 초기 형태는 offanlich이었으나 중세에는 offenlich라고 되었다가 16세기에는 offentlich 혹은 öffentlich라는 표현으로 바뀌었다. 17세기까지 이 말은 支配 혹은 社會的 共同體라는 의미는 가지지 않았다. 사회적인 공동체를 나타내는 말로는 18세기까지 오히려 gemein이라는 용어가 일반적으로 통용되었다. 이러한 특징은 오늘날에도 남아 있는 Gemeinschaft라든가 Gemeinsame, Gemeinde, gemeine Stadt, gemeines Wesen 등에서도 확인할 수 있다.

그런데 라틴어에서 공동체를 뜻하는 publicus가 독일어로 번역되기 시작하면서 이에 원래 대응하고 있던 gemein이라는 말 대신에 öffentlich가 그 자리를 차지하게 되었다. publicus는 사전적인 의미로는 공동체로서의 주민이나 국가 소속원을 나타내거나 혹은 국민 전체나 公共 혹은 일반을 나타내는 말이었다. publicus는 17세기에 종종 öffentlich라는 말로 번역되었는데, 그 후 18세기에는 완전히 gemein이라는 말을 제치고 publicus의 역어로서의 öffentlich가 公共性이라는 말로서 자리하게 되었다.[74] 그런데 öffentlich라는 말의 본래의 의미는 비밀을 뜻하는 geheim 혹은 verborgenlich의 반대였고 공동체나 공동체의 구성원을 나타내는 말과는 인연이 없었기 때문에 그 후에 이 말이 정착되는데 전혀 문제가 없었던 것은 아니다. 이에 관해서는 스멘트가 적절히 지적하고 있다.

2) 스멘트의 公共性論

公共性의 문제는 근대의 정치개념 가운데 중심적인 개념으로 떠오르고 있다. 그런데 독일에서의 公共性에 관한 논의는 로마 및 영국의 전

---

74) L. Hölscher, "Öffentlichkeit", in: O. Brunner/W. Conze/R. Koselleck(Hrsg.), *Geschichtliche Grundbegriffe*, Band 4, S. 413ff.

통과 상당히 다른 양상을 보이고 있다. 독일의 公共性(Öffentlichkeit)이라고 하는 것은 차용된 개념이다. 과거 독일에서 이 말은 명백하거나 사실적으로 알려져 있거나 혹은 일반적으로 접근가능한 대상 혹은 영역을 지칭하였다. 한편 로마법 전통의 publicity라고 하는 말은 일반적 접근의 대상이 아니라 조직된 민중, 자치체 혹은 국가로서의 민중의 근원을 의미하였다. 또한 publicus 혹은 public zu sein(公共的 存在)라고 하는 말은 공동체의 생활, 의미 혹은 가치영역에 소속되어 있음을 의미하였다. 즉 그것은 규범적인 귀속성을 의미하는 것이지만 또한 그것에 기초한 평가를 의미하기도 하고 또한 그로부터 나오는 가치요구를 의미하기도 한다. 이런 모든 의미들이 독일어에서는 Öffentlichkeit라고 하는 상황이나 존재 혹은 사실을 나타내는 단어 속으로 스며들었다.

그러나 여기에는 장애도 따랐다. 그것은 우선 낱말의 의미상의 자연적인 장애이다. öffentlich라고 하는 말은 원래 존재를 나타내는 것이므로, 규범적인 의미를 그 속에 받아들이는 데 저항이 따랐다. 한편으로는 정치사적인 의미에서의 저항이 있었다. 여기에서 이 당시에 독일의 정치에 영향을 미친 프랑스 혁명에서의 公共性에 대하여 되새겨 보는 것이 의미를 가진다. 프랑스 혁명에서 주창된 publicité(公開性)라고 하는 것은 封建主義에 대한 반대와 人民의 지배에 의한 新秩序에 대한 갈망이 동시에 담겨져 있었다. 그래서 서양에서의 公開性(Publizität)이나 公共性(Öffentlichkeit)은 封建秩序를 대신하는 新世界 및 事物의 新秩序를 희구하는 개념적인 깃발이 되었다. 이것은 혁명이 급격하게 진행된 프랑스에서나 완만하게 진행된 독일에서나 마찬가지였다. 이와 함께 이 개념 및 그것의 개별적인 적용은 동시에 반혁명적인 저항의 표적이 되었는데, 이는 특히 이 개념이 역사적인 뿌리를 갖지 못했을 뿐만이 아니라 프랑스와 같이 성공적으로 수행되지 못한 독일에서 더욱 심한 공격을 받았다. 그래서 독일에서의 이 개념은 다소 혼란스럽게 쓰인 경우가 있으며, 19세기 독일에서는 그것의 정치적인 의미가 퇴색하기도 하였다.[75]

公共性概念이 가지는 실체는 파악하기 매우 어렵지만 그것은 대체로 다음과 같은 의미연관을 지닌다고 본다.

먼저 公然性이라는 의미에서의 公共性의 허용으로, 이는 일반의 이익에 대한 접근가능성을 의미한다. 여기에는 公共性의 主體로서의 公衆의 형성가능성이 포함되며, 言論, 集會 및 結社의 自由가 중요한데, 이들 자유는 공적 현실의 전제조건이 된다. 이 자유에 의하여 公共性의 可能性 및 公的 生活空間이 창출되며, 이 공간 속에서 공적인 의견 발표와 자유로운 대중연설 및 자유언론이 펼쳐진다.

이 公共性 許容의 동기에는 다시 세 가지가 포함된다. 먼저 이 公共性은 정치적 활동의 주체가 되는 自由人을 형성하는 전제가 된다. 자유언론 및 선거권, 그리고 司法의 공정성을 통한 공적 생활에 대한 참가를 보장받지 못하는 자유인은 존재할 수 없다. 이런 의미의 公共性은 초기 입헌주의 시기에는 自由權的 基本權의 하나로 인정되었다. 다음에는 공적 논쟁과 절차를 통해 진실이나 결백성 혹은 결과의 정당성에 대한 수단과 보증으로서의 公開性에 대한 믿음이 근저에 있다. 그러나 단순히 공개적인 결정을 통하면 진실에 접근할 수 있다는 믿음은 나치의 만행을 목격한 이후에는 그 기초가 크게 흔들렸다. 마지막으로 公共性은 새로운 사회질서가 요구하는 자기목적이 된다. 이것은 代議制的 民主主義의 차원에서는 국민과 의회를 연결하고 상호간의 의사소통을 가능하게 하는 통로가 되며, 司法의 차원에서는 법의 실효성을 보장하는 원천이다.[76]

두 번째로 公共性은 근대정치의 불가결한 요소가 된다. 근대정치의 주체인 '公衆'은 '人格化된 公共性'으로 부를 수 있다. 公衆은 公共性을 통하여 살아가며, 公共性 안에서만 정치생활에 필수 불가결한 공적

---

75) R. Smend, "Zum Problem des Öffentlichen und der Öffentlichkeit", in: *Gedächtnisschrift für W. Jellinek*, 1955, S. 11-13.

76) *Ibid.*, S. 16.

인 여론형성이 이루어진다. 특히 토론의 公共性은 이미 代議制的인 憲法 특히 국회법의 중심이 되는 것으로 인정되고 있다. 또한 民主主義에서 비조직적인 마지막 단계는 公共性에 의하여 유지되며, 어떤 의미에서는 公共性이 민주주의의 本質的인 內容을 이룬다고도 말할 수 있다. 공적 생활을 통해서만 공중은 또한 자신의 과제에 대하여 깨닫거나 혹은 배울 수 있다.

또한 公共性 또는 公開性은 정치생활의 주체를 형성하는 차원을 넘어서서, 사실적인 것을 규범적인 것으로 고양시키며, 근대국가의 본질적인 모습을 상징적으로 보여 준다. 그러나 독일에서는 이런 과정이 현실적으로는 나타나지 못했다. 그 이유는 앞에서 말한 독일 역사의 특수성과 독일 언어의 한계 때문이기도 하다. 프랑스에서 公開性이 의미하는 새로운 질서는 그것이 혁명적인 사회인 한에 있어서의 민중주권에 기초하는, 즉 종래의 非理性的이고 封建的인 身分秩序의 타파를 의미하는 것으로, 봉건적인 비이성과 부정의에 대신하여 합리적이고 정의로운 질서를 세우는 것을 의미했다. 그러나 독일의 경우에는 어떤 근본적인 혁명도 경험하지 못했으며, 따라서 '공적인 것'에 대하여 새로운 근본주의적 사고도 경험하지 못했다. 그러나 기본적으로는 독일에서도 다소간 새로운 국면을 맞이했었다고 말할 수 있다. 그런 가운데 슈탈(Stahl)은 국가적 법질서의 실체적 공공성이라는 개념을 독일 법사상의 안으로 성공적으로 끌어들였다. 그런 가운데 그는 人民主權의 계몽적 성격과 혁명지향성을 제거시킴으로써 그것의 내용을 변형하였다. 슈탈의 법철학에 의하면 '公共性'이란 '민중을 위해서 혹은 전적으로 민중에 의해서 존재하는 것은 아니고, 보다 높은 목적과 필요에 상응하여 민중과 귀족 모두의 위에 존재하는 것'이다.[77)]

로마 및 영국의 公共性概念은 이미 출발 시점부터 독일에서 매우 힘

---

77) Friedrich J. Stahl, *Philosophie des Rechts*, I 3. Aufl., 1856, S. 556, II 1. Bd. 3. Aufl., 1854, S. 302; R. Smend, *a.a.O.*, S. 18.

들게 달성한 사물적 · 규범적인 성격을 가지고 있었다. 독일의 힘든 발전과는 달리 로마 및 영국에서는 공공성 개념이 법적 강제 없이도 자연스럽게 분명한 방향으로 발전이 계속되었다. 근대의 개념구성은 고대의 개념적 유산으로부터 자연스럽게 형성되어 갔다. 프랑스의 사전에 의하면 'public'이라는 말은 '전 인민을 포괄하는 것, 전 인민에 관계하는 것'이며, 규범적인 내용이 약화된 의미로, '공통적인 것, 모두에게 이용되는 것'이라는 뜻과 함께 사실적 公開性으로, '명백한 것, 전 세상에 알려진 것'이라는 의미를 가진다. 이렇게 로마법 전통을 가진 나라에서 공공성 개념이 강제되지 아니한 實體的 槪念核을 가지는 점은 독일의 공공성 개념이 형식적 · 실증주의적 양상을 띠는 것과 대조를 이룬다.

또한 이것은 公法槪念에 있어서도 마찬가지이다. 公法槪念의 한계설정은 로마법 전통에서 오랜 역사를 가지고 있다. 거기에서의 公法槪念은 독일에서처럼 왜곡된 모습이 아니다. 독일에서의 公法을 위한 투쟁은 대부분 새로운 질서의 등장으로 폐지될 운명인 기존의 법질서나 법제도에 대한 우월한 가치에 기초하여 있었다. 반면에 프랑스의 公法에 대한 개념은 독일의 그것보다는 중립적이며 탄력적이었다.

또한 독일에서는 公開性이라는 동기도 프랑스에 비할 바 없이 그 역할이 사소하였다. 프랑스에서는 公開性이라는 개념적인 동기를 헌정주의적인 의식 속에 명백히 수용하였다. '여론'도 헌법질서에서 본질적이며 제도적인 동기로 위치지어져서 국가적 논쟁 가운데에서 보다 큰 자유와 자발성, 보다 큰 사실적인 公共性, 公共福利에 대한 명백한 지향이 가능할 수 있도록 하였다. 이러한 구도하에서는 형식적이며 실질적인, 그리고 근대적이며 고전적인 公共性의 형식과 관련된 公開性의 동기가 서로 분리될 수 없이 밀접하게 나타난다.

독일의 경우, 독일 개념 세계에서의 형식주의적 · 실증주의적 공허화는 공공 및 공공성이 독일에서 제대로 정착할 수 없는 큰 요인으로 작용하였다. 이러한 까닭에, 공공 및 공공성에 대한 추구는 오래 된 권위,

권력 및 질서의 구체적인 내용과 대립하는 한편, 명목주의 및 실증주의를 반대하는 방향으로 나아갔으며, 실증주의 또한 봉건주의에 대한 투쟁보다는 공공 및 공공성의 주장에 대해 더욱 적대적이었다. 그것은 결과적으로 公法槪念에 대한 쓸데없는 다툼 속에서[78] 新時代 憲政秩序의 형성이라는 중대한 과제를 등한시하게 만드는 결과를 가져왔다.[79]

第4節 小 結

이 장에서는 公共性 및 公益槪念의 형성과 발전에 대하여 고찰하였다. 독일에서는 公益槪念이 公法의 전제가 되는 가치로 인정되었다. 그러나 그것은 처음에는 개인의 권리를 公共의 利益을 위하여 희생시킬 수 있는 정당화의 기초로 이용되었다. 토지수용의 경우가 대표적인 예이다. 公益槪念의 실체에 대해서는 일의적으로 정의할 수 없다는 것이 다수설적인 입장이지만 그것의 성립조건에 대해서는 다수의, 불특정한 사람의 利益과 관련이 있는 이익이 공익이라는 것에는 어느 정도 의견이 합치되고 있다. 그러나 여기서 중요한 대목은 公益이 國益이나 自治團體의 利益과 바로 동일시되어서는 안 된다는 사실이다. 국익이나 자치단체의 이익은 통상의 경우 공익으로서의 자격을 가질 수 있는 대표적인 利益이다. 그러나 공익은 어디까지나 실체적인 가치개념으로, 권한 있는 기관이 형식적으로 이것 혹은 저것이 公益이라고 미리 정할 성질의 것은 아니라고 본다.

國益 혹은 自治團體의 利益을 공익이라고 보는 것에 익숙한 이유는 독일역사의 특수성에 기인하는 측면이 많은 것으로 여겨진다. 독일의 公共性槪念은 원래는 존재하지 않았으나 근대에 들어오면서 로마 · 영

---

78) 공 · 사법의 구별에 대한 논의는 *Supra*. 이 장 제3절 3. 2)를 참조.

79) R. Smend, *a.a.O.*, S. 20.

국적인 公共性概念을 번역한 개념이다. 프랑스는 철저한 혁명으로 봉건적인 요소를 없애고 民衆의 利益을 바로 公共的인 것, 公益으로 확인시키는 데 성공하였다. 그러나 독일에서는 원래 公共의 概念이나 인식이 부족했던 데다가 혁명도 불철저했기 때문에 근대적인 公共性概念이 정착되는 데 그만큼 큰 어려움이 있었다.

그러나 독일에서도 제2차 세계대전 후에 이런 한계상황이 초래한 나치의 비인간적 지배 및 패전이라는 경험과 이에 대한 反省 안에서 진정한 의미의 공익이 무엇인지에 대하여서는 철저한 재검토가 이루어졌다. 스멘트의 公共性에 기초한 공익개념의 재정립은 마르텐스의 公益論에서 더욱 발전하였다. 또한 정치상황의 변화에 의해 주창된 하버마스의 公共性의 構造轉換에 대응하여 헤벌레의 公益論이 전개되었고 이러한 논의의 바탕 위에 위르프만의 권능이론적 공익론이 형성되었다. 다음 장에서는 이러한 논의의 고찰을 통하여 독일 행정법학에서의 公共性의 모습을 살펴보기로 한다.

또한 이 장에서 살펴본 바에 따르면, 독일 行政法의 발전과정에서 公益의 의미는 상당한 변화와 발전을 거듭하였다. 공익은 봉건시대나 절대국가시대에는 법질서를 초월하는 공동체 이데올로기로서의 성격도 아울러 갖고 있었다. 그러나 市民的 法治國家가 성립한 이후에는 공익 또한 엄격한 법적인 개념으로 자리잡았다. 市民的 法治國家思想 안에서 公益은 우선 입법자가 법률 속에서 정할 몫이 되었다. 그러나 포르스트호프가 지적한 것처럼 행정 현실에서는 입법보다도 행정의 창조적 혹은 형성적인 활동이 중요하기 때문에 公益은 행정공무원이 파악하고 실현해야 할 어떤 것이 되었다. 또한 마찬가지로 법원에 의한 公益의 통제문제가 중요한 과제가 된다. 公益이 가지는 裁量概念 혹은 不確定法概念으로서의 문제도 이런 상황에서 부각된다고 할 것이다.

公益을 만능의 개념으로 인정하지 않으려고 하면서도 앞에서 살펴본 바와 같이 행정법 이론의 여러 부분에서 공익은 중요한 작용기준으로 제시된다. 가령 공익적 요구에 의하여 개인의 재산권을 침해하는 경우에 개인이 손실보상을 청구할 수 있다고 할 때 공익은 행정권 발동 및 권리구제의 중요한 근거로서의 역할을 하게 된다.

이상 독일 行政法의 발전과 공익의 관계를 살펴본 것을 토대로 다음 장에서는 獨逸 公益論의 발전과정과 법이론에서 차지하는 위치를 좀더 자세히 고찰해 보도록 한다.

第 3 章 獨逸 公法上의 公益槪念

第1節 序 說

18세기에 독일 公法學上에 등장한 公益槪念은 오늘날에도 여전히 중요한 公法上의 價値槪念으로 존재하고 있다. 그러나 공익개념의 내용은 시대의 변화에 따라서 바뀌어 오고 있다. 오토 마이어는 公益槪念이 중요한 行政法의 전제가 되고 있음을 인식하면서도 그것이 가지는 모호성이나 다양성을 의식한 탓에 그것을 직접적으로 중심개념으로 삼지는 않았다. 그 후에 포르스트호프는 公益槪念 대신에 生存配慮 혹은 給付行政이라는 개념을 써서 그 의미를 보다 구체적으로 표현하였다. 그러나 公益 혹은 공공성의 개념은 이러한 구체적인 형태보다는 좀더 포괄적인 의미를 가지는 行政法의 一般條項的 槪念으로서의 성격을 가지는 것이다. 다만 公益은 그 자체로 아무런 형체가 없는 형식개념으로 볼 수만은 없으며, 그 안에는 당시의 基本的인 價値나 法意識을 담고 있다고 생각된다. 공익개념이 담고 있는 의미는 우선 헌법의 규정에서 도출되어야 할 것이다. 그러나 헌법 역시 다의적인 용어들에 의해 규정되어 있고 그 의미는 반드시 고정된 것이라고 할 수 없기 때문에 거기서부터 직접 분명한 公益의 의미를 도출한다는 것은 쉬운 일이 아니다.

제2차 세계대전 이전부터 일찍이 플라이너와 크뤼거 등의 학자에 의하여 독일 공익론의 발전의 싹이 났으나 제2차 세계대전 후에 독일이 급격하게 산업화되고 기본법이 본격적으로 시행되면서 종래의 공공성 개념 및 이를 바탕으로 하는 법원리는 더 이상 타당하지 않다는 것이 널리 인식되었다. 그리하여 이 시기에 公共性 및 公益의 의미를 새롭게 조명하고 그것의 실체를 규명하려고 하는 시도가 많이 이루어졌다.[1)] 이 장에서는 먼저 독일 행정법이론의 발전에 대응하여 공익의 이해가 어떻게 발단되었으며 또한 제2차 세계대전 이전 독일 공익론이 어떻게 전개되어 왔는가 하는 것을 개괄적으로 검토한 다음, 현대 독일 공법학상 공익개념의 정립에 지대한 역할을 수행한 대표적인 공익론으로서 뒤리히(Dürig)의 직접민주주의적 공익론, 볼프(Wolff)의 객관주의적 공익론, 마르텐스(Martens)의 대의제 민주주의적 공익론, 하버마스(Harbermas)의 공공성의 구조변동론과 오늘날의 독일 공법학의 공익개념 논의에 큰 비중을 차지하고 있는 헤벌레(Häberle)의 공익문제의 법문제화에 관한 주장, 그리고 이들의 공익론에 대한 비판적 검토 위에 최근 정립되어 주목받고 있는 위르프만(Uerpmann)의 권능이론적 공익론을 검토한 다음에 독일 행정법 일반이론에 있어서의 공익개념을 구체적으로 살펴보기로 한다.

第2節 獨逸 行政法 理論의 發展과 오토 마이어(Otto Mayer)와 포르스트호프(E. Forsthoff)의 公益理解

1. 行政法學 方法論의 變化

市民的 法治國家가 형성된 19세기 중엽부터는 行政法學이 본격적으로 발전하였다. 이 당시에 行政法의 토대를 구축한 사람은 로버트 폰

1) 주로 이 시기에 이루어진 공익개념에 관한 주요 저작들에 대해서는 *Supra*. 제1장 주 2) 참조.

몰과 로렌츠 폰 슈타인이다. 로버트 폰 몰은 행정은 사회관계 및 시대가 요구하는 목적을 수행하기 위한 것이라고 하였다. 로버트 폰 몰은 엄격히 형식적인 방법적 관점을 유지하려고 하였다.[2)]

슈타인 역시 行政法에 일관되는 원리 및 체계를 파악하려고 노력하였다. 그러나 슈타인은 행정법 안에 국가와 개인을 대비시키고 '消極的' 인 法治主義를 위주로 행정을 구성하려는 시도에 대해서는 비판적인 태도를 취하였다. 그 후에는 프란츠 마이어(Franz Mayer)가 行政法의 이론구축을 위하여 노력하였다.

19세기 후반에는 바덴, 프로이센, 뷔르템베르크 등에 행정재판소가 잇달아 설립되면서 행정법이 독자적인 이론을 가지고 발전할 수 있는 계기가 마련되었다. 그러나 이 당시는 주로 국가학적인 방법이 우세했기 때문에 본격적인 도그마틱은 발전하지 못하였다. 이런 과정을 거치면서 行政法學이 이론적으로 다른 법학분과와 구별되는 발전을 이룬 것은 오토 마이어의 행정법학에 이르러서의 일이다.

2. 오토 마이어 行政法 理論과 公益

1) 오토 마이어 行政法學의 構造

1871년 라이히 헌법이 제정되어 독일이 연방국가로 출발하면서 전국적으로 통용될 수 있는 一般行政法의 필요성이 절실하였다. 오토 마이어는 이런 배경 아래서 독일 行政法 一般理論을 구성하였다. 오토 마이어는 엄격한 '法學的 方法' 을 채택하였다. 오토 마이어의 '법학적 방법' 이란 다시 말하면 概念構成과 形式論理를 위주로 하는 法學體系를 구성하는 것이다. 따라서 오토 마이어에 있어서 行政法의 현실이라는

---

2) 로버트 폰 몰의 공익개념에 대해서는 Birgit Stöcker, *Die Gemeinwohltheorie Robert von Mohls als ein früher Ansatz des sozialen Rechtsstaatsprinzips*, 1982 참조.

것은 각 란트마다 상이한 형태로 나타나는 다양한 실제의 모습이 아니라, 통일적인 법원칙의 구속을 받으면서 법 아래서 작용하는 행정작용이라는 형태로 파악할 수 있다. 또한 오토 마이어 行政法에서 국가 혹은 행정은 적극적으로 사회를 형성하는 주체가 아니라 단지 消極的으로 질서를 유지하는 주체로 나타난다. 이는 그가 형식적 논리의 일관성을 유지하는 것과도 맥락을 같이한다. 따라서 당시에도 존재했던 사회형성자로서의 국가의 모습은 그의 행정법에서는 상대적으로 약화될 수밖에 없었다.

오토 마이어 行政法에서의 이론적인 골격은 법치국가적 구성에서 찾아볼 수 있다. 法治國家의 구성요소는 成文憲法과 權力分立, 그리고 法律의 支配이다. 법률의 지배는 법률의 법규창조력, 법률의 우위, 그리고 법률의 유보이다.[3] 여기서 법률이라고 할 때에는 개인의 자유 및 재산권에 대한 규율을 담고 있는 것을 말한다. 행정의 활동에 대해서 정당성을 부여하는 것도 역시 이 법률이다.[4]

전체적으로 보아서 오토 마이어의 행정법체계는 立憲君主制의 이념에 잘 맞는다. 즉 집행부를 통할하는 군주와 국민의 대표기관인 의회가 존재하면서, 이들은 법률이라고 하는 통일적인 국가의사의 지배를 받는다. 그리고 기본적으로는 국가와 사회의 분리를 전제로 국가는 사회영역에 대한 개입을 최소한으로 해야 하며 만일 그것이 필요한 경우에는 법률의 근거를 가지고 하여야 한다. 그리고 행정은 전형적으로 강력한 관료제에 의해 집행된다. 이것은 行政行爲라고 하는 일방적인 高權作用이 행정작용 전체에서 중심적인 역할을 하게 되는 구조와도 관계 있다.

그러나 이런 연유로 오토 마이어 행정법 전체를 비민주적인 내용을 담고 있는 것으로 평가절하 해서는 안 될 것이다. 形式的 法治主義를 行政法 전 영역에 관통하는 기본적인 원리로 구성한 것은 그의 큰 공적

---

3) O. Mayer, *a.a.O.*, S. 64ff.

4) *Ibid.*, S. 72-73.

으로 볼 수 있다.[5] 그 이전의 시대에 원리나 원칙도 없이 일부의 집단에 의해 행정이 전횡되었던 것을 상기할 때 더욱 그러하다.

2) 오토 마이어 行政法學과 公益

오토 마이어의 行政法 體系가 개념규정과 형식논리 위에서 구성되는 것과 같은 맥락에서 공익에 대한 실체적 논의는 찾아보기 힘들다. 그러나 그의 行政法 理論 안에 행정은 公益實現을 위하여 존재한다는 전제가 있음은 어렵지 않게 추론할 수 있다. 행정의 개념에 대하여 그는 우선, 立法에도 司法에도 속하지 아니하는 국가작용이라고 소극적으로 정의하면서도,[6] 한편으로는 행정은 법질서 아래에서 國家目的을 실현하기 위한 司法 이외의 작용이라고 정의한다.[7] 경찰국가 시대에도 역시 행정은 국가 혹은 공동체 전체의 목적을 위하여 이루어진다. 그러나 法治國家 안에서의 행정은 법의 구속을 받으면서 이루어진다는 데 경찰국가 시기와 큰 차이가 있다. 이 법률은 바로 시민의 자유와 권리에 대한 내용을 담고 있는 것이기 때문에 國家目的을 실현함에 있어서도 그로 인하여 市民의 自由와 財産을 침해하지 못할 뿐만이 아니라, 만일 침해하였을 경우에는 이에 대한 적절한 보상이 지급되어야 한다. 또한 시민의 자유와 재산을 보장하는 법질서를 기본으로 하는 사회질서를 유지하는 것도 국가의 중요한 임무로 볼 수 있다.

그러나 오토 마이어의 行政法 체계에서는 이런 소극적인 작용 이외에 국가의 적극적인 공익실현 가능성에 대해서는 침묵하고 있다. 그렇지만 오토 마이어의 行政法 體系에서 公益槪念이 전혀 나타나지 않는

---

5) Wolfgang Meyer-Hesemann, *Methodenwandel in der Verwaltungswissenschaft*, 1981, S. 51.

6) O. Mayer, *a.a.O.*, S. 7.

7) *Ibid.*, S. 14.

것은 아니다. 우선 공익은 행정이 가지는 재량권의 행사와 관련하여 고려되어야 할 중요한 요소로 나타난다.[8] 다음에 행정이 私法的으로 활동하는 때와 公法的으로 활동하는 때를 구별하면서, 공익을 위하여 활동하는 때에는 민법의 적용은 배제되는 것으로 본다.[9] 公益은 또한 직권취소의 요건이다.[10] 공익은 경찰활동의 중요한 목적 및 기준이다.[11] 토지수용에 대해서도 공익은 수용권 발동요건이다.[12] 이 밖에 공물이나 공적 부담, 공기업 및 공물론과 관련하여 公益은 행정권 발동의 기준을 형성한다.[13]

오토 마이어의 行政法 이론에서 公益이라는 표현은 빈번하게 등장하지만 그 실체적 내용이 무엇인지에 대한 직접적인 언급은 찾아볼 수 없다. 여기에 대하여 재산권의 행사자유를 한계 지우는 기준으로 제시하고 있는 '一般的인 社會의 價值(allgemeine gesellschaftliche Anschauung)'라는 표현을 참조할 수 있다.[14] 또한 다른 곳에서는 法秩序는 결국 人間을 위한 것이라는 표현이 나온다.[15] 오토 마이어는 행정을 법에 엄격히 구속되는 것으로 파악했으며, 행정의 주요 목적은 公益을 실현하는 것이고 또한 행정활동의 기준이 되는 것도 公益이라는 것을 생각할 때 公益은 결국 인간이 가지는 이익과 같은 것임을 알 수 있다. 그리고 이런 公益을 실현하는 방법으로 오토 마이어는 市民的 法治主義의 行政法

---

8) 오토 마이어는 재량행사의 중요한 기준으로 공익(Gemeinwohl=öffentliches Interesse) 이외에도 공정성(Billigkeit)과 합목적성(Zweckmäßigkeit)을 든다. *Ibid.*, S. 99.

9) *Ibid.*, S. 116.

10) *Ibid.*, S. 124.

11) *Ibid.*, S. 219, 256, 260, 263.

12) O. Mayer, *a.a.O.*, Bd. 2., S. 2, 10.

13) *Ibid.*, S. 73, 103, 237, 264, 269, 277, 289.

14) *Ibid.*, S. 120.

15) *Ibid.*, S. 322.

형식을 택하였음은 앞에서 고찰한 바와 같다.

3. 포르스트호프 行政法 理論과 公益

1) 포르스트호프의 行政法學 方法論

포르스트호프는 오토 마이어 이래 行政法學의 일반적인 흐름에서 전환하여 목적론적인 방법을 취하였다. 이런 선택에는 변화하는 행정현실에 대하여 법적인 이론구성을 하기 위해서는 전통적인 市民的 法治主義의 원리만으로는 부족하다는 자각이 들어 있다.[16] 행정 현실이라고 할 때 새롭게 나타난 것은 행정활동의 양적 · 질적인 변화이다. 그 가운데서도 도시화와 함께 시민 개개인이 국가나 자치단체에 대하여 요구하는 여러 가지 서비스의 증대를 포르스트호프는 특히 강조한다. 시민적 법치주의 아래서는 개개인의 자유는 국가로부터의 자유를 의미하였다. 그러나 현대사회에서 시민의 자유는 국가(행정) 안에서의 자유를 의미하는 것이다.

이런 상황을 잘 나타내 주는 표현이 Daseinsvorsorge(生活配慮)이다. 生活配慮에는 국가 성원에 대한 행정의 모든 給付(Leistung)가 포함된다. 이 급부가 생활에 필수적인 것인가 아닌가는 문제 되지 않는다.[17] 시민 일반에 대하여 혹은 객관적으로 특정되는 인적 범위에 대하여 행정이 제공하는 모든 유익한 급부는 생활배려이다.[18] 또한 거꾸로, 모든 공적인 생활배려 활동은 그것의 형식에 관계없이 공행정의 성질을 가진다.[19] 이런 배려행정이 행정의 많은 부분을 차지하게 되면서 종래 침해

---

16) E. Forsthoff, *Lehrbuch des Verwaltungsrechts*, *a.a.O.*, S. 57.

17) 가령 도서관의 운영은 일부 사람들에게는 필수적이겠으나 다른 사람들에게는 그렇지 않을 수도 있다.

18) 생활배려에 대해서는, Wolfgang Meyer-Hesemann, *a.a.O.*, S. 102ff. 참조.

행정에 대한 법적인 통제를 위주로 하는 시민적 법치주의의 틀은 더 이상 현대 행정의 현실을 파악하는 도구로서는 유용하지 못하게 되었다.

목적론적인 방법 아래서 법은 전체적인 통일체로 파악되지 아니한다. 법의 해석에 있어서도 단지 문자의 뜻에만 집착하지 아니한다. 행정은 법을 판단하는 司法과는 구별되는 활동이다.[20] 입법으로부터만 모든 의미 있는 판단을 도출하려는 실증주의적인 방법은 법 뒤에 있는 사상을 간과하기 때문에 현실과의 관련성을 상실하기 쉽다. 그러나 포르스트호프는 실정법을 무시하고 법을 주관적으로만 파악하려는 시도에 대해서는 부정적인 태도를 취한다.[21] 그는 법적인 구속 안에서 출발하면서도 유효한 일반적인 법사고와의 관련 안에서 이를 해석하는 방법이 중요하다고 본다. 이는 바로 그의 制度的 方法論과 연결된다. 포르스트호프에 따르면 법질서는 의미 있는 제도적인 틀을 형성하는 것이다. 즉 국가행정조직이나 지방자치, 재산권, 수용, 경찰제도 등은 실정법과 함께 그 시대의 일반적인 법적 사고 위에서 형성되는 것이다. 따라서 이런 제도들의 의미를 밝히기 위해서는 실정법의 문언적인 뜻을 밝히는 것만으로는 부족하다고 한다.

2) 포르스트호프 行政法 理論에서의 公益

포르스트호프의 行政法 이론에서 公益은 포괄적인 성질을 가지는 상위의 이념으로 취급되지 아니한다. 그것은 무엇보다도 그의 법학 방법론에서 연유한다. 그는 국가가 지는 절대적인 책무를 전제하지 않으며, 오히려 그런 태도를 부정하는 입장에서 출발한다. 그러나 포르스트호프의 行政法 이론에서 公益概念이 전혀 나타나지 않는 것은 아니다. 우선

---

19) E. Forsthoff, *Deutsche Verfassungsgeschichte der Neuzeit*, *a.a.O.*, S. 370.

20) *Ibid.*, S. 161.

21) *Ibid.*, S. 164.

그의 행정법이론의 중심을 이루는 生活配慮라는 개념도 역시 일반 시민의 생존이나 생활과 직결된다고 볼 때, 이는 公益 혹은 國家의 課題를 구체적 현실적으로 나타내는 용어라고 볼 수 있다.

포르스트호프는 공익을 질서, 안전, 公共福利 혹은 국익과 같이 一般的인 價値概念의 하나로 본다.[22] 이들 개념은 너무 일반적이기 때문에 그 의미의 구체적인 확정은 미리 주어진 규범적 의미의 틀 안에서 경험적으로만 이루어진다. 이 경우는 재량의 논리와는 관계없이 해석개념으로 전환한다. 이러한 해석은 사회적 혹은 지역적 가치를 근거로 할 수도 있으며, 일반적인 정의감을 기준으로 할 수도 있다.[23] 이러한 다의적인 개념을 사용하는 것이 司法法과 구별되는 行政法의 특징이라고 한다.[24]

포르스트호프 行政法에서도 公益은 행정작용의 기준으로 자주 등장한다. 公·私法의 구별에 관하여 公益에 관한 것은 公法關係로 파악한다.[25] 다음에 主觀的 公權의 성립과 관련하여서, 행정이 단순히 公的인 目的을 규정한다고 하여서는 공권이 성립하지 않는다. 행정작용에 관계되는 사람의 이익을 아울러 보호할 때 비로소 공권이 성립한다.[26] 공권은 그 성질상 포기나 양도의 대상이 될 수 없는 경우가 많지만 반드시 그러한 것은 아니다. 그렇지만 公益目的상 일신전속적인 성질을 가지는 것으로 규정하는 경우가 있다.[27] 한편, 행정청은 緊急한 公益의 要求가 있을 때에는 행정행위를 철회할 수 있다. 그러나 이 경우에도 원칙적으로 개인의 권리를 침해할 수는 없다.[28] 다만 그 철회가 이해관계인의

---

22) *Ibid.*, S. 88, 92.

23) *Ibid.*, S. 93.

24) *Ibid.*, S. 17.

25) *Ibid.*, S. 113.

26) *Ibid.*, S. 188.

27) *Ibid.*, S. 192. 여기서 예로 드는 것은 연방공무원법이 정하는 葬祭費이다.

28) *Ibid.*, S. 265, 267.

법적인 지위를 해치는 경우라도 公益이 그것을 요구하는 경우에는 정당화된다. 이는 국가 긴급권 사상에서 유래하는 것이며, 여기에는 보상이 따라야 한다.[29] 행정상의 계약은 평등하게 체결되는 경우가 보통이나 公益의 필요상 특정 개인에게 우대를 하는 경우가 있다.[30] 給付行政에서 公益의 요구에 따라서 모든 사람을 平等하게 취급해야 하며, 자의는 어떤 경우에도 허용되어서는 안 된다.[31]

3) 評 價

포르스트호프의 行政法 이론을 독일 行政法史의 맥락에서 조망할 때, 그의 방법론은 당시 독일의 사회상황과 법현실을 잘 반영하고 있는 것으로 볼 수 있다. 독일에서는 중세 정치질서로부터 완전한 해방을 경험하지 못했기 때문에 자유주의의 뿌리가 얕다. 따라서 오토 마이어에 의하여 정립된 自由主義的인 市民的 法治主義 행정법 이론은 독일의 현실과 부합하지 않는 측면이 있다. 이런 점을 간파한 것이 포르스트호프의 행정법 방법이다. 이는 헌법이론과 관련지어서 보면 법치국가와 사회국가의 긴장관계로 나타난다. 포르스트호프는 法治國家와 社會國家는 그 의미와 기능이 서로 다르다고 하면서, 사회국가적 요소는 그 자체로는 규범성을 가질 수 없다고 하였다.[32] 이는 그 이전에 이데올로기에 의한 인권의 유린을 경험한 반성 위에서 주관적인 해석이 정치적인 계산에 의해서 오용되는 위험을 피하기 위한 것이다.[33] 公益도 사회국가 원리와 마찬가지로 고정되지 않는 가변적인 개념이기 때문에 포르스

29) *Ibid.*, S. 269f.

30) E. Forsthoff, *Deutsche Verfassungsgeschichte der Neuzeit*, *a.a.O.*, S. 276.

31) *Ibid.*, S. 408.

32) E. Forsthoff, “Begriff und Wesen des sozialen Rechtsstaates”, *VVDStRL* Heft 12, S. 8ff.

33) Hans Maier, *Die ältere deutsche Staats- und Verwaltungslehre*, 1986, S. 275.

트호프가 그것에 대한 의존을 회피한 사정을 미루어 알 수 있다. 그러나 포르스트호프의 생활배려나 급부행정 원리는 一般의 福利(gemeine Wohlfahrt)나 善良한 警察(gute Polizei)을 강조하는 독일의 전통에 서 있음은 명백하다고 하겠다. 이런 사상은 근대 자연법 사상이나 국가이성의 관념과 비견될 수 있는 독일 특유의 관념이다.[34)]

第 3 節 第2次 世界大戰 以前 獨逸 公益論의 展開

독일 공법학에서의 공익론은 20세기 후반에 이르러 원숙한 발전의 양상을 드러내게 되지만 그 논의의 출발은 일찍이 19세기 말로 거슬러 올라간다. 그러므로 이하에서는 19세기 말부터 20세기 전반의 독일 공익론의 초기의 문제의식을 검토해 보고, 제2차 세계대전 이후의 독일 공익론의 전개에 중요한 영향을 미친 플라이너의 공익론, 그리고 초기의 문제의식들을 나름대로 정리 · 소화하여 체계적인 공익론을 제시하려고 노력한 크뤼거의 공익론 등에 대해서 살펴보기로 한다.

1. 로이트홀트(C. E. Leuthold)의 公益論

로이트홀트는 공익을 利益과 公共性의 結合이라는 관점에서 파악하였다. 이익은 항상 주관적인 것으로, 주관적인 관점에서 이탈된 객관적인 이익의 존재가 운위되는 경우도 있을 수 있겠으나 이는 利益이 擬人化되어 나타나는 데 불과하다고 본다. 그래서 로이트홀트는 公益이란 공간적으로 결합되어 있으며, 서로 의지하여 살아가는 인간들의 (共通된) 利益이라고 본다. 여기서 무엇보다 강조되는 것은 공간적인 결합성이다. 가령 家庭의 경우에는 家長의 절대적인 권한에 따르는 이익의 단

---

34) *Ibid.*, S. 293.

일성이 두드러지므로 公益의 主體는 되지 못한다. 지역적인 근접성과 관계 있는 이익상황이 존재할 때 공익이 시작된다. 가령 自治團體나 國家의 경우 이에 해당한다. 그러나 국가가 반드시 승인해야만 公益으로서의 자격을 가지는 것은 아니라고 본다. 그러나 로이트홀트는 지역적인 기초가 없다면 단지 공통이익만이 존재할 뿐 公益은 있을 수 없다고 본다. 그런데 公益은 모든 개개인의 이익과 일치할 필요는 없으며, 平均的인 利益만 보호하면 된다고 본다. 평균적인 이익에 흡수되지 않는 이익은 특수이익으로 평균이익을 위하여 양보해야 한다고 본다. 위에서 보듯이 로이트홀트가 말하는 公益은 '空間的으로 結合된 多數(人格)의 平均利益(ein Durchschnittsinteresse einer Mehrheit räumlich verbundener Personen)'이 되는 셈이다.[35)]

2. 노이만(Fr. J. Neumann)의 公益論

노이만 또한 利益과 公共性의 관점에서 公益을 설명하고 있다. 노이만에 따르면 이익이란, ① 참여, ② 희망 혹은 노력할 만한 가치 있는 관계, ③ 배분, ④ 이익이나 소득 또는 ⑤ 어떤 지위 혹은 몫을 가질 수 있는 물건 등을 뜻한다고 한다. 노이만은 이익을 주관적인 이익과 객관적인 이익으로 구별한다. 주관적인 이익이란 개인이 직접 참여해서 가지는 이익이고 객관적인 이익이란 일반적인 의미를 가지는 목적, 목표 및 사물에 관한 이익이다. 한편 公共(öffentlich)에 대하여 노이만은 두 가지의 범주를 제시한다. 먼저 公共이란 공개적이며, 개방적이고, 모두가 접근할 수 있는, 즉 어느 경우에도 폐쇄적이지 아니하고 또한 개별

35) C. E. Leuthold, "Öffentliches Interesse und öffentliche Klage im Verwaltungsrecht", *Hirths Annalen des Deutschen Reichs* 1884, S. 321ff.; E. Krüger, *Die Lehre vom "öffentliche Interesse" in der Verwaltungsrechtswissenschaft*, 1932, S. 11-12.

적인 것으로 유보되어 있지 아니한 상태를 의미한다. 公共에 대한 두 번째의 범주로 노이만은 國家 혹은 어떤 공동체에 특별한 관계를 가지는 사물을 든다. 이러한 공공의 두 구분에 상응하여 공익 또한 두 가지의 범주로 나누어진다. 공익은 公共性의 범주에 따라서 主觀的 公益과 客觀的 公益으로 나누어진다. 주관적 의미의 公益은 흔히 共同利益, 共同體 利益 혹은 全體利益으로 불린다. 이런 경우는 보통 그 지역에 특정의 신분, 계급 혹은 정당에 속하는 사람들만이 속해 있는 것이 아닐 때 타당할 것이다.

노이만에 의하면 주관적 이익의 경우에는 인간과 직접적으로 관계를 맺으며, 객관적 이익의 경우에는 간접적으로 관계를 맺는다고 한다. 그러나 법률이나 그 밖의 경우에 이를 늘 분명하게 구별하는 것은 아니고, 대체로 주관적인 이익으로 설명하는 경향이 있다고 한다. 이런 의미에서 公益은 (주관적인 의미로) 소수인의 이익을 굴복시키는 다수인의 이익으로 파악하든가 아니면 (객관적인 의미에서) 個別利益 위에 존재하는 다수인 혹은 불특정 소수인의 이익으로 파악할 수 있을 것이다. 주관적인 이익 이외에 객관적인 이익이라는 개념이 필요한 까닭은 다수인의 이름으로 항상 소수인의 이익을 무시할 수 없는 데 있다. 만일 그렇다면 이 사회라는 것이 다수인의 횡포 이외에는 아무것도 아닐 것이기 때문이다. 이런 의미에서 客觀的인 公益이란 (사회적으로) 중대하거나 현저히 우월한 의미를 가지는 목적 혹은 목표를 향한 이익이라고 볼 것이기 때문이다. 객관적인 公益은 언제나 고정되어 있는 것이 아니라 시대의 흐름에 따라서 혹은 경제의 발전에 따라서 변화하는 개념이다. 입법에서는 여러 곳에서 客觀的 公益을 정의하려는 시도를 하기도 한다. 그러나 경험상 그러한 시도가 늘 성공하는 것은 아니다. 어떤 목적 혹은 목표가 제일 우선적으로 고려되어야 할 것인지는 그 때마다의 文化關係에 의해 결정될 일이라고 본다. 이상의 논의에서 제시된 노이만의 公益은 다음과 같이 요약할 수 있겠다. 첫째, 主觀的 의미의 公益은 不特定, 多數의 人的 範圍에 의해 정해지는 利益이다. 둘째, 客觀的 公益이란 그것을 위하여

個別 利益을 희생시킬 수 있는 目標나 目的을 위한 利益이다.[36)]

3. 라이어(Max Layer)의 公益論

라이어는 公益과 私益의 대립관계에서 공익의 특징을 찾고 있다. (토지 수용의 경우에) 公益이 私益에 대하여 우월성을 가지는 것은 다수가 소수에 대하여 高次的인 一體性을 형성할 때라고 본다. 이 일체성은 법적인 것일 수도 있고 자연적인 것일 수도 있다. 公益의 특징은 또한 그 持續性에 존재한다. 그것은 특정의 혹은 불특정의 다수 인적 범위에 관한 실제 생활의 사실적인 관계를 형성하는 지속적인 이익일 수도 있고, 지속성을 자체 내에 포함하는 公法的 團體 자체의 이익일 수도 있다. 개인에 우월하는 일체성을 가지는 利益(公益)은 그 개인이 그 일체성의 한 구성원일 때 정당화된다고 본다. 이 두 이익은 서로 조화되는 경우도 있으나 모순, 충돌하는 경우도 있다. 이 때에는 公益이 개인의 이익에 우선되어야 한다고 본다.[37)]

4. 브레트(Bredt)의 公益論

브레트는 보다 실천적인 입장에 서 있다. 그는 이전의 오토 마이어나 게오르그 마이어와 같이 公益을 國家利益이라고 보고 있다. 앞의 로이트홀트나 노이만은 다수, 전체, 불특정의 집단 혹은 공간적으로 한정된

---

36) Fr. J. Neumann, "Das öffentliche Interesse mit Bezug auf Gebühren- und Steuerwesen, die Expropriation und die Scheidung von Privat- und öffentlichem Recht", *Hirths Annalen des Deutschen Reichs* 1886, S. 357ff.; E. Krüger, *ibid.*, S. 13-18.

37) Max Layer, "Prinzipien des Enteignungsrechts", *Staats- und völkerrechtliche Abhandlungen*, Band III, Leipzig, 1902; E. Krüger, *ibid.*, S. 18-21.

범위 등으로 公益의 주체를 한정하려고 했으나, 브레트는 이를 낡은 방법이라고 본다. 당시의 국가관은 국가를 개인의 집합이 아니라 그 자체를 위한 구성물이라고 본다. 따라서 국가를 독립적인 권리와 의무를 가지는 法人格이라면(國家法人說) 이 때의 公益은 조직 자체의 이익, 즉 組織의 維持와 發展이라고 본다.[38)]

5. 할러(Carl Ludwig von Haller)의 公益論

로이트홀트나 노이만과 마찬가지로 할러도 이익이라는 개념에서 출발한다. 그는 입법과 판례를 분석한 결과 다음의 결론에 도달하였다. 즉 이익이란 누군가 利點의 기대 혹은 短點의 회피를 위하여 실제적인 상황의 유지 혹은 변경을 인정하는 것으로 公益이란 '國家, 公共團體 혹은 국민 전체 또는 광대한 지역의 이점을 위한 혹은 단점을 회피하기 위한 실제적인 상태를 유지 혹은 변경하는 것' 이다. 만일 이런 인정이 부여되지 않을 경우에는 개별적인 이익만이 문제 된다. 개별이익은 행정청이 현존하는 규정 위에서 재량에 의해 고려될 수도 있다고 한다.[39)]

6. 플라이너(Fritz Fleiner)의 個人權과 公益論

모든 법적 개념이 그렇듯이 公益槪念 또한 오랜 역사를 통하여 생성 · 발전된 개념이다.[40)] 오늘날과는 달리 法과 權利의 구별이 없이 법

---

38) Bredt, *Die Zonenenteignung und ihre Zulässigkeit in Preußen, Zugleich ein Betrag zur Lehre vom öffentlichen Interesse*, Leipzig, 1909; E. Krüger, *ibid.*, S. 22-24.

39) Carl Ludwig von Haller, "Der Begriff und die rechtliche Stellung des Interesse im Verwaltungsrecht", *Württembergische Zeitschrift für Rechtspflege und Verwaltung*, Heft 3, 1927; E. Krüger, *ibid.*, S. 23-25.

40) 公益槪念의 역사는 西洋法의 發展과 같은 깊이를 가진다는 점에서 특히 중요하다. Häberle, "Die Gemeinwohlproblematik in rechtswissenschaftlicher

질서가 단지 私的인 特權의 덩어리로만 파악되었던 중세에는 공익과 사익의 구별 또한 존재하지 아니하였다. 공익이 하나의 의미 있는 개념으로 정착되기 위해서는 이에 상응하는 사익이 하나의 법적인 의미로 확립되고 公權力도 이를 함부로 침해하지 못하는 것이 법적으로 보장될 것을 필요로 한다. 이러한 의미의 公益은 토지의 수용과 관련하여 公共의 必要가 있을 때에만 개인의 토지를 강제적으로 취득하도록 한 프로이센 일반란트법 序章의 규정에서 잘 나타나고 있다.[41]

한편 公益의 다른 표현인 公共福利는 종래 '警察' 개념에서 보듯이 그 역사는 결코 짧지 아니하다. 중세의 경찰은 우선 군주의 명예나 권위 유지를 위한 기관으로 인식되었으나 그 기능은 점차 흐트러진 사회질서의 회복 및 유지 쪽으로 이동하게 되었다.[42] 경찰을 중심으로 하는 공권력 기관이 사회의 질서를 유지하고 공동의 목적을 위하여 활동하는 것 또한 公益的인 작용으로 인식되기 시작한 것이다.

그러나 정작 공익개념이 형성되기 시작하던 이 시기에는 공익개념 자체에 대한 논의는 그리 활발하지 못했는데 이는 公益槪念을 군주의 이익과 연관시키면서 절대적인 것으로 생각했던 데에도 상당한 원인이 있었던 것으로 볼 수 있다. 그러나 그 가운데 플라이너는 일찍이 공익개념에 대해 논의를 전개시키고 있었으니 이에 대해서 살펴보도록 하겠다.

플라이너가 公益論을 전개하면서 가졌던 문제의식은 公益이라는 이름으로 행하여지는 行政作用 아래서 개인의 권리를 어떻게 적절히 보호할 수 있을 것인가 라는 일이다. 플라이너가 활동하던 20세기 초에 이미 公益은 개인의 권리와 이익에 優先한다는 원칙이 분명하게 정립되어 있었다. 그러나 공익개념은 가변적이며 유동적이어서 명확하게 정의되

Sicht", *a.a.O.*, 1983, S. 268.

41) E. R. Huber, *Deutsche Verfassungsgeschichte*, Band I, 1960, S. 106.

42) H. Maier, *Die ältere deutsche Staats- und Verwaltungslehre*, 1986, S. 117-118.

지 않는다는 점 또한 인정되고 있었다. 입법자가 公共秩序(öffentliche Ordnung), 安全과 美風良俗(Sicherheit und Sittlichkeit), 公共福利(Gemeinwohl) 혹은 一般의 福祉(allgemeine Beste) 등을 입법의 이유로 할 때 이들 개념은 상세히 규정되지 아니하는 특징을 가진다. 따라서 위에 열거한 여러 가지 이익의 존재여부를 결정하는 일은 법의 집행을 담당하는 행정기관의 과제로 될 수밖에 없다. 따라서 이 경우에 행정이 '公益'을 지나치게 확장해석함으로써 개인의 권리를 해치는 경우가 발생할 수 있다. 그런데 개인의 權利保護는 법치주의가 목표로 하는 일차적인 과제이므로 행정이 公益을 지나치게 확장함으로써 개인의 권리구제에 死角이 생기는 것은 법치주의의 구현에 큰 장애요소가 된다.[43)]

경찰이 공익을 위하여 어떤 처분을 하는 경우, 그러한 처분은 그 한계를 넘어서 개인의 권리를 쉽게 침해할 수 있다. 이러한 위험을 방지하기 위하여 근대 국가에서는 행정의 法律適合性 원리를 그 이념으로 하고 있다. 이 이념은 개인에게 행정처분에 대한 不服의 길을 열어 줌으로써 보다 유효하게 보장된다.

행정상의 異議申請(Beschwerde)은 상급 관청에 대하여 당해 처분의 적법성 및 합목적성에 대한 심사를 신청하는 제도이다. 그러나 보다 효과적인 권리 구제 방법은 행정청으로부터 獨立된 機關(예컨대 법원)에 행정처분의 적법성 여부의 심사를 맡기는 것이다. 그러나 公益 문제에 관한 한 행정재판소의 권리보호는 유효하게 이루어지지 않았다. 왜냐하면 일반적으로, 경찰의 활동에 있어 실제로 '公益'에 근거하여 개인의 활동 혹은 의사자유 또는 재산권을 제한하는 것이 필요한가에 대한 심사는 행정재판소의 판단범위 밖에 있다고 보았기 때문이다. 이것을 정당화하는 논거는 두 가지인데, 그 하나는 행정청의 재량에 위임된 사항에 관해서는 행정재판소의 관할 밖에 있다는 것이고, 다른 하나는 행정재판소는 원칙적으로 행정청이 법의 적용을 올바르게 하였는가의 여부

---

43) F. Fleiner, *Einzelrecht und öffentliches Interesse*, 1908, S. 3.

만을 심사하기 때문에 法律의 限界 내에 존재하는 행정작용은 행정재판소의 통제 밖에 있다는 것이다.[44] 이 논거 위에서 예를 들면, 바이에른 행정재판소는 주류업 허가의 요건이 되는 공익성의 심사에 관하여 이를 행정재판권의 외부에 있는 裁量問題로 취급하고 있었다고 한다.

만일 위의 논의가 옳은 것이면 경찰은 自由裁量이라는 이름으로 시민 개인의 권리를 심히 제한하거나 침해할 수 있고, 여기에 대해서 유효한 司法的인 통제는 할 수 없는 결과가 된다. 이런 '심사의 범위 밖에 존재하는 自由裁量'에 대해서는 적절한 비판이 제기되고 있다.[45] 근대국가에서는 재산권 및 개인의 자유가 가지는 無制約性이 중요시되고, 명확한 경찰목적 및 公益을 통해 정당화되는 범위 내에서만 그에 대한 제한이 가능하다는 사고가 지배적이었다. 이에 따르면 이 범위 내에서만 경찰은 자유로이 행위할 수 있으며, 완전한 自由裁量을 가진다. 행정청이 자유재량에 따라서 처분할 권한을 가지는 범위 안에서는 그에 대한 행정재판소의 사법심사가 배제된다. 법적인 전제 없이, 즉 보호되는 공익의 전제가 없이 개인의 자유영역이나 재산권을 침해하는 것은 경찰권의 權能을 踰越하는 것이며, 따라서 法律의 違反이 된다.

따라서 公益의 존재여부에 대한 심사는 행정재판소의 심사권한 밖에

---

44) *Ibid.*, S. 8. 여기서 당시 公益 문제에 대한 판단은 일반적으로 행정재판소의 통제 밖에 있었음을 볼 수 있다. 그 논거로 앞의 것은 公益=自由裁量으로 보는 것이고, 뒤의 것은 公益에 대하여 규율하는 경우에는 입법자가 그 범위 안에서는 행정청의 법의 해석에 맡긴 것이므로 그 안에서의 판단은 행정청의 권한 내에 있다는 것이다. 어느 경우이든지 행정청의 公益에 대한 판단에 대하여 행정재판소는 심사할 수 없다는 점에서는 같지만, 전자는 公益(일종의 불확정 개념)을 행정청의 自由裁量에 속하는 것으로 보는 반면, 후자는 公益을 법개념으로 파악하면서도 그에 대한 판단은 법률의 수권에 의한 것이라고 보고 있으므로 차이가 있다고 할 것이다.

45) 여기서 플라이너는 테츠너(Tetzner)의 裁量統制論을 예로 들고 있다. *Ibid.*, S. 9.

존재한다는 이론은 성립할 수 없다. 그러나 (公益에 관한 판단의) '裁量問題'를 법원이 어느 정도까지 심사할 수 있는가의 문제는 일반적인 기준으로 대답될 성질의 것은 아니다. 이는 각각의 경우에 관계법에서 어떻게 규정하고 있는가에 따라야 한다고 본다. 가령 프로이센의 경우에는 주류업의 허가가 행정재판소의 관할에 속해 있었지만, 작센의 경우에는 이것이 심사에서 배제되었던 것과 같다.[46]

다음에 또한 국가행정의 다른 분야에서 公益의 이름으로 개인의 권리행사를 제한하는 경우가 있다. 法規命令과 規則(Statut)이 그 예이다. 이런 경우에 개인의 권리에 대한 과도한 침해를 방지할 수 있는 방법으로 역시 사법통제가 유효하다. 법원에서 명령이나 규칙의 적법성 여부에 대하여 심사하는 것은 어떤 측면에서는 처분에 대한 통제보다 더 포괄적이다. 그러나 그 결과가 관계 규정의 폐지가 아니라 違法宣言된 규정의 적용거부에 그치는 경우에는 그 효과는 반감된다. 재판관의 심사대상이 된 公益 및 이를 보호하기 위한 경찰 수단이 法的인 許容性 및 可能性의 범위 안에 있을 때 그것은 합법적인 것으로 인정된다. 반면 자유 및 재산권에 대한 제한을 정당화하는 법적인 근거를 가진 公益의 존재가 인정될 수 없을 때에는 법관은 그런 규정을 적용해서는 안 된다고 본다.[47]

법원에서 어느 정도까지 행정청의 활동에 대하여 심사할 수 있는가라는 문제는 구체적으로 매우 판단하기 어렵다. 이는 결국 社會的 價値 및 裁判官의 經驗에 의하여 결정될 것이다. 그러나 이것은 근본적으로는 立法者가 決定할 문제이다. 입법자는 개인권의 보호 혹은 비보호의 문제를 신중히 생각하여야 한다. 어떤 사항이 행정재판권의 범위 밖에 위치한다고 해서 그것이 바로 權利保護에 대한 拒否를 의미하는 것은 아니다. 이 경우에는 입법자가 행정청의 보호를 염두에 두고 있는 것인

46) *Ibid.*, S. 15.

47) *Ibid.*, S. 18.

지 혹은 행정사건 자체가 원래 재판에 적합치 못한 것이었는지를 신중히 검토해 보아야 한다. 그리하여 사안이 특히 순전히 행정 기술적인 문제이거나 혹은 정치 경제적인 문제와 관계 있을 때 입법자는 그에 대한 재판통제와 권리보호를 어느 범위까지 허용할 것인지에 대해 깊이 검토해 보아야 한다. 입법자는 전 행정부문에 걸친 장래의 발달과 관련하여, 책임 있는 행정전문가가 아니라 행정재판의 전문가에게 최종판단을 맡김으로써 발생할 수 있는 위험을 신중히 고려하여야 한다.[48)]

개인권의 지위를 충분히 고려해야 함에도 불구하고 이를 전혀 도외시해 온 분야로 특히 收用權(Expropriation)을 들 수 있다. 1899년의 바덴 수용법은 公用收用의 정당성 여부에 대해서 이의신청 혹은 소송제기를 허용하지 아니한다는 내용의 규정을 두고 있었다. 그러나 수용 자체에 대한 불복이 허용되지 않는다고 하여 그것이 適法이든 不法이든 事後 補償을 전제로 국가가 個人의 權利를 마음대로 침해할 수 있다는 식으로 이해해서는 안 된다. 보상을 전제로 하는 침해는 법률이 명백하게 충분히 수권하고 있는 경우로 제한된다. 이것이 헌법적인 '財産權 保障'의 의미이다. 그러나 민사소송에서는 수용보상을 확정할 때 침해의 허용가능성 자체에 대해서는 심사할 수 없다. 따라서 이러한 경우에 수용 시 개인의 재산권에 대한 존중은 대부분 행정청의 재량에 맡겨져 있다고 볼 수 있다. 이러한 현상은 행정청과 법원의 권한의 배분에서 비롯되는 한계로부터 발생한다고 볼 수 있다. 행정청은 수용으로 새로운 행정과제의 수행을 위한 물적인 수단을 창출하려고 한다. 실제로 公益性이 존재하는가의 여부는 행정부문의 전체적인 입장과 국가경제 및 정치관계로부터 決定되는 것으로 그 판단에 있어서는 미래의 관점이 중요하다. 독자적인 판단을 할 수 있는 것은 계속적인 발전이라는 관점에서 새로운 과제를 조망하는 경우이다. 그러나 그러한 지위는 법관에게는 주어져 있지 않다. 法官의 과제는 實定法을 解釋하고 현상을 유지하는

---

48) *Ibid.*, S. 19-20.

것이다. 따라서 민사법원은 수용 시에 개별적인 권리와 公益을 서로 형량하는 데는 적절하지 못하다.

결국 公益의 지나친 확장에 대한 방지는 행정부문 자체에 기대할 수밖에 없다고 보겠다. 이를 해결하기 위하여 수용이 허용되는 사업을 입법에서 열거한 경우도 있고(바이에른), 수용할 때마다 특별법을 제정한 경우도 있다(함부르크, 뤼벡, 브레멘). 예외적으로는 수용에 대하여 행정재판소의 통제를 마련하는 경우도 있다. 바이에른에서는 행정재판소의 설립과 함께 수용을 요하는 사업이 '공적으로 필요하며 일반의 이익을 위하는 것임이 명백한 것인가'의 여부를 일차적으로는 게마인데(Gemeinde)에서, 그리고 다음에는 행정재판소에서 심사하도록 하고 있다. 그래서 각 토지 소유자는 새로운 驛舍를 건축한다든지 교량을 놓는 일이 '일반의 이익을 위하여 필요한지'에 대해 행정재판소의 심사를 받을 수 있는 기회를 가지게 되었다.[49]

公益에 대한 관점은 시간의 흐름에 따라서 변화 · 발전한다. 개개인에 대해서 요구하는 것도 달라질 수 있으며, 새로운 법률이나 명령이 이를 표현할 수 있다. 예를 들자면 수용을 가능하게 만드는 사업이 증가한다든지 경찰의 임무가 (교통, 과학 혹은 의학 등의 발전에 의해) 추가되는 일 따위가 그것이다. 이 때에는 새로운 규정이 일반적으로 적용됨으로써 行政目的을 추진할 수 있다.[50]

한편으로 법질서는 그대로인 채 외부의 환경이 바뀌는 경우가 있다. 가령 인구가 적었던 지역이 도시의 발전으로 인구가 밀집하면서 기존 영업 시설의 소음이 지역적인 허용한계를 넘게 되는 경우가 있다. 이미 정당한 절차를 거쳐서 운영되고 있는 영업이 公益的인 必要에 의해서 더 이상 계속하는 것이 어려운 처지에 놓이게 되는 경우 당해 영업의 收用을 통해 문제를 해결할 수 있다.[51]

---

49) *Ibid.*, S. 22-25.

50) *Ibid.*, S. 32-33.

公益이 무엇을 요구하는지에 대한 價値觀의 變化는 입법 혹은 사실관계의 변화 없이도 생겨날 수 있다. 그 때에는 변화된 관점에 의해서 이전의 행정처분이 잘못되었기 때문에 더 이상 유지할 수 없는 것으로 간주된다. 통설에 따르면 이 경우에 행정청은 公益上 必要할 경우에는 이전의 處分을 撤回하고 새로운 '純化된 價値觀'에 따라서 새로운 處分으로 대체할 수 있다.[52)]

개인이 가지는 권리의 한계는 또 다른 측면에서 주어진다. 행정청이 개인에게 주는 모든 급부가 '個人權'의 대상은 아니다. 국가는 법질서, 즉 행정청을 객관적으로 구속하는 법질서의 수립에 의하여 개인에게 개별적인 급부에 대한 權利를 보장하지 않고도 개인의 이익을 충족시킬 수 있다. 이런 단순한 이익의 침해(Verletzung blosser Interessen)에 대해서 개인은 상급행정청에 訴願을 제기할 수 있다. 그러나 행정재판에서는 단지 개인의 권리만을 보호하기 때문에 자기의 利益을 침해당한 개인에게는 행정재판소에 제소할 수 있는 길은 없다. 여기서 權利와 단순한 利益 간의 구별이 특히 중요하다. 그러나 이 양자를 서로 구분하는 포괄적이고 형식적인 기준은 존재하지 아니한다. 입법자가 스스로 어떤 확실한 준거를 마련하지 않은 경우에는 이 한계의 문제는 법관의 감각이나 통찰에 맡겨지게 된다. 독일의 많은 주에서는 이 문제에 대해 행정재판의 관할을 권리와 이익의 구별에만 맡겨 두지 않음으로써 해결하고 있다.[53)]

이런 발전은 특히 이제까지 권리보호 보장의 가장 중요한 제도로 기능했던 '旣得權'의 侵害에 대한 損失補償과 공무원의 위법행위에 대한

51) *Ibid.*, S. 33-34.

52) *Ibid.*, S. 35. 이러한 철회에 관한 이론은 행정절차법을 통하여 입법적으로 해결되었다.

53) *Ibid.*, S. 39 주 1에서는 일반조항 이외에 열기조항을 보충적 혹은 대체적으로 규정하는 경우를 예로 든다.

損害賠償을 제2선으로 밀어놓았다. 왜냐하면 재산권 침해에 대한 전보가 아니라 권리상황의 존속이 근대 법치국가의 목표가 되었기 때문이다.[54]

이상에서 본 플라이너의 공익과 개인권의 보호에 대한 논의는 비록 지금과 시대적인 차이는 있으나 公益과 個人權의 관계에 대한 기본적인 구조는 같다. 플라이너가 위에서 든 公益을 이유로 한 개인권의 제한이나 이에 대한 재판적인 통제문제, 公益을 이유로 한 행정처분의 철회문제 혹은 수용 시에 公益性 여부를 어떻게 심사할 것인가의 문제는 오늘날도 그대로 존재한다.

그러나 이런 논의들이 문제제기는 올바르게 하고는 있으나 그 사이에 많은 변화가 있었기 때문에 오늘날의 상황과 일치하지 않는 점도 있다. 플라이너 논의의 한계는 公益을 가변적이고 유동적인 것으로만 취급할 뿐 그에 대한 실체적인 내용의 규명은 없다는 점이다. 公益槪念이 가지는 실체적인 의미에 대해서는 크뤼거의 논의를 통하여 접근해 보기로 한다.

7. 크뤼거(Erwin Krüger)의 公益論

1) 크뤼거의 公益槪念

크뤼거는 公益이란 一般의 利益으로, 광의로 파악된 인간사회와 밀접한 관련을 맺는 것이라고 한다. 公益의 내용은 주로 어떤 상태의 유지나 형성 혹은 변경과 관련되는 것이다. 이런 의미에서 公益은 법률이 인간사회의 복잡성과 다양성을 조정하고 미래의 발전을 위하여 정해진 길로 인도하여 계속적이고 부단한 발전이 이루어지도록 하는 한 언제든지 존재하는 것으로 파악할 수 있다고 본다. 이런 의미에서 모든 법률은 公共

54) *Ibid.*, S. 39.

의 福利를 위하여 봉사하고, 또 그것에 봉사하지 않으면 안 되기 때문에 어떤 법률도 公共福利를 위한 것이라는 타이틀을 가질 수 있다.

크뤼거에 의하면, 특히 행정법의 영역에서 公益은 行政의 目標 자체로 인식되고 또한 여러 입법에서 그 목적으로 적시되고는 있지만 그것에 대한 본격적인 논의가 있었던 것은 아니라고 하였다. 크뤼거는 公益이 하나의 법개념으로 신중하게 다루어지지 못한 사정은 그것이 비교적 최근에 만들어진 개념이라는 점에서 하나의 설명을 찾을 수 있다고 하였다. 크뤼거에 의하면, 이제까지 공익에 대해서는 두 가지 상반된 태도가 존재해 왔다. 그 중 하나는 공익에 대한 일반적이고 절대적인 해석이나 특수한 정의는 가능하지 않다고 보는 견해이다. 이에 따르면 공익은 불명확하며, 定義不可能한 개념이다(소수설). 다수설적인 입장에서도 公益에 관한 절대적인 개념구성은 불가능하다고 본다. 그러나 크뤼거는 個別的 爭點들에 대한 원칙을 세운다면 公益의 개념정의 또한 가능하다고 본다.[55)]

2) 法的 概念으로서의 公益

크뤼거는 公益概念의 법개념으로서의 성격을 긍정적으로 인식하고, 법개념으로서의 公益에 대한 해석 문제를 법학의 중요한 과제로 본다. 문제는 公益이 입법상 혹은 판례상 그가 속해 있는 법적인 혹은 여타의 조건에 따라서 다양한 형태로 나타나기 때문에 公益의 개념을 일반적으로 올바르게 정의할 수 있는가 라는 문제만 남는다고 할 것이다. 크뤼거에 따르면, 각각의 법규는 현 상황을 개선시킨다는 일반적인 과제 이외에 그 내용에 포함되는 다양한 목적을 가진다. 그리고 이 목적의 보다 상세한 결정 및 제한은 입법자에 의해 주어진 법률의 규정 및 행정청의 작용으로 달성된다고 한다. 이 때 통상적인 방법으로 그 근거가

55) E. Krüger, *a.a.O.*, S. 6.

주어지지 아니하고 입법의 단계에서 자세히 규율하지 못하는 경우에는 성립 시에 주어진 일반적인 관점에 따라 상세한 목적결정이 이루어지게 된다고 한다.[56)]

크뤼거에 따르면, 行政法의 영역에서는 법마다 서로 다른 관점이 지배하고 있다. 가령 프로이센의 行政法에서 公益은 일정한 개념을 가지고 있지 아니하며 그것은 사용되는 위치에 따라서 그 때마다 서로 상이한 의미를 담고 있다는 것이다. 따라서 크뤼거는 개별적인 관점에 입각하여 단지 공익의 일반적인 경계선만을 확인할 수 있다는 다수설적인 입장이 옳다고 한다. 그에 의하면, 이 경계선은 행정실무, 행정재판 및 학설의 영향을 받게 된다. 그는 많은 경우에 '公益'이 무엇인가를 사전에 미리 정해 놓는 일은 가능하지 않다고 하고 절대적이며 또한 포괄적인 정의는 허용되지 않는다고 한다. 이것은 민중의 政治, 文化社會 및 經濟的인 수준이 높아질 뿐만 아니라 그것이 자꾸 변하기 때문에 더욱 그렇다고 한다. 크뤼거에 의하면, 이 점에 관해서 플라이너가 공익이 관련되는 모든 관계는 그 관계의 종류 및 정도에 따라서 각각 다르게 나타난다고 지적한 것은 옳다. 또한 브레트가 '극도로 불명확한 개념인 공익은 한 국가의 문화 및 경제적인 수준에 따라서 비로소 구체적인 의미를 지닌다'고 한 것은 적절한 지적이다. 결국 그에 의하면, 공익의 개념을 모든 경우에 판에 박은 듯이 고정시키는 것은 옳지 않은 일인 것이다.[57)]

3) 主觀的 公益과 客觀的 公益

노이만은 公益을 主觀的 公益과 客觀的 公益으로 구별하여, 주관적인 공익은 다수의 혹은 불특정의 인적인 집단과 관계 있는 이익으로 파

---

56) E. Krüger, *ibid.*, S. 25-26.

57) *Ibid.*, S. 27-28.

악하고, 객관적 공익은 개인의 이익이 아닐 뿐더러 그것과 직접 관계없는 것으로 보고 있다. 이에 대해 크뤼거는 公益을 주관적인 측면과 객관적인 측면으로 구별하여 고찰하는 노이만의 견해는 잘못된 것으로 본다. 이익이란 인간의 사유와 감정을 뛰어넘어서 독자적으로 존재하는 것은 아니다. 크뤼거에 의하면, 이익개념은 논리적으로 어떤 주체와 관련되며, 항상 이익주체의 존재를 전제로 한다. 노이만은 객관적인 이익의 예를 명예, 명성, 독립성, 빈민구제 및 국방 등에서 찾고 있으나, 크뤼거는 이런 경우에도 결국에는 어떤 단체의 인적 성원을 이루는 개개인의 존재를 위하여 그런 것이 인정된다고 한다.

결국 노이만은 같은 사물을 다른 시각에서 본 것에 불과하다. 크뤼거에 의하면, 利益은 價値判斷이며 모든 價値槪念은 主觀的인 것이기 때문에 그것은 개별적인 경우마다 인간의 정신활동과 관계한다. 따라서 인간에 대한 사유와 가치가 이익의 진정한 실체이며, 객관적으로 재화로 파악되는 것이 주관적으로는 이익이다. 크뤼거는 이익은 인간을 위한 주관적인 가치평가에 따르는 재화라고 한다.[58)]

한편, 크뤼거는 이익과 법은 서로 다른 개념이라고 말한다. 이익은 가치개념인 반면에 법은 그렇지 못하다. 크뤼거에 따르면, 권리와 법의 특징은 개인이 직접적으로 관여하는가 혹은 그렇지 아니한가의 문제가 아니다. 법은 법규범 전체를 가리키는 것이며 권리는 그로부터 개개인에게 주어지는 권능이라고 하는 사실을 노이만은 망각하고 있는 것이다. 따라서 노이만이 직접적 혹은 간접적이라는 말로 주관적 공익과 객관적 공익을 구별한 것은 옳지 못하다고 한다.[59)]

---

58) *Ibid.*, S. 30-32.

59) *Ibid.*, S. 32.

4) 公益概念의 實體的인 內容

크뤼거에 의하면, 公益은 어떤 사항에 대한 인적인 公共性을 의미한다. 일반적으로 公益은 私益과 對立되어, 공익이 아닌 것은 사익이며, 또한 그 역의 관계도 성립한다고 볼 수 있다. 공익은 개념적으로 사익에 반대된다는 것은 명백한 것처럼 보인다. 토지수용의 경우에 그 모순관계가 두드러진다. 그러나 크뤼거는 사익과 공익이 서로 평행선상에 있는 경우도 생각해 볼 수 있다(예를 들어 공무원에 대한 보수의 지급은 사익과 공익의 양자에 관계한다)고 한다. 수용의 경우에도 사익과 함께 공익을 동시에 달성할 수 있는 경우에는 사익을 위한 수용도 가능한 것으로 인식되고 있다고 하고, 빈민구제의 경우에는 공익과 피구제인의 사익이 동시에 중요하다고 한다.

따라서 크뤼거는 公益과 私益의 평면적인 대비만으로는 公益의 실체적인 내용을 밝힐 수 없다고 한다. 그는 공익이 一般性이나 公共性과 관계 있다는 것은 분명하다고 하면서 라반트나 게오르크 마이어가 그렇듯이 공익을 國家의 利益과 완전히 동일시하는 것은 옳지 못하다고 한다. 이것은 공익개념을 지나치게 좁히는 결과가 된다는 것이다. 크뤼거에 따르면, 브레트의 경우에는 공익을 전체이익으로부터 구별하지 못하는 오류를 범하고 있다. 그의 보다 큰 오류는 '國家目的'이 단일하게 확정되지 않는 것을 간과한 점에 있다고 한다. 크뤼거는 문제는 目的이 무엇이냐는 것이라고 지적한다. 그의 논리는 이렇다. 목적은 인간행동의 이유이다. 인간의 행동에는 결과가 예정되어 있다. 그 결과를 달성하기 위하여 행위가 존재하게 된다. 그런데 '國家目的'은 국가가 가지고 있는 과제에 다름 아니다. 그런데 이것은 외적으로 주어지는 강제에 의해 생기는 것이고 내부적 자발적으로 주어지는 것은 아니므로 國家目的과 公益은 결국 동일시할 수 있는 성질의 것은 아니라고 한다.[60)]

---

60) *Ibid.*, S. 33-37.

한편, 크뤼거에 의하면, 私益은 어떤 경우에도 공익의 성격을 띨 수는 없다. 경찰이 사익을 위해 공권력을 발동하는 경우가 있을 수 있다. 그러나 이 때에는 단지 당해 개인만을 보호하는 것이 아니라 공중의 일원으로서의 개인을 보호하기 위한 것이라는 것이다. 개인 또한 일반인과의 관계 속에서 존재하며, 이로부터 公益과의 관계가 개시된다고 한다. 危險(Gefahr)이라고 하는 것도 또한 공익과의 관계 속에서 평가되는 가치개념이라고 한다. 그리고 多數의 利益이라고 해서 반드시 공익으로서의 성질을 지니는 것은 아니라고 한다. 그것이 공익으로서의 품격을 가지기 위해서는 '高次的 利益共同體'의 이익일 필요성이 있다고 한다. 여기서 고차적이라는 말은 불특정 혹은 다수라는 말과 환치할 수 있으나 불특정성이 특히 강조될 필요가 있다고 한다. 高次的인 統一體(Einheit)의 소속원으로서의 이익, 사회적인 이익만이 공익이라는 것이다. 그는 '社會'라는 말에는 벌써 不特定性과 一般性이 포함되어 있다고[61] 하고, 또한 不特定 多數의 人的集團이 공적인 품격을 갖기 위해서는 반드시 지역적으로 한정될 필요는 없다고 한다. 계급이익도 마찬가지로 공익이 될 수 없다고 한다. 계급개념은 적어도 불특정성을 결여한다는 것이다. 마찬가지로 일정한 신분이나 직업 혹은 특정영업 분야의 이익은 그것만으로는 공익으로서의 품격을 가질 수 없다고 한다. 이런 이익은 고작 集團利益으로서의 성격을 가질 뿐이라는 것이다. 그런데 특정지역의 한 부분에 거주하는 주민의 이익은 不特定性이 있다는 점에서 公益性을 가진다고 한다.[62]

크뤼거에 의하면, 公衆의 利益은 항상 一般과의 關聯性을 맺고 있다는 점에서 '公益'이 될 수 있다. 그러나 그에 의하면, 라이어가 오직 公衆만이 공익의 주체가 되며 공익의 본질적 요소가 된다고 한 것은 옳지 못하다. 왜냐하면 공익은 늘 행정청에 의한 인정여부가 중요하기 때문

---

61) *Ibid.*, S. 38-39.

62) *Ibid.*, S. 39-41.

이다. 크뤼거는 공익은 私益의 總計와도 다르다고 한다. 공익은 사익의 총계라는 사고방식은 利益調和說의 복원에 다름 아닌데, 이익조화설은 경제상의 이익을 대상으로 한 것으로, 국가 내에는 경제상의 이익만이 아니라 文化나 社會的 利益 등 여러 가지의 이익이 있을 수 있다는 점을 무시하고 있다. 또한 예를 들면 수용의 경우와 같이 한 개인의 이익이 공익과 모순, 저촉되는 경우도 지적하면서 모든 사람의 이익의 조화란 존재하지도 않는 다고 하고, 이익조화설은 모든 사람의 이익의 조화가 가능하다고 하는 맥락에서 사용되어서는 안 된다고 한다.

크뤼거에 의하면, 옐리네크(W. Jellinek)는 주로 국가 및 자치 단체의 이익에 대하여 언급했으나 이는 公益의 특별한 형태에 불과하다 할 것이라고 한다. 그에 의하면, 公益은 불특정 다수의 인적 집단이 가지는 이익이므로 국가나 자치단체가 그런 성질을 가지고 있는 것은 명백하다. 그러나 國益이나 自治團體의 利益을 공익 그 자체로 파악하는 것은 공익을 너무 좁게 파악한 것이라는 것이다. 크뤼거에 의하면, 利益이라는 槪念의 전제에는 利益의 主體에 대한 사고가 자리하고 있는데, 국익이나 자치단체의 이익에 의해 이익의 주체가 누리게 되는 이익은 간접적인 이익이 된다. 크뤼거는 간접적인 이익이란 실체성이 없으며, 법적으로는 지지될 수 없는 개념이라고 한다. 공익에서의 이익은 多數人格에 대한 直接的인 利益으로 파악하여야 하며, 公益을 國益이나 自治團體의 利益으로 파악하는 것은 잘못된 것이라는 것이다.[63)]

5) 公益과 國家의 認定問題

크뤼거의 공익론에 있어서, 公益의 성립에 있어서 국가의 인정여부가 절대적으로 중요한 요소가 될 것인지의 여부가 또 하나의 문제가 된다. 여기에는 대체로 세 가지의 태도가 있을 수 있다고 한다. 하나의 견해는

---

63) *Ibid.*, S. 46-50.

公益의 성립에 국가의 인정여부는 전연 문제가 되지 않는다고 보는 견해이다(Leuthold, Merkl). 다음으로는 公益의 성립에 국가의 인정이 필수적인 것으로 보는 견해가 있다(Haller). 중간적인 견해로는 의심스러운 경우에 국가가 이를 인정하면 公益이 된다고 보는 견해이다(Tetzner). 크뤼거는 할러의 이론은 명백히 잘못된 것으로 본다. 크뤼거에 의하면, 공익은 인간의 사회생활의 산물이며, 생활상의 필요와 기타의 이익범위에서 발생하는 實體的인 개념이다. 따라서 실체적인 개념인 공익의 생성에 대하여 국가의 승인이 반드시 필요한 것은 아니다. 따라서 할러가 말하는 바와 같이 공익의 생성이나 존재여부를 국가가 인정하거나 부인하는 권한을 지니게 된다면 공익이 가지는 실체적 의미는 상실되고 그것의 사회일반인과의 관계는 단절되어 버리는 결과를 낳게 될 것이라고 한다.

크뤼거의 공익론에서는 국가기관은 공익에 대하여 어느 만큼 구속을 받는가 라는 것도 문제이다. 당시의 公益概念에는 自由裁量이 존재한다고 보는 것이 다수설이었다. 라운(Laun)은 공익에 대해서는 행정청이 이를 정할 권한을 가지고 있으므로 그것의 결정이나 집행에 있어 행정청의 義務의 違反은 있을 수 없다고 하였다. 그러나 크뤼거에 의하면, 행정청이 자유재량을 행사할 때에도 그는 사인으로서 행위하는 것이 아니기 때문에 그는 의무에 합당한 재량권을 행사하여야 한다고 한다. 이는 행정청이 다수의 선택 가운데 하나를 적법하게 선택할 수 있는 경우에도 재량은 존재한다는 것과 같은 이치라는 것이다.

크뤼거에 의하면, 공익개념은 一義的이거나 혹은 一義的으로 형성될 수 있는 개념이다. 공익이란 법적인 근거 위에서 社會의 價値에 따라서 主觀的 裁量에 의해 좌우됨이 없이 결정되어야 하는 것이다. 라운과 같이 공익을 정의할 수도 없고 객관적으로 확정될 수도 없다고 보면 공익이 행정청의 손에 완전히 맡겨져 있다고 보는 것이 자연스러울 것이다. 그러나 크뤼거는 이런 견해는 잘못이라고 한다. 만일 공익을 自由裁量으로 인정해 버리면 입헌국가 안에 권위주의적인 絶對主義의 要塞를 인정해 버리는 결과가 될 것이라고 한다.[64)]

6) 評價 및 要約

이상의 크뤼거의 공익에 대한 논의는 일찍이 20세기 전반에 公益의 의의에 대하여 상세하고 일관된 논리로 공익론을 전개하고 있었다는 데 그 의의가 있다.

크뤼거는 우선 공익을 實體的인 價値槪念으로 파악한다. 또한 공익이 가지는 '利益' 으로서의 성격에 주목하여 公益의 主體는 國民 個個人이며, 국민 개개인과 유리된 客觀的인 公益은 있을 수 없다고 본다. 한편 공익은 그와 관련되는 사람이 많고 적음과 관계없이 그 주체들이 가지는 不特定性 혹은 一般性을 기준으로 판단해야 한다고 주장한다. 또한 공익은 國家나 自治團體가 일방적으로 정할 수 있는 것도 아니며, 국가나 자치단체가 공익이 무엇인지를 결정한 후에도 그것의 정당성 여부는 항상 법원의 사후심사의 대상이 됨을 분명히 하고 있다. 결국 크뤼거는 공익의 實體性과 法院에 의한 統制可能性을 인정하여 공익개념은 단순한 불확정 개념이 아니라 엄격한 法的인 槪念으로서의 성격을 가진다는 점을 분명히 밝힌 공로가 있다고 본다. 비록 그가 공익개념이 무엇인지를 구체적으로 말하지는 아니하였지만 그는 公益을 불특정 다수의 사람 혹은 일반과의 관계 속에서 파악해야 한다고 이야기함으로써 논의의 고찰 방향을 분명하게 제시하고 있다.

第 4 節 뒤리히(Günter Dürig)의 直接民主主義的 公益論

1. 뒤리히의 直接民主主義的 公益論의 主要內容

제2차 세계대전 직후인 1949년 뒤리히는 자신의 박사학위논문[65]에서

---

64) *Ibid.*, S. 55-59.

자신의 공익론을 전개하였다. 그의 이론은 오늘날에 이르기까지 여전히 많은 영향을 미치고 있는 가장 대표적인 공익론중 하나이다. 그는 公共有用性(Gemeinnützigkeit)이라는 조세법상 개념에 대한 정의를 통해 公共性(Öffentlichkeit)의 개념을 규명하고자 하였는데, 이러한 그의 시도는 그 후 마르텐스,[66] 클라인,[67] 티이레[68] 등에게 영향을 주었다.

1) 뒤리히 公益論의 出發點

뒤리히는 자신의 사고과정을 '매우 主觀的'이라고 하였다.[69] 그는 법실무에 대한 분석이 아니라 이론적인 모델의 수립에 목적을 두었다. 뒤리히의 출발점은 공익이라는 것이 수많은 법규범 속에서 法槪念으로 등장하고 있다는 사실이었다. 법개념이라면 법적 해석이 가능하며 또한 이러한 법적 해석이 필요하다고 생각한 것이다.[70] 따라서 공익을 추론하는 데 사용할 수 있는 일반원칙과 한계의 지침들을 수립하는 것을 목적으로 하였다.[71]

2) 利益의 槪念

뒤리히는 먼저 공익과 유사한 다른 개념들, 예컨대 公共善(Gemeinwohl), 公共의 福利(Wohl der Allgemeinheit) 등의 개념과 공익

---

65) G. Dürig, *Die konstanten Voraussetzungen des Begriffs "Öffentliches Interesse"*, Diss. München 1949.

66) Martens, *Öffentlich als Rechtsbegriff*, 1969, S. 177f.

67) W. Klein, *Begriff des öffentlichen Interesses*, S. 26, 34ff.

68) Thiere, *Die Wahrung überindividueller Interessen im Zivilprozeß*, S. 34f.

69) Dürig, *a.a.O.*, Vorwort vor S. 1.

70) *Ibid.*, S. 2f.

71) *Ibid.*, S. 6.

과의 관계에 대하여 견해를 밝히고 있다.[72] 그에 따르면 이들 개념들 사이에 어떤 근본적인 차이가 있는 것은 아니지만 개별적인 경우에 있어서 그 한계선은 다를 수 있다고 한다. 따라서 중심은 같지만 그 지름이 다른 원들과 같이 나타날 수 있다고 한다. 다음으로 뒤리히는 이익의 개념에 대하여 논하는데,[73] 그에 의하면, 利益이란 '이익의 대상에 대한, 주체인 인간의 관계(die Relation von einem Subjekt, dem Menschen, zu einem Interessenobjekt)' 라고 한다. 객관적인 관점에서 善(Gut)으로 나타나는 것이 주관적인 관점에서 이익으로 된다고 한다. 뒤리히는 개인으로부터 독립적이고 객관적인 이익은 존재할 수 없다고 보았는데, 이는 國家社會主義(나치즘)에 대한 비판의 결과였다. 그에 의하면, 인간만이 이익을 보유할 수 있다. 그러므로 공동의 이익(공익, Gemeininteresse)에도 어떤 식으로든 항상 개인의 이익이 내포되어 있어야 한다.[74] 그러나 공익이라는 것이 사익의 총합에 불과한 것도 아니며, 또한 사익의 총합에 반대되는 것도 아니라고 한다.[75] 한편으로 공익과 사익은 서로 상반되는 개념으로 대응할 수 있다.[76] 예컨대 공익은 조국의 명예와 독립을 위해 사익과 반대되는 軍事的 紛糾로 나아갈 것을 요구할 수도 있다. 兒童勞動은 경우에 따라서는 관계자들 모두에게 이로울 수 있지만 공익에는 저해될 수 있다. 다른 한편으로 공익과 사익은 서로 일치할 수도 있다.[77] 國會議員의 歲費는 공익의 관점에서 인정되는 것이다. 그래야 저소득자도 의회에 진출할 수 있기 때문이다. 그러나 이는 동시에 국회의원 개인의 이익에도 부합한다.

---

72) *Ibid.*, S. 7-10.

73) *Ibid.*, S. 11-20.

74) *Ibid.*, S. 20.

75) *Ibid.*, S. 31.

76) *Ibid.*, S. 33f.

77) *Ibid.*, S. 34-36.

3) 民主主義下에서 一般意思(Gemeinwille)의 形成과 公益의 形成

뒤리히는 이러한 기본적인 개념에 대한 정리를 토대로 주된 관심사에 대한 논의를 전개한다. 그에게 가장 관심을 끌었던 문제는 공익(공동의 이익)의 형성과 一般意思(공동의 의사, Gemeinwille)의 국가법적 형성 사이의 관계이다.[78] 민주주의하에서 일반의사는 개인의사의 총합이 아니라 多數의 意思(Wille der Mehrheit)이다.[79] 이는 이익형성에 있어서도 마찬가지이다. 多數의 利益(Interesse der Mehrheit)으로부터 一般의 利益, 즉 공익이 도출된다.[80] 따라서 공익을 도출해 내기 위한 가장 좋은 절차는 國民投票(Volksentscheid)이다. 뒤리히는 국민의 대표기관에 의한 입법행위에서도 국민의 다수의사가 실현된 것으로 볼 수 있다고 한다.[81] 이 경우 입법행위는 선언적인 성격만을 갖는다. 즉 實質的인 眞正公益은 이미 존재하고 있으며 대표기관에 의해 선언될 뿐이라는 것이다.[82] 뒤리히에 의하면 공익은 형식적인 승인을 요하지 아니하며, 그것이 실질적으로 형성되어 있다면 그 자체로서 바로 법규범의 내용으로 된다고 한다.[83] 따라서 社會의 世界觀이 일반적인 해석규칙이며, 이것은 행정부에 의해서 준수되어야 한다고 한다.[84] 행정법에 있어서도 多數의 見解가 공익을 결정한다.[85] 다수의 견해를 알아 내기 위해 가장 확실한 수단은 표결이다. 예컨대 학교의 학부모회의에서 아이들의 교육에 대해 결정하는 표결이 여기에 해당한다.[86] 그러나 표결이 불가

---

78) *Ibid.*, S. 38ff.

79) *Ibid.*, S. 41.

80) *Ibid.*, S. 45, 91f.

81) *Ibid.*, S. 47.

82) *Ibid.*, S. 55f.

83) *Ibid.*, S. 57.

84) *Ibid.*, S. 66.

85) *Ibid.*, S. 71, 88.

능한 경우에, 뒤리히에 따르면, 당해 公務員은 다수가 어떠한 결정을 내릴 것인지를 스스로 파악해 내야 한다. 뒤리히는 認識論上 樂觀主義的인 觀點에서, 위와 같은 경우에 공무원은 대부분 공익을 제대로 파악해 낼 것이라고 한다.[87] 이러한 점에서 뒤리히는 행정에 있어서 政治的인 要素를 인정한다. 그러나 다수의 이익이 다수정당의 이익과 동일시되어서는 아니 된다고 한다.[88]

4) 公衆一般(Allgemeinheit)의 槪念

다음으로 뒤리히는 公衆一般이란 어떤 것인가의 문제를 다룬다. 공중일반의 다수가 공익을 규정한다는 점에서 공중일반이 무엇인가는 중요한 문제가 아닐 수 없다.[89] 여기서 뒤리히는 조세법상 公共有用性(Gemeinnützigkeit)이란 개념과 연결시켜 설명한다. 공중일반이란, 누구나 언제든지 진입할 수 있다는 의미에서 不特定의 人的 範疇를 말한다. 따라서 公益의 主體는 국민의 총체 또는 이들 공중일반의 일부라고 한다.[90] 예컨대 지방자치단체의 地域的 利益은 공익이다. 지방자치단체에는 누구나 이주해 갈 수 있기 때문이다.[91] 單一한 勞動組合도 공중일반의 일부로서 공익을 형성할 수 있다. 그러나 政黨의 경우에는 정강에 대한 무조건적 승인을 요구하기 때문에 진입에 제한이 따르며, 따라서 공익의 주체라고 할 수 없다.[92] 株式會社의 경우도 주식의 수에 의해 구성원의 수가 제한되기 때문에 공익의 주체가 되기 어렵다.[93] 다수의

86) *Ibid.*, S. 72f.

87) *Ibid.*, S. 74.

88) *Ibid.*, S. 74-78.

89) *Ibid.*, S. 93ff.

90) *Ibid.*, S. 96f.

91) *Ibid.*, S. 98.

92) *Ibid.*, S. 101, 103.

이익공동체 사이에서 이익충돌이 야기되는 경우에, 公務員은 무엇이 당해 행정과 관련된 인간의 다수에게 이익이 되는지를 물어야 할 것이다.[94] 요컨대 公益이란 공중일반의 다수 또는 누구에게나 언제나 진입이 개방되어 있는 불특정한 인적 범주의 다수가 어떤 대상에 대하여 부여하는 가치라고 한다.[95]

5) 利益의 對象(Gegenstand des Interesses)

다음으로 뒤리히는 이익의 대상에 대하여 고찰하고 있다.[96] 특히 財政上의 利益(fiskalisches Interesse)에 대하여 상세히 고찰하고 있다. 공공주체가 사경제적으로 활동하는 경우에 그 수익은 간접적으로만 공중일반의 이익에 부합한다고 할 수 있다. 그 수익이 어떤 방식으로 마련되어지는지는 공중일반에게 아무런 상관이 없기 때문에 이는 순수하게 國庫(Fiskus)의 특별한 이익이지 공익은 아니다.[97] 관세나 조세에 의한 재정상 이익의 경우에는 이와 달리 공익이 존재한다. 왜냐하면 공중일반은 관세나 조세에 의해서만 필수 불가결한 재원을 획득하기 때문이다.[98] 여기서 뒤리히는 공법과 사법의 구별을 논한다. 그에 따르면 國庫가 자신의 특별한 이익을 私法的으로 추구하는 데 반해 國家는 공중일반의 이익을 반드시 公法의 형식으로 담당하여야 한다.[99]

---

93) *Ibid.*, S. 105.
94) *Ibid.*, S. 107.
95) *Ibid.*, S. 108.
96) *Ibid.*, S. 109ff.
97) *Ibid.*, S. 113.
98) *Ibid.*, S. 114.
99) *Ibid.*, S. 114.

6) 公益의 確定에 대한 行政裁量問題

마지막으로 뒤리히는 공익의 확정에 있어서 행정에 裁量의 餘地가 부여되어 있는가의 문제를 다루고 있다.[100] 뒤리히는 이를 부인한다. 뒤리히에 의하면 공익이란 객관적으로 명백히 규정될 수 있는 개념이기 때문이다.[101] 뒤리히는 行政裁判權 내지 行政裁判制度에 대한 옹호로 그의 논문을 끝맺고 있다. 그에 의하면 행정재판권은 모든 권위적인 절대주의에 대항하여 주어진 것이라고 한다.[102]

2. 뒤리히의 公益論에 대한 評價

뒤리히의 공익론체계는 독일 基本法秩序에 적합하지 않는다는 비판이 제기되고 있다.[103] 이는 뒤리히의 논문이 기본법의 제정과 동시에 발표되었다는 점에서 이해될 수 있다. 뒤리히는 이러한 시기적인 이유로 기본법을 기초로 자신의 이론을 수립할 수 없었던 것이다.

사회의 다수의 의사를 기초로 공익을 규정하여야 한다는 주장을 뒷받침하는 기본법규정은 존재하지 않는다. 기본법은 이러한 直接民主主義的 要素를 부인하고 있다. 기본법질서에 있어서도 어떤 결정절차에 있어서 이해관계자에게 자신의 이익을 주장할 수 있는 기회를 부여하는 다양한 參與節次와 聽聞節次가 인정되고 있기는 하지만, 이는 국가기관이 보다 나은 결정을 하기 위한 기초를 만들어 주고자 하는 데에 그 일차적인 의의가 있다.[104] 즉 이러한 절차의 목적은 결정의 實體的 正當

100) *Ibid.*, S. 120ff.

101) *Ibid.*, S. 121.

102) *Ibid.*, S. 124.

103) Uerpmann, *Das öffentliche Interesse*, 1999, S. 8f.

104) Schmidt-Aßmann, “Verwaltungslegitimation als Rechtsbegriff”, *AöR* 116(1991),

性을 더 잘 보장하는 데 있다는 것이다. 이러한 국민의 참여권이 인정된다고 해서 국가의 결정주체가 다수의 의사에 대하여 직접민주주의적인 구속을 받는다고 할 수는 없다.

뒤리히의 이론 중 특히 문제 되는 것은 행정, 구체적으로 말하면 행정공무원을 직접 다수의 이익과 연결시키는 것이다. 이는 기본법이 상정하고 있는 法治國家的 民主主義 및 代議制 民主主義의 모델과 충돌한다. 기본법은 행정부를 직접 국민에 연결시키지 않고 있다. 民主的 正當性은 의회와 의회에 의해 선출된 정부를 통하여 실현된다. 행정공무원은 의회의 법률에 구속되며, 또한 정부의 지시에 복종하여야 한다. 정부는 의회에 대하여 행정활동에 대한 책임을 지기 때문이다.

또한 뒤리히는 인식론상 지나치게 낙관적인 입장을 취하고 있다. 그에 따르면 公務員은, 책상머리에만 앉아 있지 않는다면, 언론에 의해 조종된 비이성적 견해로부터 國民의 眞正한 見解를 구별해 낼 수 있다고 한다. 이러한 주장이 정당화되기는 어렵다고 할 것이다. 다만 여기서 국민 다수의 사실적 이익에 얽매이지 않고 자유로이 평가를 하여야 한다는 착상의 단초가 열려진다. 이러한 관점이 볼프의 '眞正' 公益論의 전면에 드러나게 된다.

第5節 볼프(Hans J. Wolff)의 客觀主義的 公益論: '眞正' 公益

1. 볼프의 客觀主義的 公益論의 主要內容

볼프의 공익론에 대하여는 이미 앞에서 소개한 바 있으므로[105] 중첩

329, 373, Pitschas, *Verwaltungsverantwortung und Verwaltungsverfahren*, 1990, S. 659f., BVerwGE 60, 297, 300 참조.

되는 부분은 간략히 개괄하는 데 그치고 이 장의 논의의 목적에 비추어 필요한 범위 내에서 검토하기로 한다.

볼프는 전3권으로 이루어진 그의 행정법교과서 제1권에서 한 항목을 공익에 대하여 할애하고 있다.[106] 여기서 전개시키고 있는 볼프의 공익론은 1929년에 제출되고 1933년 출간된 그의 교수자격청구논문(Habilitationsschrift)에서 이미 그 기초가 제시된 바 있다.[107]

볼프는 利益의 개념을 '어떤 대상에 대한 어떤 주체의 關與(Anteilnahme eines Subjekts an einem Gegenstand)' 라고 정의하고,[108] 사실적 이익(faktische Interessen)과 진정이익(wahre Interessen)으로 구별한다.[109] 事實的 利益이라는 것은 '특정한 주체가 특정한 대상에 대하여 사실상 가지는 주관적인 이익' 을 말한다. 이에 대하여 어떤 주체의 眞正利益이란 '객관적인 척도에 근거하여 오류 없이 규정되는 이익' 을 말한다. 볼프는 이러한 客觀的 尺度의 하나로서 '인격의 자유로운 형성과 발전' 을 들고 있다. 이러한 진정이익은 그것이 다른 주체에 의하여서도 인식될 수 있기 때문에 주체로부터 분리될 수 있다고 한다.

---

105) *Supra*. 제2장 제2절 2. 2) 부분 참조.

106) Wolff, *Verwaltungsrecht*, Bd. I, 8. Aufl., 1971, §29, S. 158-166. 이 책은 현재 슈토버(Rolf Stober) 교수가 후속 저자로 새 판을 내고 있다. 슈토버 교수에 의해 개정된 내용은, Wolff/Bachof/Stober, *Verwaltungsrecht*, Bd. I, 11. Aufl., 1999, §29. 이 책의 제9판은 볼프와 바호프(Otto Bachof) 교수의 공저로 출간되었으나, 바호프 교수는 공익론 부분의 집필을 맡지 않았고, 볼프에 의한 공익론 부분의 개정도 극히 미미한 부분에 국한되었을 뿐이다. 따라서 종래 볼프의 공익론은 이 책의 제8판을 인용하고, 슈토버 교수에 의해 개정된 현재의 입장은 제11판에 의해 인용한다.

107) Wolff, *Organschaft und Juristische Person*, 1. Band, 1933, S. 470ff.

108) Wolff, *Verwaltungsrecht*, Bd. I, 8. Aufl., S. 159; Wolff/Bachof/Stober, *Verwaltungsrecht*, Bd. I, 11. Aufl., 1999, §29, Rdnr. 3.

109) Wolff, *ibid*., 160f.; Wolff/Bachof/Stober, *ibid*., §29, Rdnr. 4.

볼프에 의하면 개개의 인간 외에 인간의 공동체들 그 자체도 利益의 主體가 될 수 있다. 이들은 자신의 고유한 '自律的인 團體利益(autonome Verbandsinteressen)'을 가지고 있다는 것이다.[110] 여기에 있어서도 사실적 이익과 진정이익이 구별될 수 있다. 여기서의 진정이익이란 합리적 인식을 통해 공동체의 목적으로부터 도출될 수 있다고 한다.[111]

한편 볼프는 공익을 일반공익과 특수공익으로 구별하고 이들을 다시 사실적 공익과 진정공익으로 구별한다.[112]

一般公益이란 주로 국가공동체의 이익을 의미한다.[113] 여기서 공동체의 事實的 公益이란 공동체 기관의 작용이나 규율에서 나타나는 사실적 이익을 의미한다. 이러한 사실적 공익 뒤에는 직무담당자(Amtswalter)의 개인적 이익이나 집단적 사익이 숨어 있을 수도 있다. 이에 대하여 공동체의 眞正公益은 오류 없이 인식된 공동체의 이익을 말한다.[114] 그런데 이러한 진정 이익들 상호간에 서로 충돌할 수도 있다. 그러한 경우에는 객관적으로 더 높게 평가되는 이익에게 우선권을 부여하여야 한다. 이에 따를 때 우선권이 부여될 수 있는 공익의 총체가 公共善(Gemeinwohl)이라고 한다.[115] 진정공익의 실현은 국가구성원 모두의 진정한 이익을 위한 것이기도 하다. 따라서 진정한 공익과 진정한 사익 사이에는 모순이 야기될 수 없다고 한다.[116]

特殊公益이란 국가 내부에 있는 특정한 지역적 혹은 기능적 총체의 공동이익을 의미하는바, 이는 예컨대 시내 특정지역의 시민들의 이익, 노동자계층의 이익, 지방자치단체의 이익, 직업단체의 이익 등과 같이

---

110) Wolff, *ibid.*, 161.

111) Wolff, *ibid.*, S. 161; Wolff/Bachof/Stober, *ibid.*, §29, Rdnr. 4f.

112) Wolff, *ibid.*, S. 161-164; Wolff/Bachof/Stober, *ibid.*, §29, Rdnr. 5-12.

113) Wolff, *ibid.*, S. 162; Wolff/Bachof/Stober, *ibid.*, §29, Rdnr. 6.

114) Wolff, *ibid.*, S. 162; Wolff/Bachof/Stober, *ibid.*, §29, Rdnr. 7.

115) Wolff, *ibid.*, S. 162; Wolff/Bachof/Stober, *ibid.*, §29, Rdnr. 8.

116) Wolff, *ibid.*, S. 162f.; Wolff/Bachof/Stober, *ibid.*, §29, Rdnr. 8.

국가 또는 그보다 좁은 범위의 공중일반에게 중요한 의미를 가지는 이익들이다.[117)]

볼프에 의하면, 이익들 사이의 충돌이 발생할 경우에는 客觀的인 價値關係에 따라 처리하여야 한다.[118)] 여기서 공익, 특히 일반공익에 대하여 상대적으로 높은 가치가 부여된다.

행정은 자신의 관점에서 진정한 공동이익으로 판단되는 이익을 실현하여야 하는 것이 아니라, 합법적인 권력보유자 및 그 기관에 의해 구속적으로 표시되는 공익을 실현시켜야 한다. 볼프는 이를 '規準的 公益(maßgebende öffentliche Interessen)'이라 칭하였다.[119)] 이러한 규준적(척도부여적) 공익은 진정한 이익의 표현으로 간주된다. 규준적 공익이 상위의 법규범이나 상위의 공동이익에 직접적으로 모순된다는 것이 명백하지 않은 한 행정은 이를 준수하여야 한다.[120)] 법률이 상세한 규정없이 단지 공익의 보호만을 규정하고 있다면, 이는 모든 척도부여적 이익을 당연히 고려할 것을 요구하는 것이다.[121)] 여기에는 자신에게 부여된 사무에 대하여 행정관청이 가지는 행정의 이익도 포함된다. 입법자들은 공공의 복리라는 개념을 다양한 개별적인 사익과 공익으로부터 도출된 진정공익으로 이해한다.[122)] 그러나 진정공익은 경우에 따라서는 그러한 개별적인 이익들과 충돌될 수도 있다. 따라서 공공선 내지 공공의 복리라는 것은 다양한 이익들, 특히 다양한 공익들의 合命題(Synthese)로 볼 수도 있을 것이다.[123)] 구체적인 규정 속에서 공익의 構

117) Wolff, *ibid.*, S. 163. Wolff/Bachof/Stober, *ibid.*, §29, Rdnr. 10에서도 이와 유사한 입장을 표명하고 있다. 슈토버 교수는 이를 다원적 이익이라고 한다.

118) Wolff, *ibid.*, S. 164; Wolff/Bachof/Stober, *ibid.*, §29, Rdnr. 12.

119) Wolff, *ibid.*, S. 164; Wolff/Bachof/Stober, *ibid.*, §29, Rdnr. 13.

120) Wolff, *ibid.*, S. 165; Wolff/Bachof/Stober, *ibid.*, §29, Rdnr. 13.

121) Wolff, *ibid.*, S. 165; Wolff/Bachof/Stober, *ibid.*, §29, Rdnr. 14.

122) Wolff, *ibid.*, S. 165; Wolff/Bachof/Stober, *ibid.*, §29, Rdnr. 15.

123) Uerpmann, *a.a.O.*, S. 12.

成要件徵表가 일반공익을 의미하는지 아니면 특수공익을 의미하는지는 규율의 맥락에 따라 달리 해석되어야 한다고 한다.[124)]

2. 볼프의 公益論에 대한 評價

볼프의 공익론이 특별히 주목을 받는 것은 眞正公益과 事實的 公益의 구별 때문이다. 그러나 또한 이러한 구별로 인해서 비판의 대상이 되기도 한다.[125)]

개인의 사실적 이익을 그보다 더 上位의 事由를 들어 고려하지 않는 것이 정당화될 수 있을지도 모른다. 그러나 그러한 상위의 이유들이 개인의 '진정' 이익으로 선언될 필연적인 이유는 없다.

특히 문제가 되는 것은 共同體의 眞正한 利益의 實現이 국가의 모든 구성원의 이익을 위한 것이라는 볼프의 견해이다. 만일 이와 같이 객관적으로 규정된 공동체의 이익으로부터 개인의 진정한 이익을 도출해 낸다면, 이는 기본법 제1조 제1항과 제2조 제1항이 전제하고 있는 自由責任的인 個人에 대한 관념과 일치할 수 없다.[126)]

국가가 실현시켜야 할 공익의 차원에서 진정이익과 사실적 이익을 구별하는 데 있어서도 이와 유사한 문제점이 발생한다.[127)] 만일 국민의 선거나 투표에 의해 또는 국가기관에 의해 규정되는 사실적 공익과 오류 없이 인식된 진정한 공동체이익을 서로 충돌하는 것으로 대비시킨다면 民主主義的이고 法治國家的인 節次規律이 그 가치를 훼손당할 것이다. 憲法國家에서 헌법상의 기관 및 관할권의 배분체계에 관한 규율을 배제

---

124) Wolff,. *a.a.O.*, S. 165f.; Wolff/Bachof/Stober, *a.a.O.*, §29, Rdnr. 15f.

125) Uerpmann, *a.a.O.*, S. 11.

126) 이러한 기본법상 개인관에 대하여는 Kunig, in: v. Münch/Kunig, *GGK*, Bd. I, Art. 1, Rdnr. 6, Art. 2 Rdnr. 11; Schnapp, *JZ* 1985, 857, 861f. 참조.

127) Uerpmann, *a.a.O.*, S. 11f.

한다면 진정공익을 확인할 수 있는 아무런 기관도 존재하지 않게 된다. 물론 국가 자체가 不法國家로 되어 버린 경우에는 국가에 대항해서 진정공익을 관철시켜야 할 것이다. 그러나 그런 경우는 실정법체계 전체가 그 토대를 잃게 된 극단적인 상황에서만 인정될 수 있을 것이다.

요컨대 진정이익에 기초한 이론은 個人의 自律性을 파괴하고 國家決定節次의 價値를 몰각시킬 우려가 있다는 것이다. 이는 기본법상의 자유민주적 · 법치국가적 질서의 기초와 충돌하게 된다.

第 6 節 마르텐스(Wolfgang Martens)의 代議制 民主主義的 公益論

1. 마르텐스의 公益論의 主要內容

마르텐스는 자신의 교수자격청구논문에서 공익론을 전개하였다.[128] 그러나 그는 공익 및 그 유사개념에만 논의를 국한시키지 않고 公的(公共의, öffentlich)이라는 보다 훨씬 광범위한 문제영역을 다루었다.

서론에서 마르텐스는 'öffentlich' 라는 법률용어가 言語史的으로 어떻게 규정되어 왔는가를 설명한다. 이 단어는 원래 개방된 것, 즉 대다수의 사람들이 '接近할 수 있거나 알 수 있는(zugänglich oder wahrnehmbar)' 어떤 것을 나타냈었다고 한다.[129] 나중에 이러한 의미를 넘어서 'publicus' 라는 라틴어 개념의 번역어로 사용되었으며, 이러한 의미로 널리 사용됨에 따라 같은 의미의 게르만어인 'gemein' 이라는 단어는 크게 밀려나게 되었다.[130] 따라서 이 개념의 의미내용은 다양한 의미를

128) Wolfgang Martens, *Öffentlich als Rechtsbegriff*, 1969.

129) *Ibid.*, S. 24f.

130) *Ibid.*, S. 25ff.

가질 수 있으며 결국 각각의 경우에 이 용어가 사용된 맥락에 따라서만 확정될 수 있다. 마르텐스는 'öffentlich' 라는 개념의 법적인 의미의 내용으로 세 가지 상이한 의미가 존재한다고 보았으며 이를 자신의 논문의 본문에서 예를 들어 논하고 있다.

마르텐스는 제1편에서[131] 'öffentlich' 의 의미를 불특정 다수인에게 접근가능하거나 인지되어질 수 있는 것으로 다루고 있으며, 이러한 맥락에서 국가 및 사회영역에 있어서 公開性原理(Publizitätsgebote)를 논한다. 제2편은[132] 국가 및 국가 이외의 사회생활의 단위들, 예컨대 교회, 정당, 단체 등의 속성을 나타내는 수식어로서 'öffentlich' 를 다룬다. 공익론과 관련해서 가장 중요한 것은 제3편이다. 여기서 마르텐스는 價値概念의 構成要素로서 'öffentlich' 라는 형용사에 대해 논하고 있다. 이러한 의미로 사용되는 결합어의 원형으로서 마르텐스는 公益을 검토한다.

마르텐스에 따르면, 개념적인 관점에서 öffentlich와 gemein이라는 표현은 지금까지 동의어로 사용되고 있으며, 커다란 의미상의 차이 없이 이익(Interesse), 관심사(Belange), 수요(Bedürfnis), 복리(Wohl) 등과 같은 명사를 수식하는 형용사로서 사용되고 있다고 한다.[133] 마르텐스에 의하면 利益의 主體는 人間만이 될 수 있다. 즉 객관적인 이익은 존재하지 않는다는 것이다.[134] 소위 國家의 利益이라는 것도 언제나 인간의 이익으로 환원될 수 있어야 하며, 민주주의에 있어서는 모든 國民의 利益으로 還元될 수 있어야 한다.[135] 어떤 이익이 公衆(öffentlichkeit)을 이익주체 또는 향유자로 가지고 있는 경우 그 이익은 공익이 된다.[136] 여기서 공중이란 불특정다수의 사람들을 말하는데,[137] 그 인적 범위는

131) *Ibid.*, S. 42-80.

132) *Ibid.*, S. 81-168.

133) *Ibid.*, S. 169.

134) *Ibid.*, S. 173-176.

135) *Ibid.*, S. 178-185.

136) *Ibid.*, S. 176.

거의 임의적으로 넓게 또는 좁게 파악될 수 있다. 특히 주의할 것은 공중이라는 개념이 국민의 총체와 동일시되서는 안 된다는 점이다. 이에 반하여 사적(privat) 이익, 즉 私益이란 1인 또는 특정된 다수의 사람들이 누리는 이익을 의미한다.[138)]

대의제 민주주의하에서 어떤 목적을 공익의 지위로 격상시킬 수 있는 권한은 立法者에게 부여되어 있다.[139)] 입법자는 국민 전체에 개방된 일부집단을 지원하는 것을 목적으로 삼을 수도 있지만 특정개인이나 특정집단의 이익을 위한[140)] 입법은 허용되지 않는다. 여기서 기준이 되는 것은 比例原則이다. 공익이라는 것이 먼저 존재하고 입법자는 이러한 주어진 공익에 제한된다는 식의 사고는 옳지 않으며, 결국 立法者의 利益衡量을 기초로 하는 비례원칙에 의해 立法의 限界가 설정된다는 것이다.[141)]

그러나 行政廳에는 입법자와 같은 권한이 부여되지 않는다.[142)] 행정청은 이익을 정의 내릴 권한이 없다. 행정청이 공익을 규정해야 할 경우에는 우선 憲法과 그밖에 다른 法規範에 근거하여 정당한 관계 이익들을 찾아 내야 한다. 그리고 民主的 共同體에 있어서는 國民의 事實的 利益에 초점이 맞추어져야 할 것이다. 다양한 견해들이 존재하는 경우에는 다수의 견해에 따라 결정하여야 한다. 법적용자는 독자적으로 가치판단을 해서는 안 되며, 자신에게 요구되는 바를 사실로 확인하여야 한다. 마르텐스에 의하면, 행정청은 그 자신이 사회의 구성원으로서 사회를 지배하는 價値觀念에 접근할 수 있기 때문에 이러한 역할을 수행

137) *Ibid.*, S. 177.

138) *Ibid.*, S. 178.

139) *Ibid.*, S. 186f.

140) 여기서 "特定"이란 불특정인에게 개방되어 있지 않다는 의미이다. 이러한 점에서 뒤리히의 공중일반의 개념과 연결된다.

141) *Ibid.*, S. 189-191.

142) *Ibid.*, S. 192-195.

할 능력을 가진다고 한다. 이는 뒤리히에 있어서와 마찬가지로 행정의 인식능력에 대하여 지나치게 낙관적이라는 비판을 피할 수 없을 것이다.

또한 법규개념으로서 공익의 해석문제에 대하여[143] 마르텐스는 다음과 같이 말한다. 公益의 內容은 구체적인 구성요건의 규율맥락으로부터만 밝혀질 수 있다. 여기서 중요한 것은 당해 법률이 공익이라는 이름으로 어떠한 법익을 보호 내지 증진하고자 하는가이다.[144]

2. 마르텐스의 公益論에 대한 評價

마르텐스의 이론 중 특히 주목을 끈 것은 行政에 의한 公益規定에 대한 그의 설명이다.[145] 그는 이것을 법해석의 일반적인 방법론에 의해 해결되어야 할 法律解釋의 문제로 보았다. 그런데 여기서 특히 중요한 것은 당해 법률의 목적이며, 따라서 目的論的 解釋을 강조하게 된다.[146] 또한 마르텐스는 뒤리히와 마찬가지로 國民 多數의 事實的 利益을 그 기초로 삼아야 한다고 보았다. 이에 대하여는 앞서 뒤리히에 대하여 제기되었던 비판이 그대로 타당할 것이다. 마르텐스에 의하면, 法適用者는 사회구성원의 일부로서 사회의 다수를 지배하는 價値觀念을 인식할 수 있다고 보았는데 이는 의심스러운 명제가 아닐 수 없다. 어떤 견해가 국민들 사이에서 사실상 어느 범위에서 대표성을 가지는가를 확정하려면 여론조사를 근거로 하여야 할 것이다. 따라서 뒤리히가 국민표결을 다수의 의지를 확인하기 위해 가장 이상적인 수단으로 본 것은 논리적으로 당연한 귀결이다. 意思決定主體의 認識能力에 대한 마르텐스의 신뢰는 정당한 근거가 없는 것으로 보인다.[147]

---

143) *Ibid.*, S. 195-200.

144) *Ibid.*, S. 197.

145) Uerpmann, *a.a.O.*, S. 14f.

146) Martens, *a.a.O.*, S. 196f.

그러나 마르텐스가 공익개념을 法의 解釋問題로 보았다는 점은 주목하여야 할 것이다. 즉 그는 다수의 이익에 대한 문제에는 그리 많은 비중을 할애하지 않았으며, 공익의 개념을 구체적인 상황하에서 어떻게 해석할 것인가 라는 法解釋方法論의 문제에 관심을 가졌다. 법해석의 목적과 방법에 대하여는 다툼이 있지만 해석자가 법률을 해석함에 있어서 국민 다수의 견해를 원용하여 마음대로 해석하여서는 안 된다는 점은 일반적으로 승인되어 있다. 해석자는 오히려 당해 법률의 객관적인 의미를 찾아 내야 할 것이다. 물론 그 과정에서 당해 법률을 제정할 당시 입법자의 주관적 의사가 완전히 배제될 수는 없을 것이다(이른바 歷史的 解釋 내지 主觀的 目的論的 解釋). 또한 목적론적 해석의 관점에서 어떠한 해석이 적절하고 합리적인 결론을 가져올 것인지도 고려하여야 할 것이다. 여기서 법적용자는 規範的 決定을 내려야 하는 것이지 다수의 견해를 찾아 내야 하는 것이 아니다.

第 7 節　하버마스(Jürgen Habermas)의 公共性의 構造變動論

하버마스는 깊이 있는 논증을 통하여 近代市民社會의 公共性이 가지는 정치적인 의미를 규명한 위에 이를 다시 市民的 法治主義 및 社會國家 原理와 같은 법적인 원리와 연결지어서 분석하고 있다. 또한 현대사회에서 그 비판적 성격을 상실해 가고 있는 公開性의 批判機能을 회복하는 방안을 제시하고 있어 公益의 논의에 많은 도움을 준다. 이하 하버마스의 공공성 개념에 대해 살펴보기로 한다.

하버마스는 공공성에 대한 분석이 현대사회를 이해하는 열쇠가 된다고 본다.[148] 그에 의하면, 근대사회는 시민사회이며, 市民社會는 근대국

---

147) Uerpmann, *a.a.O.*, S. 15.

가가 생성되면서 함께 형성되었다. 近代國家의 特徵은 공공성을 그 배경으로 하고 있는 것이다. 이 때의 공공성은 근대 시민사회의 구조를 반영하는 것으로, 이를 지탱하는 요소는 상품교환 및 사회적 노동의 존재를 그 배경으로 한다.[149] 近代 市民社會의 公共性은 시장에 의해서 지배되는 성격을 가지지만 그것은 과거의 封建主義 時代의 公共性과는 뚜렷이 대비되는 것이다. 봉건주의 시대의 공공성은 眞正한 公共性이 아니라 顯示的 公共性(repräsentative Öffentlichkeit)으로[150] 나타낼 수 있다.

顯示的 公共性은 민중의 眞正公益을 반영하지 않음은 당연하다고 하겠다. 이런 현시적 공공성은 사회 전체의 이익보다는 오히려 특정계층의 이익을 위해 유지되는 측면이 강하였다. 이러한 이익을 누리는 주체는 왕이나 귀족 및 그에 봉사하는 종교세력이었다. 현시적 공공성은 그 形式性과 莊嚴性 및 誇示的 性格이 특징이다. 궁정의 복잡한 예의범절이나 종교의식 등은 이러한 집단의 권위를 나타내고 그 지배체제를 공고히 하는 데 이용되었다. 그러나 봉건 군주가 장엄하게 꾸며서 사회를 지배한다고 해서 그가 결코 일반의 민중을 대표하는 것은 아니고 그는 단지 그들 위에 군림하는 존재였을 따름이었다.[151]

商業의 發達 및 社會의 分化現狀이 진전됨에 따라서 현시적 공공성도 그 모습이 바뀌어지는 양상을 보인다. 이는 그간에 공적인 영역과 사적인 영역이 혼합되어 있던 봉건귀족이나 教會의 내부에서 양극화 현상이 진행됨으로써 더욱 분명하게 나타난다. 宗教의 경우에는 종교개혁과 함께 신앙의 자유가 개인적인 성격을 띠어서 사적인 영역으로 자리잡아 가고, 교회의 경우에는 公法上의 社團으로 존속하게 된다. 한편

148) Habermas, *Strukturwandeln der Öffentlichkeit* 5. Aufl., S. 17.

149) *Ibid.*, S. 15.

150) 佐佐木毅/金泰昌, 『公共哲學』 제4권, 『歐美における公と私』, 東京大學出版會, 2002, p. 64 참조. 현시적 공공성은 代理의 공공성 혹은 誇示的 공공성이라고도 부를 수 있다.

151) Habermas, *a.a.O.*, S. 20.

封建貴族의 경우에도 이전에는 그 안에 공적인 부문과 사적인 부문이 혼합되어서 분명하게 구분되지 아니하였다. 그러나 貴族權力의 兩極化로 말미암아 그 안에서 귀족 개인의 재산과 공공예산(öffentliches Budget)이 분명히 구분되어 나타나게 된다. 이러한 구분은 점점 더 사적인 형태를 띠어 가는 궁정에 대해 官僚制度와 常備軍이라는 공권력을 강화시키는 모습으로 고정되었다. 또한 議會와 法院 제도가 나타나면서 근대국가의 면모가 갖추어지고 이에 대응하는 시민의 영역으로서의 시민사회가 私的自治의 진정한 모습으로 등장하였다.[152)]

근대국가의 초기에는 공공성이라는 개념이 국가와 거의 동일한 개념으로 이해되는 경우가 많았다. 그러나 국가와 구별되는 공공성의 존재는 新聞의 등장과 함께 보다 분명해졌다. 국가도 또한 행정목적을 달성하기 위하여 신문을 이용하였다. 관청에서는 법규나 명령을 공포한다든지 하기 위하여 신문을 이용하였는데, 이로써 公權力의 受命者(die Adressaten der öffentlichen Gewalt)가 公衆(Publikum)이라는 것이 분명하게 되었다.[153)] 그러나 관청의 신문에 의한 소식 전달은 교양 있는 계급에 한정될 수밖에 없었다. 그 중심에 선 계층이 공무원이나 법률가 및 중소 상공인 등이었다. 이 경우에 관청의 역할과 시민사회의 역할은 일견 모순되는 것일 수 있다. 왜냐하면 사회는 시민 개개인의 창의를 원동력으로 발전되는 것이면서도 관청이 이에 대하여 규제와 간섭을 해야 하는 모순적인 이중성을 지닌 상태로 되는 것이다. 이로써 관청은 공권력의 행사에 대응하는 존재로서의 공중을 형성하는 시민사회에 대하여 분명한 인식을 하게 된다. 이러한 인식은 관청의 주도에 의해서는 달성할 수 없고 단지 시민사회라고 하는 私的인 領域에 의해서만 달성되는 公益이 여러 방면에 걸쳐서 존재한다는 것을 깨달으면서부터 더욱 확실하게 굳어져 갔다.[154)]

---

152) *Ibid.*, S. 24-25.

153) *Ibid.*, S. 35-36.

여기서 市民社會의 특성을 정리해 보면 다음과 같은 구조를 가지는 것으로 생각할 수 있다. 먼저, 사회는 私的인 영역으로서 공권력을 행사하는 국가와는 구별된다. 또 한편으로는 사회는 단순한 사적 영역과 구분이 된다. 그러나 이 사적인 부문은 사회 내 노동의 재생산이라는 점에서는 완전히 공적인 영역으로부터 자유로운 것은 아니다. 따라서 국가는 이 공적인 부문에 대하여 규제를 가하지 않을 수 없는 입장에 서게 되는데, 한편으로는 이 공적인 영역의 뿌리가 사적인 부문에 있기 때문에 이것을 서로 조화시킬 수 있는 방안으로서의 批判的인 機能을 하는 부문이 필요하게 된다. 이러한 비판적인 역할을 하는 것 중의 대표적인 것이 言論이다.[155)]

市民的 公共性은 自由로운 言論의 발달로 획득된다. 그런데 시민적 공공성을 낳는 공중은 본질적으로 사적인 개체에서 출발한다. 따라서 국가와 사회가 서로 양극화되었던 것과 마찬가지로 시민 내부에서도 商品所有者로서의 개인과 家長으로서의 개인이라는 두 가지의 서로 상이한 모습이 공존하게 된다. 이것의 법적인 표현은 財產權者로서의 시민과 自然人으로서의 시민이다.[156)] 이 양자의 역할을 포괄하는 타이틀은 私人(Privaten)이다. 이 두 가지의 역할이 지양되는 과정에서 市民的 公共性에 대한 정치적인 자기인식이 생겼다.[157)]

따라서 사인의 영역 안에서도 사적인 공간과 공공성의 공간이 같이 자리하게 된다. 여기서 사적인 공간은 좁은 의미의 시민사회를 포괄하는 부분으로 상품거래와 사회적 노동의 공간이기도 하다. 가족 및 내부적 공간이 그 안에 존재한다. 政治的 公共性은 文藝的 公共性(literarische Öffentlichkeit)으로부터 발전한다. 그것은 공적인 사고를 통하여 국가와

---

154) *Ibid.*, S. 38.

155) *Ibid.*, S. 39.

156) *Ibid.*, S. 43.

157) *Ibid.*, S. 43-44.

사회적 욕구를 서로 연결짓는다.[158)]

문예적 공공성은 顯示的 公共性과도 관련을 맺는다. 그것은 절대주의 시대에 궁정을 중심으로 하는 문화를 형성하였으나 상품경제의 발전과 함께 새로운 문화공간이 생겨났다. 대표적인 것으로는 다방이나 음식점 및 살롱 등이 있다. 중산층은 이런 사적인 공간에 모여서 정보를 교환하며, 平等한 社會的 地位를 서로 확인함으로써 공중의 일원이 되었다. 그런데 이런 社交文化는 처음에는 교양을 가진 소수의 독점이라는 형태를 띠었으나 대중교육의 보급 및 문화의 상품화 등으로 인하여 누구에게나 접근가능한 형태로 확산되기에 이르렀다. 그 대표적인 매체는 박물관과 미술관, 그리고 소음악회 등이다.[159)]

발전적인 시민적 공공성의 전제는 자유적인 경향을 지니는 市場의 존재에서 찾아볼 수 있다. 시장은 다시 자유로운 교환관계를 확보해 주는 법제도의 정비와 함께 더욱 발전하게 된다. 이것을 완성시켜 주는 법형식이 民法典의 제정으로 나타났다. 독일의 경우에는 1794년의 프로이센일반란트법이 이를 잘 나타내 주고 있다. 민법전의 제정으로 사적소유권이 보장되고 계약 및 영업의 자유가 확보되면서 자본주의의 발전에 박차를 가하였다. 이 때 개인은 상품 소유자로서 나타나며, 개인과 개인은 형식적으로 평등한 법적인 주체로 서로 관계를 맺었다.[160)]

自由市場의 法則에 의하여 형성되는 사회의 특징은 지배나 권력관계가 존재하지 아니한다는 것이다. 사전에 제정된 규칙에 의하여 행동이 통제되는 경우에는 法的安定性과 豫測可能性이 확보되며 자의적인 권력이나 영향력의 범위가 그만큼 줄어들게 된다. 이러한 제도가 국가 법체계의 형식으로 확립된 것이 市民的 法治主義라 할 수 있다. 이 市民的 法治主義의 전제조건으로는 입법적으로 봉건적인 신분에 의한 특권

---

158) *Ibid.*, S. 45-46.

159) *Ibid.*, S. 46-60.

160) *Ibid.*, S. 94-100.

을 배제함과 아울러 행정이 합리적으로 되고 司法이 독립되는 데 있다. 전반적으로 보아서 法律의 支配는 그 이전의 모든 인적인 지배의 형태를 해체하려는 의도를 담고 있다. 그러나 여기서도 역시 지배 그 자체는 사라질 수 없다. 그러나 여기서 주된 요소는 '公共性에 의한 支配'라는 점이다. 이 때 (시민적) 공공성이 제대로 형성되기 위해서는 종래의 지배가 해체될 때 비로소 가능하다. 이를 다른 말로 표현하면 시민적 공공성의 구조에서는 미리 계획된 어떤 실질적인 내용이란 있을 수 없으며, 단지 형식적으로 보장된 틀 안에서 자유롭게 형성되고 분출되는 一般의 理性이 있을 따름이다. 이러한 공공성이 제대로 작동하기 위해서는 무엇보다도 모든 사람에 대한 同等한 機會의 保障이 선행되어야 한다. 그러나 한편으로는 이러한 市民的 公共性이 제대로 작동하기 위해서는 그 전제가 되는 여러 조건과 원칙들을 보장하는 政治的 秩序가 필요하다는 점에서 이러한 사회에서도 지배가 전혀 없다고는 할 수 없다.[161)]

이러한 시민적 공공성은 사회환경의 변화에 따라서 그 기초가 흔들리게 된다. 이러한 경향이 강하게 나타난 것이 사적인 영역에 대한 國家의 介入增大라는 현상이다. 그래서 20세기가 되면 자유주의를 바탕으로 하는 古典的 經濟制度는 하나의 에피소드에 불과하게 된다.[162)] 이러한 개입의 배경에는 원래 사적인 영역에 속해 있던 물자의 생산과 공급에 대해 국가가 직접적으로 개입하지 않을 수 없는 요청이 있다.[163)] 이는 한편으로는 근대 시민사회의 기초가 되는 재산을 가진 시민의 범주에 들지 못하는 사람들에 대해 국가가 직접 그 생존대책을 강구하지 않으면 아니 되었던 사정을 말해 주는 것이기도 하다. 이와 동시에 國家

161) *Ibid.*, S. 111.

162) *Ibid.*, S. 175.

163) 이런 사회적 현상을 법적으로 잘 파악하여 포르스트호프는 集團的 生活配慮(kollektive Daseinsvorsorge)라고 불렀다. E. Forsthoff, *Die Verfassungsprobleme des Sozialstaates*, 1954.

와 社會를 이분하는 방법에서 출발하는 많은 법적인 원리들이 변화되는 모습을 보여 준다. 대표적으로 公法과 私法의 이분화가 그 기초를 잃으면서 의문시되었다. 그리고 또 한편으로는 이제까지의 公·私法 어느 한쪽에 포함되지 아니하는 노동법, 경제법 등의 새로운 법영역(社會法)이 생겨났다. 그리고 또 한편으로는 재산권 자체에 대해서 基本法이 직접 社會化의 방법을 마련해 두는 등 시민의 창의를 바탕으로 하는 법질서는 이제 그 원리에서부터 크게 변화되었다.

이러한 공공성의 구조변화는 家族制度에 대해서도 큰 영향을 미쳤다. 이는 다름 아닌 종래의 가족이 하던 역할을 이제는 사회가 대신 맡게 되었음을 의미한다. 즉 人間化 過程에서 가족의 역할은 줄어 들면서 사회나 국가의 역할로 대체되어 감을 의미한다.[164)]

自由主義的 法治國家의 전제가 되었던 시민적 공공성이 변화하면서 自由主義的 法源理도 여러 측면에서 수정을 겪게 된다. 먼저 과거에 정치적 공공성의 형성의 원동력이 되었던 文藝的 公共性이 그 역할을 상실하면서 그 역할을 문화 소비적이면서 탈정치적인 공공성이 대신하게 되었다. 마찬가지로 公開性은 더 이상 의회주의의 기반이 되거나 권력행사에 대해서 가지는 비판적인 기능을 수행하지 못하고, 조작되고 지시되는 경우가 많게 되었다.[165)] 그 결과 법률의 개념에 대한 변화가 왔다. 法律은 一般性과 眞正性(정의=공정)을 그 전제로 한다. 여기서 진정성은 실제로 공적인 토론에 의해서 확인될 때 그 정당성을 확보할 수 있다. 그러나 시민적 공공성의 위기는 법률의 진정성 자체에 대한 의문을 가져오게 되었다. 마찬가지로 국가와 사회의 구분이 해소되면서 법률의 일반성 또한 문제가 되었다.[166)] 이러한 양 문제는 法律概念의 二重性과 관련해서도 많은 논의가 있었다. 實質的 法律과 形式的 法律이 서로 다르게 되는

164) J. Habermas, *a.a.O.*, S. 188-189.

165) *Ibid.*, S. 211-213.

166) *Ibid.*, S. 213-214.

현상은 한편으로는 법률의 지배라는 원리가 크게 약화되었을 뿐만이 아니라 다른 한편으로는 의회라는 공개적인 장소에서 정치적 지배의 합리성에 대한 보증기능을 다하지 못하는 사실을 반영한다.

法治主義의 전제가 되는 權力의 分立에서도 큰 변화가 생겼다. 포르스트호프는 이러한 현상을 다음의 세 가지로 정리하고 있다. ① 입법자 스스로가 구체적 사항에 대해서 규율하려는 경향; 이것은 處分法律이라는 문제를 부각시켰다. ② 입법자가 행정에 대하여 자신의 기능을 위임하는 경우의 증대; 즉 委任立法의 문제, ③ 입법자가 규율가능성을 예상하면서도 구체적인 요건을 정하지 않고 처분권을 행정에 위임하는 경우; 行政裁量의 統制 문제.[167)]

이러한 법원리의 변화는 크게 보아 自由主義的 法治國家에서 社會國家的 法治國家로의 전환으로 파악할 수 있다. 自由主義的 法治國家의 원리는 국가와 사회의 구별을 전제로 하면서 국가는 시민사회에 대한 개입을 되도록 억제하는 소극적인 자세를 취한다. 그러나 社會國家的 法治國家에서는 국가가 직접 생활물품의 생산과 분배활동에 개입한다. 基本權의 관점에서 본다면 이는 기본권이 과거의 형식적인 보장에서 실질적인 보장으로 전환이 되었음을 의미한다.[168)] 이는 과거의 방어적인 권리만으로는 개인의 기본권에 관한 문제가 완전히 해결되지 못하는 부분이 있음을 보여 주는 것이기도 하다. 그런데 여기서 사회적 생산물의 배분를 어떻게 해결할 것인가의 문제가 생긴다. 의회가 수행하여야 할 일반적이며 정의로운 기준설정의 역할은 기대할 수 없게 되었다. 오히려 사회적 생산물의 배분을 놓고 공공단체가 입법 및 행정과 서로 갈등하는 양상을 보이게 되었다. 이러한 상황하에서 '社會的 義務'를 지는 국가는 '一般的 利益'이라고 하는 큰 틀 안에서 利益衡量을 하여야 한다.[169)]

---

167) *Ibid.*, S. 215; E. Forsthoff, "Lehrbuch des Verwaltungsrechts", *a.a.O.*, S. 9ff.

168) J. Habermas, *a.a.O.*, S. 266.

이는 곧 사회국가적으로 조직된 産業社會의 民主化라는 문제와 직결된다. 다시 말하면 사회 및 정치권력의 행사를 어떻게 합리화시키느냐가 중요하다. 이에는 무엇보다도 정치적으로 작동하는 公共性의 批判的인 機能을 어떻게 회복할 수 있을 것인가가 관건이 되는데, 두 가지의 방법이 있다. 첫째, 국가 및 사회행정의 관료화 현상에 대해서 전문가 집단에 의한 감시 감독의 체계가 중요하다. 둘째, 정당 및 이익 단체의 실무인력을 통하여 국가 및 정치조직의 관료를 통제할 수도 있다.[170] 그러나 이러한 방법은 궁극적인 해결책은 아니다. 사회 전반의 민주화를 위해서는 輿論의 批判的 機能의 회복이야말로 중요한 것이다. 현대의 여론형성의 바탕이 되는 공개성에는 양면성이 있다. 첫째, 정치 및 사회권력이 적절히 행사되도록 비판적 기능을 수행하는 측면이 있다. 둘째, 공개성의 성격을 가지고 나타나기는 하지만 대중의 소비적 욕구를 충동하고 조작하는 공개성이 있다. 그런데 비판적 공개성의 형성을 위해서는 사인이 직접 조직 내부의 公共 부문에 參與함으로써 공식적인 의사소통의 일원이 되는 것이 필요하다. 사인이 단지 지시되고 조작된 공개성의 수령자로만 머물러 있으면 비판적 공개성은 형성될 수가 없다. 輿論이 담고 있는 公共性의 水準은 첫째, 그것이 구성원인 공중의 조직 내적인 공공영역으로부터 얼마나 많은 영향을 받았는가, 둘째, 조직 내적인 공공성이 그로부터 외적인 공공성 부문과 얼마나 많이 의사소통을 하였는가를 기준으로 가늠해 볼 수 있다. 좁은 범위 안에서의 의견이 마치 공공적인 것으로 행세해 오던 현상을 개선하고 진정한 공공성을 확보하기 위해서는 이제까지 비공공적인 의견의 영역에 속해 있던 의견들을 조직 내부적으로 끌어들여서 공공성의 논의에 접목시킴으로써 批判的 公共性을 다시 회복해야 할 것이다.[171]

---

169) 今田高俊, 「社會學の觀點から見た公私問題」, 佐佐木毅/金泰昌, 『公と私の社會科學』(公共哲學 2), 東京大學出版會, 2002, p. 41 이하 참조.

170) Habermas, *a.a.O.*, S. 275-276.

第8節 헤벌레(Peter Häberle)의 實證主義的 公益論

1. 헤벌레 公益論의 意義와 方法

독일 公法學에서 公益의 의미와 역할을 잘 분석한 대표적인 저작으로 페터 헤벌레의 '法的 問題로서의 公益'을 꼽을 수 있다.[172] 교수 자격 논문으로 제출한 이 글에서 헤벌레는 현대 독일 공법에서 공익이 가지는 법적 기능 및 의미를 잘 분석하고 있다. 이 논문이 가지는 의미는 무엇보다도 이제까지 법 외적인 요소로 다루어지던 공익을 法形成的인 要素의 하나로 실증적으로 분석하고 있다는 데서 찾을 수 있다. 뿐만 아니라 공익이 입법 및 판례에서 차지하는 위치를 분석·기술함으로써 공익을 통한 현대 독일법의 특징 또한 잘 보여 주고 있다.[173]

헤벌레의 글은 크게 두 부분으로 나누어진다. 전반부는 독일의 立法에서 構成要件으로 나타나는 공익의 위치분석을 위주로 하고, 후반부는 프로이센 시대로부터 독일의 判例에서 공익이 어떻게 具體化되어 왔는가를 분석하고 있다. 다시 각각의 부분을 살펴보면 그 전반부는 공익의 현상형태에 대해서 언급하고 있고, 후반부는 그를 바탕으로 公益의 특징을 요약·기술하는 형식을 지니고 있다.

헤벌레는 공익을 군주적 공익과 현대적 공익으로 구분하고 있다. 君主的 公益概念은 국가 권위주의적인 색채를 지니고 있으며, 오늘날의 공익개념과는 조화될 수 없기 때문에 이는 現代的 多元主義的 公益概念으로 바뀌어야 한다고 한다.[174] 한편 公益이라는 단어와 公共福利라는

---

171) *Ibid.*, S. 292-294.

172) Häberle, *Öffentliches Interesse als juristisches Problem*, 1970.

173) 또한 헤벌레의 공익에 대한 논의를 잘 보여 주는 문헌으로는 Häberle, “Die Gemeinwohlproblematik in rechtswissenschaftlicher Sicht”, *a.a.O.*, 1983이 있다.

단어는 서로 구별되지 않으며, 단지 이를 사용하는 사람의 습관이나 취향에 따라서 서로 대체될 수 있다고 한다.[175)]

公益概念에 대하여 헤벌레가 가지는 기본적인 입장은 이를 法과의 긴장관계 안에서 파악하는 데 특징이 있다. 그에 의하면, 공익은 전혀 법과 관계없거나 법 이전에 미리 결정되어 있는 '어떤 것'이 아니다. 공익은 법과는 서로 구별되면서도 서로 영향을 미친다. 법관은 법률의 해석과정에서 法律을 公共福利法으로 구체화하는 역할을 한다. 이러한 과정은 res publica의 규범적인 公益秩序로서의 憲法에 근거하여 이루어진다. 그러나 국가는 공익에 대하여 독점권을 가지지 않을 뿐더러 公益決定에 대한 무오류성이라는 것도 존재하지 아니한다.[176)]

헤벌레의 가장 큰 공헌은 공익과 관련한 다양한 질문들과 문제들을 구체적인 법률규정과 판례들을 實證的으로 분석함으로써 검토하고 있다는 점이다. 공익에 대한 실증적 분석으로부터 헤벌레는 광범위한 法理論 내지 國家法理論을 정립하였다. 예컨대 공익이라는 관점에서 법률을 어떻게 해석할 것인가라는 문제로부터 일반적인 법률해석방법론을 정립하고, 재량행사를 공익에 적합하게 수행해야 하고 이에 대한 사법적 통제가 가능하다는 관점으로부터 재량에 대한 일반이론을 정립하고 있다.

또한 헤벌레는 공익을 최종적으로 구체화할 수 있는 行政의 固有한 權能을 강조하였으며, 이러한 관점에서 사법적 통제도 여기에 상응하여 제한되어야 한다고 하였다.[177)]

헤벌레의 저작을 관통하여 강조되고 있는 기본사상은 다음과 같다. 權能[178)]과 節次[179)]의 중요성, 공익 내에서 충돌하는 公益과 私益의 調

174) *Ibid.*, S. 25.

175) *Ibid.*, S. 38.

176) *Ibid.*, S. 25-30.

177) *Ibid.*, S. 59, 82f., 97f., 604, 692f.

整必要性, 行政과 司法의 관계이다. 헤벌레에 의하면, 행정에는 公共善의 具體化를 위한 權能이 부여되어 있으며, 따라서 여기에는 제한적이나마 사법적 통제가 부여되어 있다.[180] 이러한 관점에서 헤벌레는 不確定槪念과 裁量의 엄격한 구별에 반대한다.[181]

2. 立法에서 나타나는 公益槪念의 現狀形態

1) 立法에서의 公益槪念의 位相

가. 課題設定 혹은 權限決定으로서의 公益

公益은 우선 입법에서 단체나 기관의 권한, 의무 혹은 지위를 규정하는 요소로 나타난다. 公益實現(公共福利의 실현)의 義務는 국가 전체에 부과된다. 한편 국가 내부에서도 입법, 행정 및 사법이 모두 공익실현의 법적 의무를 지고 있다. 그러나 국가기관만이 公益에 대한 독점권을 지니는 것은 아니다. 현대에는 公益實現의 義務를 비국가적인 조직 및 단체에까지 확장하고 있다.[182]

나. 槪括條項으로서의 公益規定

公益槪念은 전통적인 경찰행정이나 조세행정의 범위를 비롯하여 국가 행정 전반에서 目的槪念으로 나타난다. 이는 한편으로는 현대사회의 복잡성을 반영하면서, 다른 한편으로는 입법자가 구체적인 입법의무로

---

178) *Ibid.*, S. 468ff., 664ff.

179) *Ibid.*, S. 499ff., 657ff.

180) *Ibid.*, S. 59, 82f., 97f.

181) *Ibid.*, S. 604, 692f.

182) *Ibid.*, S. 39-53.

부터 概括條項으로 逃避해 버리는 경향을 반영한다. 행정의 입장에서도 公益이라는 이름 아래 수권을 받아 놓으면 공권력 발동의 근거를 확보할 수 있는 이점이 있다. 한편으로는 이러한 공익이 구체성을 띠지 않으므로 이를 해석을 통해서 구체화해야 하는 부담이 생기게 된다. 공익의 구체화 문제는 행정법이론상 불확정개념의 해석, 적용 및 재량행사, 그리고 이에 대한 재판적 통제의 문제로 다루어지는 경우가 있다.[183]

다. 公益과 私益의 構成要件的인 結合

종래 공익은 사익보다 절대적으로 우월한 지위에 있는 것으로 인식되었다. 이 경우에 公益은 私益의 否定으로 나타나는 경우가 보통이다. 그러나 지금은 公益을 규정하면서도 私益을 아울러 고려할 것을 요구하거나 사익 보호를 위하여 절차적인 규정을 두는 경우가 많다. 청문이나 고지의무 혹은 제3자의 이의신청과 같은 규정이 대표적이다. 또한 公益과 私益은 대립적인 관계가 아니라 공익과 그 보호의 테두리 안에 있는 특정사익 간의 조정이 문제가 되는 입체적 관계가 문제 되는 경우도 있다. 같은 의미에서 사익은 공익의 반대에 서는 것이 아니라 公益을 함께 형성하는 요소로 파악할 수 있다.[184]

라. 權限의 授權 및 그 對象으로서의 公益

公益目的은 권한부여의 중요한 사유가 된다. 이 때의 授權은 명시적 혹은 묵시적으로 행해질 수 있다. 이 때 公益實現의 위임을 받는 주체는 국가기관일 수도 있으며, 비국가적인 기관일 수도 있다. 법원의 경우에는 구체적 사건의 법적인 해결을 통해서 공익실현에 이바지할 수는

---

183) *Ibid.*, S. 54-59.

184) *Ibid.*, S. 60-70.

있으나 공익실현에 대한 직접적인 위임을 받았다고는 할 수 없다.

公益判斷을 수권하는 법률의 규정은 불확정적인 경우가 대부분이다. 이 때에는 불확정법개념의 통제문제가 중요한 법적인 과제가 된다. 공익을 법적으로 규정하는 것은 여러 가지 의미를 가진다. 우선 입법부에 대해서는 유연한 입법활동을 가능하도록 한다. 입법자가 입법 당시에 모든 공익에 대하여 확정할 수 없기 때문에 이를 행정부에서 장래에 구체화할 수 있는 여지를 만들어 놓는 것이다. 한편 행정기관으로서는 행정활동을 함에 있어서 법적인 근거를 가진다는 장점이 있다. 그러나 행정기관이 공익의 결정을 獨占하는 것은 아니다.[185)]

마. 節次的인 公共福利 要件

현대 公益關聯 規定에서 특징적인 것은 공익의 실현을 節次的인 規定과 결합시키는 것이다. 절차의 내용은 단순한 공포로부터 청문에 이르기까지 다양하다. 특히 행정절차법의 제정과 함께 公益實現에서도 節次的 過程의 遵守는 중요한 일이 되었다. 公益의 실현에 있어 절차적인 과정에 대한 강조는 공익에 대한 인식의 변화에도 많은 변화를 가지고 왔다. 그것은 한편으로는 공익을 구체화하는 과정이기도 하며, 다른 한편으로는 공익의 실현과 관계되는 사익을 조정하는 기회이기도 하다. 公益實現에 대한 節次的인 統制의 문제는 재판에서도 중요한 의미를 가진다. 법관은 행정이 실현하고자 하는 '公益'의 실체적인 내용만이 아니라 절차적인 과정까지도 심사해야만 하는 위치에 서게 된다. 어떤 측면에 있어서는 공익 실현과정에서의 절차적인 면에 대한 통제가 오히려 중요한 경우가 있다. 더구나 공익의 내용이 사전에 결정되어 있는 것으로 보지 않는 현대의 多元主義的인 公益觀하에서는 더욱 그러하다.

節次를 통한 公益의 具體的인 形成은 전통적인 국가와 사회의 이분

---

185) *Ibid.*, S. 71-86.

적인 구도의 와해를 반영한다. 국가는 다원주의에 입각한 의사결정의 절차구조화에 의하여 더욱 그 공공적 성격을 강화하게 된다. 公共福利의 공공성의 내용은 공공성 판단의 절차에서 각 참여자가 주도적으로 판단에 관여할 때 가장 적절하게 형성될 수 있다. 그리하여 공익은 實體法과 節次法의 結合에 의하여 비로소 규범적인 힘을 발휘하게 된다. 法은 公益에 대하여 節次的인 規定이 담고 있는 것보다 더 많은 것을 말할 수는 없으며, 말하지도 아니한다. 그러나 이것이 반드시 공익의 실체적인 내용에 대하여 규정할 필요가 없다는 뜻은 물론 아니다.[186)]

바. 公共福利 規定과 秘密主義

公益은 公開性을 바탕으로 하는 것이지만 경우에 따라서는 行政의 秘密維持가 요구되는 경우가 있다. 이러한 경향은 특히 역사적인 근원을 가지고 있다. 과거의 행정은 엄정한 비밀에 가려진 부분이었으며, 행정은 '君主의 專有物'로 여겨지는 경우가 많았다. 그러나 오늘날에는 특히 立法이나 司法 분야에서 公開를 原則으로 하는 경우가 많이 나타나고 있다. 言論法에서도 공개주의가 원칙으로 되어 있다. 行政節次法이나 情報公開法의 제정과 함께 행정의 비밀주의도 상당한 수정을 받게 되었다. 특히 청문이나 공청회의 경우에는 公益과 公開性이 굳게 결합되어 있음을 볼 수 있다.[187)]

사. 緊急狀況에서의 公權力 發動要件으로서의 公益 혹은 公共福利

국가 혹은 사회적인 긴급상황 아래에서 君主나 行政府에게 緊急權의 發動權을 부여한 것은 후기 입헌주의적인 상황에 적합한 것이었다. 오

186) *Ibid.*, S. 86-101.

187) *Ibid.*, S. 102-126.

늘날에는 立法府나 司法府에서도 이를 어느 정도 통제할 수 있는 제도를 마련해 놓고 있다. 따라서 국가나 사회의 위기에 대응하는 긴급권의 행사에 관해서도 행정부의 독점적인 지위는 상실되었다고 보지 않으면 안 된다. 단지 중요한 것은 이들 제도를 절대주의 시대의 유산으로부터 오늘날의 基本法이 요구하는 公共性이나 公共福利의 요구에 합치하도록 하는 일이다.[188)]

아. 國家에 의한 禁止, 强制 및 監督과 公益

국민이 가지는 자유나 재산에 대하여 국가가 이를 법적으로 박탈, 제한 등의 조치를 하는 경우에는 公益目的으로 合理化하는 경우가 많다. 이러한 현상도 역시 국가와 사회의 이분법적인 구별의 선상에 있음을 알 수 있다. 그러나 오늘날 公共福利는 단지 自由의 반대쪽에 서 있는 것만은 아니다. 公共福利가 自由의 편에 서는 경우도 있다. 특히 오늘날 自由는 國家로부터의 自由가 아니라 國家 안에서의 自由로 인식되고 있다. 이 경우에 앞서 논의된 節次規定이 중요성을 가지기도 한다.[189)]

자. 認 · 許可의 要件으로서의 公益

인 · 허가의 요건을 公共福利 혹은 公益과 결부시키는 것은 역사적인 의미를 가진다. 인 · 허가의 대상이 되는 활동은 헌법이 보장하는 자유권 혹은 재산권에 관한 문제이기 때문에 여기서 공익은 規範的인 構成要件의 일부로서의 의미를 가진다. 근래에 들어서는 인 · 허가나 그 취소에서 절차적인 보장을 중시하는 경향이 있는데, 이는 다른 경우와 비슷한 흐름을 반영하는 것으로 볼 수 있다. 어떤 경우에는 공익을 직접

188) *Ibid.*, S. 126-136.

189) *Ibid.*, S. 136-144.

규정하지 않고 '法律의 目的'이나 '公務上의 必要性' 혹은 '重大한 事由' 등의 용어를 사용하는 경우가 있는데, 이는 公共福利 類似槪念이기 때문에 이들 개념의 해석에 관해서는 공익에 대한 판단을 하지 않을 수 없다.

인 · 허가의 경우 公益과 自由는 서로 긴장관계에 서게 된다. 따라서 공익을 실현하면서도 자유를 과도하게 제한하지 않기 위해서는 양자간의 관계를 적절하게 규율할 수 있는 규범체계가 중요하다. 이 경우에 입법자의 역할이 중요하다. 그런데 이 양자의 관계를 매개하는 고리로 보통은 公共福利의 개념을 이용하는 경우가 많다. 그 이유는 입법자가 구체적인 경우에 무엇이 공익이라고 사전에 미리 정할 수 없는 경우가 많으므로 공익이라는 多義的인 槪念을 법에 고정시켜 놓고 그 해석에 있어서 신축성을 부여하고 있는 것이다.[190]

차. 適應 및 變化를 위한 公益槪念의 利用

기존 법률관계의 취소 혹은 변경을 公益개념에 연결시키는 경우이다. 전통적으로 土地收用法이나 建築法 및 警察法에서 이런 유형이 많이 이용되었다. 과거에는 기존의 법률관계를 변경하거나 권리 등을 박탈하면서 法外的인 公益을 그 요건으로 제시하는 경우가 종종 있었으나, 公益 혹은 公共福利 요건에 대한 규정이 법적인 것으로 되면서 公益의 법 외적인 성격이 상실된다. 나아가서 이는 단지 공익이 법적으로 규정된다고 하는 형식적 의미에서만이 아니라 법적으로 규정된 공익 혹은 공공복리를 법적으로 정당하게 평가해야 한다는 의미에서 특히 중요하다. 이를 '公共福利 具體化로서의 憲法解釋'이라 부를 수 있다. 이런 관점에서 공익은 사익보다 시원적으로 우월한 것이 아니라 사익과 서로 정당하게 평가된 이후에만 옳게 확정된다는 사실과 연결된다. 이런 의

190) *Ibid.*, S. 142-161.

미에서 또한 절차의 중요성이 부각된다. 이런 모든 과정에서 공공복리는 憲法의 次元에서 具體化되어야만 한다. 헌법을 떠난 공공복리는 존재하지 않는다.[191)]

카. 例外規定에서의 公共福利 要件

법의 규정 혹은 권리에 관한 규율에서 例外事由의 要件으로 公共福利가 규정되는 경우가 있다. 이는 두 가지를 의미할 수 있다. 먼저 원래의 법규정이 공공복리를 동기로 하는 것이었다면, 그것은 공익 간의 모순을 노정하는 것이 될 것이다. 여기서는 공익 간의 충돌을 해결하기 위한 조정이 필요하게 된다. 한편 예외적인 규율이 사익의 보호를 위한 것이라면 이는 공익과 사익 간의 형량이 필요함을 보여 주는 예가 될 것이다. 역사적으로 예외적인 구성요건의 경우에는 절대주의적인 요소를 담고 있는 경우가 많다. 현대의 입법자는 이런 불합리한 공익판단요소를 배제하여 公益 및 公共福利를 표현하여야 한다.

法治國家의 원리에 따라서 예외적인 요건이든 원칙적인 요건이든 공익 및 공공복리는 모두 법적인 것으로 평가되지 않으면 안 된다. 따라서 다원주의적인 틀 안에서 결합과 조정을 통하여 무엇이 공익인지를 확정하는 일이 중요하다.[192)]

타. 裁量과 公共福利 構成要件의 立法的인 結合

裁量規定과 公共福利에 관한 규정이 종종 혼합적으로 규율되는 경우가 있다. 역사적으로 볼 때 이러한 混合的인 構成要件은 군주의 재량을 확장하려는 의도에 연결되는 것으로, 법치주의 아래서도 이런 경향이

---

191) *Ibid.*, S. 162-169.

192) *Ibid.*, S. 172-192.

무비판적으로 그대로 수용된 것으로 볼 수 있다. 특히 司法判斷에 있어서 裁量要件이 公共福利要件으로 현실화되어 가는 경향이 있다. 왜냐하면 재량에 대한 판단에서 명확한 준거를 제시하지 못할 경우에는 해석수단으로서의 공익을 도입하는 것이 매우 유용하기 때문이다. 裁量權行使의 基準은 한편으로는 재량권 내의 법률적인 공공복리 구성요건과 자율적으로 구체화되는 법관의 해석에 의한 공익개념에 의해 나타나게 된다. 이 경우에 법개념 및 불확정법개념, 그리고 재량개념 간의 구별이 상대화되고, 그 기능적 측면와 법적 구속의 정도가 중요한 의미를 가지게 된다. 즉 재량은 이제 더 이상 법으로부터 자유로운 공간이 아닌 것으로 되며, 그것은 내적으로 법에 의하여 결정되는 것일 뿐만이 아니라 재량의 성질에 의하여 공익을 지향하는 것으로 인정됨을 의미한다.[193)]

2) 立法 內에서 公益概念의 分析이 가지는 結果

독일 현대 公法에서 입법이 담고 있는 公益的 내용을 분석하면 다음과 같은 결론을 얻을 수 있다. 우선 公益 혹은 公共福利는 公法秩序의 필수적인 구성부분이다. 그러나 이러한 공익의 역할은 오랫동안 별다른 주목을 받지 못하였다. 다음에, 공익은 歷史性을 가지는 개념이다. 절대군주의 시대에는 공익을 권리, 재산, 자유 혹은 자치를 침해하고 제한하는 빌미로 삼았다. 그러나 오늘날에는 公益이 이미 주어진 일정한 내용을 가지는 것이 아니라 행정 혹은 司法의 과정에서 구체화되고 형성되어야 할 내용을 대신 지칭하여 주는 기능을 한다. 공익개념이 특히 필요한 것은 이러한 통합 및 조정의 역할을 대신해 줄 수 있는 다른 개념을 찾기 힘들기 때문이다. 한편으로 公益概念은 다양한 모습으로 나타난다. 오늘날 많이 쓰이고 있는 公的 課題(öffentliche Aufgabe)라는 말은 종래의 공익개념을 대신하는 의미로 많이 쓰이고 있다. 이

---

193) *Ibid.*, S. 193-201.

러한 새 용어가 특히 단지 공익 혹은 공공복리라고 할 때에는 군주시대의 전통과 밀접하게 연결되지만 공적 과제라는 용어에는 그런 의미가 상당히 희석된다는 점이 중요하다. 말하자면 공적인 과제라는 말은 공익이라는 말에서 국가의 독점적인 성격을 제거한 형태라는 의미를 가진다.

다음에 公益 혹은 公共福利 개념의 법과 법률에 대한 지위가 상당히 변화하고 있다. 공익 및 공공복리는 법과 법률에 대해서 외부적인 요소가 아니라 내부적이며 그 자체 규범적인 성격을 띤다. 그런데 公益이 규범화하는 경우에 그 방법이나 밀도는 다양한 형태로 나타난다. 이 과정에서 최근에는 절차적인 요소의 중요성이 상당히 강조된다는 점은 앞서 본 바와 같다. 한편 공익은 현실 속에서 법이 어떻게 구체화되는가를 추적하고 포착하는 중요한 요소가 될 수 있다. 현실의 자료 및 사회관계 속에서 무엇이 공익에 타당한 것인지를 선택하는 일이 중요하다. 국가는 이 문제에 대하여 늘 긴장하고 있으며, 이러한 긴장관계 안에서 實質的인 公益이 확인되고 구체화될 수 있다. 왜냐하면 事實的인 것과 規範的인 것의 結合을 통하여, 그리고 所與와 課題의 結合을 통해서만이 공적인 것의 본질이 형성되기 때문이다.

公益判斷에 있어서의 司法의 役割이 增大된 것도 새로운 현상이다. 이제까지 司法은 公益과 관련해서는 부정적인 이미지가 많았다. 사법은 행정과 입법이 적극적으로 형성하거나 규정해 놓은 公益에 대하여 소극적으로 판단하거나 비판하는 역할을 주로 하였다. 그러나 이제는 특히 憲法裁判制度의 정착과 함께 사법 및 법관의 公共福利에 대한 關聯程度가 점증하고 있다. 공익을 지시하고 규정하는 방법도 매우 다양하게 나타난다. 공익이 구성요건의 한 요소로 명시되어 있을 때 이는 우선 비규범적인 사회적인 현상 혹은 과제가 규범적인 공공복리로 되는 轉換通路가 된다. 뿐만 아니라 법률과 법률의 관계에 있어서도 하나의 법률이 다른 법률들과 조화를 이루고 이를 통하여서 전체적인 법질서의 일부로 편입되는 통로를 형성하게 된다. 다른 한편으로는 무엇이 법인가를 확정하는 경우에 공익이라는 관점은 다른 모든 상황과의 관계 속에서 무엇이 법인가를 확정해 주는 連結点이 될 수 있다.[194)]

여러 분야의 立法 가운데서 과거에는 公益이 주로 공무원법이나 경찰법 혹은 토지수용법에서 중요한 위치를 차지하고 있었다. 그러나 오늘날에는 이민법, 토지법, 수법, 건축법, 병역법, 폐점법, 지방자치법, 도로교통법, 세법, 영업법 등의 모든 문화국가적인 요소를 가지는 법에서 사물의 성격상 혹은 사익과의 충돌가능성으로 인하여 公益的인 요건을 규정하지 않을 수 없는 형편에 있다. 또한 公益에 관한 법에는 명시적으로 公益이 규정되어 있는 경우만으로 한정되는 것은 아니다. 公共福利立法은 그 범위가 전체법 질서에 이르기까지 확장되어 있다고 볼 수 있다. 이는 오늘날 公益 혹은 公共福利가 법해석적 · 현실관련적인 측면에서 차지하는 비중이 매우 높은 것을 보여 준다.[195)]

3. 司法에 있어서의 公益

1) 槪 說

司法에서 公益이 가지는 위치는 解釋의 對象이자 手段이라는 상반되는 모습을 가진다. 공익은 오늘날 규범적인 성격을 띠고 있으므로 그것은 궁극적으로 재판에 의해서 구체화된다는 점은 異論의 여지가 없다고 할 것이다. 그러나 과거에 司法은 公益實現에 대하여 부정적 소극적인 자세를 취하였다. 이는 公益의 官憲 國家的인 성격, 군주적인 공공성 관념, 자유주의 및 실증주의의 영향, 협소한 法治主義 및 法規槪念 그

---

194) 의회의 公益立法에서의 중요성은 Deutsche Sektion der Internationalen Juristen-Kommission, *Gemeinwohl und individuelle Freiheitsrechte*, 1984에서의 Joachim Rottmann의 보고 참조.

195) *Ibid.*, S. 204-238.

리고 사법과 행정의 대립에 영향을 입은 바 크다. 그러나 이제 公益이 다양한 형식으로 입법화되면서 그것에 법규적인 옷을 입히는 문제가 法官의 課題가 되었다.

입법, 행정, 사법은 그 기능 및 강도는 다를지라도 모두 公益이라고 하는 과제를 실현할 부담을 지고 있다. 이러한 경향은 이제까지의 권력분립을 새롭게 파악할 필요성을 던져 주었다. 즉 입법과 행정과 사법이 형식적으로는 그 기능이 다른 것처럼 보이지만 실질적으로는 공익을 형성하고 구체화한다는 점에서 동일한 지향점을 가지는 것으로 이해할 여지도 생기는 것이다.[196]

2) 司法에서의 公益과 法

가. 프로이센 行政裁判所의 公益과 法

프로이센 行政裁判所 시절부터 公益은 判例의 중요한 주제가 되었다. 특히 종래 行政法에서 중심적인 주제를 이루어 온 경찰법분야에서 公益은 경찰권 행사의 근거 및 제한사유를 구성하는 규범적인 요소가 되었다. 이는 公共福利의 실현에 대한 법적인 수권에서, 公益實現에 관련된 경찰의 감독권 부여에서, 경찰행정에 관한 철회권 행사와 관련해서, 그리고 규범적인 公共福利 문제로서의 경찰재량과 관련해서 흔히 나타난다.

과거에는 국가의 목적이 흔히 공공의 목적이나 이익과 혼동되기도 하였다. 한편으로는 사익은 어떤 경우에든 공익과는 서로 반대되는 위치에 서는 것으로 이해되었다. 그러나 점점 공익과 함께 사익의 고려도 매우 중요한 과제가 되고 있다. 이는 公益과 私益이 사전에 엄격하게 고정된 내용이나 성질을 가진 것이 아니라 항상 상호 비교를 통하여 재

196) *Ibid.*, S. 240-245.

조정될 수 있는 성질을 가지고 있음을 의미하는 것이기도 하다.

이러한 고찰에서 볼 때 오늘날 공익과 관련해서 문제 되는 많은 부분이 이미 프로이센 行政裁判所 시절부터 중요한 문제로 취급되었던 것을 알 수 있다. 그리고 공익을 먼저 결정해 버림으로써 사익이 등한시되지 않도록 노력하였으며, 국가적인 것과 공적인 것을 서로 동일시하지 아니하는 방향으로 발전하게 되었다.[197)]

나. 司法에서의 公益과 公共福利의 位置: 司法過程에서의 公共福利 判斷

오늘날 입법이나 행정과 함께 司法에 있어서도 公共福利의 실현이 중요한 과제로 되어 있다. 이러한 현상은 종래의 기계적인 입법 · 행정 · 사법이라고 하는 분류방식에 대해 의문을 제기하고 있다. 公益概念은 법과 법률의 상관개념으로서의 성격을 가진다. 公益의 現實化는 입법 · 행정 및 사법의 과제로 된다. 法과 公益을 분리해서 고찰하는 것은 더 이상 타당하지 않으며, 法과 公共福利는 사전에 전제되어 있다고 하는 의미에서 미리 주어져 있는 것은 아니다. 입법자는 종종 多元的 · 節次的 · 相對的인 성격을 가지는 公共福利 구성요건을 선택하며, 그러한 공익 구성요건의 판단에 있어서 법관은 법판단적 측면이 부각되고 자주 절차적인 측면이 강조되는 해석과제를 수행하고 있다. 公益概念은 법관에게 절대주의와 실증주의가 주지 못하였던 '法官의 自由'를 허용하고 있다.

공공성의 구체화와 관련해서 입법자보다 법관이 더 발전적인 경향을 띠는 경우가 흔하다. 法官은 경우에 따라서는 전통적인 公共福利觀念으로부터 자기를 해방시킴으로써 다양한 이익 속에서 무엇이 공익에 합당한지를 새롭게 확인하는 역할을 하기도 한다.

---

197) *Ibid.*, S. 245-273.

공익과 관련해서는 공공성이라는 요소가 무엇보다도 중요하다. 이제까지 공공성은 다양한 의미로 사용되어 왔다. 그러나 현대의 헌법국가에서는 공공성이란 국가제도의 민주성을 견지하기 위한 본질적인 요소로 이해되어야 한다. 그렇다면 규범적인 성질을 가지는 공익 및 공적과정으로서의 공공성을 어떻게 법이론 안에서 지켜 내고 조화시킬 것인가라는 문제가 현대법의 해석 및 적용상 해결해야 하는 큰 과제로 등장하고 있다. 이러한 과제의 실현을 위해서는 공익의 국가 관련성의 해소, 특수영역의 公共福利 관념의 民主主義的인 定礎, 공공연한 혹은 내재적 公共福利 관련 개념의 해석에 있어서 유관관점에 대한 공공성의 인정, 공공성의 활성화, 재량행사에서의 비밀주의의 해체, 다원적이고 公然한 헌법의 해석에 있어서 절차법적인 관점의 강화 등의 제반 노력이 필요하다.[198)]

第9節 위르프만(Robert Uerpmann)의 權能理論的 公益論

1. 위르프만의 公益論의 主要內容

위르프만은 1999년 출판된 교수자격청구논문에서 기존의 독일 공법학계의 공익론을 정리하고, 그 동안의 독일 공법학계의 연구성과를 종합하여 자신의 공익론을 전개하였다.[199)] 다만 위르프만은 독일의 實定法秩序 내에서 公益이라는 法槪念에 대한 도그마틱의 발전을 연구의 목적으로 삼았고, 따라서 국가이론이나 법철학과 같은 영역에서의 공익론은 의도적으로 배제하였다.[200)] 그의 주된 관심은 1945년 이후 법학적

---

198) *Ibid.*, S. 701-715.

199) Uerpmann, *Das öffentliche Interesse*, 1999.

관점에서 전개된 공익론을 정리하고 그 위에 공익에 관한 자신의 법도그마틱을 발전시키는 것이었다. 따라서 예컨대 이 연구에서 중요한 비중을 두고 있는 하버마스의 공익론은 검토되지 않고 있다.

위르프만은 먼저 독일 공법학상 공익론을 발전시킨 중요한 이론가로 뒤리히, 볼프, 마르텐스 및 헤벌레를 들고 이들의 공익론을 비판적으로 검토하고, 주요개념을 명확히 한 다음 본론에서 공익개념의 법적 의미를 크게 세 가지 문제, 즉 국익, 사익과의 구별문제, 권능문제, 이익형량의 문제로 나누어 검토한다.

1) 公益, 國益, 私益의 區別問題

첫째 문제는 공익이 내용상으로 국가의 이익이나 사익으로부터 구별될 수 있는가이다.[201]

위르프만에 의하면, 독일법질서상으로 公益과 國家의 利益을 구별하는 것은 적절하지 못하다고 한다. 이는 공익과 국익을 엄격히 구별해온 크뤼거 이래의 일반적 입장과 다른 점이다.[202] 이는 위르프만이 실질적 법치주의가 확립된 헌법 아래에서 實定法規範의 解釋에 중점을 두고 있기 때문이라고 할 것이다. 그에 의하면, 공익과 국가이익이라는 개념은 서로 代用될 수 있으며, 어느 개념을 사용하느냐는 입법자의 선택의 문제로서 실무상 양자를 구별할 아무런 기준도 존재하지 않는다고 한다.

이에 반해 公益과 私益의 대비는 일반적으로 인정될 수 있다.[203] 그러나 공익과 사익이 하나의 관점에 의해 구별될 수 있는 것은 아니다.

---

200) *Ibid.*, S. 4.

201) *Ibid.*, S. 40ff. 특히 S. 43, 46 참조.

202) 이에 대하여는 제2장 제4절 2. 참조.

203) Uerpmann, *a.a.O.*, S. 47ff., 특히 S. 132ff.

이들의 구별은 그것이 처한 다양한 맥락 속에서 각각의 경우에 다양한 내용과 기능에 의해 대비되어 나타난다.[204] 첫째, 어떤 경우에는 당해 職務擔當者가 자신의 직무활동을 수행함에 있어서 자신의 개인적인 이익을 추구하고 이로 인하여 적절한 이해조정이 불가능해질 위험이 존재하며, 이를 제거하는 것이 중요한 관심사가 되는 경우가 있다.[205] 이러한 利益交錯關係의 경우에는 제척에 의해 당해 직무담당자를 배제시키는 것이 일반적이다. 둘째, 공익과 사익의 대비가, 기본권에 의해 보호되는 個人의 自由라는 이익과 국가에 의해 추구되는 이익, 즉 基本權制限을 正當化시키는 이익 사이의 대비로 나타나기도 한다.[206] 방어권으로서 基本權은 개인의 이익보호를 위해 공익과 충돌하는 모습으로 나타나며, 公益은 기본권제한을 정당화시키기 위한 목적으로서 사익과 충돌한다. 즉 기본권은 개인의 자유로운 발현의 영역을 국가로부터 보호해주는 기능을 한다. 그러나 基本權과 國家의 公益實現의 문제를 좀더 면밀하게 살펴보면 국가의 개입을 정당화하는 공익과 개인의 이익을 분리할 수 없음을 알 수 있다. 기본권은 국가의 개입에 대한 방어권으로서의 성격뿐 아니라 기본권보호를 위해 제3자의 기본권을 제한하기 위한 정당화근거로서의 성격도 아울러 가지고 있는 것이다. 즉 국가의 개입을 요구하는 사인의 보호이익으로서의 성격을 가진다는 것이다. 이 경우 기본권은 여전히 개인의 이익으로서의 성질을 가지지만 국가의 개입이 없는 사회의 영역에 머물러 있는 것이 아니라 국가의 적극적인 활동으로 귀결된다.[207] 셋째, 이들과는 또 다른 상황도 있을 수 있다. 즉 개인적인 권리가 특별히 관계 있는 사람들에게만 제한적으로 인정될 수 있다. 예컨대 주관적 공권론을 전제로 한 保護規範論이나[208] 직무상 의

---

204) *Ibid.*, S. 132ff.

205) *Ibid.*, S. 47ff.

206) *Ibid.*, S. 58ff.

207) *Ibid.*, S. 69.

무위반에 의한 국가책임에 있어서 職務義務의 第3者關聯性이라는 기준은 모두 권리행사의 범위를 제한하는 기능을 한다.[209] 原告適格을 制限하는 이러한 이론들의 배경에는 공익과 사익의 개념이 전제로 깔려 있다. 그러나 궁극적으로 이러한 이론들은 당해 행정작용과 아주 특별히 관계를 가지는 인적 범위로 원고적격을 제한하려는 데 관심이 있을 뿐이며, 이는 공익과 사익의 선험적 구별과 무관하게 이루어질 수 있다.[210] 마지막으로 당해 이익을 누가 담당하느냐 라는 形式的 基準에 의해 공익과 사익이 구별되기도 한다. 즉 국가기관에 의해 담당되는 이익을 공익으로, 그리고 국가기관 이외의 기관이나 사람에 의해 수행되는 이익을 사익으로 규정하는 경우가 있다.[211] 이상에서 언급한 모든 구별기준들은 각각의 영역에 있어서 나름대로의 타당성을 가지고 있다. 그러나 그 어느 것도 공익과 사익의 원칙적인 구별을 논리적으로 뒷받침해 주지는 않는다. 그러므로 어떤 이익이 사적인 성질을 가지고 있다고 해서 그 때문에 공익을 규정함에 있어서 先驗的으로 배제되어서는 아니 된다.[212]

公益과 國庫의 利益(fiskalische Interessen)을 흔히들 구별하지만 위르프만에 의하면, 이러한 구별은 정당하지 못하다고 한다.[213] 즉 일반적으로 국고의 이익의 문제는 공공주체의 사적 이익으로 다루어지지만[214]

---

208) *Ibid.*, S. 88ff.

209) *Ibid.*, S. 105ff.

210) *Ibid.*, S. 104f.

211) *Ibid.*, S. 109ff., 117ff. 위르프만은 그 예로 두 가지의 경우를 들어 설명하고 있다. 첫째, 즉시집행명령에 있어서 공익과 사익의 담당주체문제이고, 둘째, 사인을 위한 공용수용의 문제이다.

212) *Ibid.*, S. 317.

213) *Ibid.*, S. 124ff.

214) "fiskalisch"라는 개념은 어법상 다양한 의미를 가지고 있다. 따라서 이 단어가 私法的(privatrechtlich)라는 의미로 사용되는 경우도 있다. 그러나 이러

위르프만에 의하면, 국고의 이익은 財政上의 利益이며, 따라서 공익의 한 요소에 속하는 것으로 취급되어야 한다고 한다. 물론 재정적인 고려는 다른 이익에 비해 후순위로 평가받을 수 있다. 그러나 이는 재정상의 이익이 공익과 대비되는 다른 이익이기 때문이 아니라 구체적 상황하에서 문제 되는 이익의 형량을 통해 나온 결과라고 한다.[215)]

결국 위르프만에 의하면, 공익과 사익을 구별하려는 기존의 모든 시도는 법도그마틱적으로 공익을 규정할 수 있는 어떠한 기준도 제시해 주지 못한다고 한다. 위르프만에 따르면, 공익을 직접 민주주의적 수단으로 보고, 따라서 국민 다수의 견해 또는 국민의 사실적 이익에서 공익을 구하려는 시도가 있으나, 이러한 방식에 의해서는 공익이라는 법개념을 적절히 규정할 수 없다고 한다.[216)] 공익은 法槪念이고 따라서 일반적인 法解釋方法論에 의하여 구체화되어야 한다는 것이다. 따라서 공익을 각각의 경우에 관계 있는 공중일반의 범주를 획정하여 여기에 한정시키려는 것도 부당하다. 위르프만에 따르면, 공익을 규정하는 데 있어서 결정적인 기준을 제시해 주는 것은 각각의 경우에 있어서 決定主體의 權能이다.

한 경우에는 공과금법이나 공무원법 그밖에 다른 공법의 영역에서 이 단어를 사용해서는 안 된다. 예산법이나 국유재산법의 영역도 마찬가지이다. 일반적으로 오늘날 fiskalisch라는 단어는 국가의 재정상의 이익과 관련하여 사용된다. 이 경우 국고의 이익을 바로 사법적인 것으로 성격규정해서는 아니 된다는 것이 위르프만의 입장이다. *Ibid.*, S. 128.

215) *Ibid.*, S. 128ff.

216) *Ibid.*, S. 84.

2) 權能問題로서 公益

가. 위르프만의 基本立場

위르프만은 본론의 두 번째 부분에서 권능이론이 어떻게 공익을 구체화하는가의 문제를 다루고 있다.[217] 이러한 입장은 '公共善 내지 公益의 문제는 동시에 權能의 문제이다' 라는 주장이나 '公益이란 결국 權限 있는 機關이 일반적으로 인정된 節次에 따라 憲法上의 限界 내에서 公益이라고 宣言하는 것이다' 라는 주장을 그 출발점으로 하고 있다. 이는 헤벌레, 오센뷜(Ossenbühl), 레르헤(Lerche) 등의 입장을 발전적으로 계승하였다고 할 수 있다.[218] 실체적 기준에 의해서 공익과 다른 이익들을 구별할 수 없다면 누가 공익에 대하여 결정하여야 하는가라는 문제가 전면에 등장하게 된다.

위르프만은 다음과 같은 세 개의 테제를 세우고, 이를 네 단계에 걸쳐 검토한다.[219]

〈테제 1〉 공익이라는 법개념은 국가목적이라든가 공공복리의 실현이라는 아주 일반적인 관념을 가리킨다. 이러한 공익이라는 법적 개념은 權能秩序(Kompetenzordnung)라는 틀 속에서 볼 때 비로소 그 윤곽이 드러난다.

〈테제 2〉 공익이라는 법개념은 다양한 관할권들의 체계 속에서 복합적인 결정의 과정을 단계적으로 구분하고 개개의 기관에 대하여 決定權能을 부여하는 도구이다.

〈테제 3〉 따라서 공익 그 자체에 대한 문제보다도 더욱 중요한 것은

217) *Ibid.*, S. 141ff.

218) *Ibid.*, S. 141f.

219) *Ibid.*, S. 146.

> 개개의 법규정을 고려하여 決定主體에게 어떠한 임무가 부여되어 있으며 당해 결정주체의 결정이 다른 결정주체에 의해 어느 정도 규정되는가를 명확하게 하는 것이다.

이상의 테제를 논증하기 위해 위르프만은 크게 네 단계를 거쳐 논의를 전개한다. 첫 번째 단계에서는 具體的인 事例를 통해 歸納的으로 어떠한 권능문제가 제기되는지를 보여 준다. 여기서는 공익개념의 규정으로 인해 법원이 어려움을 겪고 있는 구성요건 및 법적 문제들을 선정하여 법원이 이 문제를 어떻게 접근하는가, 그리고 권능이라는 관점에서 이 문제들을 어떻게 해결하고 있는가를 살펴본다. 이들 사례연구를 통해 하나의 법규범 내지 법적 문제에 多次元的인 權能問題가 重疊되어 있음을 보여 주고 있다.[220] 두 번째 단계에서는 권능이론적 공익론의 憲法的 基礎를 살펴봄으로써 앞의 사례연구와는 정반대로 상당히 抽象的인 차원에서 논의를 전개한다. 여기서는 헌법상 어떠한 구조적 원리들이 권능에 관한 규율을 통해 공익의 구체화를 위한 지침을 제공하고 있는지 검토한다.[221] 세 번째 단계에서는 구체적 문제해결에 있어서 다차원적으로 중첩되어 나타나는 權能의 配分問題를 개별적으로 분리하여 조명한다.[222] 이를 위해 공익개념 뒤에 권능의 배분문제가 숨어 있는 세 영역을 검토한다. 즉 공법과 사법의 구별문제, 행정조직 내부에서의 권능배분문제, 그리고 행정과 사법 사이의 권능배분에 있어서 공익의 역할문제. 마지막으로 네 번째 단계에서는 이상의 논의를 유럽법 차원에서 검토한다.[223] 이하에서는 두 번째와 세 번째 단계의 논의를 간략히 검토한다.

220) *Ibid.*, S. 147ff.

221) *Ibid.*, S. 175ff.

222) *Ibid.*, S. 205ff.

223) *Ibid.*, S. 245ff.

나. 權能理論的 公益論의 憲法的 基礎

위르프만에 의하면, 권능이론적 공익론의 기초는 基本法이다.[224] 기본법질서하에서 의회는 입법자로서 중심적인 지위를 차지하고 있다.[225] 그러나 議會만이 공익의 내용을 결정할 수 있는 유일한 기관은 아니다.[226] 行政府는 법률의 범위 내에서 공익의 내용을 구체화할 수 있는 독자적인 권능을 부여받고 있다.[227] 이러한 행정부의 권능은 특히 재량의 영역에서 잘 나타난다. 이에 반해 司法府의 권능과 관련해서는 문제가 있다.[228] 민주주의적 관점에서 그 정당성에 문제가 있기 때문이다. 즉 司法府의 民主的 正當性은 법률에 대한 구속의 원리를 통해 획득되는데, 결정의 여지가 법원에 부여된다면 이는 법률에의 구속으로부터 벗어나는 것을 의미하게 될 것이다. 사법부의 一次的 任務는 행정활동을 법의 기준에 따라 심사하는 것이지 스스로 형성적 활동을 하는 것이 아니다. 그러나 사법적 결정의 모든 세세한 기준이 법률에 의해 완전히 규율되는 경우는 없다. 法官의 活動을 단순히 법의 인식이라고만 할 수는 없다.[229] 이는 특히 공익의 구체화 문제에 있어서 그러하다. 不確定槪念에 대한 법도그마틱이 보여 주는 바와 같이 사법부에는 공익의 내용을 구체화할 권능이 부여되어 있다. 입법자가 공익이라는 불확정개념을 구성요건징표로 채택하였다면 이로써 입법자는 공익의 개념을 구체화할 권능을 위임한 것이다. 公益의 具體化任務는 일차적으로 행정부의 임무가 된다. 그러나 이와 관련하여 다툼이 생기게 되면 행정청의 해석은 전적으로 사법부의 심사대상이 된다. 법원은 당해 불확정개념을 독

224) *Ibid.*, S. 175ff.

225) *Ibid.*, S. 176ff.

226) *Ibid.*, S. 183ff.

227) *Ibid.*, S. 186ff.

228) *Ibid.*, S. 188ff.

229) *Ibid.*, S. 318.

자적으로 구체화함으로써 헌법의 범위 내에서 입법자의 자유에 참여하게 되는 것이다.[230] 그러나 법관이 주관적인 정치적 결단에 빠질 위험을 적절히 방지하여야 한다. 법원이 공익개념을 구체화하기 위한 기준들은 구체적인 법규범 속에서 도출되어야 한다. 법관에 의한 공익의 구체화가 법으로부터 자유로운 영역을 인정하게 되어서는 아니 된다. 따라서 법관의 결정에 대하여 높은 수준의 합리적이고 법규에 기초한 정당화사유를 요구하여야 한다.[231] 이는 특히 헌법이라는 매우 개방된 척도에 의해 결정을 내리는 憲法裁判所에 대하여 요구된다.[232]

위르프만에 의하면, 공익의 내용규정을 위한 규범적 기준들은 직접 基本法으로부터 도출된다.[233] 우선 基本法上 基本權들은 국가의 개입에 대한 개인의 자유라는 이익을 보장하며, 이로써 개인에 대하여 개입하고자 하는 공익으로부터 보호하는 울타리를 형성한다.[234] 이러한 기본권 이외에도 객관적 법질서의 요소로서 全體 法秩序의 解釋基準이 되는 헌법규정들도 이익의 내용을 규정하는 데 척도를 제시해 준다.[235] 마지막으로 聯邦主義的 權力分立도 연방과 주 사이에 공익의 구체화권능을 배분함으로써 중요한 역할을 수행한다고 한다.[236]

다. 權能配分과 公益

권능에 대한 고려가 공익의 구체화에 기준을 제시하는 방법은 매우 다양하다.[237] 권능의 구분이 특별히 영향력을 발휘하는 것은 다음의 세

---

230) *Ibid.*, S. 188f.

231) *Ibid.*, S. 189.

232) *Ibid.*, S. 190ff.

233) *Ibid.*, S. 318.

234) *Ibid.*, S. 192ff.

235) *Ibid.*, S. 197ff.

236) *Ibid.*, S. 201ff.

영역에서이다.

(1) 公法과 私法의 區別

우선 공법과 사법의 구별에 있어서 권능이 문제 된다.[238] 공법은 공익에 기여하는 법이고 사법은 사익에 기여하는 법이라는 利益說은 공·사법의 이분법을 설명할 수 없다. 이를 설명할 수 있는 것은 二重의 權能區分(doppelte Kompetenzabgrenzung)이다. 한편으로는 통상법원과 행정법원 사이의 관할이 구별되고, 다른 한편으로는 국가의 관할영역인 공법과 사인의 이니셔티브 책임이 부여되어 있는 사법이 구별된다. 예컨대 경찰행정에 의해 사인의 권리가 제한되는 경우에 이러한 권능구별이 문제 된다.[239]

(2) 行政內部에서의 權能配分

행정은 법률에 구속되므로 그 결과 공익을 고려해야 하는 행정권능도 개별적인 경우에 적용되는 법률규정에 의해 제한된다.[240] 어떤 법률에 의해 어떤 이익의 내용을 구체화할 권능이 부여되는 경우, 이러한 권능은 한편으로 당해 법률의 입법자가 가지는 권능의 범위 내에서 제한되고 또한 입법자가 당해 법률을 통해 규정하고자 했던 이익에 국한된다. 당해 법률에 의해 입법자가 규율하고자 했던 이익이 어떤 것인가는 당해 법규범의 해석을 통해 밝혀질 수 있다. 이익의 구체화를 위한 내용규정이 법문에서 명시적으로 규정(明示的 公益條項)되는 경우도 있고,[241] 법규정의 體系的 脈絡이나[242] 規律目的에 의해[243] 그 구체적

---

237) 예컨대 *Ibid.*, S. 147ff.의 사례연구를 보면 이를 잘 알 수 있다.

238) *Ibid.*, S. 205ff.

239) *Ibid.*, S. 209ff.

240) *Ibid.*, S. 215ff.

241) *Ibid.*, S. 216.

242) *Ibid.*, S. 217ff.

기준이 도출될 수도 있다. 결국 전통적인 법해석방법론에 의하여 공익의 기준을 도출할 수 있다.

어떤 기관이 공익의 내용을 구체화하는 경우에 자신에게 특별히 그 구체화 임무가 부여된 이익만을 구체화하는 것은 아니다. 어떤 특정분야의 법률이 공익이라는 개념을 사용하는 경우, 그것이 반드시 당해 분야의 공익만을 말하는 것은 아니다. 이 경우 공익이라는 개념은 다른 분야의 이익에 대하여도 열려 있는 개념이다.[244] 따라서 그 법률에 의하여 어떤 명령이나 금지를 요구하는 당해 분야의 특수한 이익과 이에 반대하는 다른 분야의 이익이 형량되어야 한다.[245]

(3) 行政과 司法 사이의 權能配分問題

마지막으로 입법자는 공익의 개념을 통해 행정과 사법 사이의 권능배분을 조종할 수 있다.[246] 어떤 규범의 구성요건에 공익개념이 규정되어 있는 경우 입법자는 사법부에게 最終決定權을 부여한 것이다.[247] 이에 반하여 공익이 법률효과의 면에서 행정의 裁量을 규율하고 있는 경우 행정은 사법심사를 받지 않는 자유의 여지를 부여받게 된다.[248] 최종결정권의 배분이 특히 복잡하게 형성되는 것은 구성요건징표인 공익을 법적 효과와 연결시키는 경우이다.[249] 공익개념에 있어서 판단의 여지는 거의 기대하기 어렵다. 입법자가 행정부에 대하여 공익개념의 판

243) *Ibid.*, S. 220ff.

244) *Ibid.*, S. 151ff.에서는 건축법과 도로법에 있어서 당해 법률이 직접 목적으로 하는 특수한 이익과 그밖에 다른 이익들이 형량되어야 함을 구체적으로 잘 보여 주고 있다.

245) *Ibid.*, S. 220ff.

246) *Ibid.*, S. 223ff.

247) *Ibid.*, S. 226f.

248) *Ibid.*, S. 227ff.

249) *Ibid.*, S. 229ff.

단에 있어서 최종결정권을 부여한다면 이는 법효과에 있어서 재량을 부여한 것과 동일한 효과를 가져올 것이다.[250)]

3) 利益衡量의 問題로서 公益

위르프만은 본론의 세 번째 부분에서 형량문제로서 공익문제를 분석하고 있다. 그의 공익론은 權能理論的 公益論인 동시에 衡量理論的 公益論이라고 할 수도 있다. 그에 따르면, 공익은 모든 관계이익들의 형량으로부터 도출된다. 법치국가원칙상 형량은 적어도 그것이 법원에 의해 수행되는 경우에는 정치적 결단에 의해 좌우되어서는 아니 된다. 법질서 내에는 공익의 내용규정을 위한 다양한 내용적 기준들이 내재해 있다. 구체적인 경우에 공익개념의 구체화를 실현시키는 것이 형량이론적 공익론이다.[251)]

물론 형량의 결과가 법규범으로부터 논리필연적으로 도출되는 것은 아니다. 그러나 이러한 문제는 법해석에서 언제나 발생하는 문제일 뿐이다.[252)] 공익을 도출하기 위한 法官의 利益衡量은 전적으로 가능하며 이러한 형량은 가능한 한 합리화되어야 한다.[253)] 경우에 따라서는 헌법이나 법률에서 형량에서 고려하여야 할 이익을 규정하거나[254)] 이러한 이익들의 비중 내지 중요도를 명시적으로 혹은 묵시적으로 규정하는 경우가 있다.[255)] 도그마틱은 이러한 규정들을 논리적으로 구조화하는 것을 그 임무로 한다. 예컨대 기본법 제12조 제1항(직업의 자유)에 대한 3단계 이론은 유형화된 이익평가를 통해 衡量을 構造化하는 것이다.[256)]

---

250) *Ibid.*, S. 240ff.

251) *Ibid.*, S. 320f.

252) *Ibid.*, S. 283.

253) *Ibid.*, S. 284.

254) *Ibid.*, S. 291ff.

255) *Ibid.*, S. 296ff.

끝으로 전체 衡量過程을 段階化함으로써 복잡한 형량을 합리적으로 근거지울 수 있고 또한 사법심사의 대상이 될 수 있도록 할 수 있다.[257)]

2. 위르프만의 公益論에 대한 評價

위르프만의 권능이론적 내지 형량이론적 공익론은 다음의 세 가지 점에서 그 특징이 있다.

첫째, 그는 실정법질서 속에서 公益槪念의 具體化를 위한 법도그마틱의 형성을 시도하였다. 따라서 전통적인 법해석방법론에 입각하여 헌법 개별법률 및 그밖에 법도그마틱으로부터 공익을 구체화하기 위한 指針을 도출해 내기 위한 도그마틱을 수립하고자 하였다.

둘째, 위르프만은 권능이론적 관점에서 공익론을 전개한다. 따라서 공익내용의 구체화를 위한 지침을 形式的 내지 組織法的 觀點에서 도출한다. 이를 위해 입법 · 행정 · 사법 상호간에서 공익구체화권능이 구체적으로 어떻게 배분되어 있는지, 그리고 헌법과 법률 속에 공익구체화권능이 어떻게 규정되어 있는지 등을 이론적인 차원과 실증적인 차원에서 분석하고 있다.

셋째, 위르프만은 공익론을 利益衡量이라는 觀點에서 검토하고 있다. 헌법과 법률에서 명시적 혹은 묵시적으로 규정하고 있는 공익구체화 지침, 즉 공익을 구체화하는 데 있어서 고려되어야 할 관계이익들을 전통적인 법해석방법론에 의해 도출해 내고, 이러한 다양한 관계이익들 상호간의 형량을 통해 공익을 도출하고자 한다. 이 과정에서 법도그마틱은 이러한 형량과정을 구조화하기 위한 도구로 사용된다.

이러한 세 가지 관점은 위르프만이 공익론에 기여한 큰 공헌이라고 할 수 있다.

---

256) 이에 대하여는 *Ibid.*, S. 298ff.

257) *Ibid.*, S. 310ff.

첫째, 위르프만은 실정법질서를 전제로 한 공익론에 관한 법도그마틱의 형성에 목표를 두고 있었기 때문에 공익론에 관한 實定法解釋論에 큰 기여를 하였다고 사료된다. 공익의 문제는 법학뿐 아니라 사회과학 전반의 근본문제를 보는 기본적인 시각과 관련된 문제이기는 하다. 그러나 법학의 관점에서 공익개념이 실제적인 의의를 가지기 위해서는 이것이, 실정법해석에 있어서 유용하게 활용될 수 있는 개념으로 제시될 것이 요구된다. 따라서 법도그마틱으로서의 공익론의 수립은 공익론의 법학적 실현에 큰 의의를 가진다. 그러므로 설사 그의 공익론이 이미 확립되어 있는 법도그마틱의 여러 관점들을 공익이라는 개념을 중심으로 하여 재구성한 것에 불과하다고 할지라도 그것은 나름대로 법학적 공익론의 진전을 향한 유익한 한걸음이었다고 평가된다.

둘째, 위르프만의 권능이론적 공익론은 공익의 구체적 내용에 대하여 나름대로 實體的 基準을 제시하고자 했던 과거의 시도들이 합의를 볼 수 없다는 한계를 극복하여 누구나 합의할 수 있는 구체화기준을 제시하고 있다고 할 수 있다. 실정법질서로부터 조직법적 내지 형식적인 관점에서 권능배분체계로부터 公益의 具體化基準을 도출하였기 때문이다. 이러한 시도가 완벽한 의미에서의 공익의 구체적 내용에 대한 실체적 기준을 제시할 수는 없다고 할지라도 공익관념을 구체적 법개념으로 제시함에 있어서 차선적인 대안을 제시하고 있다고 사료된다. 물론 공익이란 권한 있는 기관이 공익으로 선언하는 것이라는 주장은 그러면 누가 왜 그러한 이익을 공익이라고 선언하는지에 대한 실체적 근거는 제시할 수 없다. 그러나 종래 뚜렷한 논의의 준거도 제시되지 않은 채 또한 그 타당성의 범위에 대한 윤곽조차 제시되지 않은 채 법질서 가운데 난해한 개념으로 존재하던 공익관념을 실정법의 테두리 안에서 소화할 수 있는 최소한의 기준을 제시하고 있다는 점에서 위르프만의 이론은 실질적인 가치를 가진다. 이러한 관점에서 위르프만의 공익론은 실정법질서가 어느 부분을 궁극적으로 공적 영역으로 두어야 하고, 어느 부분을 사적 이니셔티브에 맡겨야 할 것인지, 그리고 상호 다른 공적

영역에 기초한 여러 영역의 공익을 여하히 분석하고 이해할 것인지에 대한 최소한의 지침을 제공하고 있다는 점에서 공익론의 핵심과제에 관한 기본적인 응답을 하고 있다고 사료된다. 공익관념의 법도그마틱화가 지난한 과제라는 점을 인정한다면 위르프만의 노력은 독일 공법학이 가져온 의미 있는 성과 중의 하나라고 볼 수 있을 것이다.

나아가 위르프만은 권능이론적 공익론이 부득이하게 가지게 되는 형식성을 극복하고 실체성을 제시해 주기 위하여 형량이론에 대한 자신의 관점을 구체화하고 있다. 형량이론은 실체적 이익들 간의 상호교량을 중요한 내용으로 하기 때문에 본질적으로 실체적 판단을 그 핵심요소로 한다. 그런데 모든 법률문제가 구체적인 사실관계와 이익상황에 대한 고려하에 처리되는 만큼 이익형량의 구체화는 종국적으로 개개법률의 법규해석에 맡길 수밖에 없으며, 일반론적 차원에서 공익도출을 위한 구체적인 형량요소를 제시하기는 쉽지 않다. 이리하여 위르프만은 이 문제를 개개 법률규정의 해석문제로 돌리고 있는데, 공익판단의 문제가 이처럼 具體的인 衡量의 問題라는 점이 위르프만에 의하여 분명히 규명된 것 자체가 公益概念의 法概念化를 위한 중요한 진전이라고 사료된다.

第10節 獨逸 行政法 一般理論에서의 公益概念

1. 序 言

독일 行政法 일반 이론에서 공익은 중요한 개념으로서의 역할을 한다. 우선 행정법은 공익을 실현하고 유지하기 위한 법체계라고 하는 점에서 公益은 행정의 목표를 이끌어 주는 方向指示燈과 같은 구실을 한다. 그렇지만 공익은 과거의 절대주의시대와 같이 고정된 내용을 가진 것이 아니라 시대와 상황에 따라서 가변적인 것임이 인정되고 있다. 그러나 한편으로는 공익이 법이나 법률의 '외부' 에 존재하는 이질적인 것은 아니며, 구체적인 경우에 무엇이 법인가를 결정하는 規範的인 성격을 가진 것이다. 복잡하고 다양한 현대 행정법 현상 가운데서 公益이나 公共福利가 특별한 의미를 가지는 것은 이것이 伸縮的인 (法)槪念이므로 이를 이용하여 다양한 개별적인 상황을 법질서 안으로 편입시키는 일이 가능할 뿐만이 아니라 동일한 법규정의 해석에 있어서도 이를 상황의 변화에 따라서 다양한 이익상황을 수용할 수 있다는 점에 있다.

한편으로는 공익이 과거 絶對君主的인 色彩를 그대로 가지고 있으므로 이 용어의 사용을 가능한 한 회피하려고 하는 경향도 있다. 이런 경우에는 공익이라는 용어를 직접 쓰기보다는 이익을 서로 형량한다거나 절차적인 통로를 통하여 실질적으로 공익이 유지되도록 조정하는 경우가 대부분이다. 그러나 공익 혹은 공공복리라는 명분을 앞세워서 모든 것을 정당화하려는 시도는 지금은 많이 없어진 것으로 볼 수 있다. 무엇보다도 현대 독일 行政法은 公法이라는 데서 출발하기보다는 公的인 課題를 遂行하기 위한 법체계로 보는 경향이 많으므로 공적인 과제를 수행할 수 있는 데 도움이 되는 한은 그것이 公法的인 수단이든 私法的인 수단이든 중요하게 생각하지 않는다. 이는 다름 아닌 公益實現에서의 國家獨占 現象이 緩和되었음을 의미한다.

아직 공익은 행정의 目的 혹은 特徵的인 徵表로서, 행정권을 발동하는 근거로서, 사인의 권리를 침해하고 제한할 수 있는 근거로서, 개개의 사익과 대비되는 우월적인 사회적인 이익의 하나로서 인정되고 있다. 이 모든 경우에 공익이 무엇인지를 확정하는 일은 간단치 않다. 공익은 이제 이미 주어진 어떤 것이라기보다는 행정에서 구체적으로 형성해 나가야 할 어떤 것이 되었다. 그렇지만 행정이 공익의 내용을 구체화시키는 경우에 아무런 지침이나 틀이 없는 백지 상태에서 출발하는 것은 아니다. 무엇보다도 입법에서 정한 規準的인 公益의 내용이 중요하다. 만일 입법에서 공익의 내용을 사전에 명확히 규정해 놓지 않은 경우에는 당해 법의 목적 취지에 의하여 무엇이 공익인지를 확정해 나가야 할 것이다. 한편 공익을 확정해 나가는 방식의 중요성도 무시할 수 없다. 공익에서 절차의 중요성이 강조되는 것이 오늘날의 경향이다. 어떤 경우에는 公開性을 특징으로 하는 절차 자체가 公益이 되기도 한다. 이런 측면에서 行政節次法이나 情報公開法은 行政法 이론 전체에서도 매우 중요한 위치를 차지한다고 볼 수 있다.

2. 行政法 一般理論에서 公益의 機能

1) 行政의 目的設定 혹은 徵表로서의 公益

행정의 특징은 公益指向的인 점에 있다.[258] 이 경우에 공익이 무엇인지는 반드시 명확한 것이 아니다. 이익이란 어떤 주체의 대상에 대한 관심 혹은 참여를 의미하는 것이다. 公益이란 公共의 關心 혹은 參與를 통하여 나타나고 확정되는 이익으로 볼 수 있다. 어떤 경우에는 一般公益과 特殊公益으로 나누기도 한다.[259]

行政法이 공익을 지향한다는 점에서 행정법은 종래 公法의 한 분과로 인정되어 왔다. 그러나 현대에는 공익과 사익이 명확하게 구별되지 않을 뿐만 아니라 공익을 구체화하는 경우에는 사익을 아울러 고려해야만 하기 때문에 관계이익을 기준으로 한 公·私法의 구별은 지지받지 못하고 있다.[260]

오늘날과 같은 복잡한 이익상황 아래서는 어떤 이익을 중시하며, 어떤 이익을 공익적인 것으로 결정할 것인지가 늘 문제이고 또 중요하다.[261] 여기에 대해서는 우선 헌법과 법률에서 무엇을 公益으로 정하고 있는지가 가장 중요하다. 공익은 사익과 중복될 수 있으며 경우에 따라

---

258) Wolff/ Bachof/Stober, *Verwaltungsrecht* I, S. 35-36, Rdnr. 24.

259) *Ibid.*, S. 341, Rdnr. 6ff.

260) H. Maurer, *Allgemeines Verwaltungsrecht* 12.Aufl., 1999, S. 35-36, Rdnr. 15.

261) *Ibid.*, S. 5, Rdnr. 10.

서는 대립적일 수도 있다. 基本法에서 人間의 尊嚴을 最高의 價値로 인정하고 있기 때문에 공익을 결정할 때는 사익도 함께 고려하여야 하며 사익을 신장시키는 것이 또한 공익이 되기도 한다.[262] 또한 행정만이 공익을 독점적으로 실현하는 것은 아니다. 경우에 따라서는 특정 公益目的을 가지는 단체가 공익실현을 위임받을 수 있다.[263]

2) 行政裁量과 公益

법률 가운데 公益이 不確定法概念으로 등장하는 경우가 많다. 이 때 법의 이념 혹은 목적으로서의 公益만이 규정된 경우에 이는 行政의 裁量에 관한 것으로 이해할 수 있다. 그러나 구성요건과 관련하여서 '중대한 사유', '긴급한 필요' 등과 함께 혹은 이와 독립적으로 公益이 규정된 경우에는 이를 法概念으로 보고 무엇이 공익에 해당하는 것인지 구체적으로 확정하여야 할 법적인 의무가 따르게 된다.[264]

裁量은 일반적으로 법률에 의해 행정에 대해서 行爲의 自由 혹은 選擇의 自由가 주어진 경우이다. 그러나 이 경우에도 무엇이 가장 합리적인 재량권의 행사인가 라는 점을 늘 숙고하지 않으면 안 된다. 이 경우에 行政은 法律로부터는 自由로울 수 있으나, 公益으로부터는 自由로울 수 없다는 명제가 그대로 적용된다.[265] 왜냐하면 행정청은 의무 및 권능을 행사함에 있어서 항상 公益을 實現할 義務를 지고 있기 때문이다.[266]

경우에 따라서는 불확정법개념과 재량이 서로 대체되는 경향이 많기 때문에 이 경우에 역시 법형식 자체보다는 무엇이 公益에 合當한가를

---

262) *Id*.

263) Wolff/Bachof/ Stober, *a.a.O.*, S. 454, Rdnr. 21.

264) H. Maurer, *a.a.O.*, S. 117, Rdnr. 28.

265) Wolff/Bachof/Stober, *a.a.O.*, S. 338, Rdnr. 1.

266) *Ibid.*, S. 525, Rdnr. 4.

결정하는 것이 더 중요한 문제가 된다고 볼 수 있다. 이 때, 보다 중요한 문제는 行政과 司法 가운데서 누구의 判斷을 優先시킬 것인가의 여부이다. 일반적으로 볼 때에는 불확정법개념의 경우에 그것이 법개념인 이상에는 늘 법원의 통제 아래에 있는 것으로 인정된다. 한편 재량이 부여된 경우에도 그것이 행정청의 완전한 행위자유를 의미하는 것은 아니며, 裁量權 行使에 흠이 존재하는 경우에는 법원의 통제를 받아야 한다는 점에서 오늘날에는 엄밀한 의미에서의 행정의 행위자유에 대해서는 논의할 수 없게 되었다. 오히려 裁量統制의 密度만이 중요시되고 있는 것이 현실이다. 따라서 요건에서의 불확정법개념이나 효과에서의 재량의 문제는 결국 公益을 매개로 하여서 상대화되고 있는 것으로 파악 가능하다. 단지 公益의 판단에 있어서 입법, 행정 혹은 사법 가운데 누구의 판단을 존중할 것인가 라고 하는 선택의 문제가 남을 따름이다. 이 문제에 관하여 전후 독일에서는 처음에 행정에 대한 불신으로 말미암아 司法에 優先權을 부여하려는 경향이 있었음을 부인할 수 없다. 그러나 오히려 오늘날에는 行政의 判斷을 重視하려는 경향도 증대하고 있으며, 이 과정에서도 관계 이해당사자나 전문가의 참여를 보장하려는 각종의 節次的인 制度가 생겨나고 있기 때문에 이 문제는 점차 복잡해지는 양상을 보이고 있다.[267)]

3) 權利와 公益

행정은 公益을 지향하는 활동이다. 그러나 법규정에서 개인의 이익을 보호하고 있다고 하더라도 이로부터 바로 개인의 권리가 발생하는 것은 아니다. 공권론에 의하면 强行法에서 公益만이 아니라 個人의 利益도 아울러 보호하고 있는 경우에만 權利가 발생하며 그렇지 못한 경우에는 단지 反射的인 利益에 불과하게 된다. 어느 경우에 권리가 있는

---

267) H. Maurer, *a.a.O.*, S. 106, Rdnr. 1ff.

것으로 인정될 수 있는가는 관계 법규정의 해석에 의하여 결정된다.[268) 특히 이른바 潛在的 公益論[269)]의 등장으로 종래 단순히 반사적 이익이라고 보던 이익이 法的으로 保護되는 利益으로 인정되기도 한다.[270)]

4) 行政行爲의 發動 根據로서의 公益

聯邦行政節次法上 흠 없이 성립한 행정행위일지라도 公共福利上의 중대한 손실을 회피하거나 제거하기 위하여 필요한 경우에는 이를 撤回할 수 있다.[271)] 이 규정은 행정행위의 철회에 대하여 일반적 최종적인 성격을 가지는 조항이다. 이는 公共福利 혹은 公益을 이유로 해서 행정에 어떤 행위를 할 것을 허용하는 대표적인 예로 볼 수 있다. 그런데 여기서 두 가지의 점이 중요하다. 그 하나는 '重大한' 公共福利上의 必要가 있는 경우에 한하여 철회를 할 수 있도록 하고 있다는 점이다. 여기서 중대하다는 점에 대하여 우선 절대적인 관점에서 중대한 경우가 있다. 가령 安保 혹은 安全과 같은 문제는 그 자체로 중대하다고 볼 수 있다. 다른 경우는 상대적인 개념이다. 개개인의 이익과 비교해서 公共福利가 매우 큰 경우에는 중대한 사유가 있다고 볼 수 있다.[272)]

違法한 收益的 行政行爲의 取消의 경우에도 신뢰이익과 공익을 서로 비교하여 취소로 인해서 보호되는 공익이 큰 경우에 허용된다고 한다.[273)] 또한 통상적인 허가와는 달리 강제적인 금지와 함께 예외적인

268) *Ibid.*, S. 137, Rdnr. 8ff.

269) 이에 대해서는 *Infra*. 제5장 제2절 참조.

270) W. Schmidt, "Die Verwaltungsgerichtbarkeit an den Grenzen des Verwaltungsrechtsschutzes", *NJW* 1978, S. 1769. 이에 관한 상세한 소개로는 徐元宇, 前揭, 「行政法에 있어서의 公益概念」, 139면 이하 참조.

271) 연방행정절차법 제49조 2항 5호. Wolff/Bachof/Stober, *a.a.O.*, S. 738, Rdnr. 45f.

272) H. Maurer, *a.a.O.*, S. 271, Rdnr. 44.

경우에만 금지를 해제할 수 있도록 하는 경우에는 통상의 금지를 하는 이유가 되는 공익적인 요구를 훨씬 능가하는 公益上의 必要性이 있어야 한다고 한다.[274] 이 경우에는 통상의 공익과 예외적으로 요구되는 공익간의 충돌이 발생하게 된다. 무엇이 통상의 공익보다 더 큰 중대한 공익이 될 것인지는 구체적인 사정에 따라서 결정될 것으로 본다.

5) 行政節次와 公益

聯邦行政節次法은 行政法 一般理論의 중요한 내용을 담고 있기 때문에 行政法의 通則으로서의 성격을 가진다. 연방행정절차법에서는 公益과 관련된 규정이 다수 발견된다. 그 가운데서 몇 가지만 지적해 보면 다음과 같다. 우선 절차에 있어서의 공개성이 공익의 실현에 있어서 중요한 의미를 가진다. 독일의 정식 행정절차에 있어서는 公開性이 原則으로 되어 있다.

연방행정절차법상 公益이 크게 문제 되는 경우는 동법 제49조의 적법한 행정행위의 撤回와 관련하여서이다. 위에서 잠시 언급한 바가 있으나 가령 사실상태나 법적 상태가 변경되어 그러한 상태를 지속시키는 것이 허용되지 않는 경우에 행정청은 이러한 상태를 철회라는 방법을 통하여 시정하여야 한다. 원시적으로 위법한 행정행위의 取消의 경우에는 상대방의 신뢰보호와의 형량에 의하여 신뢰이익이 큰 경우에는 취소가 제한된다. 撤回의 경우에는 만일 철회하지 않으면 公益이 重大하게 위협받게 되는 경우에 한하여 철회할 수 있다. 그런데 여기서 철회할 수 있는 경우는 그 철회가 단지 공익을 위한 것이라는 사유만으로는 충분하지 않다. 이에 더하여 철회는 만일 철회하지 않으면 公益의 침해가

---

273) BVerwG, VerwRspr. 17, 1966, S. 241; Wolff/Bachof/Stober, *a.a.O.*, S. 747, Rdnr. 73f.

274) *Ibid.*, S. 660, Rdnr. 45.

明白한 경우만으로 제한된다. 이 경우의 公益에는 財政的인 利益도 포함되는 것으로 이해되고 있다.[275)]

또한 동법 제49조 제2항 제5호에 따르면 授益的 행정행위는 公共福利에 대한 重大한 障害를 예방 또는 제거하기 위하여 필요한 경우에 撤回될 수 있다. 이 때의 공공복리에는 앞에서 언급한 財政 目的은 포함되지 아니하는 것으로 이해된다. 그러나 무엇이 여기서 말하는 공공복리에 대한 중대한 장해사유에 해당하는지에 대해서는 많은 다툼이 있다.[276)] 그 가운데 위의 행정행위의 철회와 관련된 公共福利 요건도 포함된다.

6) 行政法關係와 公共福利

종래의 행정행위관념에 대체하여 行政法關係를 중심으로 하는 行政法體系를 주장하는 견해가 유력하게 나타나고 있다. 이에 근거한 행정법관계에 대한 체계적인 분류는 아직 완성되지 않았으나, 시간적인 지속성의 여부를 기준으로 하여 우선 一時的인 관계와 持續的인 관계로 나누고 다음에 行政法關係와 관련되는 이익의 복합성 여부를 기준으로 하여 一面的인 관계와 多面的인 관계로 나눌 수 있다. 이러한 경우에 公共福利는 다양한 모습을 지닌다. 국가와 시민의 兩面的인 행정법관계에 있어서는 보통 국가가 公益 혹은 公共福利의 대표자로 나타나고 시민은 수동적인 지위에 서게 될 것이다. 그렇지만 국가와 시민의 법관계를 적법하게 형성 유지하는 것도 公益目的에 부합하는 것임을 부인할 수 없다. 多面的인 행정법 관계에 있어서는 여러 이익이 서로 복잡하게 얽히기 때문에 어떤 이익을 우선시하여야 하는가가 문제 된다. 그런데 국가의 公益에 대한 독점권이 사실상 무의미해진 현대사회에 있어서 이

275) C.H. Ule/H.-W. Laubinger, *Verwaltungsverfahrensrecht*, 4. Aufl., 1995, S. 674.

276) *Ibid.*, S. 678.

러한 복잡한 이익관계를 서로 조정하고 갈등을 해결하는 것이야말로 현대 행정의 중요한 과제이자, 公益問題의 전형적인 예라고 볼 수 있다.[277)]

또한 公益은 行政訴訟에서 權利救濟의 必要性 및 要件과 관련하여 중요한 요소가 되지만 여기서는 상세한 언급은 생략하였다.

第11節 小 結

제2차 세계대전 이전에 法的 概念으로서 고찰의 대상이 되었던 公益觀念은 그 이후의 독일공법이론의 변화에 의해 크게 발전되고 변화하게 되었다. 초기의 관념은 그 출발점에 있어서부터 재검토의 대상이 되었지만 그 후의 이론적 반전에 대해 그 방법론과 시각에 있어서 상당한 정도의 관련성을 가지기도 한다. 독일 공익론은 특히 제2차 세계대전 이후 오늘날의 모습으로 발전되어 왔다고 할 수 있다. 이러한 발전은 제2차 세계대전 이후의 독일 공법 및 공법학의 변모와 깊은 관계를 가지고 있다. 즉 제2차 세계대전 이후 독일 공법 및 공법학은 構造的인 轉換을 맞이한다. 전체주의의 폐해를 경험하고 이에 대한 반성의 기초 위에 새로이 민주적 법치국가를 건설하기 위한 정치 · 경제 · 사회 · 문화적 모든 부문에서의 노력은 새로운 법질서의 토대 위에서만 가능한 것이었기 때문이다.

이러한 시대사조를 배경으로 새로운 공익론을 구축한 사람은 뒤리히였다. 뒤리히는 直接民主主義의 관점에서 독특한 자신의 공익론을 전개하였다. 그는 개인을 떠난 공동체 고유의 이익을 부인함으로써 전체주의적인 오용의 위험에 경고하였다. 그리고 공익이란 多數의 利益이며, 다수의 이익은 一般意思에 의해 결정된다고 보았다. 그런데 뒤리히에 따르면 일

---

277) H. Maurer, *a.a.O.*, S. 145, Rdnr. 16ff.

반의사를 결정하는 것은 共同體構成員의 直接表決이라고 하였다. 그러나 의회에 의한 間接民主的 決定도 민주적 정당성을 가지며, 행정은 공익결정과정에 裁量을 부여받고 있다고 하였다. 다만 공익은 객관적으로 명백히 규명될 수 있으므로 行政裁判에 의한 統制를 받아야 한다고 보았다.

볼프는 공익을 진정공익과 사실적 공익으로 구별하고, 이를 각각 일반공익과 특수공익으로 나누었다. 볼프에 의한 공익론의 체계적 정리는 그 뒤 공익론의 전개에 튼튼한 기초를 제공하였다. 그의 이론이 특히 주목받는 것은 眞正한 客觀的 利益의 옹호 때문이다. 이러한 점에서 그의 공익론은 規準的 公益論으로 평가되고 있다.

마르텐스는 代議制民主主義에 기초하여 공익론을 전개함으로써 의회와 행정부 그리고 사법부 사이에 공익판단의 권한이 어떻게 배분되어 수행되는가를 체계적으로 설명하고 있다. 그에 따르면 어떤 목적을 공익의 지위로 격상시키는 것은 의회의 권한이며, 행정은 의회가 위임한 범위 내에서 다양한 이익들을 고려하여 공익의 내용을 결정하여야 한다. 마르텐스의 이론 중 특히 주목받는 것은 바로 行政에 의해 公益이 具體化되는 方法 및 過程에 대한 것이다. 그는 여기에도 일반적인 법학방법론이 그대로 적용된다고 보았다. 그리고 이러한 법률개념의 해석적용은 당연히 사법부에 의한 엄격한 심사를 받는다고 보았다.

하버마스는 公共性의 構造變動論에서 근대의 공익개념을 잘 분석하고 있다. 하버마스는 공공성에 관해서 우선 顯示的 公共性과 市民的 公共性으로 구분하였다. 顯示的 公共性은 군주지배의 성격을 나타내는 것으로 이는 일반인들의 이익을 반영하는 것이 아니라 군주가 자신의 지배를 유지하거나 과시하기 위하여 公益이라는 이름을 내세우는 데 불과한 것이다. 市民的 公共性은 언론의 자유가 보장되고 출판물의 보급이 증대하며 또한 문화활동이 많아지는 등의 공론의 장이 활성화되면서 아래로부터 자유로이 형성되는 것이다. 이는 自由主義的 法治國家의 이념과 잘 조화를 이룬다. 그러나 시민적 공공성은 산업사회가 진전되면서 그 기반을 크게 침식당하게 된다. 시민적 공공성은 소비적인 탈정치화의 경향을 통하여 그 비판적인 기능을 상실한다. 반면에 국가는 사회 내에서 스스로 생활을 책임질 수 없는 계층을 위하여 혹은 사회가 감당할 수 없는 재화의 공급을 위하여 사회에 대하여 개입하고 급부할 책임을 가지게 된다. 이러한 요구에 대응한 체제가 社會的 法治主義라고 볼 수 있다. 한편 증대하는 국가의 개입과 영향력의 증대를 어떻게 통제할 것인지가 문제 된다. 이를 위해서는 전문가 집단에 의한 감시 감독 및 여론이 가지는 비판적 기능의 회복이 중요하다.

이러한 논의를 바탕으로 헤벌레는 독일 공법상의 공익개념이 가지는 법적인 의미를 잘 분석하였다. 그는 君主的 公益概念과 現代的 公益概念을 서로 구분하고 있다. 군주적인 공익개념은 國家權威主義的인 색채를 가지고 있으나 오늘날은 다양한 이익들이 公益이라는 틀 안에 경쟁하고 있기 때문에 군주적 공익개념은 多元主義的인 公益概念으로 바뀌어야 한다고 본다. 헤벌레는 공익을 법과의 긴장관계 속에서 파악한다. 이에 따르면 공익은 법과 전혀 관계없거나 법 이전에 미리 결정되어 있는 것이 아니라 법과 서로 구별되면서도 영향을 미치는 관계에 있다고 본다. 법관은 법률을 해석하는 과정에서 공익을 公共福利法으로 구체화하는 역할을 한다. 이러한 논의를 바탕으로 헤벌레는 독일 현대 입법과 사법에서 公益概念의 현상형태를 분석하고 있다.

헤벌레 이후 뜸하던 공익에 대한 일반론적인 연구는 최근에 위르프만에 의해 계승되었다. 위르프만은 제2차 세계대전 이후 독일 공법학의 연구성과를 정리하여, 실정법 속에서 공익개념의 구체화를 위한 법도그마틱의 형성을 시도하였다. 그의 이론은 기본적으로 權能理論의 관점에서 공익론을 전개하였다는 점에 특성이 있다. 즉 공익이라는 법개념은 아주 일반적인 관념만을 지시하기 때문에 공익 그 자체에 대한 개념적 분석보다도 개개의 법규정을 고려하여 결정주체에게 어떠한 임무가 부여되어 있으며, 당해 결정주체의 결정이 다른 결정주체에 의해 어느 정도 영향을 받는가를 명확히 하는 게 더욱 중요하다는 것이다. 따라서 그의 이론은 실체적 내용에 대한 분석이 아니라 形式的, 組織法的 측면에서 전개되고 있다.

이제까지 고찰한 독일의 公益槪念에 대한 논의를 정리하면 다음과 같다. 독일의 공익개념은 크게, 군주적 절대주의적 공익, 시민적 법치주의적 공익, 그리고 사회국가적 공익의 세 단계를 거쳐서 발전하여 왔다. 君主的 絶對主義的 公益은 顯示的 公益으로 규정지울 수 있다. 이는 장엄한 외관과 형식주의를 특징으로 하는 것으로서 眞正公益과는 거리가 있는 것이다. 市民的 法治主義的 公益은 사회 내 다양한 시민의 목소리를 반영하는 眞正한 의미의 公益을 그 이념으로 한다. 그런데 시민적 법치주의적 공익의 특징은 소극적 · 부정적인 데 있다. 이 같은 특성은 종래 군주적 절대주의적 공익개념에 대한 항의적 경향을 보여 주는 것이었지만 그로 인해 공익개념의 법적인 성격에 대한 적극적 규명은 깊이 이루어지지 못하였다.

한편 社會國家的 公益은 위기와 진전을 동시에 보여 주고 있는 상태에 있다. 위기라고 하는 것은 종래의 시민사회가 제 기능을 다하지 못하고 소수의 자본가나 권력에 의하여 지배당하는 상황을 의미한다. 한편 진전이라고 볼 수 있는 것은 公益의 실체적인 면만이 아니라 절차적인 면까지도 철저히 민주적으로 운영되는 것을 의미한다. 이 시기에는 절차법의 제정 및 운용이 중심적인 논의의 대상이 되었다. 節次的 公益觀은 다시 두 가지의 의미를 가진다. 첫째, 공익형성의 절차적인 면을 준수하고 행정의 집행을 공개적이고 민주적으로 하는 것 자체가 公共福利에 크게 이바지하는 측면이 있다. 둘째, 절차를 통하여 관계 되는 각종의 이익을 서로 調整하고 衡量하는 것이 큰 의미를 가진다. 다원주의 사회에서는 여러 이익이 서로 얽히므로 여러 종류의 이익들 가운데 어느 이익을 우선시킬 것인가 라는 문제가 쟁점이 될 수 있다. 이 과정에서 상반되는 이해관계를 조정 · 형량하는 절차를 마련하고 이 절차에 따라서 이익을 서로 조정하는 통로를 마련하는 것이 중요하다.[278)]

---

278) E. Schmidt-Aßmann: “Zur Reform des Allgemeinen Verwaltungsrechts —

현대 독일 공법이론에서 공익개념이 가지는 특성을 요약하면 다음과 같다. 우선 公益이나 公共福利는 법 외적인 개념이 아니라 '法的' 인 내용을 가지는 것이다. 따라서 법에서 공익개념이 사용되었을 때 법해석자는 이를 단지 주의적인 혹은 훈시적인 것으로 보아서는 안 될 것이고 내용에 대하여 끝까지 규명하고 具體化할 義務를 지게 된다. 그런데 公益의 內容은 안전이나 환경, 인권과 같이 특정의 구체적인 요소를 가지고 있는 경우도 있으나 사전에 확정되어 있지 않고 節次的 過程을 통하여 具體化되어 가는 경우가 오히려 더 많다. 이것이 공익개념이 가지는 특징 가운데 하나이다. 즉 입법이 미리 공익 혹은 공공복리가 무엇인지를 확정하지 아니하고 구체적인 경우에 무엇이 가장 필요한 이익인가를 행정이나 사법이 결정할 수 있도록 하는 여지를 '公益' 이라고 하는 신축적인 개념을 통하여 제시할 수 있다. 이 부분이 공익개념이 裁量과 밀접한 관련을 가지는 것과도 연결된다. 이 경우에 무엇이 公益인가는 選擇의 餘地 혹은 判斷의 餘地가 주어져 있는 것처럼 보일 수도 있다. 그러나 이 때 행정절차가 규정되어 있는 경우에는 節次規定의 遵守를 통하여 공익의 결정에 한 걸음 접근하게 된다.

또한 오늘날 과학기술의 발전에 따라 공익판단에 있어서의 사실적 所與의 이해가 행정청만의 능력으로 완전히 이루어질 수 없는 경우가 있으므로 공익판단에 있어서 전문가의 협조와 참여에 대한 요구가 늘어나고 있다. 이런 과정을 절차법적으로 해결하려고 하는 것이 현대 독일법의 추세이다.

Reformbedarf und Reformansätze", in: Wolfgang Hoffmann-Riem/Eberhard Schmidt-Aßmann/Gunnar Folke Schuppert(Hrsg.), *Reform des Allgemeinen Verwaltungsrechts*, S. 37ff.

第4章 行政法의 토포스(topos)로서의 公益: 우리 나라의 問題狀況과 性格究明

第1節 序 說

오늘날 '公益' 개념이 행정법에 있어서 가장 근본적인 개념 중의 하나라는 점에 대해서는 조금도 의문이 제기되고 있지 않지만, 이미 언급한 것처럼, 우리 나라에서는 정작 行政作用의 正當化 根據로서 또한 行政作用의 限界로서의 公益槪念의 意味와 機能을 밝혀 주는 연구는 그다지 활발하지 않았다고 평가된다. 그러나 오늘날의 우리 사회에서 진행되고 있는 다각적인 변화양태는 행정활동의 근거나 행정활동의 한계로서의 공익관념에 대한 이해방식에도 상당한 변화를 초래하고 있으며, 이 때문에 과거에는 하나의 당연한 전제로서 별다른 의문제기 없이 통용되던 공익개념에 대한 새로운 이해의 요구가 점증하고 있다. 어쩌면 실제로는 이미 이 개념에 대한 이해방식은 변화되었으나 법과 법학의 차원에서 이 개념을 현실에 맞게 체계화 · 개념화시키지 못하고 있다고 보는 것이 오히려 정확한 지적일지도 모르겠다.

그러므로 오늘날의 상황은 公益槪念에 대한 法學的 理解가 그 어느 시대 보다 강하게 요구되고 있다고 생각된다. 과거에도 우리 행정법학계에서 공익관념에 대한 논구가 있어 왔지만[1] 오늘의 상황은 바로 우

1) *Supra*. 제1장 주 3에 인용된 문헌 참조.

리 사회가 직면한 당면과제로서 '公益'에 대한 法學的 理解가 요청된다는 점에서 특별한 의의를 갖는다고 본다. 이러한 상황을 오늘날의 우리 공법 현상과 결부시켜 살펴볼 때 무엇보다도 오늘의 시점에서 행정법상의 공익판단이 가지는 問題狀況과 그러한 공익판단이라는 것이 어떠한 意義와 性格을 가지는 것인가를 검토해 보는 것이 변화하는 공법질서의 바른 이해를 위해 매우 필요하다고 생각한다.

사실 '公益'이란 쉽사리 정의할 수 없는 근본적인 價値概念이기 때문에 論者의 가치관과 세계관 및 국가관 등에 의하여 달리 파악될 수 있는 것이다.[2] 그러나 흔히 여타의 법적 문제가 그러하듯이 공익의 법적 문제를 검토함에 있어서 하나의 準據가 될 수 있는 것은 법적 판단에 있어서 공익개념이 관련되어 있는 問題狀況이라고 본다.[3] 공익개념을 概念的 思考에서부터 접근하게 되면 그 實踐的 意味를 추출하는 것이 용이하지 않을 것이지만 問題的 思考에서부터 공익개념을 이해하게 되면 공익개념이 가지는 실천적 차원에서의 법적 함의를 논구하는 데 있어 도움이 될 것으로 생각된다.

따라서 이 장에서는 '公益判斷' 또는 '法的 判斷에 있어서의 公益'이 우리 사회에서 가지는 實踐的 意味가 무엇인가 하는 것을 분석해 보기로 한다. 이러한 논의는, 법적 의미 관련에서의 '공익판단'이 가져야 할 方向性을 찾고, 현실의 '공익판단'이 어떠한 상태에 있는가를 분석할 수 있는 指針을 발견 또는 형성하기 위한 것이다. 오늘날의 우리 입법 또는 판례에 있어서의 '公益' 개념은 일반사회과학의 관점에서도 대단히 비과학적 맥락에서 사용되고 있을 뿐 아니라 법학의 관점에서도 관련 쟁점에 대한 거론조차 잘 이루어지지 않는 상태에서 '公益' 개념은 오히려 바른 法的 判斷의 障碍物로 기능하는 경우도 없지 않다. 이

---

2) Anthony Downs, “The Public Interest: Its Meaning in a Democracy”, *Social Research*, vol. 29(1962), pp. 1-2 참조.

3) Häberle, *Öffentliches Interesse als juristisches Problem, a.a.O.*, Einleitung 참조.

장은 이러한 척박한 입법, 판례 및 학설 상황[4)]에서 '公益'을 새로운 法的 概念으로 再構成하기 위한 문제제기를 목적으로 하고 있다.

이 장에서 논의하는 바는 대체로 다음의 두 가지 내용을 포함하고 있다.

첫째, 한국사회에 있어서 공익판단이 직면하고 있는 問題狀況의 分析이다. 개념적으로 '공익'에 대한 이해는 논자에 따라서 千差萬別일 수 있는 문제이지만 하나의 사회적 의미연관을 가진 공익개념은 그 사회에서의 문제상황과 관련하여 일정한 형태를 가진 社會的 概念으로서 기능한다. 법학은 사회상황을 벗어난 순수개념을 탐구하는 것이 아니라 사회현상을 법적 관점에서 논의하는 것인 만큼 공익개념에 대한 이해 역시 이러한 社會的 意味聯關하에서 이루어져야 할 것이다.

둘째, 공익판단의 性格究明에 관련된 논의이다. 공익개념을 사회적 의미연관에 따라 파악한다고 하더라도 공익판단이 法秩序에서 어떠한 意味를 가지는 것인가 라는 것은 또 하나의 별개의 문제이다. '한국사회에 있어서 공익판단이 직면하고 있는 문제상황'에 대한 분석이 다분히 역사학, 사회학, 정치학 등의 일반 사회과학의 관점을 기본적으로 요구하는 사안인 반면 '공익판단의 법적 의미'에 관한 논의는 '公益判斷의 社會的 意味'를 법학의 문제의식과 결부시켜 이를 法問題로 吸收시키는 차원의 논의이다. 요컨대 오늘날의 우리 공법학이 안고 있는 문제의식이 공익판단의 맥락에서 어떻게 투영되어야 할 것인가 라는 문제인 것이다.

이상의 두 가지 논의방향은, 일응 상이한 것처럼 보이지만, 경우에 따라서는 양 관점은 분리하여 논하기 어려울 정도로 긴밀하게 하나의 쟁점에 연결되어 있는 경우도 많다.

---

4) 우리 나라 행정법 理論과 判例에 있어서의 公益觀念은 행정법 해석에 있어서 마치 블랙박스처럼 규명되지 않은 채 사용되어 왔다. 徐元宇, 前揭, 「行政法에 있어서의 公益概念」, 116면.

第2節 公益觀의 變化

독일 공법 이론에 있어서 '公益'이 行政活動의 正當化 根據임과 동시에 그의 限界로서 인식되고 있지만[5] 이와 같은 抽象的인 概念指標만으로는 공익개념의 실천적인 의미는 파악되지 않는다. 공익개념의 實踐的意味는 오히려 공익개념의 社會的 理解方式에 의하여 구체적인 모습을 드러내는 것이라 사료된다. 또한 이러한 '공익'에 대한 사회적 이해방식은 국가와 사회의 제반 상황의 변천에 의하여 달라지기도 하는 것이다. 오늘날의 입법과 판례가 공익개념을 非科學的으로 다루거나 거의 法的 論證의 대상으로 삼지 않고 있지만 이와 같은 사실은 그 자체가 그간의 國家的 · 社會的 狀況의 반영인 것이다. 그러나 국가와 사회의 양상은 지난 수십년 간 급격하게 달라졌고, 이에 따라 국민들의 公益觀도 달라지고 있다. 특히 1980년대부터 진행되어 온 일련의 사회변동 현상은 公益에 대한 새로운 理解方式의 形成과 擴散을 加速化시키고 있다.

우리의 傳統的인 公益觀은 동양적인 公私論辯의 틀 안에서 형성되었다. 이 과정에서 중국과 일본의 공사논변이 중요한 영향을 미쳤다고 생각된다. 이미 대한민국 건국 이전에 사회의 지배적 에토스(Ethos)에 각인된 우리의 전통적인 公私 관념의 원형은 건국 이후의 급박한 국가적 상황하에서 극도로 공동체중심적 · 국가중심적인 관념으로 경직화되었다. 그리하여 1960–1970년대까지도 公益은 國家利益과 거의 同一視되면서 다른 모든 사익보다 우월한 것으로 관념되었지만[6] 1980년대 이후

---

5) Wolff/Bachof/Stober, *a.a.O.*, S. 339.

6) 이러한 의미의 공익은 오토 마이어 이래의 행정법학에 있어서의 傳統的 公益觀과 일맥상통하는 것이다. 徐元宇, 前揭論文, 120면. 오토 마이어는 개인적 이익과는 이질적인, 그것을 초월한 고차원의 先驗的 利益을 국가이익 내지 공익으로 설정함으로써 공익과 사익의 二元的 對立을 전제함과 동시에 공익의 사익에 대한 絶對的 優越性을 논하고 있다.

계속되고 있는 민주화, 지방화, 국제화, 정보화에 따른 社會變動은 공익개념에 대한 새로운 이해방식의 확산을 가속화시켜 왔다. 그리하여 요컨대 건국 이후 1960-1970년대까지 한국사회에 있어서의 공익관념은 行政活動의 目標이자 그의 正當化根據로서, 그리고 어떤 의미에서는 입법, 행정, 사법 등 국가영역 전반에 걸친 國家活動의 根據로서 기능하면서 법개념으로서의 의미보다는 법판단 자체를 근거지어 주는 政治的 이데올로기로서의 의미를 강하게 가지고 있었다. 그러나 1980년대 이후 오늘에 이르기까지는 이러한 기존의 공익관념이 부정되어 가면서 새로운 공익에 대한 이해방식이 다양한 형태로 형성되어 가고 있는 과정에 있다고 할 수 있다.

이하에서는 대한민국 건국 이전의 우리 公益觀의 原型(prototype)에서부터 오늘날까지의 공익관의 주요 변화에 대해 살펴봄으로써 우리 사회의 공익에 대한 이해방식과 그 문제상황을 파악해 보기로 한다.

1. 대한민국 建國 以前의 傳統的 公益觀의 形成

우리 나라의 전통적인 공익관념은 중국 및 일본의 公과 私 槪念과 밀접한 관련을 맺으면서 형성되었다. 중국의 공 · 사 개념과 우리 나라 및 일본의 공 · 사 개념은 서양에서의 公 · 私 槪念과는 사뭇 다르다.

동양에서의 공 · 사 개념을 사전적 의미에서 검토해 보면, 일찍이 韓非子는 公을 八과 厶의 합자로 보아, 八은 背를 의미하고, 厶는 私를 의미하는 것이라 하였다(背私爲公).[7] 이에 따르면 公은 私와 반대되는 것, 私를 돌보지 않는 것이라는 의미를 가진다. 또한 私는 禾(여물지 않은 곡식)를 의미하기도 하지만 여기서는 公과 반대되는 뜻을 가진다(反公爲私). 이와 같은 사전적 의미의 公이란 지극히 형식적인 개념에 불과하다. 즉 公은 私 또는 私利를 돌아보지 않는 것이라는 의미이다. 그

---

7) 『辭海』 合訂本, 中華書局, 1974, 151면 참조.

러나 여기에서의 私는 원래는 도덕적으로 부정적인 평가를 받는 것이기 때문에 동양에서의 公概念의 원형이 가지는 이러한 形式性은 공개념의 正當性과 道德性에 관계된다. 다만 동양에서의 공개념은 어떠한 역사적 발전과정에서 특수한 현실적 의의를 가지고 논의된 것이 아니라 하나의 일반적 · 보편적 덕목이나 가치로 논의되었기 때문에 실천적 · 제도적 · 법적 성격이 약하였다는 것이 특징이다.

이하에서는 우리 나라의 공익관 형성에 중요한 영향을 미친 중국과 일본의 公 · 私 개념을 검토하고 우리의 公 · 私 개념의 형성에 결정적인 영향을 미친 한국 주자학에서의 公 · 私 개념을 살펴봄으로써 우리의 공익개념의 원형(prototype)을 모색해 보기로 한다.

1) 中國의 公 · 私 槪念

중국의 公이 가지는 의미는 다음의 세 개의 군으로 나눌 수 있다. 첫째, 公은 首長的인 다스림의 의미를 가지는 것으로, 公家 · 公門 · 朝廷 · 官府를 의미한다. 이것은 결국 오늘날의 용어로는 공동체적인 가치를 의미하는 것이라 할 수 있다. 둘째, 共同, 多衆的이며 社會的인 의미로서의 公이 있다. 이러한 의미에서의 公은 사회적인 공동성에 기반을 둔 것으로 수장을 전제로 하는 공개념과는 다르지만 여전히 사회일반이라는 의미에서의 공동체를 전제로 하는 것이라고 할 수 있다. 마지막으로는 公은 平均 혹은 反利己라는 뜻을 가지기도 한다. 이에 반대되는 개념으로서의 私는 偏私 및 利己를 의미하는 것이다.[8] 私는 간사한 것이기 때문에 도덕적으로 배척되어야 한다는 의미가 여기에 반영되어 있다. 즉 중국의 公은 天下 혹은 自然이라는 개념과 연결되는 것으로 그 자체가 정당함, 바름이라는 뜻을 가지고 있는 데 비하여 私는 개인적인 욕심을 뜻한다는 것이다.[9] 이러한 관점에서, 중국의 公私 개념은, ①

8) 溝口雄三, 『公私』, 三省堂, 1996, 57면.

서로 상반관계에 있으며, ② 그 상반관계는 善, 惡, 正 및 不正의 倫理的인 판단과 이어지고, ③ 그 윤리적인 판단은 균일성 및 보편성을 가진다고 볼 수 있다.[10)]

2) 日本의 公私槪念 및 公益論

일본의 公 개념 또한 중국과 마찬가지로 首長 혹은 共同體를 기초로 한다. 그런데 일본의 公이라는 개념은 일본 특유의 역사적 발전과정을 거치면서 중국 公 개념이 가지는 윤리성이 소거되어 天理 혹은 公平의 개념보다는 천황을 중심으로 하는 首長 중심으로 기운 것이 특징적이다. 그리고 私 역시 개인의 欲心 혹은 奸邪라는 의미와는 절연된 채로 타 영역과 구별되는 자기의 영역을 나타내는 의미로 사용되었다. 이처럼 공의 개념이 가지는 윤리성이 소거되자 일본의 공 · 사 개념은 상대적인 것이 되었다. 즉 자기가 속해 있는 집단 안에서는 公的인 것도 집단 전체가 다른 집단과 대립하는 구조가 되면 자기의 집단 전체가 私的인 것으로 전화된다.[11)] 이처럼 倫理性과 절연된 공개념이 근대 일본의 상황과 결부되면서 일본 국민을 반성 없이 식민지배 및 제2차 세계대전으로 몰아가게 된 것이라고도 할 수 있다.

다만 현대 일본에서의 공 · 사 담론은 이러한 일본적 전통과 반드시 일치되지 않고 다분히 현대 서구화된 일본의 문제상황을 반영하고 있다.[12)] 특히 1970년대 이후 촉발된 일본 行政法에서의 公益論 논의는 다

---

9) 溝口雄三, 「中國思想史における公と私」, 佐佐木毅/金泰昌, 『公共哲學 1』, 東京大學出版會, 2002, p. 35 이하 참조.

10) 溝口雄三, 「中國における公 · 私槪念の展開」, 同人, 『中國の公と私』, 硏文選書, 1995, 7면.

11) 溝口雄三, 『公私』, 1996, 65면.

12) 일본에서의 公私 개념에 대하여는, 佐佐木毅/金泰昌, 『公共哲學 3』, 『日本における公と私』, 東京大學出版會, 2002 참조.

음과 같은 몇 가지 현실적 · 이론적 상황과 관련하여 발전되었다.

첫째, 市民運動의 등장을 들 수 있다. 시민들이 환경보호, 원자력발전소 건설, 청소년보호, 소비자보호 등의 각종 사회적 이슈에 대해 적극적으로 참여하기 시작하면서 公益이 주요 쟁점이 되었다. 둘째, 民間化의 문제이다. 공행정의 활동영역이 넓어지면서 한편으로는 종래 공행정의 형식으로 전개되어 온 행정작용영역이 사적인 부분 혹은 형식으로 전화하게 되었는데, 이 때 그 移讓의 정도나 한계를 둘러싸고 공행정의 본질에 대한 논의가 활발해졌다. 셋째, 공익론의 전개와 관련된 것이다. 종래의 공익과 사익의 단순한 2분론만으로는 사회 내 다양한 이익의 자리매김 혹은 서열화를 할 수 없는 경우가 생기게 되었으며, 공익의 다양성에 대한 인식과 함께 공익들의 상호조정문제를 해결할 필요가 생겨났다. 넷째, 法律留保論과 연관이 된다. 즉 종래의 침해유보론이 본질성론 혹은 의회유보론으로 발전하면서 그 본질적인 부분이 무엇인가, 의회에 의한 입법적인 가치서열화를 할 때 존중되어야 하는 요소는 무엇인가 라는 점이 공익론의 연장선상에서 논의되기에 이르렀다.[13)]

3) 우리 나라의 傳統的인 公 · 私 槪念

우리 나라의 전통적인 公 · 私 槪念이 중국의 고전에 대한 이해와 결부되어 있을 것이라는 사실은 쉽게 추론될 수 있다. 학문적으로 우리 특유의 공사변론이 가능했던 시점은 주자학에 대한 독자적인 이해가 이루어졌던 조선 중기 이후라고 사료된다. 주자학자인 退溪 李滉은 公은 官家에서 하는 일에 속하며 私는 民間에 관한 일이라는 점에서 서로 구별되고 그 자체로서 善惡이 구별되는 것은 아니라고 보았다.[14)] 그러나

---

13) 宮崎良夫, 「行政法における公益」, 日本公法學會, 『公法研究』 제54호, 1992, 144면 이하.

14) 李滉, 『退溪集』, 권25 19ㄱㄴ.

私는 개인의 形氣에서 발로하는 것으로 부정적인 방향으로 흐를 수 있는 가능성이 충분히 있다고 본다.[15] 한편 우리 나라의 역사상 公과 私의 용례에 대하여 살펴보면 公法은 국가에서 제정한 법을 의미하였고 이에 대치되는 私情은 사사로운 恩惠 혹은 情誼라는 의미로 사용되었다.[16] 그런데 公法과 私情은 반드시 엄격히 구별되는 것이 아니라 서로 형량되고 독자성을 인정받는 상대적인 요소이다. 이러한 점은 조선시대의 祭祀承繼나 財産相續에 관한 질서를 정함에 대한 문헌에서 잘 나타나고 있다.[17] 더욱이 조선시대 공과 사의 상대적인 성격은 復讐義理에 관한 논쟁에서도 드러난다. 이에 의하면 인륜의 중요성과 암묵적인 춘추대의에 의하여 사적인 복수의리가 理念의 公으로 전화될 수 있는 것이다.[18] 한편 18세기 초의 주자학자인 海錦 吳達雲은 公은 人의 道이고 私는 利益의 근원이라 하여 양자를 구별하면서도 경우에 따라서 公과 私는 서로 바뀔 수 있는 것으로 보았다. 그의 논의를 살펴보면 公은 국가의 사무에서 출발하고, 私는 개인의 일에서 출발하는데, 私가 公으로 된다 함은 그것이 보다 큰 이익 혹은 질서에 합치하는 것을 말하고, 公이 私가 된다고 함은 국가나 법질서를 집행하는 것 같지만 결국은 자신의 조그만 利益을 도모하는 결과가 되는 경우를 가리킨다. 따라서 사람이 자신의 이익에 대한 집착을 버리고 보다 큰 이익 혹은 질서에 순응하기 위해서는 工夫 혹은 修養이 필요한 것으로 본다.[19), 20)]

---

15) 李滉, 前揭書, 권7 3ㄱㄴ.

16) 朴秉濠, 法制史硏究에서의 公과 私, 한국법연구센터 개원기념 학술대회기조연설, 법학21 연구단 소식, 2001, 26면.

17) 鄭肯植, 「朝鮮前期 相續에서의 公私論辯」, 『仁齋林正平敎授華甲紀念 新世紀의 民事法課題』, 2001, 547면 이하.

18) 이원택, 「현종조의 복수의리 논쟁과 공사 관념」, 『韓國法史에서 公私論辯의 展開』, 서울대학교 법학21 연구단 한국법연구센터, 2001, 43면 이하.

19) 吳達雲, 『海錦集』, 권3 公私解 54ㄱ.

20) 조남호, 「조선 주자학에서 공과 사의 문제」, 『韓國法史에서 公私論辯의 展

이처럼 우리 나라의 공 · 사 개념은 일본의 공 · 사 개념과 같이 相對的인 개념으로 인식되었다. 어쩌면 일본의 공 · 사 개념의 상대성은 퇴계 등 조선시대 유학자들의 영향을 크게 받은 일본 주자학의 영향이었을 가능성도 있다고 본다. 그러나 우리의 공 · 사 개념이 상대적인 경향으로 흘렀다고 하더라도 倫理的 판단이 완전히 배제되지는 않았다. 퇴계 선생이 私는 부정적인 방향으로 흐를 수 있음을 지적한 점에 비추어 보아도 상대적 공 · 사 개념에 불구하고 私에 대한 윤리적 경계심이 엄존하였다는 점을 알 수 있다. 더 나아가 오달운의 공 · 사 개념은 사를 공으로 승화 · 발전시키는 것이 중요함을 지적하고 있으므로 공이 윤리적으로 더 발전된 단계요, 수양을 통해 도달할 수 있는 단계라는 인식이 있었음을 확인할 수 있다.

4) 대한민국 建國 以前의 傳統的인 公益觀

대한민국 건국 이전의 우리 공익관의 prototype은 이상의 공 · 사 논변의 궤적 위에 소박한 모습의 것으로 남아 있었다. 그러나 공익은 아직 법적 논증의 대상이 되지는 못하였고, 다분히 抽象的이고 規準的인 모습으로 남아 있었다. 공익은 일본 제국주의시대하에서 국가목적과 등치되는 것이었고, 일본 제국주의자에 의해 결정되고 강요되는 공익은 반드시 우리 민족에게 바람직하지는 않았기 때문에 사람들은 공익표방에 대한 다소간의 거부감마저 가지고 있었다.

2. 建國 以後 1960-1970年代까지의 公益觀

건국 이후의 공익에 대한 이해는 건국 이전과 마찬가지로 다분히 추

開』, 서울대학교 법학21 연구단 한국법연구센터, 1면 이하; 한국법사학회, 『법사학연구』, 제23호, 2001, 32면 이하.

상적 · 규준적 공익관의 모습을 가지는 것이었다. 해방 직후의 혼란기를 거쳐 6 · 25 전쟁을 겪으면서 우리 사회의 공익관은 다분히 국가 주도의 성격이 강화되어 갔고, 5 · 16 군사혁명을 거치면서 더욱 권위주의적인 성격을 띠게 되었다. 요컨대, 1960-1970년대까지의 우리 사회의 공익관념에 대한 이해방식은 國家目的 中心의 規準的 意味의 公益觀에 근거하여 왔다고 사료된다. 규준적 의미의 공익관이란 실체적 공익관념의 존재를 전제하고 그러한 實體的 公益觀念의 明確化 · 純粹化를 중요과제로 삼는 공익관을 말한다.[21] 이러한 공익관하에서 이 당시의 '공익'이란 하나의 抽象的 槪念으로 존재하는 것으로도 충분하였다. 그리고 '공익'의 구체적인 의미내용에 대해서는 토론할 여지도 여유도 없었다. 産業化가 시작되기는 했지만 아직 사회구조는 단순하였고, 國家的 決定이 전 사회영역을 지배할 수 있었을 뿐 아니라 또한 사회의 각 영역은 국가의 지도와 지원을 받지 않으면 지탱해 나가기 어려운 상황에 있었다. 그리하여 이 때의 公益은 실질적으로 國家利益과 구별되기 어려웠던 것이다. 그리고 이 때의 국가이익은 '國家安保'와 '經濟成長'이 그 핵심을 이루는 것으로 관념되었다. 또한 이 시기의 정치과정은 대통령에 의해 정치적 결정이 전단되는 경향 아래 있었기 때문에 공익판단은 주로 行政過程을 통하여 이루어졌고, 窮極的인 公益의 判斷者는 大統領 한 사람이었다고 해도 과언이 아니었다. 따라서 공익판단과 관련되는 정치적 역학관계는 실질적으로 학문적 논의의 대상이 될 단서를 제공하지 못하였고, 일부 재야인사들이 반정부투쟁의 와중에서 제기한 문제들을 제외하고는 가치관과 국가관 등의 차이에 근거한 공익에 대한 理解方式

---

21) 볼프 · 바호프 · 슈토버에 의하면, 이러한 規準的 公益(maßgebende öffentliche Interessen)은 실정법 규정 안에서 발견할 수 있다고 한다. Wolff/Bachof/Stober, *a.a.O.*, S. 344. 이러한 공익관은 다분히 槪念實在論的 경향을 가진다는 점에서 중요한 의미를 가진다. 이에 비해 후술하는 潛在的 公益觀은 唯名論的 입장과 일맥상통한다.

의 相異性으로 인한 논란이 현실적으로 문제 된 적도 거의 없었다. 이런 상황에서 공익개념은 당연히 國家優越的 이데올로기의 유용한 표현방식이었고, 국가발전과 국가안보를 위한 無定型的인 私權制限의 根據로서 기능하였던 것이다. 그리고 때로는 '공익'이라는 명분하에 정권유지를 위한 방책들이 정당화되기도 하였고 때로는 行政便宜主義가 '공익'의 이름으로 행세하였다는 점도 부인하기 어려울 것이다.

이 시기에 法的 領域에 있어서 '公益'은 國家利益 내지 國家 이데올로기를 관철시키는 道具槪念으로 기능하였을 뿐이지 그것이 '行政活動'의 制限의 根據로서 작용하지는 못하였던 것으로 사료된다. 또한 이 시기의 법적 판단에 있어서의 공익판단이 과연 共同體 全體의 입장에서 객관적으로 이루어진 것이었는지 아니면 정권유지를 위한 방책과 行政便宜主義에 의해 오염된 것이었는지 의심스러운 측면도 많은 것이 사실이다.

3. 1980年代 以後의 公益觀의 動搖와 向後의 課題

그러나 1960-1970년대까지의 이와 같은 경향은 1980년대에 와서 경제성장에 따른 社會의 分化·發展이 이루어지고, 이에 따라 하나의 국가적 문제에 대해 서로 다른 이해방식을 가질 수밖에 없는 小集團的 正體性(identity)의 인식이 확산되면서 변화되기 시작했다. 이것은 계층과 직업, 사회적 역할과 기능에 따른 社會分化에 기인한 현상이지만 이러한 현상을 통해 사회는 이미 하나의 目標, 하나의 理想을 향하여서만 전진할 수 있는 단순한 단계를 벗어나고 있었던 것이다. 더구나 1980년대 후반에 결정적으로 이루어진 民主化의 進展은 이러한 다양화된 사회를 향한 사회적 욕구가 폭발적으로 분출하게 하는 중요한 계기를 이루었다. 이리하여 1980년대 후반 이후 우리 사회에서는 '集團利己主義論'의 등장 등 사회의 統合性의 瓦解를 우려하는 목소리가 커져 가게 되었다. 그러나 1980년대 이후의 일련의 변화를 마냥 부정적인 것으로 치부해 버릴 수는 없다. 그것은 사회구조의 변화를 반영하고 있는 것으로서 多

樣한 價値, 相異한 世界觀을 포용하는 새로운 社會秩序의 形成을 향한 출발일 수도 있기 때문이다.

한편 정보화 · 국제화 · 지방화라는 새로운 사회변동의 지표들은 이러한 사회적 분화와 가치의 다양화라는 신조류를 크게 조장하는 요인이 되었고, 오늘날의 분화된 사회로의 지향성을 돌이킬 수 없는 경향으로 굳혀 나가고 있다.

그런데 위와 같은 사회변동은 필연적으로 지금까지 당연시되었던 국가적 · 사회적 가치관에 대한 회의와 논쟁을 불러 올 수밖에 없는 것이다. 따라서 '公益' 觀念도 더 이상 추상적 이해의 수준에서 하나의 전제로서 받아들일 수 있는 사항이 아닌 것으로 되었다. 다양한 입장, 복잡한 이해관계는 무엇이 공익인가에 대한 시각차이를 크게 벌려 놓았고, 이제 '公益'의 의미내용은 合理的 解明이 필요한 것이 되었으며 무엇이 공익인가에 대한 판단과정에 있어서도 民主主義的 原理의 도입이 요청되는 시점에 이른 것이다. 즉 종래의 일종의 규준적 의미의 공익관이 전통적인 형태로는 존속할 수 없는 상황, 요컨대 公益을 先驗的으로 주어진 것으로 또는 規準的인 의미로 존재하는 것으로 전제하는[22] 것이 아니라 사회 제이익의 比較衡量 가운데에서 公的인 것으로 승인된 이익으로 이해하는 潛在的 公益觀[23), 24)]이 자연스럽게 영향력을 확대할 수

---

22) 規準的 公益觀은 행정학에서의 實體的 公益觀, 즉 公益實體論과 유사한 점이 많다. 공익실체론은 개인을 뛰어넘는 공동체의 실체의 존재(공동체실체론)와 사익의 합계 이상의 의미를 가지는 공익개념의 실체적 존재를 믿는다. 공익실체론자들 중에는 '진정공익'의 존재를 전제하는 자연법적 공익론자들이 많다. 예컨대 Gendon Schubert, *The Public Interest*, 1960, 79ff.

23) Walter Schmidt, "Bürgerinitiativen-politische Willensbildung-Staatsgewalt", *JZ* (1978), S. 295; ______, "Organisierte Einwirkungen auf die Verwaltung — Zur Lage der zweiten Gewalt", *VVDStRL* 33(1975), S. 195.

24) 潛在的 公益觀은 행정학에서의 過程論的 公益觀, 즉 공익결정이란 사회 제이익의 이해조정 또는 정책결정의 과정에서 결정된다고 하는 이론과 일맥

밖에 없는 상황이 된 것이다.

사실 우리 사회에서는 더 이상 一義的인 국가적 가치관이 지배할 수 없을 정도로 국가와 사회의 분리현상이 도처에 나타나고 있다. 이제 우리 社會의 分化는 국가적 지배구조가 모든 사회영역을 전단할 수 있는 단계를 지나고 있으며 각 社會領域의 自律性이 존중되지 않으면 안 되는 시기에 직면하고 있다. 이것은 國家利益과 公益의 分化를 의미하는 것임과 동시에 국가이익의 인식에 있어서도 토론과 논쟁, 설득과 비판이 허용되는 새로운 상황의 등장을 뜻하는 것이라 할 것이다. 그리고 위의 일련의 변화는 또한 국가활동의 정당성에 대한 문제제기와 감시의 필요성을 증폭시키고 있기 때문에 '公益'은 더 이상 私權制限의 원리로서만 기능할 수 없고 行政活動의 正當性 판단의 尺度로서 다시 말하면 私權保護의 근거로서도 기능할 수 있는 시점에 다다른 것이다.

이러한 公益觀의 變化는 공익을 하나의 法的 槪念으로 새롭게 위치지우는 중요한 사회적 동기가 되고 있다. 우선 공익개념의 법적 기능이 달라지게 되었고 '공익' 판단이 단순하지 않은 사회의식을 반영하기 위해서는 구체적인 논증과정을 요구받는 시점이 되고 있는 것이다. 이제 공익은 認識되어지기보다는 決定되어지는 측면이 강하게 부각되는 '열린 槪念'으로 등장하게 되므로 公益判斷은 하나의 공유되는 가치의 인식으로서보다는 法的 正義와 公平에 입각하여 決定되어져야 하는 法的·政治的 判斷事案으로서 등장하게 되는 것이다. 특히 재벌과 매스컴, 때로는 행정당국 자신에 의해 시도되는 공익판단에 대한 사회적 영향력 행사는, 社會的 弱者와 小數者 등 법질서에 의해 보호받아야 할 계층의 공익판단에 있어서의 소외를 방지할 법메커니즘의 역할을 강하게 요청하는 원인을 제공하고 있다.

상통하는 점이 있다. 과정론적 공익관은 현대 이익집단론자들이 주장하는 공익관이라고 한다. 鄭正佶, 『행정학의 새로운 이해』, 2001, 310면 이하 참조.

그러나 이상과 같은 변화와 변화의 계기는 아직은 충분히 성숙되고 있지 않다고 보여진다. 아직까지도 각종 法規에 나타나는 公益概念도 전통적인 '公益' 관념에 입각한 것이 다수라고 할 수 있으며 전통적인 공익관념이 아직도 과거와 같은 기능을 하는 경우가 非一非再하다. 누군가 해명하지 않아도 사회일반의 공익관념은 변화하고 있다고 보지만 法의 領域에서 이러한 변화가 충분히 수용되어 새로운 질서를 적절하게 형성할 수 있기 위해서는 학문적 차원에서 또한 실천적 차원에서의 조망과 성찰이 필요하다고 본다. 법의 영역에서 이러한 변화를 수용해 내지 못한다면 지금까지 그래 왔던 것처럼 제반 사회문제는 法治主義的 解決方式이 아닌 歪曲된 解決方式에 그 해결을 의존하게 될 것이다. 그러므로 사회변동에 따른 '공익' 개념에 대한 이해방식의 변화는 법의 영역에서, 앞으로의 학문활동을 통하여 재구성되고 실천적으로 적용되는 가운데 우리 사회에 뿌리내리도록 하여야 할 것이다.

第 3 節 公益概念의 意味와 用語法

1. 用語法의 概要

우리 나라의 立法과 判例에 있어서의 '公益' 개념과 관련된 용어로는 '公益' 이외에 '公共利益', '公共福利', '公共福祉', '公共性' 등이 있다. '공익', '공공이익', '공공복리', '공공복지' 등은 廣義의 '公益' 개념에 해당한다고 보아 무방한 것으로 이해되고 있으나 실제적인 용어법은 입법 또는 판례의 구체적인 맥락에 따라서 조금씩 다르다. 憲法 제37조, 제23조 등이 '公共福利'라는 용어를 사용하고 있는 것 등과 무관하지 않게 '公共福利'는 보다 일반적인 성격의 공익의 의미로 이해되고 있는 것 같다.[25] 한편 '公共福祉'는 '공공복리'에 비해 입법문언으로서는 드물게 사용되고 있는 편인데 대체로 이 용례는 '공공복리'와 유사하지만 때로는 '공익'이라는 문언보다도 特殊化된 의미로 사용되고 있는 경우도 없지 않다.[26] 또한 가장 보편적인 용어로서의 '公益'은 매우 다양한 상황에서 사용되어 하나하나의 '공익'이라는 문언은 그 추상성의 정도, 관련되는 공공성의 성격, 관련영역 등이 다르기 때문에 통일적인 맥락에서 사용되고 있다고 보기는 어렵다.

하나의 법률용어로서 公益이라는 문언이 등장하기에 앞서 동양의 언어 전통하에서 이 개념의 핵을 형성하는 데 있어서는 한국, 중국 및 일본에서의 공사논변이 중요한 의의를 가진다고 본다.[27] 그러나 법학적 논증의 대상으로서의 공익개념은 반드시 동양적 언어 전통과만 관련을 맺은 것이 아니라 다분히 서구 특히 독일 공법이론에서의 논의의 맥락에서 비롯된 것이라고 할 것이다.

한편 행정법상의 공익개념의 연구대상은 입법과 판례에서 이러한 용어들을 사용하고 있는 경우만으로 국한시킬 수는 없을 것이다. 이들 용어를 사용하지 않았다고 하더라도 법적 판단에 있어서 공익관을 배경으로 하는 경우는 헤아릴 수 없이 많다. 그런데 대개의 경우 '公益' 개념의 인식과 깊은 관련이 있는 것은 '公共性' 관념이라고 생각된다. 공공성 관념과 공익의 관계는 단순한 用語法의 次元을 넘는 문제이니만큼 항목을 바꾸어 검토하기로 한다.

끝으로 우리 나라의 公益概念에 대한 用語法은 영국이나 미국의 Public Interest Law에서 말하는 Public Interest[28]와는 다르고 오히려 독일

---

25) 교통안전법 제1조, 국토이용관리법 제1조의 2, 도시계획법 제1조 등 참조.

26) 남녀고용평등법 제22조의 公共福祉施設 등의 용례에서 그 실례를 찾아볼 수 있다; 외국의 용어례로서, 일본의 경우는 '公共의 福祉'가 헌법 제12조, 제13조 및 제22조에 사용되고 있으며, 일본의 문헌에 있어서는 보편적인 용어로 사용되고 있는 것 같다(日本法社會學會(編), 『公共の福祉』, 有斐閣, 1968, 179-181면 참조). 중화민국의 경우에는 '公共의 利益'이 헌법 제23조에 규정되고 있다.

27) *Supra*. 이 장 제2절 1. 대한민국 건국 이전의 전통적 공익관의 형성 참조.

식의 öffentliches Interesse에 유사하다고 보여진다. 英 美의 公益法 논의에서 말하는 Public Interest는 사회적 약자의 보호라는 차원에서 논의되는 것으로 독일식의 공익개념 중 特殊公益의 하나로 이해될 수 있을 것이다. 다만 영미의 政治學, 行政學의 문헌에 나타나는 Public Interest 개념은 Public Interest Law에서 말하는 공익과는 달리 一般的인 意味로 사용되고 있다.[29]

2. 公共性과 公益概念의 多樣性

우리 나라의 공익개념은 입법과 판례의 용어법에서 쉽사리 이해되어지지 않는다. 오히려 공익과 사익의 구분은 바로 어떠한 이익이 公共性을 가지고 있는가의 여부에 따라 이루어지는 것이 보통이다. 그러나 '공공성'이라는 말처럼 다의적인 용어도 그다지 흔하지 않을 것이다.[30] 실제 입법과 판례의 용어 사용례에서도 '공공성'은 매우 다양

28) 이러한 의미에서의 公益(Public Interest)에 대해서 미국의 브라이어/스튜어트는 다음과 같이 기술하고 있다. "公益이란, 행정기관의 여러 政策에 그들 상호이해관계를 같이하여, 行政節次에 있어서 산업체, 노동조합 기타의 조직화된 경제적 제이익단체들과 같이 실효적으로 參與할 수 있을 만큼 충분히 組織化되어 있지 못한 수많은 個人(소비자, 소수민족, 근로자, 빈자, 환경의 질과 관계 있는 사람 등)들이 가지는 利益을 말한다." Stephen G. Breyer & Richard B. Stewart, *Administrative Law and Regulatory Policy*(2nd ed.), 1985, p. 1185.

29) 예컨대 Richard E. Flathman, *The Public Interest: An Essay Concerning the Normative Discourse of Politics*, 1966 등 참조.

30) 公共性(Öffentlichkeit)이라는 말의 의미는 아마도 그 시대의 역사적 상황과 맥락에 비추어 이해되어야 할 것이다. 예컨대 스멘트, 하버마스 등에 의한 公共性의 構造變化 논의는 공공성 개념에 관해 오늘날 가장 의미 깊은 시사점을 던져 주고 있다. 유럽에서의 Öffentlichkeit의 개념사적 고찰에 대해서 Otto Brunner (Hrsg.), *Geschichtliche Grundbegriffe*, Bd. 4., 1978, 413ff.

한 여러 가지 상황에서 사용되고 있다. 즉 공공성은 國家目的이나 利益과 관련하여 사용될 때도 있고, 국가보다는 하위단위인 地方自治團體의 目的이나 利益과 관련하여 사용될 수도 있으며, 특별히 그러한 공동체를 전제하지 않고서 一般的인 不特定多數의 公衆과의 관련성만을 의미하는 때도 있다. 때로는 個人的 事案이라 할지라도 그것이 客觀的 社會秩序에 영향을 미칠 때에는 公共性이 있는 것으로 취급되는 경우도 있다. 또한 오늘날의 공공성은 공공성의 밀도와 공공의 영역, 공공의 일반성의 정도 등에 따라 여러 가지 의미로 파악될 수 있다. 이와 같이 공공성이 다양한 수준에서 언급되고 있는 것은, 사회의 분화 발전에 따라 '公共'의 개념도 다양화되고, 또한 그 '공공'의 내용도 靜態的으로 전제되는 것이라기보다는 動態的으로 決定되어져 가는 국면이 많아지고 있다는 것을 의미한다.[31)]

이처럼 공공성의 개념을 다양한 차원, 여러 수준에서 파악할 수 있다고 한다면 공익 역시 그러하다고 하여야 할 것이다. '공익' 또는 그 유사용어로 표현되는 개념은 그 용어법의 맥락에 따라 여러 가지 차원에서 이해될 수 있다. 따라서 오늘날 '공익'은 반드시 '國益'만을 의미하는 것이 아니다. 이제 국가가 사회 전 영역을 지배하던 시대는 지나가고 있다. 국가는 여전히 사회의 전 영역을 조정하고 이끌어 가는 역할을 수행할 것이지만 사회 각 영역의 자율성을 무시하고 국가적 이익을 강요할 수 있는 시대는 지나가고 있는 것이다. 따라서 '공익'은 여러 차원에서 논의되어지는 것이며, 법적인 관점에서 보면 이제 公益과 私益의 比較衡量만이 문제가 되는 것이 아니라 公益과 公益 간의 比較衡量도 중요한 법적 문제가 된다.

이 때문에 公益에 분류가 필요하게 된다. 공익판단의 고려범위에 따라서 공익은 一般公益과 特殊公益으로 나눌 수 있을 것이다.[32)] 그러나

---

31) 徐元宇, 前揭, 「社會國家原理와 公法理論의 새로운 傾向」, 1981, 103-125면 참조.

실제로는 公益의 一般化의 정도는 천차만별일 것이다. 또 特殊公益은 그 공익의 타당범위에 따라 다양한 부문별 · 영역별 공익으로 나누어질 수 있다. 또한 공익 가운데에는 보다 중요하게 여겨지는 것이 있는가 하면 다소 중요도가 떨어지는 공익도 있을 수 있다. 이처럼 공익의 다양성을 인정하게 되면 공익판단은 언제나 정당한 하나의 전제를 발견하는 것이 아니라 그 공익판단이 요구되는 狀況에서의 적절한 公益決定의 의미로 전화되게 된다.[33] 물론 이 경우에 가장 추상화되고 일반화된 공익이 특정상황에서의 공익을 결정할 최종적인 기준으로 존재하게 된다. 이렇게 보면 공익은 구체적으로 결정되기 전까지는 감추어진 것이요 具體的인 公益判斷을 통하여 그 모습을 세상에 드러내게 되는 것이다.

3. 眞正公益의 前提

앞에서 살펴본 바와 같이 오늘날의 상황이 잠재적 공익관의 등장을 자극하는 것이 사실이지만 오늘에 있어서도 여전히 규준적 의미에서의 公益에 대한 요구는 강하다. 공익이 구체적 이익상황에 따라 결정된다고 할 때 그러한 公益決定이 正當한 것인가 라는 문제는 여전히 남게 된다. 법질서의 단계구조가 헌법-법률-명령-자치법규 등으로 구성되는 것처럼 공익의 결정에 있어서도 여전히 이러한 법적 단계구조 안에서 이미 결정되어 있는 規範的 要素를 부인할 수가 없다. 따라서 공익결정의 정당성은 심사되어야 하고 심사될 수 있다. 이와 같이 공익결정의 정당성이 심사가능하다면 그 심사의 기준이 될 '誤謬 없는 公益'을 전

32) Wolff/Bachof/Stober, *a.a.O.*, S. 341-343.

33) 공익의 다양성을 인정할 때 利己的인 私益이 어떠한 과정을 통해 공익으로 인정될 수 있는가 라는 문제와 그것이 또한 진정한 다수이익을 대변할 수 있는가 라는 것 그리고 조직화되지 않은 이익은 어떻게 대변되는가 라는 것이 문제점으로 제기된다. Virginia Held, *The Public Interest and Individual Interest*, 1970, pp. 210-211.

제할 필요성이 생긴다.[34] 더구나 오늘날과 같이 매스미디어나 재벌 등 사회 · 경제적 제세력들에 의한 공익결정구조에 대한 영향력이 큰 시대에 있어서 공익결정에 대한 規準的 判斷은 공익결정의 정치과정에서 소외된 소수자들의 보호를 위해 절대 필요하다.[35] 그러나 과연 '誤謬 없는 客觀的이고 規準的인 公益'이란 존재하는 것인가? '普遍妥當한 公益'이란 존재하는 것일까? 이 문제는 중세시대의 普遍論爭만큼이나 중대한 철학적 논의를 요구하는 것이다. 또한 마치 법실증주의와 자연법론의 대립만큼이나 해소되기 어려운 문제이다. 그러나 현실적인 측면에서 볼 때, 적극적인 의미내용을 가진 '오류 없는 공익' 또는 '진정공익'의 존재 자체에는 논란의 여지가 있을지라도 소극적인 의미, 즉 어떠한 공익결정은 共同體의 普遍的 價値에 비추어 받아들여질 수 없다는 의미에서의 固定的인 價値判斷으로서의 普遍的 公益의 존재는 부인되기 어려울 것으로 본다. 요컨대 오늘날의 잠재적 공익관에 입각한다고 하더라도 공익을 실체적 내용을 가지지 않은 단순히 '空虛한 形式'에 불과한 것으로 이해할 수는 없는 것이다.[36]

4. 公益과 私益의 區分

공익의 다양성을 극단적으로 인정하게 되면, 한 개인의 私益도 그것이 공동체의 질서와 연관되는 한 公益的 性格을 가질 수 있다.[37] 그러나 공익은 사익의 對立槪念으로 존재하는 것이므로, 공익과 사익의 구

---

34) Wolff/Bachof/Stober, *a.a.O.*, S. 340-341.

35) 이것이 바로 미국의 공익법의 주안점이며 미국행정법의 중요 테마이기도 하다. Weisbrod, *Public Interest Law*, 1978, pp. 28-29; S. Breyer & R. Stewart, op. cit., Ch.10. *Public Interest Administrative Law: Representation and Disclosure* 참조.

36) Wolff/Bachof/Stober, *a.a.O.*, S. 341.

37) 이러한 맥락에서 라이스너는 '公益으로서의 私益'를 논하고 있다. W. Leisner, *a.a.O.*, S. 217ff.

분 자체를 개념적으로 붕괴시키는 것은 오늘날의 법률사조에 비추어 보면 매우 위험하다.[38] 오히려 공익개념은 사익과의 대립과 비교에서 부터 그 개념적 존재의의를 가지는 것이고 또한 그의 유용한 개념징표를 보여 주게 된다.

적어도 법학의 관점에서 보는 한 공익은 법질서가 지향하거나 보호하거나 조장하는 團體的 利益이다. 직접 또는 간접으로 객관적 법질서와 관련되는 이익이 공익이라고 할 수 있다. 요컨대 공익은 客觀的 法秩序의 價値槪念을 형성하고 있는 것이다. 이 점에서 법질서의 主觀的 側面에 중점이 두어져 있는 개인적 이익으로서의 私益과는 일응 구분된다. 따라서 특정한 사인에게는 동일한 이익상황이라 하더라도 그것을 주관적인 관점에서 파악하는가 아니면 객관적인 법질서의 관점에서 파악하는가에 따라 사익의 범주에 속할 수도 있고 공익으로 취급될 수도 있는 것이다.

그런데 公益과 객관적 법질서, 특히 司法的 秩序와의 관련은 단순하지 않다. 첫째, 단순히 객관적 법질서의 목표로 설정된 공익개념은 司法的 기능의 측면에서 보면 간접적인 연관만을 가지는 것이다. 둘째, 法的 保護對象으로 설정된 공익은 법적 질서와 보다 직접적인 연관을 가진다. 그것은 때로는 사익과는 다른 법적 질서취급을 의미하기도 하고, 사익에 대한 限界設定을 의미하기도 한다. 다만, 첫 번째의 것과 두 번째의 것의 구별은 반드시 명확한 것은 아니다. 행정에 있어서 공익의 추구는 일반적인 법원리로서의 성격을 가지고 있기 때문에 법질서의 목표로 설정된 공익도 그 침해에 대해서는 법질서에 의해 보호되기 때문이다. 양자의 구별은 보호의 가능성에 있다기보다는 그 실제적인 기능

38) 私益의 무원칙적인 公益化는 법치국가적 豫見可能性을 해치며 법치국가를 위태롭게 할 가능성이 있다. 따라서 私益의 公益化에는 일정한 법적 규율이 필요하며, 이를 위해 입법과 판례는 명확한 기준제시를 하여야 할 것이다. 徐元宇, 前揭論文, 135-136면 참조.

에 있다고 보아야 할 것이다.[39] 한편 공익이 법적 보호대상이 된다는 것의 의미는 사익이 법적 보호대상이 된다는 의미와는 다르다. 사익이 법적 보호대상이 된다는 것은 위법한 행정활동 등에 의한 사익침해에 대해 出訴權이 보장된다는 구체적인 의미가 있으나 공익이 법적 보호대상이 된다는 것은 대개 행정소송상 原告適格이 보장된다는 의미의 소송법적 성격을 가지는 것은 아니다. 다른 사익보호와 관련되지 않은 순수한 공익의 보호는 행정청의 행정작용 등 국가작용 자체에 의해 이루어지므로 원칙적으로는 소송의 수단으로 보호받을 필요가 없기 때문이다. 그러나 국가 이외의 행정주체, 예컨대 지방자치단체나 공공조합 등에 의해 대변되는 공익의 경우는 국가의 행정권에 대해 그 보호를 위한 提訴可能性이 부여되는 경우가 있다.[40] 이 경우는 공익의 보호가 사익보호와 유사한 형태로 이루어지는 경우에 해당된다.

5. 一般公益과 特殊公益

사회가 분화 · 발전되고, 공공성 역시 여러 사회적 영역에서 인정될 수 있는 것이라고 하지만 사회의 각 영역은 서로 깊은 연관을 가질 수 밖에 없는 것이므로 사회적인 이익판단의 필요성이 있게 된다. 따라서 特殊化된 公益이 있으면 그에 비해 보다 一般化된 公益이 있기 마련이다. 이러한 일반화와 특수화의 관계는 단일국가의 全體와 部分의 사이에서만 발견되는 것이 아니라 오늘날의 국제화 시대에 있어서 國際社會와 個別國家 사이에서도 존재할 수 있는 것이다. 또한 우리 시대 안에서의 일반화와 특수화만 문제 되는 것이 아니라 將來世代의 利益까지도 고려한 의미에서의 일반화와 특수화도 역시 가능한 것이다.

---

39) 라이스너의 '공익으로서의 사익'과 같은 것이 바로 이러한 발상에서 나온 개념이라 할 것이다. 위의 주 37 참조.

40) 지방자치법 제157조 등.

대체적으로 一般公益은 特殊公益에 비해 우월적 입장에 서게 될 것이다. 국부적 영역에서 공익으로 인정받는 것은 보다 보편적 차원에서 공익으로 인정받는 것에게 그 자리를 양보하여야 한다. 그러나 일반화된 공익이 언제나 특수화된 공익보다 우선적 위치를 차지하는 것이라고 단언할 수는 없다. 마치 共同體 全體의 관점에서의 가치판단이 한 個人의 尊嚴과 價値를 언제나 앞지를 수 없는 것처럼 일반화된 공익은 때로는 특수화된 공익에게 그 우선순위를 양보하여야 할 경우도 있을 것이다. 각 영역의 자율성을 인정하는 민주사회에 있어서는 사회 각 영역간의 관계에서 그 타당근거를 가지는 일반공익을 개별영역에 타당하는 특수공익에 우선시키는 것이 반드시 적절하지만은 않은 상황이 얼마든지 발견될 수 있는 것이다. 요컨대 사회 각 영역의 領域主權을 인정할 필요가 있는 범위 안에서 일반공익은 특수공익의 뒷자리에 위치할 수도 있는 것이다. 이것은 공익과 사익이 대립되는 경우에 언제나 공익이 우선시되지만 않는 것과 같은 이치라고 할 것이다.

6. 公益의 主體

모든 이익에는 향유자가 있기 마련이다. 그렇다면 公益의 享有者, 곧 公益의 主體는 누구라고 할 수 있는가.[41] 공익의 다양성을 인정한다면 공익의 주체 역시 다양한 형태로 존재할 수 있음을 부인할 수 없다. 공익이 국익의 의미로 이해될 때, 공익의 주체는 國民全體가 될 것이다. 한편 공익이 특정 지방자치단체의 이익의 의미로 이해될 때, 공익의 주체는 특정 지방자치단체의 住民全體가 될 것이다. 이와 같이 공익의 주체를 어느 정도 확정할 수 있는 공익도 있지만 때로는 공익의 주체 자체가 개념상 명확히 특정화될 수 없는 경우도 있을 수 있다.

이렇게 공익의 주체를 따져 보는 것은 公益간의 衝突이 있을 때의 利

---

41) *Supra*. 제3장 제4절 1. 4) 참조.

益狀況을 분석하는 데 도움을 준다. 특정 지방자치단체의 이익과 국가의 이익이 충돌할 수도 있고 특정국가의 이익과 국제사회의 이익이 충돌할 수도 있다. 현재 세대의 이익과 장래세대의 이익이 충돌할 수도 있다. 이와 같이 공익 상호간의 충돌이 있는 경우에는 政治的 · 法的 過程에서의 利益衡量이 필요하게 된다.[42)]

第4節 公益判斷의 性格과 內容

1. 公益은 認識의 對象인가, 決定의 對象인가

'공익' 개념은 법체계에 있어서 해명하기 쉽지 않은 근본적인 가치개념의 하나라고 사료된다. 어떻게 보면 국가의 존재 자체가 이미 '公益' 指向性을 내포하고 있다고 하여야 할 것이다. 그러므로 이러한 본질적 개념으로서의 공익의 의미내용은 쉽사리 정의되기 힘들 뿐 아니라 相對主義 價値觀을 옹호하는 한 一義的인 意味의 제시가 반드시 소망스럽지도 않다.

그렇다면 公益判斷이란 도대체 어떤 의의가 있는 것인가? 客觀的 價値의 存在를 신봉하는 사람, 요컨대 절대가치의 존재를 어떠한 형태로든 시인하는 사람에 있어서는 공익에 있어서도 客觀的으로 認識할 수 있는 公益, 누구에게나 받아들여질 수 있는 객관적 가치체계로서의 공익의 존재를 인정한다. 이러한 부류의 사람들에게 있어서는 공익판단의 문제는 認識論的인 문제로서 공익은 '誤謬없는 認識'의 對象이 되어야 한다고 할 것이다.[43)] 그러나 객관적 가치의 존재에 대한 신뢰를 가지고

42) Wolff/Bachof/Stober, *a.a.O.*, S. 343.

43) 볼프 · 바호프 · 슈토버가 말하는 wahre öffentliche Gemeininteressen과 같은 것이 바로 이러한 발상에서 나온 개념이라 할 것이다. *Ibid.*, S. 341.

있지 않은 사람들에게 있어서는 '공익'과 같은 불확정적인 개념의 의미내용은 인식되어지기보다는 '正當하게 決定'되어져야 하는 것이라고 할 것이다. 마치 자연법사상과 법실증주의가 법철학에 있어서의 변증법적 발전의 두 축으로 작용해 왔던 것처럼 공익판단에 있어서의 認識論的 이해와 決斷論的 이해는 어느 쪽도 포기될 수 없는 공익판단에 있어서의 두 축이라 할 수 있다. 그러나 오늘날과 같이 가치의 다양성이 주요한 사회적 특징으로 등장하고 있는 시대에 있어서는 아프리오리한 객관적 공익에 대한 신념은 빛이 바래기 마련인 것이다. 따라서 오늘날의 공익판단이 決斷論的인 公益理解에 경도하고 소위 潛在的 公益觀이 풍미하는 것은 충분히 이해할 만하다.

그러나 그렇다고 하여 오늘날의 공익판단에 있어서 客觀的 公益의 存在可能性을 도외시하여도 되는 것인가? 요컨대 공익은 실증적으로 결단됨에 그치는 것인가? 그렇지 않다. 공익판단이 결단에 의한 공익의 결정의 의미를 가진다고 하더라도 그 결정 역시 일정한 인식 및 고려범위의 토대 위에서 이루어지는 것이다. 사람들의 결단이 서로 상이한 것은 상당부분 사람들의 인식이 서로 다르기 때문이기도 하다. 요컨대, 결단이 正確한 認識 및 妥當한 考慮範圍에 기초하고 있지 않다면 그 결단은 오류일 수 있는 것이다. 이러한 점에서 적어도 潛在的 公益觀하에서 공익판단의 부적절성을 지적하는 否定的 機能 또는 拒否機能을 가지는 客觀的 公益의 존재를 완전히 부인하기 어려울 것이다. 하물며 인류보편의 가치를 신봉하는 사람들에게 있어서는 객관적 공익은 그림자가 아닌 實體로서 당당히 엄존하는 것이며, 이러한 가치관하에서는 공익판단은 그러한 實體的 價値의 具現形態로서 발견되고 인식되어져야 할 문제로 대두된다.

2. 公益判斷에 있어서의 機能配分

전통적으로 공익판단은 行政過程에 관련되는 문제로만 이해되어 왔다. 우리 나라의 경우 法規가 '公益'이라는 문언을 사용하고 있는 때에는 실질적으로 공익판단을 법규를 집행하는 행정청에 맡긴다는 의미로 이해되는 것이 보통이었다. 그러나 법이론적으로 보면 공익판단은 행정청에 의해 전단될 사항이 아니라 立法府, 行政府, 司法府 모두의 기능과 관련되어 있다는 점을 쉽게 확인할 수 있다. 우선 우리 헌법 제37조의 法律留保條項이 국민의 자유와 권리를 제한할 때에 그 제한의 근거가 되는 가치로 公共福利를 제시하고 있기 때문에 그에 관한 법규의 제정은 公共福利라는 가치에 적합하게 이루어져야 한다는 점에서 立法作用에 있어서도 공익판단은 중요한 의의를 가진다는 점을 쉽사리 확인할 수 있다. 또한 행정청에 의한 잘못된 공익판단은 사법적 통제의 대상이 된다는 점에서 司法府도 공익판단에 있어서 일정한 기능을 하고 있음을 알 수 있다.

이와 같이 법이론상 공익판단은 입법, 행정, 사법의 모든 작용과 관련을 가지고 있으나 각각의 경우 그 관련성의 의미는 다소 상이한 측면이 있다. 먼저 立法作用은 헌법상의 가치판단의 허용범위 안에서 공익판단을 행한다. 입법에 의한 공익판단의 구체화의 정도가 각각의 경우에 따라서 다를 것이다. 대개 '公益', '公共福利' 등 추상적 용어가 사용될수록 공익판단은 추상적인 차원에 머무르고, 구체적 판단은 집행과정에 맡겨지게 된다. 입법작용에 의한 공익판단은 본질적으로 形成的이고 決斷論的 측면이 강하게 나타난다. 그러나 헌법의 테두리 안에서 그리고 사물의 본성의 범위 안에서 공익판단이 이루어져야 한다는 점에서 確認的 · 認識論的 측면이 있음을 부인하기 어렵다.

다음으로, 行政에 의한 공익판단은 입법에 의한 공익판단이 밝히지 못한 부분을 구체화하는 의미가 있다. 公益, 公共福利, 公共福祉 등의 입법문언이 채택된 경우의 대부분은 입법에 의한 공익판단이 거의 이루어지지 않은 것이 보통이다. 행정에 의한 공익판단에 있어서 행정청이 가지는 판단여지나 재량의 폭은 입법적 공익판단에 있어서의 형성의 자유의 인정범위에 비해서 좁은 것이 사실이다. 하지만 행정적 공익판단에 있어서도 形成的 · 決斷論的 측면이 뚜렷이 존재한다.

마지막으로, 司法 및 憲法裁判에 의한 공익판단은 형성적 · 결단론적 측면보다는 헌법과 법률의 해석, 사물의 본성에 대한 추구 등 認識論的 · 確認的 측면을 많이 가지고 있다고 생각된다. 사법작용에 의한 공익판단은 성질상 적극적으로 이루어지기는 어렵지만 실정법질서에 비추어 당해 공익판단이 적절하였는가에 대한 소극적 판단을 내용으로 한다고 할 것이다. 즉 司法에 의한 공익판단은 적어도 입법적 · 행정적 공익판단이 적절하지 못하다는 점을 논증할 수 있는 국가공동체 전체가 공유하는 客觀的 價値가 헌법, 법률 등의 해석에 있어서 도출될 수 있다고 전제하고 입법, 행정에 의한 공익판단이 이러한 객관적 가치에 비추어 합당한 것인가의 여부를 심사하는 것이다. 그러나 국가공동체의 객관적 가치의 존재에 대한 신뢰가 퇴색되고, 공익판단의 결단론적 측면이 부각되면 공익판단에 대한 재판통제의 중점은 공익판단의 실체적 측면보다는 공익판단의 節次的 公正性 여부를 문제 삼는 것으로 그 성격이 변화하게 된다. 그러나 어떠한 경우에도 司法作用에 의한 實體的 公益判斷이 완전히 부인될 수는 없을 것이다. 만약 그렇게 된다면 우리 사회가 당연한 전제로 삼는 공동체적 가치는 존재하지 않는다는 결론이 될 것이기 때문이다.

3. 公益判斷의 法的 拘束性

우리 나라의 법의식에 있어서 전통적으로는 공익을 規準的인 의미로 이해하면서도 한편으로는 공익판단이 법적 구속의 대상이라는 사실에 대해서는 별로 주의를 기울이지 않았다. 이러한 상황하에서 규준적인 공익의 판단자는 사실상 행정부이고, 행정부의 공익판단의 위법성 여부를 논단하는 것은 감히 생각하기 어려웠던 것이다. 따라서 그간 '공익'은 無定型的인 형태의 私益制限을 위한 명분으로서 恣意的으로 해석되기도 하였을 뿐 아니라 劃一的이고 權威的인 사회질서를 상징하는 개념이기도 하였다.

그러나 오늘날에 이르러 행정권의 활동이 법적 구속의 범위를 벗어날 수 없듯이 행정권에 의한 공익판단도 법적 구속의 대상이 되어야 한다는 것이 여러 측면에서 요구되고 있다. 먼저 規準的 意味의 公益 개념을 상정한다 하더라도 행정청이 채택한 공익이 과연 공동체적 차원에서 정당하게 받아들여질 수 있는 '眞正公益' 인가 아니면 행정청 자신의 이해관계나 압력단체의 이해관계를 대변하는 것인가가 문제 되기 때문에 공익판단은 법적 심사의 대상이 될 필요가 있다. 다음에 潛在的 公益觀에 입각한 공익개념을 상정한다 하더라도 잠재되어 있던 공익이 공동체적 차원에서 바람직한 모습으로 표현되고 결정되었는가가 여전히 문제가 된다. 특히 잠재적 공익관에 의할 경우 공익이 실체적으로 바르게 결정되었는가 라는 것도 문제이지만 절차적으로 공익의 현출과정이 정당하였는가 라는 점도 법적으로 심사될 필요성이 있는 문제라 할 것이다.[44)]

그러나 공익판단의 법적 심사에는 技術的·概念的 限界가 있음을 부인할 수 없다. 만약 하나의 상황하에서는 단 하나의 공익판단만이 정당하다고 한다면 행정활동은 크게 위축될 것이 틀림없을 뿐 아니라 경우에 따라서 그러한 명제는 기술적으로도 받아들이기 어려울 것이다. 하나의 선택 또는 결정은 보는 각도에 따라 여러 가지 장단점이 혼재되어 있을 것이고, 그러한 장단점을 사전에 정확히 평가한다는 것은 불가능한 경우가 많을 것이기 때문이다. 또한 법적 심사를 맡은 裁判機關이 행하는 公益判斷이 일의적인 의미에서 정당하다면 정치적 과정을 통하여 구성되지 않고 정치적 책임도 지지 않는 재판기관이 고도의 정치적 결정을 최종적으로 담당하게 되는 결과가 되어 권력분립의 취지에도 반

---

44) 이러한 관점에서의 행정법적 문제의식은 1970년대 美國行政法學界에 풍미하기도 했었다. 이와 관련한 가장 대표적인 문헌으로 Richard B. Stewart, "The Reformation of American Administrative Law", *88 Harvard Law Review* 1667, 1975, Ch. 4 참조.

하는 것이 될 것이다. 그러므로 공익판단에 대한 법적 심사는 불확정개념의 해석에서 판단여지를 인정하고 법률효과의 결정이나 선택에서 재량을 인정하듯이 판단자의 형성의 여지, 판단자의 인식의 기준을 일단 존중하면서 일정한 범위를 逸脫한 잘못된 판단에 대한 위법성의 선언이 되지 않으면 안 될 것이다. 공익판단에 대한 재판기관의 지나친 개입도 소망스럽지 못한 것이며, 또한 지금까지 그래 왔듯이, 재판기관이 지나치게 공익판단의 법적 심사에 소극적이어서도 안 될 것이다. 요컨대 재판기관은 자신의 공익판단을 일의적으로 제시하는 방식보다는 행정청 등에 의한 공익판단이 어떠한 점에서 공동체이익에 부합하지 못하였는가를 논증함으로써 공익판단의 법적 심사에 임하여야 할 것이다.

물론 공익판단에 대한 법적 심사는 行政廳에 의한 公益判斷에 대해서만 이루어질 것은 아니다. 立法의 형식을 통한 公益判斷도 헌법의 취지에 어긋나서 일반적인 공동체 이익에 적합하지 못하다고 한다면 위헌으로 판단되어 마땅할 것이다. 한편 공익판단은 法律要件 判斷의 형태로도 이루어질 수 있을 뿐 아니라 法律效果 判斷의 형태로도 이루어질 수 있다. 判斷餘地와 裁量을 구별하는 입장에서는 법률요건 판단에 있어서의 공익판단은 원칙적으로 법적 문제로서 適法 · 違法 차원의 문제이지만 법률효과 판단에 있어서의 공익판단은 재량의 문제로서 원칙적으로 當, 不當이 문제 될 뿐이고 재량권의 범위를 벗어날 경우에만 違法의 문제가 발생한다고 한다.

그런데 이러한 차이점은 공익판단의 단계의 차이로도 설명할 수 있다. '공익' 또는 그 유사용어를 사용하든 사용하지 않든 간에 공익판단이 法規에 의해 요구(또는 구체화)되어 있는 경우 그 법규적 요구사항으로서의 공익판단은 원칙적으로 適法, 違法의 문제를 야기하는 법적 문제이다. 그러나 '공익' 판단이 법규적으로 요구되는 것은 아니지만 일반적으로 행정활동에 있어서 필수적이므로 법규상 요구되거나 구체화되지는 않았으나 일반적인 행정활동의 고려로서 행하는 공익판단은 원칙적으로 적법 · 위법의 문제를 야기하지는 않는다고 하여야 할 것이다. 요컨대 공익판단에 法規的 指針이 주어진 경우와 그렇지 않은 경우의 공익판단은 성격이 다소 다르다는 것이다. 그러나 법규적 지침이 주어져 있지 않다 하더라도 條理法原則의 하나로서 행정활동에 있어서 公益追求性이 인정될 수 있는 것이므로[45] 법규적 지침이 주어져 있지 않은 공익판단이라 하더라도 법적 심사에서 완전히 자유로울 수 없다. 즉 法의 一般原理로서의 公益追求의 原則이 요구하는 정도의 정당성도 갖추지 못한 공익판단은 설사 법규적 지침이 주어지지 않은 경우라 하더라도 위법판단을 면할 수 없을 것이다.

한편 법규가 '공익'에 적합하도록 할 것만을 요구할 뿐 '공익' 자체의 판단에 아무런 기준을 주지 않고 있는 경우에는 '공익'추구는 행정법의 일반원리로서의 公益의 原則(合目的性의 原則)에 따른 법적 구속력과 함께 관계 법규가 추구하는 특수공익에 적합할 것이라고 하는 법적 구속은 주어지고 있으나 그러한 공익에의 지향이 법규적으로 기준이 주어질 정도로 세밀하게 규율되지는 않은 상태라고 보여진다. 이 경우의 공익판단에 대한 법적 심사는 '공익'이라는 문언이 채택된 입법배경에 따라 법적 구속력의 정도를 달리하여야 할 것이다.

4. '事實的 公益'의 純化

가장 이상적인 상태를 전제한다면 공익판단은 해당 '공익'관념이 제시하는 수준과 범위 안에서 해당 共同體의 眞正한 利益을 가장 적절하게 반영하도록 이루어져야 할 것이다. 그러나 현실적인 공익판단은 반드시 진정한 의미에서의 공익을 반영하지는 않는다. 오히려 현실적인 공익판단은 公益判斷者의 偏見이나 歪曲이 어느 정도 가미된 형태로 행하여지는 것이 보통이다. 이와 같은 실효적이고 현실적인 공익을 일응

---

45) 공공복리성의 요청을 행정작용법의 準用法原則으로 명기하고 있는 견해로서 金南辰, 「行政作用法의 準用法原則」, 『考試硏究』 1987/10, 22면이 있다.

볼프 · 바호프 · 슈토버의 개념구분과 같이[46] '事實的 公益(tatsächliche öffentliche Gemeininteressen)' 이라고 지칭한다면, 공익판단에 있어서 이 사실적 공익이 眞正公益에 근사해지면 해질수록 건전한 공익판단을 하는 셈이 된다. 健全한 公益判斷은, ① 공익판단의 근거되는 事實에 대한 正確한 認識, ② '진정공익' 의 발견을 위한 절차 준수 등을 포함하는 의미에서의 論理的이고 健全한 判斷過程, ③ 偏見이나 歪曲의 排除 등을 요구하게 된다. 특히 ①의 경우, 판단에서 고려되는 합리성의 범위가 적절하여야 하며 事實判斷을 위한 資料認識의 均衡性 등이 요구되는데, 예컨대 기본적으로 국내적인 문제에서의 국제 간의 이해관계 고려나 현재 사안에서의 장래 세대의 이익 고려, 국지적인 사안에서의 공동체 전역과 관련된 이해 고려 등은 현실적인 공익판단에서는 매우 어려운 문제가 된다.[47]

健全한 公益判斷을 위한 위의 전제조건들을 검토해 보면 '事實的 公益' 이 진정공익을 순수하게 반영한다는 것이 얼마나 어려운 것인가를 여실히 발견할 수 있다. 그러나 그렇다고 하여 진정공익의 발견을 포기할 수는 없다. 설사 잠재적 공익관에 의한다고 할지라도 그러한 공익판단의 패러다임하에서 '바람직한 公益判斷 모델' 은 존재할 것이기 때문에, 사실적 공익에 대한 순화장치를 마련하여 사실적 공익판단이 眞正한 公益判斷에 근접할 수 있도록 하는 제도적 노력이 필요하다고 본다. 오늘날의 우리 사회를 보면 입법적 차원에서 이루어지든 행정적 차원에서 이루어지든 공익판단은 판단기관 스스로의 편견이나 편의추구를 위한 왜곡, 재벌, 언론 등 사회적 제세력에 의한 왜곡, 정확한 인식이나 이해대변절차의 결여 등으로 인하여 진정공익의 추구에 전반적으로 많은 문제점을 노정하고 있다. 행정기관은 해당기관 자체만의 목표추구와

46) Wolff/Bachof/Stober, *a.a.O.*, S. 340-341.

47) 최근 우리 나라에서도 원자력발전소 건설과 관련되는 지방자치단체의 利益과 國益의 충돌과 같이 이와 같은 문제상황이 심심찮게 발생하고 있다.

재정유지를 위해 노력하기 마련이다. 예컨대, 국가재정을 담당하는 部處는 진정공익보다는 먼저 短期的인 財政確保를 위해 총력을 기울일 수밖에 없으며, 치안담당행정기관은 눈에 보이는 治安行政指標의 유지·향상을 위해서 노력하기 쉬울 뿐이지, 드러나지 않는 진정공익을 위한 활동을 하기는 어려운 것이다.[48] 따라서 행정기관은 진정한 의미에서의 공익추구보다는 소위 '行政利益'을 추구하기 마련인 것이다. 더구나 오늘날 우리 사회에서는, 部處利己主義, 地域利己主義 등의 小集團 利己主義가 국가적 문제점으로 등장하고 있어서 公益判斷을 歪曲시키는 중요한 원인이 되고 있다.

이러한 문제점들은 물론 법적 과정을 통해서만 해결될 수 있는 사안은 아니다. 그러나 궁극적으로 법적 심사과정을 통한 해결방안의 존재는 매우 중요한 의미를 가지고 있다. 왜곡 또는 변질된 사실적 공익판단을 재판기관에 의해 다시 한번 심사하도록 하는 것은 헌법을 통하여 국가가 추구하여야 할 기본가치를 정하고 있고, 그러한 가치를 궁극적으로 헌법재판소와 대법원 등이 수호하도록 하고 있는 우리의 憲法的決斷에 근거하여 볼 때 회피할 수 없는 것이라 할 것이다. 왜냐하면 진정한 입헌주의 정신에 의한다면, 공익의 판단 역시 헌법의 근본적인 가치판단에 근거하여 이루어져야 할 것이기 때문이고 憲法의 根本的인 價値判斷을 유권적으로 확정할 권한은 헌법재판소가, 그리고 부분적으로는 대법원이 가지고 있기 때문이다.

이와 같이 헌법, 법률 등의 規範的 價値判斷에 입각하여 사실적 공익을 진정공익에 근사한 것이 될 수 있도록 純化시키는 작업은 공익판단과 관련된 社會統合性의 유지를 위해서도 반드시 필요한 것이다.

---

48) Wolff/Bachof/Stober, *a.a.O.*, S. 341.

5. 公益判斷과 利益衡量

공익의 절대적 우월을 전제하지 않는 한 公益 역시 私益과의 관계상 일정한 限界를 가질 수밖에 없다. 또한 공익의 다양성을 인정하는 한 하나의 특수공익은 다른 특수공익과 충돌할 수 있다. 이와 같은 이익충돌의 상황을 해결하기 위하여 이루어지는 것이 바로 利益衡量이다.[49] 이익형량은 보다 보편적인 일반이익의 관점에서의 충돌이익의 조절이라 할 것인데, 엄밀히 말하면 이러한 이익조절은 이익형량보다는 넓은 의미를 가지고 있다. 이익형량 가운데, 특히 하나의 특수공익과 다른 특수공익의 사이에서 이루어지는 것은 '公益의 一般化' 내지 '한 단계 더 一般化된 公益의 摸索'이라는 의미를 가질 수 있다.

공익과 사익의 관계에 있어서든 하나의 특수공익과 다른 특수공익의 사이에 있어서든, 衝突利益의 調節에는 몇 가지 必須的인 考慮事項이 있다.

첫째, 고려되는 이익들이 어떠한 領域에서 문제 되는 것인가에 대한 판단이 필요하다. 어떤 이익들은 그 이익이 추구되는 영역 밖에서는 전혀 의미가 없는 것도 있을 수 있다. 예컨대 시설의 위험방지를 위한 공익적 고려와 시설의 문화적 가치를 위한 공익적 가치의 충돌이 있을 때 그 시설의 종류와 성격에 따라 문제 되는 公益領域이 달라지게 된다. 따라서 하나의 이익충돌 상황이 주로 어떠한 이익영역에서 문제 되는 것인가의 판단이 먼저 요구되는 것이다. 어떠한 이익도 그 事物關聯性의 範圍를 넘어서 추구될 수는 없는 것이다.

둘째, 이익들 간에는 優先順位가 문제 될 수 있다. 대개 공익은 사익보다 우선적으로 추구되어야 한다. 特殊公益 가운데에서도 보다 중요시되는 공익과 그렇지 않은 공익이 있을 수 있다. 즉 중요한 공익과 덜 중요한 공익 사이의 구별이 필요한 것이다. 다시 말하면 이 문제는 公益

49) W. Leisner, *a.a.O.*, S. 217.

간의 序列의 문제이다. 그런데 공익 간의 서열은 반드시 공익의 一般化의 정도나 공익의 타당범위의 普遍性의 정도에 의해서만 결정되는 것은 아니다. 때로는 보다 특수공익이 더 일반화된 공익에 우선하여야 할 필요도 존재한다. 어느 것을 우선시킬 것인가에 대한 판단은 가장 일반적이고 보편적인 입장에서의 공익판단에 입각하여 이루어져야 할 것이다. 이러한 이익들 간의 서열문제는 또한 경우에 따라서는 이익의 타당영역 간의 상호비교에 의해서, 요컨대 전체 사회에서 차지하는 해당 특수공익의 위치의 비교를 통해 해결될 수도 있다. 공익 상호간에 이익충돌이 발생하였을 때, 현실적인 서열매김은 해당영역의 주무행정기관 사이의 이른바 힘의 논리(power game)에 의해 결정되는 수도 있을 것이다.

셋째, 더 보편적이고 일반적인 공익이 그보다 普遍性이나 一般性이 낮은 공익에 항상 우선할 수 없다는 점은, 어떠한 이익추구도 일정한 限界를 가질 수밖에 없다는 사실에 기인한다. 예컨대 국가와 개인의 이익이 서로 충돌할 때 국가공동체의 이익이 아무리 중요하다 하더라도 개인에게 어떠한 귀책사유가 없는 한 그 개인의 생명을 침해하면서까지 추구될 수는 없다. 이러한 관점은 比例의 原則과 긴밀한 관련을 가진다.[50] 그 比例의 原則의 기준이 되는 척도는 엄밀히는 논리화되기 힘든 社會의 支配 에토스(Ethos)의 영향을 받는다. 이와 같은 비례원칙은 이익형량에 있어서 일반화의 논리가 특수영역을 지배함이 적당하지 않는 경우가 있음을 천명한다. 특히 민주화된 자율사회에 있어서는 部分社會의 自律的 利益追求가 보장될 필요성이 강하다. 이러한 경우에는 일반공익은 오히려 한 걸음 물러설 필요도 있는 것이다. 사익이나 일반화의 정도가 낮은 공익의 본질적 부분을 보호하기 위하여 공익 또는 보다 일반화된 공익의 추구가 제한되는 것도 이 경우에 해당한다.

넷째, 이익 상호간의 利益調節은, 단순한 비교교량의 차원에서만 이루어지는 것이 아니라 보다 차원 높은 公益的 指向의 관점에서 目的的

---

50) Wolff/Bachof/Stober, *a.a.O.*, S. 343.

으로 결정되어져야 하는 경우가 많다. 이 경우에는 이익조절을 위해 普遍的인 國家目標 또는 社會目標가 무엇인가에 대한 인식이 중요한 문제가 된다. 그러나 목표의 인식은 주관성이 개입될 여지가 많아서 공정한 이익조절의 장애물이 된다. 이런 차원에서의 판단은 보편적인 관할권을 가지는 행정기관에 의해 이루어지겠지만 재판기관에 의한 감시 통제 역시 요긴하다.

다섯째, 이익형량의 과정에서 또는 보다 포괄적 관점에서의 이익조절의 과정에서 관련 이익이 正當하게 代辯되어야 한다. 이것은 節次的 觀點에서의 진정공익의 추구라는 측면에서 節次法的인 차원에서 요구되는 것이다.

여섯째, 충돌되는 이익은 반드시 相互矛盾의 관점에서만 이해되어서는 안 된다. 사익의 보호가 주관적 차원에서가 아닌 객관적 차원에서는 공익의 한 의미내용을 이루기도 하며, 보다 특수한 영역의 특수공익의 추구가 그보다는 다소 보편적 영역의 특수공익추구의 한 내용을 이루는 경우도 흔히 있을 수 있다. 넓게 보면 이익충돌 양상 자체가 전체 사회의 유지를 위해서는 서로 補完的인 意味를 가지고 있는 것이다.

일곱째, 궁극적인 법적 판단과정에서 공 · 사익의 형량이 필요하다는 사실에서 미루어 보면 가장 보편적이고 일반적인 의미에서의 공익(이러한 의미에서는 주로 헌법상 개념인 公共福利가 지칭되고 있다)도 窮極的인 價値判斷의 척도가 되지는 못한다. 따라서 공익판단은 가장 고차원의 단계일지라도 궁극적인 국가판단을 의미하는 것이 아니라고 할 수 있다. 오히려 궁극적 국가판단은 국가와 개인, 국가와 사회, 사회와 개인 사이의 適切한 均衡維持의 관점에서 이루어지는 것이다.

여덟째, 하나의 특수공익과 다른 특수공익 간의 충돌에 있어서의 이익조절은 行政機關 사이의 衝突調整의 의미를 가진다. 국가기관과 국가기관 사이, 국가기관과 지방자치단체기관 사이 등 있을 수 있는 제상황은 공익 간의 이익형량이 정치적 · 행정적 · 법적 의미관련을 풍부하게 가진다는 점을 시사한다.

아홉째, 이상적인 관점에서 보면 이익조절은 眞正利益(공익이든 사익이든) 사이에서 이루어져야 할 것이다. 사실적 이익은 때로는 왜곡된 것일 수 있는 것이다.

第5節 小結: 公益判斷의 法過程化를 위한 問題提起

1. 序 言

'公益' 관념을 둘러싸고 전개되고 있는 오늘의 상황 변화는 '公益' 개념의 法槪念化와 公益判斷의 法過程化를 불가피하게 요구하고 있다. 오늘날의 사회는 어떠한 공익판단이 정치적 판단과정을 통한 것이든, 관료적 결정과정을 통한 것이든, 그것을 논증이 요구되지 않는 公理로 받아들이기에는 너무나 복잡·다양할 뿐 아니라 오늘날의 의사결정과정에서의 민주화는 공익판단도 일정한 민주적·법치주의적 틀 안에서 이루어지기를 강력히 요구하고 있는 것이다.

그러나 '공익' 관념의 법개념화나 공익판단의 법과정화는 아직 우리 나라에 있어서 다소 생소한 문제의식이라 할 것이다. 이러한 문제의식이 우리 나라의 법학과 법실무에 전연 찾아볼 수 없는 조류라고 할 수는 없을지라도, 적어도 이러한 문제의식이 체계적인 관점에서 조망되어 본 적은 거의 없다고 생각한다.

이러한 까닭에 아래에서는, 이상의 논의에서 검토한 공익판단의 문제상황과 성격에 대한 검토에 근거하여, '공익' 개념의 법개념화 그리고 공익판단의 법과정화와 관련되는 논의가 지향하여야 할 점을 문제제기의 차원에서 제시해 보도록 한다.

2. '公益' 槪念의 法槪念化

지금까지의 우리 입법과 판례에의 '공익' 개념은 보다 과학적인 통찰과 인식 없이 사용되어 온 것이 사실인 것 같다. 그러나 위에서 검토한 것처럼 '公益', '公共福利' 등 넓은 의미의 공익을 표현하는 용어들은 구체적 법상황과 맥락에 따라 다양한 의미를 가지는 것이며, 하나의 포괄적인 개념으로 그 복잡한 상황과 맥락을 포섭한다는 것은 거의 불가능하다. 그러함에도 불구하고 '公益' 槪念의 機能과 妥當領域에 따른 개념적 타당범위를 구분하지 않았기에 '공익' 개념이 법개념으로 자리잡는 데 상당한 장애를 가져왔던 것이다. 공익개념이 하나의 법개념으로서 행정활동과 사적 활동의 기준과 한계로서 기능하기 위해서는 보다 구체적인 법적 의미내용을 가지는 것으로 위치지어져야 할 것이며, 그러기 위해서는 공익개념을 그 법적 기능과 타당영역, 그리고 판단상의 고려범위에 따라 구분하는 법이론적 노력이 필수적이라고 본다. 公益槪念의 特殊化 또는 領域化라고 할 수 있는 이러한 개념적 작업은 '공익'이 관련되는 행정상황 또는 국가 및 사회상황이 몹시 복잡, 다단하기 때문에 연역적으로 개념화되기는 쉽지 않을지도 모르지만 구체적 사례분석을 통해서 歸納的인 차원에서 지속적으로 개념적 구분이 시도되어야 하리라고 본다. 이러한 작업이 있어야 비로소 공익의 보호와 실현에 있어서의 法的 限界지움이 가능할 것이며, 연후에 利益衡量의 適正化도 기할 수 있는 것이다. 이러한 개념적 작업의 결과는 궁극적으로 입법과 판례에 수용되어져야 할 것이다.

3. 規準的 公益의 法規範化

오늘날의 사회가 잠재적 공익관으로 경도될 수밖에 없는 상황을 연출하고 있지만 國家·社會의 統合性의 유지를 위해 실질적인 관점에서 규준적 공익의 존재를 완전히 부인할 수는 없다. 잠재적 공익관에 철두

철미하다면 규준적 공익의 존재 자체가 잠재된 공익의 현출이라고 말할 수 있을지 모르나 이러한 입장은 極端的인 實證主義가 가지는 문제점을 회피할 수 없을 것이다.

현실적으로 공익개념은 법규범을 통하여 그 規準性을 획득한다. 그러나 법규범화된 공익개념이 가지는 규준성이 완전히 實證的인 意味의 규준성이라 단언할 수 없는 것이다. 오늘날의 법체계의 기준을 이루고 있는 基本權尊重의 思考는 역사적으로 法實證主義的 사고보다는 自然法的 사고에 더 의존하고 있다. 오늘날의 法의 一般原理 觀念 역시 실정법만이 규범이라는 사고에 대한 反證例이다. 마찬가지로 규준적 의미의 공익은 실정법규범에 실증적으로 규범화된 것을 포함하되, 실정법규가 미처 제시하지 못한 의미도 社會의 支配 에토스(Ethos)의 관점에서 포용할 수 있는 것이다. 이렇게 본다면 規準的 公益은 성문, 불문의 모든 법규범 안에서 그 조화로운 해석을 통해서 발견되는 것이라 할 것이다. 성문의 실정법 안에 내재되어 있는 '공익' 관념은 자연법적 형태로 존재하는 공익관념에 의해 辨證法的 發展으로 유도된다. 이러한 변증법적 발전은 실정법화된 공익이 언제나 진정한 의미의 공익을 대변하지는 못하고 있기 때문에 공익판단과 관련된 법체계의 진전을 위해 반드시 필요하다.

법규범 안에 존재하는 공익관념도 법질서의 단계구조에 맞추어 段階的인 構造를 가질 수 있다. 헌법적 가치판단이 제시하는 공익판단은 법률적 차원의 공익판단으로 부인되어서는 안 되며, 법률이 제시하는 공익판단을 명령이 위반해서도 안 되는 것이다.

한편 법규범, 특히 실정법규범에 의한 규범적 공익의 제시는 가능한 한 具體化 · 明確化할 것이 요구된다. '공익' 이라는 관념을 입법이 채택하는 경우는 대체로 ① 진정한 의미에서의 '공익' 이라는 의미추구의 경우와 ② 입법기술상의 문제로 공익의 의미내용의 구체화가 어려운 경우로 나누어 볼 수 있는데, 상당부분 立法의 不誠實이나 責任回避的인 차원에서 이루어진 경우가 있다. 이러한 경우의 공익판단은 規準缺如의 상황에 놓일 수 있다. 때문에 규준적 공익의 법규범화에 있어서는 입법자의 성실성이 무엇보다도 요구된다. 법규가 전체적으로 요구하는 수준의 규준적 공익의 법규범화가 이루어지지 못하는 경우 明確性의 原則 등의 위반으로 관계법조의 효력이 헌법적 판단에 의해 부인될 수도 있다.

공익개념에 대한 규준성의 부여는 '공익'이라는 문언을 사용한 법조문 자체라기보다는 그러한 법조문이 목표로 하고 있는 國家的 社會的 目的, 그러한 법문이 전제로 하고 있는 상황 등에서 유추되어 나오는 것이다. 물론 '공익'이라는 표현을 사용하지 않으면서도 관계 법조문이 '공익' 개념의 구체화를 입법하고 있는 경우도 있다.

4. 潛在的 公益의 節次法構造化

오늘날 規準的 公益의 존재를 전면 부인해 버릴 수는 없다 하더라도 다양한 가치, 다양한 세계관이 존중되는 상황에서 공익은 사회적 제이익 간의 토론과 설득을 통해 결정되어져 간다는 점을 등한히 할 수 없다. 더구나 오늘날의 사회적 상황의 복잡성과 유동성은 하나의 규준적 의미의 공익의 선험적 존재를 마냥 승인할 수는 없는 형편이다. 따라서 潛在的 公益이 법규범화를 통해서 그 規準的 意味를 획득하게 된다 하더라도 그 결정과정은 잠재적 공익관에 의해 설명될 수밖에 없는 것이고, 이러한 관점에서 보면 오늘날의 공익에 대한 해명은 잠재적 공익관의 관점에서 더욱 포괄적으로 이루어질 수 있다고 본다.

이와 같이 공익이 경험적으로 사회적 제이익 간의 이익대변과 토론, 설득으로 형성, 결정되어 간다는 입장에 서면, 공익의 意味內容이 아니라 그 判斷過程 자체가 하나의 法的 問題로서 등장하게 된다. 요컨대 公益判斷過程의 民主化가 요청되며, 공익판단과정이 節次的으로 公正하게 이루어질 것이 요망되는 것이다. 따라서 공익판단과정은 節次法構造化될 것이 요구된다. 이러한 공익판단에 대한 절차법은 궁극적 공익판단이 편파적으로 이루어지지 않도록 방지하는 데 목표를 두는 것이며, 나아가서 공익대변을 위한 사회적 힘이 약한 사회적 약자와 소수자를 보호하는 防禦機制로서의 의미가 있다.

잠재적 공익관에 의할 때, 公益判斷의 窮極的 主體는 문제 되는 공익과 관련되는 공동체에 소속되는 사람들 전체가 되어야 할 것이다. 이것은 바로 민주주의 정치논리의 요청이기도 하다. 따라서 국익의 의미에서의 공익판단은 국민이, 지방자치단체와 관련되는 공익판단은 지방자치단체의 전체 주민이 판단자가 되어야 할 것이다. 그러나 예컨대 주로 地方自治團體의 公益과 관련되지만 부수적으로 國益과 관련되는 경우 등에 있어서는 누가 공익판단의 궁극적 주체가 되어야 할 것인가 라는 점이 다소 애매하게 된다. 개념적으로 보면 이 경우에는 補充의 原理 등에 따라 지방자치단체의 주민이 일차적인 판단권자가 되어야 한다고 보지만 그 지방자치의 영역을 벗어나는 범위에서는 궁극적으로 전체 국민의 입장에서 판단되어야 할 것이다. 그러나 실제상 이러한 원론적 관점을 어떻게 적용·포섭할 것인가 라는 점은 여전히 어려운 문제라 할 것이다.

궁극적인 공익판단자를 민주주의 원리에 따라 전체 공동체 구성원이라 할 때 실제로 국민을 대신하여 공익판단을 행하는 法的 代理者 또는 法的 判斷機制는 어떠하여야 하는가가 문제 된다. 결론적으로 법과정으로서의 공익판단은 어느 기관이 독점할 수 없는 것이고, 권력분립의 원리 등에 따라 기능배분이 이루어져야 마땅하다. 따라서 입법, 행정, 사법 모두가 타당한 공익판단을 위하여 나름대로의 기능영역을 가진다. 한편 공익판단의 法的 機制로서의 절차법구조화는 立法的 차원에서도 이루어질 수 있으나 司法的 차원에서도 이루어질 수 있다. 사법부 등의 재판기관이, 실정법규범이 명하지 않은, 공익판단에 대한 節次的 要件, 또는 準節次的 要件을 부과하는 것은 적법절차 원칙을 명문으로 규정하고 있는 현행 헌법질서하에서 충분히 가능한 일이라 본다.

5. 法的 判斷으로서의 公益判斷의 目標

지금까지 공익개념이 지향하는 바는 공익의 보호와 관철이었다고 하여야 할 것이다. 물론 公益의 保護와 貫徹이라는 고전적인 과제는 오늘날에 있어서도 여전히 중요한 의미를 가진다. 그러나 '공익' 개념을 둘러싼 문제의식이 변화된 오늘날의 관점에서는 공익의 보호와 관철이라는 고전적인 공익론의 목표는 다소의 수정 보완이 요구된다고 본다.

첫째, 공익의 다양성을 인정한다면, 그리고 공익추구의 限界를 인정한다면, 공익 상호간, 그리고 공익과 사익 간의 利害調節이 중요한 문제로 제기된다. 一義的인 공익관념을 신봉한다면, 그리고 우월적인 공익관념을 전제한다면 제기되기 어려운 문제이겠으나, 오늘날의 잠재적 공익관의 입장에서는 이익형량을 비롯한 社會諸利益 간의 利害調節이 공익판단에 있어서 가장 핵심적인 문제로 대두되는 것이다.

둘째, 공익판단은 이제 더 이상 행정주체의 입장에서만 행해져서는 안 된다. 공익은 行政活動의 目標이자 限界의 의미를 가진다. 공익추구를 벗어난 행정활동은 그 正當化 根據를 상실한다. 따라서 '공익' 개념은 행정활동의 한계와 관련되는 법적 판단을 야기한다. 이러한 행정통제적 의미에서의 공익판단은 결과적으로 私權 또는 私益保護의 지향성을 가진다. 이것은 위의 첫 번째의 측면과도 일맥상통하는 것이다.

6. 公益判斷에 대한 裁判統制

입법적 차원에서의 공익판단에서 공백으로 남는 것은 그 適用과 解釋의 문제이다. 또한 입법적 차원에서의 공익판단이 헌법적 가치판단과 합치되는가 라는 것도 여전히 문제이다. 한편, 행정적 차원에서의 공익판단은 입법적 공익판단을 구체화하고 해석 · 적용하는 것으로 이루어진다. 그러나 행정기관은 고유의 관할에 따라 부분적인 관점에서의 공익을 실현하려고 하기 쉽기 때문에 공익판단에서의 객관성을 유지하기 어렵다. 실상은 입법적 차원에서의 공익판단에 있어서도 이러한 편파성은 존재할 수 있다. 우리 나라의 입법과정이 거의 행정부에 의해 좌우된다는 것을 감안하면 더욱 그러하다.

이상의 상황을 고려해 볼 때, 공익판단에 대한 객관적인 검증이 전체 법질서의 차원에서 필요하게 된다. 이러한 公益判斷의 客觀的인 檢證者로서 憲法裁判所와 法院 등의 재판기관을 들 수 있다.

공익판단에 대한 재판통제의 관점은 실체법적 차원에서 또 절차법적 차원에서 이루어질 수 있다.

實體法的 차원이라 함은 공익판단에 유관한 헌법, 법률, 명령 등의 규준적 요소를 해석 · 적용하여 입법적 · 행정적 차원에서 이루어진 공익판단의 合法性을 검토하는 것이다. 이러한 판단에 있어서는 공익판단의 실정법규에의 합치여부 및 비례의 원칙, 보충의 원리 등 법의 일반원리에의 합치여부 등이 문제 될 뿐 아니라 관련 이익의 이해조정, 이익형량도 중요한 문제가 된다. 또한 공익판단이 마땅히 준거하여야 할 합리성의 범위에 속하는 모든 사항을 고려하였는가 또는 공익판단의 논증과정에 모순점은 없는가 라는 것도 재판통제의 기준이 될 수 있다. 그러나 공익판단이 실제로 다의적으로 이루어질 수밖에 없기 때문에 재판통제에서의 공익판단은 적극적인 공익관념의 제시보다는 입법적 · 행정적 공익판단이 제시하고 있는 공익판단의 부적절성을 지적하는 형태의 否定的 判斷體系(negative system)로 기능하게 된다.

節次法的 차원이라 함은 공익판단과 관련되는 節次法的 要求가 준수되었는가 라는 관점에서의 재판통제를 의미한다. 이러한 의미의 재판통제는 '公益'이라는 용어 자체가 채택되어 있는 法條文만에 관련되는 것이 아니라 공익적 판단과 관련되는 모든 節次法的 狀況을 포괄하는 것으로 이해되어야 한다.

第5章 立法上 公益概念의 機能과 解釋 · 適用

第1節 序 說

공익이 國家目的으로 인식되고, 따라서 공익이란 공법체계 안에 존재하는 것이 아니라 超法的으로 공법체계 자체의 목적영역에 근접해 있다는 사고방식을 가지고 있었던 과거[1]와는 달리 오늘날의 시대상황은 공익의 分化와 多元化 및 脫國家化를 요구하고 있고 이것은 공익을 하나의 법적 문제로 인식하게 하는 계기를 형성한다.[2] 요컨대 오늘의 시대상황하에서는 공익은 더 이상 법체계 밖에 존재하는 것이 아니라 법체계 안에서 합리화되고 논증되어야 할 대상인 것이다. 따라서 공익판단은 궁극적으로 헌법재판을 포함하는 裁判統制의 대상이 되어야 할 것이다. 그리고, 이와 같이 공익판단의 문제를 중요한 법적 문제로 인식하게 될 때 공익판단과 관련되는 立法府, 司法府, 行政府 등의 국가기관의 역할이 전체적인 법체계 안에서 재조망되어야 할 것이다.[3]

그런데 우리 나라와 같은 성문법 국가에 있어서는 이러한 공익판단

1) 安達和志, 「行政法における公益保護の再検討」, 『行政法の諸問題(上)』(雄川一郎先生獻呈論集), 1990, 27ff. 그런데 日帝時代 이후 전해 내려오는 이러한 관념은 아직도 청산되지 못하고 있다.

2) P. Häberle, *Öffentliches Interesse als Juristisches Problem*, Einleitung 참조.

3) *Ibid.*, S. 46ff.

과 관련되는 국가기관들의 역할은 일차적으로 성문입법의 규율을 둘러싸고 이루어지게 된다. 따라서 입법상의 공익개념을 어떻게 규정하고 또한 그것을 어떻게 해석할 것인가 라는 것은 공익개념의 법문제화에 있어서 핵심적인 과제라 할 것이다.

오늘날의 국민의식이 공익개념의 탈국가화, 분화 및 다원화, 절차화 등에 경도되어 가고 있음에도 불구하고 아직 현실의 법체계는 이러한 변화 경향을 수용하고 있지는 못하다. 法意識과 法制度 사이에 존재하는 이와 같은 문화지체 현상은 하나의 과도기적 현상이라고 할 것이지만 법치주의의 진전을 위해서는 이와 같은 법의식의 변화를 법체계 안에서 소화하는 것이 대단히 중요한 일이라고 본다. 따라서 立法上 公益概念을 어떻게 규율할 것이며 또한 공익개념의 해석방향을 어떻게 정하여 나갈 것인가 하는 것은 公益觀의 動搖를 경험하고 있는 우리 사회에 있어서 법체계의 사회적 적실성을 가늠하는 의미를 가질 수도 있는 중요한 문제라고 사료된다.

이상과 같은 문제의식하에서 이 장에서는 공익의 脫國家化, 分化, 多元化, 節次化에 따라 요구되는 공익의 법문제화에 있어서 立法上의 公益概念이 어떻게 규정되어야 하며 또한 공익개념이 어떻게 해석되어야 할 것인가 라는 점 등에 대한 구명을 시도하고자 한다. 이러한 시도는 현실의 우리 법규정의 분석에서부터 출발하는 것이지만 한편으로는 우리의 공익관련 법규정이 지향하여야 할 방향을 이념적으로 제시하는 측면이 강하다는 점을 미리 밝히고자 한다.

第2節 立法上 公益概念의 法問題化 方向

1. 一般的 方向

입법상의 공익판단은 立法論과 法解釋論의 양 측면을 가진다. 입법론의 차원에서는 가능한 한 관련 이익상황에서의 진정공익을 여하히 적절하게 입법문언으로 묘사할 수 있을 것인가 또는 최소한의 공익판단의 지침을 줄 수 있도록 규정할 수 있을 것인가 라는 것이 가장 일반적인 과제가 된다. 이러한 차원에서 입법자는 가능한 한 공익을 구체화하는 노력이 필요하다. 廣範圍한 意味領域을 가진 입법문언은 그 애매성으로 인하여 입법으로서의 가치를 희석화시킨다. 그러나 진정공익에 대한 입법상의 접근은 사실 매우 어려운 문제이다. 무엇이 眞正公益인가 라는 점에 대해서도 불분명한 점이 많다. 그러나 이 경우 무엇보다도 입법자의 성실성이 요구된다. 관련 이익상황에 대한 정확한 이해 없이 공익개념을 마구 남용해서는 안 될 것이다. 공익에 관한 입법은 법해석자가 그 공익의 판단에 있어서 입법상의 지침을 분명히 발견할 수 있도록 규정되어야 할 것이다.

한편 법해석론의 차원에서는 해석을 위한 공익개념의 유형화·범주화가 가장 중요한 과제로 부각된다. 한편 공익개념을 法問題化한다고 하더라도 공익판단에 있어서 행정청의 판단의 여지 또는 재량을 전연 배제할 수는 없다. 그러므로 공익개념의 해석론에 있어서 행정청의 판단의 여지 또는 재량을 어느 범위까지 인정할 것인가. 즉 공익판단에 대한 재판통제의 범위를 어디까지로 할 것인가 라는 것이 매우 중요한 문제로 대두된다.

2. 公益槪念의 抽象性의 克服: 公益의 分化, 領域化, 限界지움에 대한 要求

공익개념의 법문제화를 관철하기 위해서 공익개념은 법적 판단에서의 유용한 도구성과 기능성을 확보하지 않으면 안 된다. 공익이 하나의 국가목적으로만 존재할 때에는 공익개념에 대한 과학적 통찰이나 그것의 기능성에 대한 고찰은 큰 의의가 없을지 모르지만 공익개념을 둘러싼 법적 판단이 현실적인 법문제로 대두될 때 공익개념은 法的 機能性

과 道具性을 획득하지 않으면 안 되는 것이다.

이처럼 입법상의 공익개념이 법체계 안에서 일정한 구체적 의미를 가지는 도구성을 가지기 위해서는 공익개념의 추상성이 극복되어야 할 필요성이 있다. 공익개념이 초법적 의의를 가지고 법체계의 목적이나 한계로서의 의미를 가진다면 모르거니와 공익개념이 법체계 안에서 법적 판단의 대상이 된다고 할 때, 마냥 추상적인 형태로 존재한다는 것은 법적 논증의 대상으로 되기에는 너무나 막연한 것이 된다. 물론 공익개념은 근본적으로 가치적 개념이므로 추상성을 어느 정도 용인하지 않을 수 없다.[4] 그러나 입법기술상 부득이 한 경우가 아니라면 공익은 보다 具體化된 형태로 묘사되고 기술되어야 한다. 또한 입법적으로 규정된 공익관념은 그 抽象性이나 一般性에 있어서 어느 정도 단계적인 구분이 가능하다고 본다. 입법상의 공익관념은 때로는 높은 추상성과 광범위한 일반성의 전제하에서만 의미 있는 것일 수 있다. 그러나 추상성의 정도가 높을수록 일반성의 정도가 광범할수록 공익개념의 법적 기능은 약화되는 것이다. 따라서 입법상 공익규정이 하나의 개념적 도피나 이념규정으로서의 의미를 벗어나 실정적인 법적 규율성을 의미 있게 가지기 위해서는 그 추상성은 가능한 한 완화되어야 하며 당해 공익규정이 지시하는 이익상황은 보다 구체적으로 적시될 필요성이 있는 것이다.[5]

이러한 까닭에 입법상의 공익규정은 관련 이익상황을 보다 구체화할 수 있는 해석적 소지를 줄 수 있도록 고안되어야 할 것이다. 따라서 공익은 보다 구체화되고 제한된 의미로, 그리고 그 이익상황의 영역이 지정된 상태에서 입법적으로 규율될 필요성이 있다. 이것은 입법상 등장

---

4) 공익이란 단순히 공허한 형식(Leerformel)은 아니지만 하나의 추상적 원리라고 할 것이다. Wolff/Bachof/Stober, *a.a.O.*, S. 341.

5) 공익이 단순히 하나의 맹목적인 이념으로 존재하지 않고 추상적이나마 법원리로서 기능하기 위해서는 최소한의 概念的 定向을 가져야 한다고 본다.

하는 공익개념이 불필요하게 一般化 · 抽象化되지 않도록 하는 公益의 分化, 領域化, 限界지움의 방향을 가지는 것이다. 특정한 규준적인 공익의 존재를 인정하기 어려운 현대적 상황하에서는 이러한 공익개념의 분화, 영역화, 구체화는 공익과 공익, 공익과 사익 등과 관련되는 이익상황에 있어서의 법적 판단의 합리화를 위하여 반드시 필요하다고 할 것이다.

이와 같은 공익개념의 구체화 · 분화 · 영역화 및 한계지움은 항상 입법론의 과제일 수만은 없다. 법해석론에 있어서도 관련 공익의 구체적 이익상황의 분석은 공익의 법문제화를 위해 필요 불가결하다. 이를 위해 이익상황의 유형화와 그에 따른 이익형량의 모델을 개발하는 것이 행정법학의 중요 과제가 될 수 있다고 본다. 이러한 까닭에 공익관념과 관련된 법해석학의 과제는 가능한 한 입법상 나타난 공익관념을 범주화하고 그러한 범주화된 공익관념의 일반적 이익상황을 분석함으로써 구체적인 공익관념의 해석에 필요한 이론적 지침을 제공하는 것에 있다고 할 것이다.

3. 利益衡量과 公益觀念의 分析

오늘날의 입법에서 나타나는 공익관념을 과거의 規準的, 國家的 의미의 공익으로만 이해할 수 없다는 점은 이미 기술한 바 있다. 즉 오늘날의 공익은 절대적인 의미를 가지는 것일 수는 없는 것이다. 요컨대, 어떠한 법규상 규정된 공익은 일정한 限界 안에서만 그 우월적 지위를 인정받는 것이지 無制約的, 絶對的인 優越性을 인정받을 수는 없는 것이다. 따라서 어떤 공익은 다른 공익에 의하여 제한되어질 수 있고, 심지어 私益에 의해서도 公益의 限界가 결정되어질 수도 있다. 또한 국가이익의 절대 우월은 이제 인정할 수 없는 개념이라 할 것이며 공익이라 할지라도 사익에 대한 절대적 우월은 용인되기 어려운 것이다.

이와 같은 현실하에서 공익과 관련된 법적 판단에 있어서는 '利益衡

量' 이 중요한 논증방법으로 부각되어지지 않을 수 없다. 특정 이익상황에서 취지를 달리하는 서로 다른 공익이 충돌할 수도 있다. 예컨대 公的 扶助를 위해 막대한 예산이 소요되는 경우 社會福祉의 增進이라는 공익과 適切한 財政의 運用이라는 공익은 서로 충돌할 수 있는 것이고 이러한 공익의 충돌을 법문제화하는 경우 법적 판단에 있어서 양 공익의 이익형량은 필수적인 것이라 할 것이다.[6] 이와 같은 공익 간의 충돌은 흔히 관련 행정관청 사이 또는 관련 지방자치단체 사이나 지방자치단체와 국가 사이의 분쟁의 양상을 띨 수도 있는 것이다.

공익을 단순한 행정집행상의 관심사로 이해할 때에는 利益衡量 역시 法執行上의 裁量에 맡겨지기 쉬웠다. 그러나 공익을 법문제로 인식한다면 이익형량은 단순히 법집행상의 문제가 아니라 立法, 行政, 司法 등 국가작용 전반에 걸치는 관심사가 된다. 따라서 오늘날의 상황에서 공익판단을 법문제화하기 위해서는 먼저 立法 段階에서부터 충돌하는 공익 상호간 또는 공익과 사익 간의 利益衡量을 위한 고려가 필요하다고 할 것이다. 공익을 단순히 입법기술상의 도피처로 인식하고 이 점에 대한 고려를 소홀히 하게 되면 공익개념의 규정은 이익형량에 있어서 아무런 지침도 제공할 수 없게 되어 결과적으로 공익개념의 법문제화에 역행하게 된다. 한편 법해석론에 있어서도 範疇化된 공익개념 상호간 또는 공익과 사익 간의 이익형량을 위한 이론이 개발되어야 할 것이다.

이상과 같은 취지에서의 이익형량을 위한 공익개념의 분석은 기실, 公益의 分化 · 領域化 · 限界지움과 밀접한 관련이 있다. 양 이익의 비교는 각 이익의 범위와 정도에 대한 이해가 전제되지 않고는 이루어질 수 없는 것이다. 따라서 特定한 公益에 대한 분석 없이는 이익형량은 불가능한 것이라 할 것이다. 그러므로 공익관념의 추상성을 극복한다는 것

6) 이와 같은 利益衡量에 있어서 특히 일반성의 정도가 다른 공익 상호간의 형량에 있어서 比例原則이 형량의 법원칙으로 등장하게 된다. Wolff/Bachof/Stober, *a.a.O.*, S. 343.

자체가 공익과 관련된 이익형량을 가능케 하는 요소가 된다.

4. 公益判斷의 節次法構造化

規準的 公益의 絶對性이 의심되는 오늘날의 상황에서 공익관념에 대한 보다 실증적인 판단방안은 그 판단의 절차법구조화에 있다고 본다. 오늘날과 같이 가치의 多樣化, 價値相對主義가 풍미하는 시대상황에서는 보편적으로 인식되는 공익이 차지하는 비중은 현저히 줄어들 수 밖에 없을 것이고 그에 대체하여 그 판단과정과 節次의 公正性을 담보함으로써 그 과정 및 절차를 거쳐 결정되는 사항이 공익에 적합하다는 것을 인정하는 형태[7]로 공익 판단방식이 변화되어 가고 있는 것이다. 어떠한 판단이 공익에 적합한 것이기 위해서는 관련되는 이해관계자에게 공평하게 利益代辯의 기회를 주어야 할 것이고 판단자는 제3자로서 偏見이 排除된 상태에 있어야 할 것이며 또한 충분히 객관적인 판단을 할 수 있는 능력과 자질이 보장되어야 한다. 이러한 요소들은 영미법상의 自然的 正義(Natural Justice)의 원칙에서 도출되는 雙方聽聞의 原則, 偏見排除의 原則[8] 등과 일맥상통하는 것이다.

이처럼 公益判斷의 節次法構造化를 통한 민주적인 공익결정과정의 모색은 규준적인 보편적 공익의 존재에 대한 신념을 잃어가고 있는 오늘날의 우리 시대에 비교적 적합한 공익판단모델이라고 할 수 있다. 그러나 그렇다고 하여 우리 사회의 普遍的 價値의 존재가 전체적으로 부정될 수는 없을 것이며 공익판단이 항상 특정한 절차구조 안에서 형식

7) 공익에 대한 이해방식은 法學과 다른 社會科學과의 사이에서도 다소 간의 차이가 노정된다. 그러나 공익판단에 있어서 節次를 중요시하는 것은 법학자들의 일반적인 경향이기도 하다. Ernest S. Griffith, “The Ethical Foundations of the Public Interest”, in C. J. Friedrich(ed.), *The Public Interest*, Nomos V, 1962, p. 15ff.

8) 梁承斗 · 李東科 · 金榮三, 『英美公法論』, 1985, 179-183면 참조.

적으로 이루어짐으로써 족하다고 할 수만은 없다. 아무리 相對化된 價値觀을 가지고 다양한 의견을 수용하는 사회라 할지라도 최소한의 보편적 가치는 공유하기 마련이고 또한 그러한 최소한의 보편적 가치의 공유를 통해서 社會統合을 유지할 수 있기 때문에 공익판단의 절차법구조화 자체가 지배적 명제로 부각되어서는 곤란하다고 본다.

공익판단의 절차법구조화를 위해서 입법상의 공익규정은 무리한 규준적 의미의 실체적 공익판단을 자제하고 공익판단에 있어서 고려되어야 할 요소나 절차에 대한 규정을 둠으로써 공익판단의 절차법구조화를 도모함이 필요하다고 본다. 또한 解釋論에 있어서도 공익판단과 관련되는 절차법적 요구를 만족시킨 경우에 공익판단의 정당성을 追認해 줌으로써 公益判斷의 節次法的 側面을 만족시킬 필요가 있다고 본다.

第3節 憲法上의 公益

1. 序 言

公益槪念의 法問題化를 위해서 공익에 대한 입법적 판단을 분석함에 있어서 가장 기본이 되는 것이 憲法上의 公益 개념의 분석이다. 헌법은 '공익'이라는 용어를 직접 사용하고 있지는 않다 하더라도 '公共福利',[9] '公共의 安寧秩序'[10] 등 '공익'에 해당한다고 할 수 있는 개념들을 적잖게 채택하고 있다. 따라서 헌법이 제시하는 공익관념이 어떠한 종류의 것이며 또한 이것들이 입법상의 공익개념규정이나 그 해석에 어떠한 영향을 미치는 것인지 검토하지 않을 수 없다.

헌법상의 공익개념이 비교적 포괄적인 성격을 가지는 것이라고는 하

9) 헌법 제23조 제2항, 헌법 제37조 제2항 등.

10) 헌법 제76조 제1항, 헌법 제77조 제1항 등.

지만 憲法의 體系解釋上 헌법의 각 규정에 등장하는 공익개념이 모두 동일한 취지라고 보기는 어렵다.

憲法上 존재하는 公益 關聯規定들을 보면 우선 가장 포괄적인 형태로 존재하는 헌법상의 공익관련규정으로서 헌법 제37조 제2항 "국민의 모든 자유와 권리는 國家安全保障, 秩序維持 또는 公共福利를 위하여 필요한 경우에 한하여 제한할 수 있으며, 제한하는 경우에도 자유와 권리의 本質的인 내용을 침해할 수 없다"가 있다. 또한 헌법 제23조 제2항은 재산권 행사에 있어서의 제약원리로서 公共福利를 규정하고 있으며, 동조 제3항은 재산권의 수용, 사용, 제한의 근거로서의 公共必要를 규정하고 있고, 헌법 제77조 계엄선포의 요건으로서의 '公共의 安寧秩序'의 維持, 헌법 제109조에서의 재판비공개결정의 요건으로서의 '國家의 安寧秩序'의 보호 등도 공익관련 규정이라고 할 수 있을 것이다. 이외에도 헌법상 존재하는 다수의 규정 가운데 공익, 공공복리 등의 용어를 사용하지는 않았으나 공익과 관련되는 규정들이 散在하고 있다.

이들 규정들을 살펴볼 때 모든 공익적 이익상황을 포괄하는 공익규정은 헌법상 존재하지 않는다고 하여야 할 것이다. 요컨대 헌법 자신도 공익을 一義的 包括的으로 규정하고 있지 않은 것이다. 따라서 헌법이 규정하는 바 공익관련 규정이 어떠한 법적 의미를 가지는가 라는 것은 개별 규정마다 검토하여 볼 사항이라 하겠다.

그러나 헌법상 존재하는 공익 규정들은 모두 自己完結的인 閉鎖概念으로 이해되어서는 안 될 것이다. 헌법의 체계해석상 공익판단의 일반적인 방향을 법적으로 논증할 수는 있겠지만 헌법이 말하는 공익 또는 공공복리는 광범위한 立法形成의 自由에 대해 열린 開放概念으로서의 성격을 가지는 것이다.[11] 그러므로 헌법의 공익판단은 매우 概括的이고

11) Läufer는 憲法 자신이 개방된 公益的 過程이라고 한다. T. Läufer, *a.a.O.*, S. 691. 또한 헤벌레는 헌법상의 公共福利는 입법형성의 자유와 권한의 문제라고 한다. P. Häberle, *Gemeinwohljudikatur und Bundesverfassungsgericht*, S. 296.

抽象的인 상태에 있는 것이고 구체적인 공익판단은 입법에 또는 법집행단계에 맡겨져 있는 경우가 많다.

2. 基本權 制限의 一般的 根據로서의 公共福利

우리 헌법상 엄격한 의미에서는 일의적 · 포괄적인 공익관련 규정이 없다 하더라도 상당한 普遍性과 一般性을 가지는 공익관련 규정이 있음을 부인할 수 없다. 헌법 제37조 제2항의 公共福利 규정이 바로 그것이다. 헌법 제37조 제2항은 모든 기본권제한 입법에 대한 일반적인 한계를 규정하고 있으므로 동 규정의 일반성과 포괄성은 상당한 범위에 미친다고 할 것이다.[12)]

물론 동 규정상의 공공복리가 具體的으로 어떠한 意味內容을 가지는 것인가에 대한 설시는 헌법규정상 발견할 수 없다. 그러나 헌법의 체계해석상 우리 헌법 제37조 제2항이 말하는 공공복리는 개인의 가치와 인격을 무시하는 전체주의 또는 극단적인 단체주의적 사고방식에 입각한 것이라고 볼 수는 없다.[13)] 공공복리라는 개념 자체가 개인주의적 발상에서 비롯되는 것은 아니라 할 것이지만, 그렇다고 하여 우리 헌법상의 공공복리 규정을 단체를 위하여 개인의 절대적 희생을 요구하는 의미로 해석할 수는 없다고 할 것이다.[14)] 그리고 이러한 해석의 방향은 이미 헌법 제37조 제2항의 규정 자체에 내재되어 있다고 할 것이다. 즉 동 조

---

12) 헤벌레는 헌법해석은 公共福利의 具體化로서의 의미를 가지고 있음을 밝히고 있다. *Ibid.*, S. 261ff.

13) 權寧星, 『憲法學原論』, 2001, 337면. 같은 취지로, 김철수 교수는 公共福利는 人權 상호간의 충돌을 조정하고 각인의 인권의 최대한의 보장을 꾀하는 것이라고 한다. 金哲洙, 『憲法學新論』, 2001, 223면.

14) 나아가 公共福利를 "사회적 약자를 현재 수준보다 향상케 하는 국가시책에서 사회구성원의 전체가 이익을 볼 수 있는 相互關係"로 이해하는 견해도 있었다. 尹世昌, 『新憲法』, 1983, 113면.

항의 후문에서 "제한하는 경우에도 자유와 권리의 본질적인 내용을 침해할 수 없다"라는 규정을 둔 것은 공익의 私益에 대한 絶對的 優越이라는 관념을 배제하고 사익의 본질적인 부분은 공익이라는 미명하에 침해될 수 없음을 나타내고 있는 것이라 할 것이다.

이와 같이 우리 헌법이 공공복리를 위한 基本權 制限을 규정하면서도 공공복리 추구의 한계를 규정한 것은 이미 우리 憲法秩序가 공익의 절대적 우월을 포기하고 있음을 말해 주는 것이며, 따라서 公 · 私益 간의 이익형량, 그리고 나아가 公益 간의 이익형량을 염두에 두고 있다고 말할 수 있다.

3. 財産權制約의 根據로서의 公共福利와 公共必要

우리 헌법이 규정하는 바 또 하나의 包括的 意味를 가진 공익규정은 헌법 제23조 제2항 및 제3항의 '公共福利' 및 '公共必要'라고 할 수 있다. 개념적으로는 헌법 제23조의 '공공복리' 및 '공공필요'는 헌법 제37조 제2항의 '公共福利'와 일맥상통하는 것이라 할 것이다. 헌법 제37조 제2항이 기본권 제한의 근거로서의 '공공복리'를 규정하고 있으므로 基本權의 일종으로서의 재산권에 대한 제한의 근거로서의 헌법 제23조의 '공공복리' 및 '공공필요'는 헌법 제37조 제2항의 '공공복리'에 포함된다고도 할 수 있을 것이다.[15] 그러나 헌법 제37조 제2항이 기본권 제한의 근거로서 國家安全保障, 秩序維持 및 公共福利를 지칭하고 있음에 반하여 헌법 제23조의 재산권 제한의 근거로서의 공공복리 및 공공필요는 그와 같은 개념구분을 하지 않고 있으므로 형식 논리상 양자는 상이한 점이 있다고 할 것이다. 그러나 헌법상의 개별조문의 입법문언을 떠나서 일반적인 의미에서의 '공익' 또는 '공공복리'에는 국가안전보장, 질서유지 등도 포함된다고 보여지므로[16] 이러한 차원에서의 양 조문상의 개념

15) 許營, 『韓國憲法論』, 2001, 470면.

구분은 실질적으로 큰 의의를 가지지는 못한다고 본다.

實質的 觀點에서 보면 헌법 제37조 제2항의 공공복리와 헌법 제23조의 공공복리 및 공공필요는 그 一般化의 정도가 다르다는 점에서 구별될 수 있을 것이다. 전자는 基本權 制限 一般에 관련된 공익판단이라고 한다면, 후자는 財産權 行使와 財産權 制約이라는 특별영역에서의 공익판단에 관련되는 것이다.[17] 따라서 전자는 추상적인 형태로 법적 판단의 소여만을 제공하고 있는 데 반해, 후자는 財産權領域이라는 개별화 및 분화의 전제하에 공익판단이 이루어질 것을 예정하고 있다. 이러한 법적 판단의 所與의 차이는 그 의미내용의 차이를 초래할 수도 있다. 그리고 그 차이는 개별법 영역의 특수성에서 비롯되는 것이라 할 것이며, 일반적인 법원리가 개별 구체적으로 적용됨에 따른 변용으로 인한 차이로 이해되어야 할 것이다. 다만 헌법 제23조의 공익은 헌법 제37조 제2항 및 전체 憲法의 體系 解釋의 범위 안에서 이해되어야 할 것이다. 그러므로 재산권의 본질적 부분은 공익을 이유로 침해될 수 없는 것이라고 할 것이다.

4. 其他의 公益關聯規定

헌법 제37조 제2항 및 동 제23조 제2항, 제3항 이외에도 넓은 의미에서 공익과 관련되는 조항이 우리 헌법에 산재한다. 예컨대 헌법 제21조 제4항에서의 '公衆道德이나 社會倫理'라든가 헌법 제77조 제1항의 '公

16) 공공복리를 이러한 광의의 것으로 파악할 때 국가안전보장, 질서유지 등은 방어적 · 소극적 공공복리에 관계되는 반면 협의의 공공복리, 즉 사회적 기본권과 관련되는 공공복리는 적극적 실현목표로서의 공공복리에 관계된다고 할 것이다. Birgit Stöcker, *Die Gemeinwohltheorie Robert von Mohls als ein früher Ansatz des sozialen Rechtsstaatsprinzips*, 1992, S.150ff 참조.

17) 재산권 제약의 근거로서의 公共福利의 특성은 토지행정법에 있어서의 공익 및 공공복리의 개념에서 잘 나타나고 있다. *Infra*. 제7장 제6절 참조.

共의 安寧秩序', 헌법 제109조 단행의 '國家의 安全保障 또는 安寧秩序', '善良한 風俗' 등은 그 입법문언상 공익과의 관련성을 쉽게 인식할 수 있는 조항들이고, 이상과 같이 직접적으로 공익관련 용어가 채택되지는 않았다 하더라도 해석상 公益과 관련 있는 헌법 조문은 일일이 열거하기 어려울 정도로 많다.

그런데 이들 공익관련 규정들은 모두가 각각의 헌법 조항의 맥락 안에서 이해되어야 할 것들이라고 생각된다. 개별적인 헌법규율의 취지를 초월한 보편적인 공익관념의 존재를 전제한다는 것은 대단히 위험하면서도 생산적이지 못하다. 그러므로 이들 공익관련 규정들이 말하는 공익은 상대적인 관점에서 이해할 필요성이 있다. 이와 같은 공익에 대한 相對的인 理解에 있어서는 관련 공익이 무엇에 대립하는 것인가 라는 점을 밝히는 것이 선결적이다. 예컨대 헌법 제21조 제4항의 '公衆道德이나 社會倫理'는 표현의 자유와의 관계상 대립적 위치에 서는 상대적 공익이고 이러한 까닭에 표현의 자유와의 사이에서의 이익형량이 문제가 될 수 있다. 그리고 이미 언급한 것처럼, 이들 공익의 상대적 의미는 입법을 통해서, 그리고 판결을 통해서 또는 행정의 판단여지나 재량의 행사에 의해서 구체화된다.

第 4 節　立法上 公益規定의 意義와 類型

1. 立法上의 公益規定의 意義

이미 살펴본 바와 같이 憲法 規定에 있어서도 공익관련 규정은 존재하지만 그 공익이 구체적으로 어떠한 의미내용을 가지는 것인가에 대한 헌법적 가치판단은 구체적이지 않다. 따라서 공익판단의 헌법적 가치판단에의 의존은 매우 제한적인 의미밖에 가지지 못한다. 사실 역사적으로 공익판단은 憲法的 判斷事項도 아니고 立法的 判斷事項도 아니고 주로 行政的 判斷事項으로 간주되어 온 것이기 때문에 이와 같은 상황은 매우 자연스럽다고 할 것이다. 그러나 공익을 법문제화한다고 할 때 공익판단에 어떠한 형태로든 規範的인 判斷基準이 주어져야 할 것이며, 또한 그러한 규범적인 판단기준의 준수를 담보할 법적 장치가 필요하다[18]고 할 것이다. 그런데 후자는 이미 憲法裁判制度, 行政訴訟制度 등을 통해서 일반적으로 확보되어 있다고 보여지기 때문에 공익의 법문제화에 있어서 보다 중요한 점은 전자의 문제라 할 것이다.

그런데 공익개념은 성격상 抽象化되어 개념규정되기에 심히 곤란한 점이 있다. 사실은 공익의 법문제화 자체가 공익관념의 脫抽象化와 밀접한 관련이 있다는 점을 깊이 인식할 필요가 있다. 이러한 까닭에 헌법이 공익판단에 대하여 제시하는 규범적 기준은 결코 自己完結的이라고 할 수 없다. 오히려 헌법은 공익판단의 기본적인 틀만을 제시하고 있을 뿐이다. 요컨대, 헌법은 공익이 사익을 완전히 압도할 수 없음을 밝히고 있고, 공익관련 헌법문언은 一義的이지 않고 다양하게 구사되고 있다는 점에서 공익의 다원화와 분화를 간접적으로 인정하고 있다고 해석될 수 있을 뿐 더 이상의 具體的인 공익판단의 기준을 발견하기는 어려운 실정이다. 때문에 공익판단에 있어서의 구체적인 規範的 基準의 부여는 立法의 課題라고 할 수 있다. 현재의 입법은 이 점에 있어서 매우 취약하다. 현재의 입법은 대부분 공익판단을 집행권에게 白紙委任하다시피 하고 있는 것이다. 이것은 궁극적으로 공익판단을 법문제화하는데 장애가 되고 있다. 공익판단이 집행권에게 백지위임된다고 하더라도 그것이 재판통제에서 완전히 자유롭다고 할 수는 없다. 왜냐하면 그것이 법률요건으로서의 不確定法槪念의 해석문제로 대두되든 재량권 행사의 문제로 대두되든 그것은 일정한 범위 안에서 재판통제의 대상이

---

18) 아울러 이들 재판기관에게 規範的 意味에서의 公益具體化가 맡겨져 있다고 보여진다. 따라서 재판기관으로서는 공익구체화의 기법을 개발할 필요가 있다. T. Läufer, *a.a.O.*, S. 692ff.

되기 때문이다. 그러나 입법을 통하여 규범적 기준이 주어지지 않은 상태에서의 집행적 공익판단에 대한 통제는 매우 제한적이다. 더구나 때로는 立法技術上의 便宜 때문에 공익의 구체화를 외면하고 一般公益으로 逃避하는 입법례도 적지 않기 때문에 이러한 경우에는 실질적으로 法律留保原則의 회피현상이 발생할 수도 있다. 그러므로 공익판단의 구체화를 위해 立法이 차지하는 비중이 경시되어서는 안 된다. 입법이 공익개념에 어떻게 접근하는가에 따라 그것은 집행상의 공익판단의 規範的 基準으로 작용할 뿐 아니라 그것이 法律問題化되어 재판통제의 대상이 될 때, 재판통제의 근거로서 기능하게 될 것이기 때문이다.

그러나 현실에서는 기우에 불과한 것이겠지만, 공익판단에 있어서의 立法의 역할이 과대평가되어서도 안 된다. 공익판단은 역시 구체적인 법집행의 과정에서 최종적으로 이루어지는 것이니만큼 立法을 통한 공익판단의 법적 규제에는 한계가 있다고 할 것이고 궁극적으로 公益判斷의 法問題化는 재판기관에 의한 法解釋技法을 통하여 구체화되어야 할 것이다.[19] 입법은 이러한 재판통제에 중요한 근거와 계기를 마련하는데 중요한 역할을 하게 된다.

2. 立法上의 公益規定의 類型[20]

公益判斷에 있어서 주어지는 規範的 基準으로서, 헌법도 있고 각종 하위 입법도 있겠으나, 이미 언급한 바와 같이 공익판단의 법문제화의 과제는 결국 法解釋學의 단계에서 마무리지어지는 것이라 할 것이다.

---

19) *Id*.

20) 이하의 類型化 작업에 있어서 기본관념은 헤벌레의 유형화에 시사받은 바 크다. 그러나 독일의 경우와 우리 나라의 경우 공익관련 입법상황이 너무나 相異하기 때문에 이하에 제시하는 분류범주는 우리 나라에 고유한 것으로서 새롭게 제시되는 것이다. P. Häberle, *Öffentliches Interesse als juristisches Problem*, Erster Teil 참조.

법해석학의 단계에서의 공익의 법문제화를 위한 과제는 이미 제시한 바처럼 공익관념의 抽象性의 극복, 利益衡量, 공익판단의 節次法構造化 등이라고 할 수 있다. 그런데 이들 과제를 달성함에 있어서 가장 긴요한 것은 입법상의 공익규정의 類型化作業이라 하겠다. 이러한 공익규정의 유형화작업을 통하여 공익관념의 추상성의 극복을 꾀할 수 있으며 이익형량의 기본적인 바탕이 마련되어질 수 있다.

사실 이러한 유형화는 공익관련 법률문제에 있어서 歸納的으로 이루어져야 할 성격의 것이다. 立法規定의 분석을 통한 유형화는 현실적인 법률문제의 쟁점에 입각한 유형화와 반드시 일치한다고 말할 수 없을 것이다. 그러나 아직 우리 나라에서 공익관념의 법문제화는 매우 초보적인 단계에 있는 만큼 관련 判例도 하나의 이론을 추출할 수 있을 정도로 쌓이지 못한 상태에 있다. 따라서 이하에서는 외국의 이론을 참조하고 우리 실정법의 분석에 의존하여 실정법규상 존재하는 공익개념의 類型化를 시도해 보고자 한다.

다만 이하의 분류는 상호 독립적인 의미를 가지는 구분적 분류가 아니라 상당 부분은 範疇의 중복이 가능한 것이라는 점을 미리 밝혀 두고자 한다. 또한 우리 나라의 입법현실에 있어서 아직은 공익관념의 법문제화가 염두에 두어지지 않은 채 입법상 '공익'과 그 유사개념이 부주의하게 사용되고 있다는 느낌을 불식하기 어렵다. 즉 현재의 상태에서 입법문언의 분석을 통해 하나의 理論的 體系를 도출한다는 것이 쉽지 않은 것이 사실이다. 그러나 현재 우리 입법의 문제를 지적하는 것 자체가 하나의 진전일 수 있다는 점에서 때로는 解釋的 意味附與를 통해서 때로는 외국법과의 比較論的 관점에서 공익개념의 분류를 시도하기로 한다.

전체적으로 보아 우리 나라의 立法에 있어서 공익관념은 아직은 법규범을 담는 그릇으로 의미부여하기에 부족한 측면이 많다. 우리 실정법상 등장하는 공익관련 구성요건은 아직도 여전히 법체계 자체의 목적으로서 抽象化되어 있는 경우가 많은 것이다. 그러나 경우에 따라서는 공익개념이 보다 법적 판단의 기준에 접근하고 있는 경우도 없지 않다.

1) 利益狀況의 具體化가 어려운 경우의 一般 · 抽象化의 道具로서의 公益

우리 나라의 立法狀況은 아직 집행부 便宜的인 경향을 강하게 가지고 있다. 그것은 오늘날의 입법이 사실상 행정부 주도로 이루어지고 있는 것에 크게 기인하는 바 있다고 본다. 그런데 공익관련 立法에서는 이러한 경향이 더욱 현저하게 나타난다. 그것은 구체화하기 쉽지 않은 이익상황에 있어서 '공익'이라는 不確定槪念에 의존하는 것이 입법기술상 편리한 점이 많기 때문이라고 할 것이다. 따라서 때로는 公益關聯構成要件에 등장하는 공익관념이 법적 판단에 거의 아무런 지침을 주지 못하는 경우도 나타난다. 이 경우 공익관념은 단순히 이익상황의 구체화가 어려운 경우에 있어서 一般 · 抽象化의 도구로 사용되고 있는 것에 불과한 것이다.

예컨대 식품위생법 제24조는 영업허가 등의 제한사유를 열거하면서 제4호에서 '公益上 그 허가를 제한할 필요가 현저하다고 인정되어 보건복지부 장관이 지정하여 고시하는 영업 또는 품목에 해당되는 때'를 말하고 있는데 이러한 경우 '公益'이라는 개념을 향도할 지표는 지극히 애매하다. 사실은 이와 같이 애매한 입법은 가능한 한 自制하여야 할 것이며, 때문에 이에 대한 재판통제는 엄격하여야 할 것이다. 또 하나의 예를 들면 사회복지사업법 제26조는 사회복지법인의 설립취소사유로서 '公益을 해치는 행위를 한 때'를 들고 있지만, 이것 역시 매우 애매한 기준으로서 입법 자체의 가치를 의심스럽게 하는 것이다.

그러나 사실은 이러한 유형의 공익관련 구성요건은 우리 實定法 도처에 산재하고 있으며, '공익'이란 행정청의 행위를 正當化시켜 주는 와일드카드로 기능하고 있는 경우가 많다고 본다. 이러한 유형의 공익관련 구성요건의 예가 많다는 것은 공익과 관련되는 우리 입법의 주의가 아직은 초점을 잡지 못하고 있다는 것을 의미하며, 한편 공익이 아직은 法的 判斷의 道具로서보다 行政作用의 正當化 道具로서 크게 기능하고 있다는 점을 반영하는 것이라고 본다.

그러나 공익을 법적 판단의 도구로 기능하게 하고자 할 때에는 이러한 유형의 公益關聯 構成要件의 채택은 극히 자제하여야 할 것이다. 또한 법해석론으로서도 이러한 유형의 공익관련 구성요건의 해석에 있어서는 엄격성을 부여하고 解釋上의 基準을 제시함으로써 후일의 입법에 바람직한 방향성을 부여하도록 하여야 할 것이다.

2) 行政目標로서의 公益[21)]

우리 입법상 가장 전형적으로 나타나는 공익관념의 형태 가운데 하나가 行政目標로 설정된 공익이다. 예컨대 국유재산법 시행령 제21조의 3은 '공익목적에 맞게 受託財産을 관리하여야' 함을 규정하고 있는바 이러한 의미에서의 공익관념은 굳이 입법문언상 현출되지 않는다 하더라도 법적 판단의 기준으로 원용될 수 있다. 따라서 이러한 유형의 공익관념의 수용도 실질적인 차원에서는 큰 의미가 없는 것이라 하겠다. 그러므로 行政目標로서 설정되는 공익은 좀더 具體化된 형태로 제시될 필요가 있다. 물론 국유재산의 관리와 관련되는 공익이 어떠한 성격을 가질 것인가에 대해서 법해석론상의 推論이 불가능한 것은 아니겠으나, 만약 공익관련성을 입법문언상 현출시킴이 필요하다면 立法에 있어서 국유재산법에 있어서 추구되어야 할 공익을 좀더 구체화하여 상세하게 규정함이 적절하였을 것이다.

누차 지적되는 바이지만, 우리 實定法上 나타나는 공익관념은 너무나 추상적이고 애매한 형태로 되어 있어 그 公益關聯性을 입법문언화하는 實益이 의심받을 정도이다. 이것은 공익을 단순히 行政作用의 정당

---

21) *Ibid.*, S.39-53 참조.

화 근거로서만 인식하기 때문이라 할 것이며, 法的 判斷의 기준으로서의 공익을 염두에 두지 못했기 때문이라고 생각된다.

3) 支援이나 保護의 對象으로서의 公益

우리 실정법에 있어서 공익관련 구성요건의 두드러진 특징 가운데 하나는 그것이 支援이나 保護의 대상으로 강하게 자리잡고 있다는 점이다. 예컨대 도로법 제44조는 공익을 목적으로 하는 비영리사업에 대한 占用料 징수의 제한을 규정하고, 도로법시행령 제26조의5는 공익사업의 경우 도로점용료의 감면을 규정하고 있다. 또한 공유수면관리법 제9조 등도 도로법과 유사한 규정을 두고 있으며, 단행법률로 공익법인의설립운영에관한법률이 존재하고 있다. 이외에도 公益에 관한 事案을 특수취급하여 이를 보호하거나 지원하는 경우는 우리 실정법의 도처에서 발견되는 현상이다.

행정소송법 및 행정심판법상의 事情判決制度나 事情裁決制度도 사실은 공익에 대한 초월적 보호제도라고 할 만한 것이며, 토지수용법상 공익사업에 대해 토지수용권을 허용하는 것도 같은 맥락이라고 할 수 있다.

이와 같이 '公益'에 대한 保護와 支援은 오늘날의 상황에서는 다소 과도한 것이 아닌가 라는 의심을 가져올 정도이다. 이와 같이 다소 지나친 公益優越的 態度는 행정작용에 대한 법적 통제가 사실상 형식상의 것에 불과하였던 일제시대[22] 이후의 우리 행정 전통에 더하여 1960년대 이후 經濟開發時代에 있어서 공익우선의 국가적 가치관이 아직까지 殘存하고 있기 때문이 아닌가 한다. 그렇지만 사정판결제도에서 볼 수 있듯이 공익이 다소간 정상적인 법질서를 초월하고 있는 것은 오늘날과 같이 공익의 一義的 解釋을 받아들이기 어렵고 規準的 意味의 公益에 대한 회의가 점증해 가는 시대에 있어서 적절한 것이 되지 못한다고 본

22) 戰前 일본의 공익보호론에 대하여는 安達和志, 前揭論文 참조.

다.[23] 초월적 의미를 가지는 공익일수록 더 구체화되고 제한되어야 할 것이며, 一般的 抽象的 형태로 규정된 공익이 정상적인 法秩序를 초월할 수 있다고 하는 것은 과거 공익을 法超越的인 國家目標로 인식하던 시대에나 가능한 것이 아닌가 한다. 이제 공익 역시 법테두리 안에 존재하는 法的 規制의 對象으로 여겨지고 공익관념 자체가 법적 판단의 도구로 인식되는 새로운 공익 패러다임하에서는 공익에 대한 이러한 이해방식은 불식되어야 한다. 공익에 대한 例外取扱, 特殊取扱의 정도가 강할수록 입법론적으로든 해석론적으로든 그 공익은 구체화되어야 할 것이며, 공익이라는 이름의 無所不爲의 행정작용의 근거에 대한 神話는 공익 역시 법적 판단의 과정에 놓여질 수밖에 없다는 오늘날의 법적 현실 앞에서 깨어져야 할 것이다.

4) 拒否의 要件 및 制限의 根據로서의 公益[24]

公益에 대한 侵害는 각종 행정적 승인, 인가, 허가, 면허 등의 거부의 요건으로 규정되고 있다. 또한 적극적으로 공익을 위하여 경우에 따라서는 공익에 대한 침해를 방지하기 위하여 실정법의 각종의 제한과 한계를 가하는 경우도 많이 있다.

예컨대 공중위생법 제11조 및 골재채취법 제22조 제3항은 營業制限 또는 許可制限의 근거 또는 許可拒否要件으로서의 공익을 규정하고 있다. 한편 변호사법 제77조 제3항 및 제86조 제3항, 법무사법 제59조, 제70조 등은 지방변호사회 총회, 대한변호사협회 총회, 지방법무사회, 대

---

23) 事情判決制度에 대해서는 행정법학자들 간에 法治行政의 원리 및 재판을 통한 개인의 권익보장이라는 헌법 이념에 충실치 못한 것이라는 점에서 비판이 빈발하고 있다. 李尙圭, 前揭書, 786면; 朴鈗炘, 前揭書, 1014면; 金伊烈, 「행정심판법의 문제점」, 『고시계』, 1985. 4. 78면 등 참조.

24) P. Häberle, *Öffentliches Interesse als juristisches Problem*, S. 136-161 참조.

한법무사협회 등의 결의가 公益을 해한다고 인정되는 경우 행정청에 의한 그 決議의 取消를 규정하고 있다. 이 밖에 공익을 해하는 경우에 許可取消나 과징금을 부과하는 경우는 부지기수이다.

이처럼 거부의 요건 또는 제한 및 한계의 근거로서 공익구성요건이 많이 활용되고 있는 것은 거부의 사유 또는 제한 및 한계의 근거가 되는 사유를 일일이 열거하기 어려운 立法技術上의 사정에 크게 기인하는 것으로 보인다. 이 경우 입법론적으로는 제한 및 한계의 정도가 큰 것일수록 그 근거에 대한 가능한 한 상세한 입법을 하도록 함으로써 이와 같은 불확정개념의 사용을 자제하여야 할 것이며, 解釋論上으로는 다른 拒否事由 또는 制限 및 限界의 근거 사유와 동등한 정도의 의미를 가지는 公益侵害의 사정이 있어야 비로소 거부나 제한 및 한계의 근거가 될 수 있는 것으로 해석하여야 할 것이다. 行政的 拒否 制限 등의 근거가 이처럼 불확정적 사유로 가능하게 된다면 법률유보의 원칙에 실질적으로 배치될 염려도 있을 수 있기 때문이다.

5) 審査 · 判斷의 基準으로서의 公益, 認 · 許可의 基準으로서의 公益[25)]

앞서 언급한 拒否의 要件과 중복되는 측면이 있기는 하지만 審査, 判斷의 기준으로서의 공익 유형도 입법상 전형적으로 등장하는 공익 유형 가운데 하나이다. 이 유형의 공익관념은 주로 認 · 許可나 그의 취소의 기준으로서 작용하는 것이다. 예컨대 국토의계획및이용에관한법률 제133조 제1항은 현저히 공익을 해할 우려가 있는 경우에는 허가 · 인가 등을 取消하도록 규정하고 있고 도시재개발법 제50조 제2항은 인가나 승인의 취소 및 工事中止 또는 變更의 사유로서의 공익구성요건을 규정하고 있다.

이와 같은 審査 · 判斷의 기준으로서 또는 인 · 허가 및 그 취소의 근

---

25) *Ibid.*, S. 142-166 참조.

거로서의 공익구성요건은 행정청의 法律要件 判斷과 公益이 관련되는 전형적인 경우라 할 수 있다. 그런데 인·허가의 취소(철회) 등과 관련되는 공익의 경우 전형적으로 이익형량의 상황에 직면하게 된다. 단순히 공익침해만을 이유로 행정행위를 철회할 수는 없는 것이고, 이 경우 관계이익의 형량이 요구되는 것은 행정행위의 撤回論의 가장 기본적인 내용이라고 할 것이다.[26] 그러나 행정행위의 철회사유를 단순히 '公益을 侵害(沮害)하는 경우' 등으로 규정하는 것은 너무나 불성실한 입법이라는 비난을 받을 수도 있다. 경우에 따라서는 철회사유를 구체화하기 어려운 때도 없지 않겠지만, 일반적으로 公益沮害라는 입법문언만으로 철회사유를 정당화시키는 것은 향후 지양되어야 할 사항이라고 본다.

6) 特別規律의 對象으로서의 公益

공익관련 사업 또는 공익시설에 대한 특별 취급이 만연하고 있다는 점도 우리 나라의 공익관련 입법의 특징의 하나이다. 공익에 대한 특별취급은 곧 공익에 대한 특별보호와 지원과 일맥상통하는 것이라고 할 수 있지만, 통상적인 의미의 지원이나 보호와는 달리 규율체제 자체의 相異를 가져오는 경우도 있다는 점을 주의하여야 한다. 예컨대 골재채취법 제22조 제1항의 경우 公益事業의 경우 골재채취허가가 필요하지 않은 것으로 규정하고 있으며, 국토의계획및이용에관한법률 시행령 제88조 별표 24는 공익시설에 대한 특별규율을 규정하고 있다. 또한 노동쟁의조정법 제11조, 근로기준법 제58조 등의 경우에도 公益關聯일 때에 일정한 특례를 규정하고 있다. 事案에 따라 달리 해석하여야 할 것이지만, 이와 같이 공익관련 사항을 一般的인 規律體制와는 다른 특별규율의 대상으로 하는 것 역시 행정우월적인 사고방식의 반영이라고 보여진다. 경우에 따라 特別取扱할 필요성이 있는 것을 전연 부정할 수는 없다고 할 것이지만, 우리 나

---

26) 金道昶, 前揭書, 507-509면 참조.

라의 경우 공익관련 特別規律은 공익사업 주체에 대한 特權附與의 의미를 가지고 있는 경우가 많다. 때문에 民間部門과 政府部門 사이에서도 競爭의 原理가 적용되어야 할 자유경제체제의 기본원칙에 비추어 과도한 정부부문 옹호의 경향을 나타내는 경우가 적지 않다. 이와 같은 현상은 먼저 입법론적으로 재고되어야 할 것이며, 解釋論上으로도 특별규율범위의 縮小解釋을 통해 대응해 나가야 할 것으로 본다.

7) 秘密 및 公開와 關聯된 公益[27]

情報의 公開는 그것 자체가 공익지향적이다. 그러나 때로는 정보의 공개는 다른 공익 또는 사익을 沮害할 수 있다. 따라서 비밀 및 공개와 관련되는 公益狀況도 단순한 것이라 할 수 없다. 보다 직접적으로 공익이라는 용어 자체가 사용된 예로는 형사소송법 제47조 등이다. 이 경우 소송에 관한 서류는 공익상 필요 등이 없는 한 공개되지 못한다고 한다. 이 경우의 공익은 바로 公開를 요구하는 公益인 것이다. 증권거래법 제19조상의 공익보호를 위한 報告와 檢査도 같은 맥락이다. 한편, 비록 공익이라는 표현이 반드시 사용되지는 않았을지라도 공공기관의 정보공개에관한법률 제7조, 감사원법 제24조 제4항 등과 같이 비밀사항으로 공개되지 않아야 할 것들 역시 공개를 요구하는 공익과는 다른 관점에서의 公益에 의해 正當化된다.

무엇을 公開할 것이며 무엇을 공개하지 않는 것으로 할 것인가는 양쪽 모두가 표방하는 공익이 다를 뿐 결국 동일한 公益論에 근거하는 것이다. 따라서 秘密과 公開에 관련된 공익유형에서도 전형적으로 公益相互 간의 利益衡量이 문제가 된다. 정보공개가 중요한 사회적 가치로 부각되는 오늘날의 상황하에서는 정보의 공개가 원칙적인 것이며(공공기관의정보공개에관한법률 제3조), 따라서 公開를 거부할 것을 주장하는

27) P. Häberle, *Öffentliches Interesse als juristisches Problem*, S. 102-126.

공익이 보다 구체적으로 제시될 필요가 있다. 별다른 논증이 없는 한 공개 자체는 공익에 합치되는 것으로 추정될 수 있기 때문이다.[28)] 비밀사항에 대한 규정을 두는 安保關係, 國防關係 등 법규에 있어서 이러한 관점에서 公開拒否의 公益의 具體化가 필요하다고 할 것이며, 그와 같이 할 때 공익판단에 대한 재판통제도 더욱 실질적인 의의를 가질 수 있을 것이다. 공공기관의정보공개에관한법률 제7조는 이러한 공개거부의 사유를 구체적으로 제시하고 있고, 동법 제18조 제3항은 재판에서의 제출조차도 면할 수 있는 요건을 규정하고 있는데, 설사 公開拒否의 사유가 법령에 구체적으로 제시되어 있다고 하더라도 그 경우에 여전히 이익형량의 원칙이 적용되며 과잉금지의 원칙의 관점에서 법익의 균형을 유지할 것이 요구되기 때문에 법령에 열거된 사항에 해당하는 것만으로 공개거부가 언제나 정당화될 수는 없다고 하여야 한다. 그러므로 법령상 공익판단의 내역이 구체화되어 있다고 하더라도 현실적인 공익판단에 있어서는 공개를 요구하는 私益 및 公益과 공개를 拒否하는 공익 사이의 면밀한 이익형량이 있어야 할 것이다.

8) 責務와 權限의 根據로서의 公益[29)]

공익의 추구는 모든 행정활동의 근거가 된다고도 할 수 있다. 따라서 법규는 公益을 당해 法規의 목적 자체로 설정하고 있는 경우도 있는 것이다. 그러나 때로는 법규는 공익을 구체적인 행정활동의 근거로서 곧 行政廳의 責務와 權限의 근거로서 제시하는 경우도 있다. 이 경우의 법적 규율형태는 抽象的인 根據로서 구체적인 행정활동의 正當化事由를 삼는 것이 된다. 예컨대 수도법 제25조는 공익상 필요하다고 인정할 때에는 管轄區域 外의 給水를 가능하게 규정하고 있으며, 상호신용금고법

---

28) 金道昶, 前揭書, 547면 참조.

29) P. Häberle, *Öffentliches Interesse als juristisches Problem*, S. 102-126 참조.

제24조는 공익을 크게 해할 우려가 있다고 인정될 때에는 영업 정지 · 영업인가취소 등이 가능하도록 규정하고 있다. 또한 공유수면매립법 제10조는 공익을 면허에 대한 附款 여부의 근거로 규정하고 있다.

이처럼 抽象的인 公益이 구체적인 행정작용의 근거로서 제시되고 있는 경우에 행정청의 恣意가 介入될 위험이 있다는 점을 간과할 수 없을 것이다. 만약 문제 되는 행정작용이 授益的 성격의 것인 경우 행정청이 다소 넓은 판단여지 또는 재량을 가진다면 무시할 수 없는 문제라 하겠으며, 침해적 성격을 가지는 행정작용이 그와 같이 不確定的인 根據에 의해 이루어진다는 것은 법치주의의 관점에서 바람직하지 못한 점이 있다.

그러므로 이와 같은 경우에는 공익판단에 있어서의 節次法的 構造化가 요청된다고 할 것이다. 이익대변과 청문의 과정을 거쳐 객관적인 관점에서의 공익판단이 이루어질 수 있도록 하는 입법론, 해석론 양측면에서의 노력이 필요하다.

9) 事情變更의 根據로서의 公益[30)]

공익은 흔히 事情變更의 근거로서 입법문언상 등장하기도 한다. 행정상의 모든 사정변경을 일일이 규정할 수 없다는 立法技術上의 필요에 의해서라도 사정변경 조치의 근거로서의 공익은 매우 유용한 존재라고 할 수 있다. 예컨대 국가채권관리법 제27조 제1항은 공익상 현저한 지장을 초래할 우려가 있다고 인정될 때 '履行延期의 特約'을 할 수 있는 것으로 규정하고 있으며, 도시가스사업법 제40조는 공익을 위하여 供給地域의 조정, 사업의 통폐합을 명할 수 있음을 규정하고 있다. 이러한 事情變更에 따른 조치의 근거로서의 공익은 좀더 구체화되어 표현될 필요성은 있지만 어느 정도는 이와 같은 애매한 근거로 만족할 수밖에 없는 불가피성이 있다고 본다. 따라서 이 경우에 있어서는 立法的 문제해

---

30) *Ibid.*, S. 162-169 참조.

결보다는 法解釋論에 의한 구체적 개별적 법적 통제가 중요할 수밖에 없다. 요컨대 어느 정도까지 사정변경에 따른 조치가 허용될 것인가 하는 것은 관계법규의 체계적인 해석 등을 통하여 具體的 · 個別的으로 해결되어야 할 문제로서의 성격이 강한 것이라 하겠다.

10) 裁量權과 結合되어 있는 公益[31)]

立法上 등장하는 다수의 공익개념이 판단여지 또는 재량과 관련을 맺는 것이 보통이지만 어떤 법규정들은 재량권이나 판단여지 등에 보다 밀접하게 관련되기도 한다. 예컨대 산림법 제57조는 공익상 필요하다고 인정할 때에는 保安林을 해제할 수 있는 것으로 규정하고 있으며, 공유수면매립법 시행령 제9조는 埋立免許의 優先順位를 규정하면서 그 제 1 순위로 공익상 가치가 가장 큰 것을 들고 있다. 이 밖에 농촌근대화촉진법시행령 제56조의2도 사업계획의 승인 순위를 규정하면서 그 제1순위로 公益上 價値가 큰 계획을 꼽고 있다.

이처럼 裁量權의 행사에 있어 그 기준이 公益이라는 추상적인 형태로밖에 존재하지 않을 경우 행정청은 사실상 법규로부터 자유로운 판단을 할 수 있게 된다. 그러나 이와 같은 경우에 대한 행정통제를 여하히 할 것인가 라는 것이 바로 행정법이론상의 재량이론이라고 한다면, 재량권과 결합되어 있는 공익판단의 통제는 결국 法解釋論의 과제라고 하여야 할 것이다. 다만 이와 같이 애매한 입법을 가능하면 회피하여야 할 것은 여전히 立法機能의 몫이라 할 것이다.

---

31) *Ibid.*, S. 193-201 참조.

11) 公益과 私益이 結合되거나 多樣한 公益觀點이 竝存하는 公益[32)]

法規가 규율하는 利益狀況은 공익이라는 단순한 용어로 규정되어 있다 하더라도 결코 단순한 것이 아니다. 公益은 私益 또는 다른 공익과 대립되어 현실적인 의미를 나타내는 경우가 많기 때문이다.

그런데 公益構成要件을 정하는 法規 자신이 공익과 아울러 私益을 또는 다른 공익을 함께 고려하도록 직접적인 표현을 두는 경우도 있다. 예컨대 보험업법 제17조 제2항은 금융감독위원회는 '공익 또는 保險事業의 건전한 발전'을 위하여 특히 필요하다고 인정할 때에는 보험사업자간의 상호협정의 變更 廢止 등을 명할 수 있도록 하고 있는데, 이 경우 공익은 보험사업자의 이익과 결합되어 있다. 한편 온천법 제9조는 그 굴착허가의 제한사유로 '온천에 대한 適正管理 또는 도시계획사업 기타 공공사업에 지장을 주는 등 다른 공익을 해할 우려가 있다고 인정되는 경우'를 들고 있어서 공익의 多元性을 명문으로 인정하고 있다. 이 밖에 지방자치법 제159조는 지방의회의 의결이 공익을 현저히 해한다고 판단될 때, 특별시와 광역시 및 도에 대해서는 행정자치부 장관이 시 · 군 및 자치구에 대해서는 특별시장과 광역시장 및 도지사가 재의를 요구하게 할 수 있도록 하고 있어 국가와 광역자치단체, 기초자치단체 상호간에 공익에 관한 판단이 다를 경우를 예상하고 있기도 하다.

또한 공익을 보다 具體化하여 공익판단의 관점을 제시하고 있는 입법으로서 구 어항법 시행령 제27조는 공익목적을, ① 수산업협동조합 및 어촌계의 사업수행에 필요한 경우, ② 어민의 공동이익증진을 위하여 필요한 경우, ③ 기타 관리청이 주민의 共同利益의 증진을 위하여 필요하다고 인정하는 경우 등으로 세분하고 있다.

이상과 같이 公益構成要件과 관련하여 다양한 공익관점을 제시하거

---

32) *Ibid.*, S. 60-70 참조.

나 私益과의 관련성 및 결합을 시사하고 있는 입법은 공익관련 입법으로서는 모범적이라고 할 수 있다. 대부분의 공익관련 입법이 공익과 관련되는 이익상황이 단순하지 않음에도 불구하고 이를 가볍고 단순한 입법용어로 언급하고 그치는 것은 공익판단의 법문제화를 위해서는 문제가 있는 것이었다고 할 것이다. 이에 반해서 비교적 이익상황의 설명에 충실한 이상과 같은 입법들은 공익의 脫國家化 · 分化 · 多元化 등의 현상을 나타내는 오늘날의 상황에서 비교적 긍정적으로 평가할 만하다. 그러나 複數의 공익 상호간의 利益衡量을 전제하면서도 그에 대한 구체적 기준은 조금도 제시하지 못하는 입법 등은 향후 공익관련 논의의 진전에 따라 해결되어야 할 문제라고 할 것이다.

12) 利益代辯의 對象으로서의 公益

때때로 공익은 利益代辯의 대상으로서 입법문언상 등장하는 경우가 있다. 특히 각종의 委員會를 구성함에 있어서 關聯 利益의 대표자들을 위원으로 참여시키면서 공익의 대표자를 함께 고려하는 경우가 많이 있다. 예컨대 남녀고용평등법 제28조상의 公益을 대표하는 委員이라든가 노사협의회법 제28조 제2항의 공익대표, 노동위원회법 제6조의 공익을 대표하는 자(공익위원) 등이 그것이다. 이 경우의 公益이란 편파적이지 않다는 의미를 가진 것으로 이해되며, 때로는 政府代表라는 실체를 가지는 경우도 없지 않다고 본다. 그러나 오늘날의 추세대로 공익결정에 있어서의 절차법적 요소를 강조하게 되면, 공익판단은 공익대표자 또는 공익위원의 참여에 의해서라기보다 관련 이해당사자 사이의 利害代辯과 協議節次의 公正性에 강한 비중을 두게 된다고 할 것이다.

13) 下位法令에서의 具體化의 前提로서의 公益

法令上 나타나는 공익은 경우에 따라서는 下位法令에서의 具體化를

전제로 하는 추상화개념으로 존재하기도 한다. 예컨대 전기사업법 제7조 제5항은 사업허가기준의 하나로서 '기타 공익적 필요에 의하여 大統領令이 정하는 기준에 적합할 것'을 들고 있는데, 이것은 관련 公益의 구체화를 下位法規에 맡긴 전형적인 예라고 할 수 있다. 이 경우의 공익은 입법기술상의 의미 이외에는 실질적인 의미를 가지기 어렵고, 그 공익의 구체화를 도모하는 하위법령이 실질적인 공익판단의 의미를 가지는 것으로 된다.

第5節 小 結

1. 現在의 立法上 公益에 대한 一般的 評價와 課題

오늘날 우리 立法에서 발견되는 공익관련 법규정은 아직 전통적인 공익관에 머물러 있는 것이 대부분이라고 평가된다. 공익은 하나의 不明確한 概念的 逃避處로 활용되고 있으며, 공익관념은 명백한 개념지표를 가지는 통합된 개념으로 존재하지도 않으면서 한편으로 未分化 상태에 있다. 요컨대 우리 입법상의 공익관념은 法的 判斷의 도구 내지 매개 개념으로서는 대단히 미성숙한 상태에 있는 것이다.

이와 같은 상황은 공익판단을 法過程化하고 공익을 法問題化하는 데 있어서는 매우 否定的인 영향을 미친다. 公益이 이처럼 不明確하고 未分化되어 있을수록 공익관념은 법체계 안에 소화되기 어렵고 오히려 법체계가 영향력을 미치지 못하는 法外部世界를 형성하기 쉬운 것이다. 그리고 이와 같은 상황은 그 동안 우리 나라에 있어서의 공익판단이 행정권에 의하여 독점되어 왔다는 사실을 反證하는 것이기도 하다. 공익판단을 법문제화한다는 것은 더 이상 공익판단이 행정청의 恣意에만 맡겨져서는 안 되며 법체계 안에서 객관적이고 공정한 판단이 이루어져야 함을 의미하는 것이다.

이러한 관점에서 보면, 우리 실정법상의 공익 관련 규정은 좀더 具體化되고 細密化되어져야 하며, 법판단에 적절한 형태로 재정비되어야 한다. 무엇보다도 공익관련 입법은 법집행자의 공익판단에 가능한 한 어떠한 형태이든지 판단기준을 줄 수 있도록 규정되어야 하며, 關聯 法條上 문제 되는 공익의 구체화는 그 자체로서 法執行者에게 일정한 判斷基準을 제공하는 것이라 할 수 있다. 전반적으로 우리의 공익관련 입법상황에 있어서 강하게 요구되는 것은 입법자의 관련 이익상황의 분석과 파악에 있어서의 성실성이라고 하겠다.

2. 多元化 社會에 있어서의 公益判斷의 方向과 立法上 公益

공익관념의 성격상 立法이 그것을 완전한 형태로 규정할 수는 없다고 할 것이다. 입법은 다만 궁극적인 公益判斷의 基本方向을 제시하거나 관련 이익상황의 규정이 가능할 뿐이다. 그러나 입법이 공익관념을 지나치게 抽象的으로 다룰 경우 공익관념은 법적 판단의 대상이 되기가 어려운 것이다. 따라서 입법은 적절한 정도로 社會의 支配 에토스에 걸맞는 공익에 대한 實體的 判斷을 규정할 필요가 있다. 소위 眞正公益에 대한 접근이 입법상에 있어서도 시도되어야 한다. 그러나 사실 진정공익을 實體的인 觀點에서 규정한다는 것은 대단히 어려운 작업이므로 이 작업에 집착한다는 것은 무리한 일이다. 지배 에토스가 거의 의심스럽지 않은 경우라든가 또는 기술상 명백한 경우 이외에는 입법이 실체적 공익의 의미내용에 직접적인 규율을 한다는 것은 어렵다고 할 것이다. 그러나 관련 상황에서 고려되어야 할 공익이 어떠한 맥락의 것이며 어떠한 利益狀況들이 공익판단에 고려되어야 할 것인가 라는 것을 보다 구체적으로 밝히는 것은 의심할 바 없는 立法의 課題라고 본다. 그러한 유의 공익의 細分化 · 分類化는 그것 자체가 하나의 입법정책의 발현이고, 그런 만큼 고유한 입법의 영역에 해당되는 것이라고 할 것이기 때문이다.

한편 진정공익에의 접근을 가능하게 하는 또하나의 次善策은 공익판단을 다소간 節次法構造化하는 것이다.[33] 실체적 공익의 발견이 점점 용이하지 않게 되어 가는 오늘날의 상황에서 진정공익은 공익판단을 위한 공정한 절차를 거친 판단 안에 존재한다고 추정될 수 있다. 오늘날과 같은 價値相對主義하에서 어떠한 가치적 판단 자체를 강요한다는 것은 어렵지만, 일정한 民主的 過程과 節次를 거친 판단의 채택은 민주주의 원리에도 부합하는 것이다. 따라서 앞으로의 공익관련 입법은 이와 같은 맥락에서 공익판단의 절차법구조화에 주목할 필요성이 있다. 다만 우리 실정법상 이러한 유형의 공익판단에의 접근은 아직 대단히 미미한 실정이다.

3. 公益判斷에 있어서의 裁判統制의 範圍와 立法上 公益

公益判斷을 순수한 執行的 次元의 문제로 생각하지 않고 입법 · 행정 · 사법 등 국가작용 전반에 관련되는 법적 문제로 파악한다면, 공익판단에 있어서 재판통제의 범위가 문제로 대두된다. 입법이 공익판단에 필요한 모든 所與와 判斷基準을 제공할 수 없는 한 공익판단을 완전히 司法的 판단에 예속시킬 수는 없는 일이라 할 것이다. 즉 공익판단에 있어서의 판단여지 또는 재량이 부득불 인정되지 않을 수 없는 것이다. 다만 그러한 판단여지나 재량의 인정범위가 여하하냐가 문제로 된다. 지금까지는 공익판단이 司法的 問題로 대두되기가 어려운 상황이었고 입법상황 역시 재판통제에 적절한 것이 아니었다. 그러나 향후의 공익관련 입법이 변화된다는 假定하에 공익판단에 대한 재판통제가 활성화된다고 하더라도 裁判部는 공익판단의 실체를 모두 그 판단의 대상으로 하기는 어려울 것으로 본다. 물론 재판부가 실체적 공익판단을 할 수 있을 정도로 판단기준에 대한 입법이 명확하고 판단과 관련된 事實的

33) *Ibid.*, S. 86-101 참조.

所與들이 분명하다면 재판부의 實體的 判斷이 불가능한 것은 아니다. 또 다소 입법적 판단기준이 애매하더라도 재판부 자신이 발전시킨 공익판단 기준을 재판통제의 잣대로 활용할 수도 있다. 그러나 만약 관련 공익판단이 政策決定에 관련된 문제라거나 복잡한 과학기술논쟁과 관련되어 있다면 재판부의 실체적 공익판단은 쉽지 않을 것이다.

그러므로 공익판단에 관련되는 재판통제의 관점은 다소간 형식적인 것이 될 것이 자연스럽게 예상된다. 實體的 判斷이 가능할 정도로 모든 것이 明確한 경우가 아닌 한 공익판단에 대한 재판통제는 그러한 공익판단을 행한 행정청의 判斷過程의 矛盾이나 論理的 誤謬, 採證法則의 위반 등에 대한 심사가 되어야 할 것으로 본다. 이러한 심사는 다소간 節次法的 원칙에 근거한 심사가 될 수도 있다고 본다.[34)]

실제로는 공익관련 입법이 여하히 성실한 규율을 하느냐에 따라 공익판단의 재판통제의 범위는 현저한 영향을 받을 것이다.

4. 利益衡量과 立法上 公益

公益과 私益, 公益과 다른 公益 사이의 이익형량은 공익의 법문제화에 있어서 매우 중요하다. 다만 利益衡量은 주로 법의 적용단계에서 발생하는 문제이니만큼 일반 추상적인 규율을 행하는 입법단계에서는 아직 문제가 구체화되지 않는다. 그러나 공익관련 입법에 있어서 多樣한 公益의 관점, 공 · 사익의 관점이 혼용되어 있는 경우 이익형량을 염두에 둔 입법과 그것을 전연 의식하지 않는 입법은 다를 것이다. 多樣한 公益의 관점 및 공 · 사익의 관점을 입법상 다소 세밀히 규정하는 것 자

34) 이러한 사법심사 기법은 Hard-Look 原則이라고 알려진 美國의 사법심사 원칙과 유사한 점이 있고 이 원칙에서 시사받을 점이 많을 것으로 본다. Cass R. Sunstein, “Deregulation and Hard Look Doctrine”, 1983 *Supreme Court Review* 177, 1984, pp. 81-184 참조.

체만으로도 이익형량에 대한 법적 지침을 제공하는 것이 된다. 앞으로 이러한 형태의 공익관련 입법이 행해져야 할 것이며 이를 통해 행정권의 恣意的인 공익판단이 법적으로 통제되도록 하여야 할 것이다.

法解釋論의 과제는 다양한 利益衡量의 基準을 마련하는 것이다. 공익 상호간, 공익과 사익 사이의 이익형량 기준은 예컨대 행정행위의 取消, 撤回에 있어서의 이익형량 기준[35]과 같이 학설, 판례상 이미 논의된 부분도 있으나 그렇지 않은 부분이 오히려 크다고 할 것이다.

35) 金道昶, 前揭書, 492면 이하, 505면 이하 참조.

第6章 判例에 있어서의 公益概念의 法問題化

第1節 序 說

종래의 公益과 法의 二分論을 지양하고 공익을 하나의 法的 觀念으로 파악하게 되면 구체적인 경우 공익에 대한 최종적인 판단은 법원 및 헌법재판소 등의 裁判機關이 행하게 된다. 따라서 재판기관이 공익개념을 여하히 받아들이고 이해하느냐에 따라 공익관념은 實體的인 意味內容을 가지는 법관념으로서 성립될 수도 있고 그렇지 않을 수도 있다. 이미 검토한 바와 같이 현대 국가에 있어서의 공익은 더 이상 개인권제한의 원리로서만 기능할 수 없고, 행정활동의 정당성의 판단의 척도로서 또 사권보호[1)]의 근거로서 기능할 수 있는 법적 환경을 가지고 있다. 또한 공익은 이제 더 이상 先驗的 인식의 차원에서 이해될 수도 없고, 一義的 普遍性을 가진 개념으로만 인식될 수도 없다. 이러한 관점에서 공익은 구체적인 문제상황에 따라 法的으로 解明되고 判斷되어야 할 시점에 다다른 것이다. 이렇게 볼 때 재판에 있어서의 公益判斷은 현대적 법상황에서 법발전을 위하여 매우 중요한 의의를 가지는 것이라

1) 예컨대 F. L. Knemeyer, "Der Schutz der Allgemeinheit und der Individuellen durch die polizei- und ordnungsrechtlichen Handlungsvollmachten der Exekutive", *VVDStRL* 35, 1977, 233ff. 참조.

할 수 있다.

그러나 종래 각종의 재판에 있어서 공익개념의 기능은 등한시되어 왔다.[2)] 특히 우리 나라에서 공익개념은 法的 分析領域 밖에 존재하는 것으로 이해되는 경우가 많았고, 재판에 있어서 공익개념에 대한 論證이란 매우 초보적이고 미미한 수준에 머무를 뿐이었다.[3)] 이는 그 동안의 우리의 법운용에 있어서 공익개념은 그다지 해명할 필요가 없는 당연한 전제로 이해되거나, 또는 법체계 자체가 공익을 법문제화하지 않고 법과 공익을 二元的으로 분리하여 파악하였기 때문일 것이다. 그러나 공익관념을 법체계 안으로 흡수하여 그 판단을 법적 판단의 하나로 하고자 할 때, 공익개념에 대한 논증은 재판에 있어서 필수적인 것이라 아니할 수 없다. 이와 같은 공익개념에 대한 논증의 必要性은 공익판단과 관련되는 현대적 문제의식이 성숙되면 성숙될수록 더 증대되어 갈 것이다. 또한 공익판단이 행정권의 恣意에 의해서 이루어져서는 안 된다는 것에 대한 재판기관 및 그 구성원들의 자각과 역할의 인식도 공익에 대한 논증이 실제로 행하여지는 정도와 밀접한 관계가 있을 것이다.

그런데 아직까지 우리 나라의 判例(헌법재판소 및 대법원 등)에서는 공익개념에 대한 의미 있는 수준의 논증은 별로 발견되지 않는다. 이것은 그 동안 우리 나라의 行政訴訟, 憲法訴訟 등에서 현대사회에 있어서의 공익판단에 대한 문제의식이 당사자 및 변호인이나 법원 모두에게서 결여되어 있었던 것이 아닌가 추측된다. 한편 그 동안의 우리 나라의 역사적 상황이 공익판단에 대한 소송적 문제제기나 소송적 판단을 불가능하게 하는 정치적 · 문화적 배경을 형성하고 있었다는 분석도 가능하게 한다. 그러나 지금까지의 상황이 어떠하였든 간에 오늘날 공익개념

---

2) 이는 독일에 있어서도 마찬가지이다. Häberle, *Öffentliches Interesse als juristisches Problem*, S. 240ff.

3) *Infra*. 제3절 공익판단에 있어서의 우리 판례의 태도 참조.

에 대한 재해석은 우리 행정현상을 한 단계 더 法治主義的 狀態로 끌어올리는 데 있어서 불가결하다고 판단된다. 이러한 관점에서 判例에 있어서의 공익개념의 분석은 현상에 대한 분석이나 해명보다는 多元的 公益觀, 潛在的 公益觀의 시대에 있어서 裁判機關이 나아가야 할 방향을 理念的으로 제시하는 성격을 다소간 띠게 될 것이다.

따라서 이 장에서는 지금까지의 판례에 있어서의 공익개념의 기능을 분석하고 나아가서 理念的 次元에서 공익개념을 법문제화하고 사법심사의 대상으로 삼을 경우에 있어서의 재판통제의 패러다임에 대한 모색을 시도해 보기로 한다.

第 2 節　判例에 있어서의 公益槪念의 問題狀況

판결에 있어서 公益槪念이 문제시된다고 할 때 그것은 대체로 다음과 같은 몇 가지 측면에서 다루어질 것이다.

1. 行政法의 一般原則으로서의 公益(公益의 原則)

명문의 규정이 없다 하더라도 공법적 판단에 있어서 公益에 대한 고려는 상당히 普遍的 意味를 획득하고 있다. 공익은 법의 해석과 적용 및 법판단에 있어서의 형량의 대상으로 된다든가, 그것 자체가 존중되어야 하는 하나의 法原理로 인식된다. 이러한 의미를 법의 일반원칙으로서의 '公益의 原則'의 승인으로까지 승화시킬 수 있을 것인가? 공익에 대한 고려가 일반적인 法解釋原理로 작용하는 것은 틀림없는 사실이지만, 解釋補助手段으로서의 공익은 단지 법적 판단의 所與로서만 기능할 뿐인 데 반하여, 공익에 대한 고려 그 자체가 하나의 실체적 효력을 가진 법규범으로 승인될 수 있을 것인가가 문제이다. 공익에 대한 고려를 실체법적 의미에서 법규범화하기에 저어되는 요소는 무엇보다도 공익관념이 대단히 抽象的인 것이며, 論者에 따라서 공익판단이 상이할 수 있을 뿐 아니라 관련되는 문제상황이 대단히 다양함에 비해 하나의 규범력을 가지는 원칙으로서의 의미내용의 확정성을 기하기 어렵다는 점에 있을 것이다. 확실히 추상적이고 비논증적인 공익개념의 취급의 상황하에서는 공익을 하나의 독립한 法原則으로 내세우는 것의 의의가 미미하다. 그러나 공익개념에 대한 논증이 보다 합리화 · 치밀화되고 공익의 구체화, 다원적 공익의 구조해명 등이 만족할 만한 수준에 이르게 되면 법판단요소의 하나로서 공익의 원칙이 그에 합당한 道具的 機能을 충분히 수행할 수 있을 것으로 사료된다. 따라서 그와 같은 상황하에서는 公益의 原則이 하나의 법원칙으로 등장할 수 있으며, 공익개념은 행정법적 판단에 있어서 매우 중요한 方法論的 意味를 가지는[4] 행정법 토포스의 의미를 가지게 된다. 요컨대 재판기관이 공익논증을 실제적인 법판단에서 얼마나 중요하게 다루느냐에 따라 공익판단의 법적 기능도 달라질 수 있는 것이다.

헤벌레는 公益은 그 자체가 法原理(Rechtsprinzip)이자 法規(Rechtssatz)이며, 法 토포스(Rechtstopos)로서의 성격을 가진다고 한다.[5]

또한 우리 판례는 懲戒量定에 있어서 '公益의 原則'을 실체법원칙으로 적용하고 있다. 예컨대 대법원 1985.1.29. 선고 84누516판결은 '징계양정에 있어서 이른바 공익의 원칙, 비례의 원칙, 평등의 원칙에 위반한 경우에 그 징계처분은 재량권의 한계를 벗어난 위법한 처분'이라고 판시하고 있는데[6] 이는 우리 판례가 공익의 원칙을 특히 재량권의

4) 공익개념은 Topik 사고 또는 문제적 사고를 통하여 歸納的 論證을 도출하는 價値判斷法學의 道具가 될 수 있다. K. Larenz, *a.a.O.*, S. 138ff.

5) Häberle, *Die Gemeinwohlproblematik in rechtswissenschaftlicher Sicht*, S. 281.

6) 같은 취지의 판례로, 대법원 1992.6.26. 선고 91누11308 판결: "징계권의 행사가 임용권자의 재량에 맡겨진 것이라 하여도, 공익적 목적을 위하여 징계권을 행사하여야 할 공익의 원칙에 반하거나, 일반적으로 징계사유로 삼은 비행의 정도에 비하여 균형을 잃은 과중한 징계처분을 선택함으로써 비

한계로서 중요한 의의를 가지는 법원칙으로 인정하고 있는 것으로 해석할 수 있다.[7)]

결국 우리 나라에 있어서도 공익의 원칙은 행정법의 일반원칙의 하나로 받아들일 수 있다고 하여야 할 것이다.

2. 不確定法概念으로서의 公益

공익개념은 그 자체가 하나의 법개념으로서의 解釋對象이 될 수 있다. 공익, 공공복리 등 공익과 직접 관련되는 용어가 입법문언에서 사용되는 경우는 물론이고 반드시 공익이라는 표현이 사용되지 않고 다른 입법문언이 채택되는 경우라 하더라도 공익개념은 법률요건규정에서 不確定法概念의 형태로 해석의 대상이 되는 경우가 허다하다. 이 경우 공익개념의 구체적 범위의 확정, 개념포섭 여부 등과 관련하여 이 개념은 구체적인 해석을 필요로 한다.

례의 원칙에 위반하거나 또는 합리적인 사유 없이 같은 정도의 비행에 대하여 일반적으로 적용하여 온 기준과 어긋나게 공평을 잃은 징계처분을 선택함으로써 평등의 원칙에 위반한 경우에 이러한 징계처분은 재량권의 한계를 벗어난 처분으로서 위법하다."

7) 김철용 교수도 위 판례를 인용하면서, 公益의 原則을 행정법의 일반원칙의 하나로 열거하고 있다. 그는 공익의 원칙을 '행정청이 행정활동을 행함에 있어서 공익의 목적을 위하여 행사하여야 하는 원칙'이라고 하고, 행정법규가 공익을 명시하지 않는 경우에도 행정청은 법해석의 테두리 안에서 공익판단을 전제로 행정활동을 수행하여야 한다고 한다. 金鐵容, 『行政法 I』, 2002, 44면. 한편, 홍정선 교수는 공공복지 관련의 원칙을 설명하면서 이를 공익의 원칙이라고도 한다고 한다. 洪井善, 『行政法原論』, 2002, 112면.

3. 解釋道具로서의 公益

공익개념은 그 자체가 법해석의 직접적인 대상이 되지 않을지라도 다른 법개념의 해석, 적용 또는 재량판단을 위한 解釋補助手段 또는 解釋道具로서도 기능할 수 있다. 이와 같은 해석보조수단 또는 해석도구로서의 공익개념은 논증되지 않은 채 해석상의 논거로서 거론되는 경우가 많다. 특히 우리 나라의 경우 거의 대부분의 해석보조수단으로 거론되는 공익개념은 논증되지 않는다.[8] 그러나 공익판단에 대한 문제의식이 예민하면 할수록 이와 같은 해석보조수단으로서의 공익도 재판상 논증의 대상이 될 수 있을 것이다. 그런데 해석보조수단 또는 해석도구로서의 공익개념일지라도 일단 이것이 論證的으로 받아들여질 때에는 그에 대한 해석이 필요하게 되므로 또 다른 의미에서의 해석대상으로 등장하게 된다.

第3節 公益判斷에 있어서의 우리 判例의 態度

1. 公益槪念의 法問題化의 水準

우리 판례에 있어서 공익개념이 법적 쟁점으로서 논증의 대상이 되는 예는 그리 많지 아니하다. 우리 판례가 아직 公益判斷을 본격적인 法問題로 취급하지 않는 경향이 있다. 공익개념이 법적 판단에서 중요한 의의를 가지기 위해서는 공익 또는 공익침해에의 해당성이 종국적인

---

8) 법규정의 해석과 관련하여 공익개념을 사용한 판례는 무수하다. 예컨대 대법원 2001.2.23. 선고 2000다58088 판결; 대법원 2001.4.24. 선고 2000후2149 판결 등 이들 판례는 그러나 공익개념 자체에 대한 논증은 행하지 않고 있다.

판단의 합리화로서보다는 법판단의 과정에서 논증도구적인 의미를 가져야 할 것이지만, 우리 나라의 많은 판례들은 공익 또는 공익침해에의 해당여부를 논증 없는 종국적 판단대상으로 하고 있다.[9] 따라서 우리 판례에 있어서는 공익 자체가 하나의 법적 판단의 기준이 된다기보다는 공익개념은 어떤 實體的 判斷을 포장하는 하나의 形式的 · 包裝的 概念으로서 기능하고 있는 경우[10]가 많다. 이와 같은 상황은 공익개념이 단순히 법제도의 일반적 목적으로만 상정되고 있는 경우에 더욱 두드러진다.[11] 이런 상황하에서 공익개념은 판례상 단순히 空虛한 수사로서 실체에 대한 논증을 요하지 않고 논리형식의 필요에 의해 사용되고 있는 경우가 적지 않으며 공익 자체의 개념판단보다 공익이 문제시되는 개별 상황에서의 일반적 합리성 판단이 공익판단을 대체하는 경우가 많은 것이다.[12]

따라서 행정청에 의한 공익판단에 대한 재판통제라는 의미에서의 裁判機關의 공익판단에의 참여는 행정행위의 取消, 撤回 등과 관련되는 몇몇 경우[13]를 제외하고는 잘 발견되지 않는다. 그러나 사회의 다원화

---

9) 예컨대 대법원 1973.12.11. 선고 73누4 판결: "적법하게 점용허가 취소가 된 도로상에 원고가 무허가건물을 소유하고 있다면, 위 건물의 철거의무의 불이행을 방치함은 심히 공익을 해하는 것이라고 해석할 것이다."라고 하여 공익판단은 논증 없이 판결의 합리화도구가 되고 있음에 불과하다.

10) 예컨대 대법원 1984.1.24. 선고 82후41 판결: "상표법 제8조 제1항 제3호에 열거된 내용을 표시하는 표장은 … 상품거래상 누구나 필요한 표시이기에 어느 특정인에게만 독점적으로 사용시킨다는 것은 공익상으로 타당하지 않기 때문에 이런 규정을 두고 있는 것으로 해석된다."

11) 대법원 1987.12.8. 선고 87후74 판결: "상표법 제8조 제1항 제3호를 둔 뜻은 그와 같은 상표를 특정인에게 독점배타적으로 사용케 할 수 없다는 공익상의 요청과 타인의 동종상품과의 관계에서 식별이 어렵다는 점에 있다." 또한, 헌법재판소 1995.3.23.선고 93헌바18 결정 등 참조.

12) 대법원 1990.9.28. 선고 90후21 판결 참조.

에 따라 판례에 의한 공익판단의 양상은 최근에 이르러 다소간 다양하게 전개되고 있다. 요컨대 오늘날 우리 판례에서도 公益概念의 法問題化는 현실적인 단계로 접어들고 있는 것이다.

2. 判例上의 公益概念

1) 概 說

우리 判例에서 공익개념의 법문제화가 다소 미진하게 전개되고 있는 것은 아마도 공익개념에 대한 이론적 접근의 결여도 다소 관계가 있다고 본다. 판례가 제시하고 있는 공익개념은 具體的 妥當性의 관점에서 '公益의 破片概念'을 제시하고 있을 뿐이지 보편성 있는 이론적 수준의 공익개념은 잘 발견되지 않는다. 그러나 판례가 본질적으로 개별 사건의 해결에 있어서의 구체적 타당성을 지향한다는 점에서 판례에서 문제

---

13) 대법원 1995.8.25. 선고 95누269 판결, "행정청의 허가, 면허, 인가, 특허 등과 같이 상대방에게 어떤 이익이 생기게 하는 수익적 행정처분을 취소하거나 중지시키는 경우에는 이미 부여된 그 국민의 기득권을 침해하는 것이 되므로, 그 취소사유가 있을 경우 적법한 절차를 거쳐 그 처분을 취소하거나 중지시켜야 하며, 비록 취소 등의 사유가 있다고 하더라도 그 취소권 등의 행사는 기득권의 침해를 정당화할 만한 중대한 공익상의 필요 또는 제3자의 이익보호의 필요가 있는 때에 한하여 상대방이 받는 불이익과 비교 교량하여 결정하여야 하고, 그 처분으로 인하여 공익상의 필요보다 상대방이 받게 되는 불이익 등이 막대한 경우에는 재량권의 한계를 일탈한 것으로서 그 자체가 위법임을 면치 못한다."; 대법원 1995.5.26. 선고 94누8266 판결:, "행정행위를 한 처분청은 비록 그 처분 당시에 별다른 하자가 없었고, 또 그 처분 후에 이를 취소할 별도의 법적 근거가 없다 하더라도 원래의 처분을 존속시킬 필요가 없게 된 사정변경이 생겼거나 또는 중대한 공익상의 필요가 발생한 경우에는 그 효력을 상실케 하는 별개의 행정행위로 이를 취소할 수 있다."

시되는 공익개념의 문제상황은 중요한 의의를 가진다. 그런데 실제로 판례에서 문제 되는 공익상황은 대부분 공익침해 시의 公益保護의 문제이거나 私權保護의 限界[14]나 私權侵害의 正當化[15] 등과 관련되어 있다. 따라서 상당수의 판례는 公益槪念 自體의 論證보다 公益侵害與否의 論證에 관심을 기울이고 있다.

다만 몇몇 사건에서 판례는 공익개념에 대한 해명의 흔적을 남기고 있다. 이러한 해명은 대개 부분적이고 무의식적으로 구체적 사건의 해결에 초점을 맞추어 이루어진 것이다. 이하 몇 가지만 살펴보도록 한다.

2) 公益으로서의 國家安全保障과 秩序維持

헌법재판소는 國家安全保障과 秩序維持를 공익의 일종으로 보는 듯

---

14) 대법원 1999.3.9. 선고 98두19070 판결; 대법원 1998.11.13. 선고 98두7343 판결: "한려해상국립공원지구 인근의 자연녹지지역에서의 토석채취허가가 법적으로 가능할 것이라는 행정청의 언동을 신뢰한 개인이 많은 비용과 노력을 투자하였다가 불허가처분으로 상당한 불이익을 입게 된 경우, 위 불허가처분에 의하여 행정청이 달성하려는 주변의 환경, 풍치, 미관 등의 공익이 그로 인하여 개인이 입게 되는 불이익을 정당화할 만큼 강하다는 이유로 불허가처분이 재량권의 남용 또는 신뢰보호의 원칙에 반하여 위법하다고 할 수 없다."

15) 예컨대 대법원 1999.2.23. 선고 98두17845 판결: "도시계획법 제4조 제1항 제1호, 같은 법시행령 제5조의 2, 토지의 형질변경등행위허가기준등에관한 규칙 제5조의 규정의 형식이나 문언 등에 비추어 볼 때, 형질변경의 허가가 신청된 당해 토지의 합리적인 이용이나 도시계획사업에 지장이 될 우려가 있는지 여부와 공익상 또는 이해관계인의 보호를 위하여 부관을 붙일 필요의 유무나 그 내용 등을 판단함에 있어서 행정청에 재량의 여지가 있으므로 그에 관한 판단기준을 정하는 것 역시 행정청의 재량에 속하고, 그 설정된 기준이 객관적으로 합리적이 아니라거나 타당하지 않다고 볼 만한 특별한 사정이 없는 이상 행정청의 의사는 가능한 한 존중되어야 할 것이다."

한 표현을 자신의 판례 중에 남기고 있다.[16] 헌법 제37조 제2항이 국가안전보장, 질서유지 이외에 공공복리를 기본권 제한사유로 명시하고 있음에도 불구하고 '公益'을 국가안전보장, 질서유지를 포괄하는 개념으로 파악하는 표현이 등장한 것은 '공익'이라는 용어가 가질 수 있는 일반성과 포괄성의 범위가 얼마나 넓은 것인가 라는 것을 반증해 준다.

3) 一般公益과 特殊公益

대법원과 헌법재판소는 근년에 이르러 공익의 일반성과 관련하여 일반화의 정도에 따라 공익이 고려하는 범위가 다르다는 점을 인식하기 시작하였다. 특히 헌법재판소의 판례에서는 이러한 인식이 상대적으로 두드러져 보인다.

대법원은 '건축행정상의 공익'과 같은 공익의 구체화를 위한 표현을 사용하고[17] 수산업법 제20조 제1항 제3호 소정의 公益을 설명하면서 이 공익이 보다 광범위한 享受者의 범위를 가지는 일반적 의미의 공익이라는 점을 밝히고 있는데[18] 대법원 판례가 명시적으로 밝히고 있지

16) 헌법재판소 1992.4.14. 선고 90헌마82 결정: "형사소송법상의 구속기간은 헌법상의 무죄추정의 원칙에서 파생되는 불구속수사원칙에 대한 예외로서 설정된 기간으로 이 구속기간을 더 연장하는 것은 예외에 대하여 또다시 특례를 설정하는 것이 되므로 그 예외의 범위를 확장하는 데에는 국가안전보장과 질서유지라는 공익과 국민의 기본권보장이라는 상충되는 긴장관계의 비례성 형량에 있어서 더욱 엄격한 기준이 요구되며 따라서 그 예외의 확장은 극히 최소한에 그쳐야 한다."

17) 대법원 2001.2.9. 선고 98다52988 판결.

18) 대법원 1989.5.23. 선고 88누4034 판결: "수산업법 제20조 제1항 제3호 소정의 '공익'은 예시된 선박의 항행, 정박, 계류, 수저전선의 부설에 관련된 공익만이 아니라 일반적인 의미의 공익(불특정다수인의 이익)을 가리킨다."

는 않았지만 이와 같은 표현은 결국 特殊公益과 一般公益을 구분하는 가운데 사안에서 문제 되는 공익이 보다 일반성이 강한 공익이라는 점을 밝히고 있는 것이라 사료된다.

또한 헌법재판소는 '청소년보호라는 공익'이라든가,[19] '조세우선권의 공익목적'[20] 등의 특수공익을 지칭하는 용어의 사용을 관용화하고 있다. 또한 헌법재판소는 한편으로는 법해석상 '공공복리' 개념을 활용함에 있어서 이를 해당 사안에 맞추어 구체화시키면서[21] 다른 한편으로는 입법이 공공복리라고 하는 입법문언을 채택한 것만으로 일반적 명확성의 원칙을 위반한 것이라고 할 수 없다[22]고 하고 있어서 공익의 구체화가 기본적으로 법해석자의 임무라는 점을 시사하고 있다.

---

19) 헌법재판소 2001.8.30. 선고 2000헌가9 결정.

20) 헌법재판소 2001.7.19. 선고 2000헌바68 결정.

21) 헌법재판소 2000.11.30. 선고 98헌바83 결정은 "중재법 제15조는, 당사자의 태만으로 인한 상대방 지위의 불안정을 방지하고 법원의 반복심리에 따른 소송경제의 낭비를 막는 등 공공복리를 위한 입법으로서 헌법상의 정당성과 합리성이 인정되므로, 청구인의 재판청구권을 침해하는 조항이 아니다." 라고 판시하고 있다. 또한 헌법재판소 2000.2.24. 선고 98헌바37 결정은 "직접적인 처벌규정이 아닌 이 사건 조항들이 '공공복리'라는 개념을 사용하고 있더라도 동법의 목적과 자동차운수사업의 전문성, 기술성, 시의성, 그리고 동법의 적용을 받는 수범자가 사업면허를 받았거나 등록을 받은 자동차운수사업 종사자임을 감안할 때, 이는 자동차운수사업에 관한 질서확립과 자동차운수의 발달 도모를 통한 운송에 있어서의 안전과 쾌적 및 편의 등에 관한 것으로 예측할 수 있고, 또 이 사건 조항들이 처벌규정이 아닌 일반적인 준수사항의 개괄적 내용과 이에 위반할 경우 필요한 조치를 취할 수 있다는 정도의 내용을 담고 있는 점을 함께 고려할 때, 일반적 명확성 원칙을 위반한 것이라 할 수 없다."고 판시하고 있다.

22) 위 각주 21의 헌법재판소 2000.2.24. 선고 98헌바37 결정 인용부분 후반부 참조.

4) 公益遂行活動의 判斷基準

또 우리 대법원은 事業이나 行爲의 공익성 여부의 판단에 있어서 그 행위의 主體가 누구인가는 문제 되지 않고 그 行爲의 性格이 문제 되는 것임을 거듭 밝히고 있다.[23] 이러한 취지의 판시는 얼핏 매우 당연한 것 같으면서도 우리 행정의 실제에 비추어 상당한 의미가 있는 것이라고 할 수 있다. 즉 우리 행정의 실제에 있어서는 행정기관이 하는 사업이나 행위는 모두 公務로 보거나 공익수행활동으로 이해하는 경향이 강한 까닭에 법원의 판례로써 행정기관이 하는 행위라고 하여 모두 공익수행활동이라고 할 수는 없다는 趣旨를 밝힐 필요성이 있었던 것으로 생각된다.

5) 處分의 獨自的 拒否事由로서의 公益侵害

대법원은 재량행위의 경우 법규에 처분의 신청에 대한 거부의 사유로서 공익침해사유가 명시되거나 구체화되지 않았다 하더라도 공익침해는 독자적인 처분 신청의 거부사유를 형성한다고 하고 있다.[24] 이러

---

23) 대법원 1970.9.22. 선고 70누81 판결; 대법원 1974.8.30. 선고 73누98 판결; 대법원 1976.5.25. 선고 76누42 판결: "지방세법 제107조 1호에 의하여 취득세의 면제대상이 되는 자는 제사, 종교, 자선, 학술, 기예, 기타 공익을 목적으로 하는 사업을 경영하는 공익, 비영리사업자로서 그가 경영하는 사업이 형식면에서뿐만 아니라 실질면에 있어서도 그 경영의 현실태가 영리성을 띠지 않는 경우의 법인 또는 개인을 뜻하게 되고, 병원의 개설과 경영이 비영리적이라고 하려면 경영자의 개설목적에 의하여 추상적으로 형식적인 판단에 의해서뿐만 아니라 개별적으로 그 경영이 현실태를 구체적으로 심사해서 현실적인 실체가 영리성을 띤 것이 아니라고 인정되는 경우 비로소 해당병원의 경영이 비영리사업에 해당된다."

24) 대법원 1998.4.24. 선고 97누1501 판결(구체적인 내용은 주 31 참조). 또

한 판례의 경향은 법규상 거부사유가 아닌 훈령상의 거부사유에 근거한 거부도 공익적 필요에 의한 거부로서 정당화시키고 있고, 나아가 법규상 구체적인 지정, 고시가 있어야 건축제한행위을 하도록 한 경우에도 그러한 지정, 고시가 없다 하여 거부(건축허가신청반려)를 할 수 없는 것이 아니라고 함으로써 궁극적으로 공익침해가 거부사유가 되는 경우에는 법규의 명백한 근거가 없어도 거부가 정당화된다는 입장을 견지하고 있다.[25)]

한 대법원 1997.9.5. 선고 96누10256 판결 및 대법원 1997.9.12. 선고 97누1228 판결, "그러나 산림훼손행위는 국토의 유지와 환경의 보전에 직접적으로 영향을 미치는 행위이므로 법령이 규정하는 산림훼손 금지 또는 제한지역에 해당하는 경우는 물론 금지 또는 제한지역에 해당하지 않더라도 허가관청은 산림훼손허가신청 대상토지의 현상과 위치 및 주위의 상황 등을 고려하여 국토 및 자연의 유지와 환경의 보전 등 중대한 공익상 필요가 있다고 인정될 때에는 허가를 거부할 수 있고, 그 경우 법규에 명문의 근거가 없더라도 거부처분을 할 수 있으며, 산림훼손허가를 함에 있어서 고려하여야 할 공익침해의 정도 예컨대 자연경관훼손정도, 소음·분진의 정도, 수질오염의 정도 등에 관하여 반드시 수치에 근거한 일정한 기준을 정하여 놓고 허가·불허가 여부를 결정하여야 하는 것은 아니고 산림훼손을 필요로 하는 사업계획에 나타난 사업의 내용, 규모, 방법과 그것이 환경에 미치는 영향 등 제반사정을 종합하여 사회관념상 공익침해의 우려가 현저하다고 인정되는 경우에는 불허가할 수 있는 것이다(대법원 1993.5.27. 선고 93누4854 판결; 대법원 1995.9.15. 선고 95누6113 판결 등 참조)." 등 참조.

25) 대법원 1999.8.19. 선고 98두1857 판결. 그러나 이러한 결론에 대해서는 반대의견과 보충의견이 첨부되는 등 논란이 있었다.

3. 判例上 公益論證에 있어서의 爭點

1) 概 觀

전체적으로 우리 판례에서 나타나는 바에 의하면 공익판단에서 문제되는 것은 公益 자체의 존재여부 또는 그 인정여부에 있다기보다는 공익의 重要性과 크기, 考慮範圍, 그리고 공익침해의 여부와 그 정도[26) 등이라고 할 수 있으며, 이것은 결국 이익형량이라는 相對的 評價基準에 의한 판단의 자료가 된다. 따라서 공익침해 그 자체가 위법판단을 받는 것이 아니라 공익침해와 다른 공익 또는 사익과의 비교교량과 그에 관련되는 比例의 原則 등의 적용에 따라 공익침해의 위법성이 相對的으로 판단되어지고 있다.

이하 우리 판례가 공익판단과 관련하여 제시하고 있는 몇 가지 爭點에 대하여 검토하기로 한다.

2) 公益判斷에서의 利益衡量

우리 판례상의 공익논증에서 가장 빈번하고 包括的인 爭點을 차지하는 것은 이익형량의 문제라고 할 수 있다. 이익형량의 문제는 공익과 사익 사이, 그리고 하나의 공익과 다른 또 하나의 공익 사이에서도 발

---

26) 공익침해의 정도가 문제 되는 경우로, 예컨대 대법원 1993.5.27. 선고 93누4854 판결: “산림훼손허가를 함에 있어서 고려하여야 하는 공익침해의 정도, 예컨대 자연경관훼손정도, 소음, 분진의 정도, 수질오염의 정도 등에 관하여 반드시 수치에 근거한 일정한 기준을 정하여 놓고 허가 · 불허가 여부를 결정하여야 하는 것은 아니고 산림훼손을 필요로 하는 사업계획에 나타난 사업의 내용, 규모, 방법과 그것이 환경에 미치는 영향 등 제반사정을 종합하여 사회관념상 공익침해의 우려가 현저하다고 인정되는 경우에는 불허가할 수 있다.”

생할 수 있는 것이다. 대법원은 "행정주체가 구체적인 도시계획을 입안 · 결정함에 있어서 비교적 광범위한 계획재량을 갖고 있지만 여기에는 도시계획에 관련된 자들의 이익을 공익과 사익에서는 물론 공익 상호간과 사익 상호간에도 정당하게 비교 · 교량하여야 한다는 제한이 있는 것"이라고 하여[27] 이러한 다차원적 이익형량의 필요성을 분명히 하고 있다. 사익과 공익, 하나의 공익과 다른 공익 사이의 이익형량에 있어서 어떤 경우이든 그 法技術的 樣相은 대개 비슷하다고 하여야 할 것이다. 공익관련 이익형량에 있어서 우리 판례가 정형화시킨 하나의 원칙은 수익적 행정행위의 취소는 "공익성의 필요가 당사자의 불이익을 정당화할 수 있을 정도"라야 한다는 것이다.[28] 이것은 실제로는 매우 形式的인 基準이지만 공익성의 필요의 정도나 당사자의 불이익의 정도에 따라서 공익추구보다는 私益保護가 우선일 수 있다는 것을 확인하였다는 점에서 최소한의 의의는 가지는 것이라고 사료된다. 또한 대법원은 주로 違法建築物의 철거대집행과 관련하여 종종 '더 큰 公益'이라는 표현의 사용을 정형화함으로써[29] 하나의 공익과 다른 공익 사이에서 마

27) 대법원 1998.4.24. 선고 97누1501 판결.

28) 대법원 1990.9.28. 선고 90누2567 판결; 대법원 1990.12.7. 선고 90누5610 판결; 대법원 1993.8.24. 선고 92누17723 판결 등.

29) 공익과 사익의 비교와 관련된 판례로서 대법원 1980.9.24. 선고 80누252 판결; 대법원 1989.12.12. 선고 88누12097 판결; 대법원 1991.3.8. 선고 90누9643 판결; 대법원 1990.8.10. 선고 90누2871 판결; 대법원 1991.1.25. 선고 90누5692 판결 등 참조.

또한 공익과 공익 간의 비교형량 대소, 우열 관계에 대한 판례로서, ① 대법원 1992.8.14. 선고 92누3885 판결: "… 위 건물의 남쪽 40미터 지점에는 편도 1차선의 기존 중앙로가, 그 북쪽 50미터 지점에는 1980년에 편도 3차선의 동서관통로가 각 설치되어 있어서 위 도시계획에 따른 도로의 개설 필요성은 거의 없는 사실, 위 건물은 주위의 건물들과 조화를 이루고 있어 건축 전에 비하여 더 아름답고 편리하게 되었으며, 위 증평부분을 대집행으로 철거함에는 많은 비용이 소요되고 이를 철거하여도 건물만을 손상시키

치 공익과 사익 사이와 같은 이익형량이 필요함을 시사하고 있다. 즉 하나의 공익과 다른 공익 상호간에도 大小, 優劣이 있을 수 있다는 점, 그리고 공익판단에 있어서 비교의 대상이 되는 공익 사이에서의 중요도에 따른 序列化 내지 考慮範圍를 넓힌 一般化가 시도되어야 한다는 점을 암시하고 있는 것이다.

고 그 쓰임새가 줄어들게 되는 사실을 인정한 다음, 위 증축으로 인하여 건축법위반의 결과가 현존하고 있고, 원고가 그 철거의무를 불이행하고 있으나 이를 그대로 방치함이 도로교통, 방화, 보안, 위생, 도시미관 및 공해예방 등의 공익을 심히 해하는 때에 해당한다고 할 수 없으므로 … 그러나 이 사건 건물 중에 허가 없이 무단증평된 부분이 상당히 큰 데다가 도로 쪽 전면으로 돌출되어 있어 쉽게 발견되고, 기존에 설정된 도시계획선을 침범하고 있으며, 그 도시계획선의 설정이 불합리하다고도 보이지 아니하여 위법건축물인 위 증축부분을 그대로 방치하여야만 한다면 불법건축물을 단속하는 당국의 권능은 무력화되어 건축행정의 원활한 수행을 위태롭게 하고, 건축법 소정의 제한규정이나 도시계획구역 안에서의 토지의 경제적이고 효율적인 이용을 회피하는 것을 사전에 예방하지 못하게 되어 더 큰 공익을 해하는 것이 된다 할 것이므로 이에 대한 철거대집행계고처분은 적법하다." ② 대법원 1990.6.22. 선고 90누2215 판결: "원고가 관할관청인 피고의 수회에 걸친 건축중지 및 철거명령이나 이에 대한 고발조치 등을 무시하고 공휴일이나 야간에 강행하여 이 사건 건물을 완공하였다면, 그 위법건축물이 단순히 도시미관상으로나 위생상으로 월등히 좋아졌다는 사정만으로, 불법건축물을 단속하는 당국의 권능을 무력화시켜 건축행정의 원활한 수행을 위태롭게 하고 법에 의한 허가 및 그 준공검사시 소방시설, 주차시설, 교통소통의 원활화, 건물의 높이 등 인접 건물과의 조화, 적절한 생활환경의 보호를 위한 건폐율, 용적률, 기타 건축법 소정의 제한규정을 회피하는 것을 사전에 예방하려는 더 큰 공익을 해치는 것을 정당화시키거나 상쇄시킬 수 없다고 할 것이므로, 이 사건 건물에 대한 철거대집행계고처분은 적법하다."

3) 利益衡量과 比例原則

우리 판례는 또한 이익형량에 있어서 比例의 原則이 관련됨을 분명히 밝히고 있는데,[30] 대법원은 공익판단의 맥락에서는 비례의 원칙은 이익형량의 원칙의 적용 가운데에서 타당한 원칙인 것처럼 묘사하기도 한다. 비례의 원칙이 이익형량의 원칙의 적용과정에 존재하는 것 같은 양상은 비례의 원칙 가운데 제3의 원칙, 즉 相當性의 原則에 주로 해당되는 것이라고 새겨야 할 것이다.[31]

利益衡量에 있어서의 비례원칙의 적용에 있어서 중요한 쟁점의 하나가 되는 것이 公益侵害의 與否와 程度의 문제이다. 공익이 침해되었다는 판단과 공익이 어느 정도 침해되었는가 라는 판단은 논리적으로 구

---

30) 대법원 1985.11.12. 선고 85누303 판결; 대법원 1998.4.24. 선고 97누1501 판결: "그런데 행정주체가 구체적인 도시계획을 입안 결정함에 있어서 비교적 광범위한 계획재량을 갖고 있지만, 여기에는 도시계획에 관련된 자들의 이익을 공익과 사익에서는 물론, 공익 상호간과 사익 상호간에도 정당하게 비교 교량하여야 한다는 제한이 있는 것이므로, 행정주체가 도시계획을 입안 결정함에 있어서 이익형량을 전혀 하지 아니하거나 이익형량의 고려대상에 마땅히 포함시켜야 할 사항을 누락한 경우 또는 이익형량을 하였으나 정당성 객관성이 결여된 경우에는 그 행정계획결정은 재량권을 일탈 남용한 위법한 처분이라 할 수 있고, 또한 비례의 원칙(과잉금지의 원칙)상 그 행정목적을 달성하기 위한 수단은 목적달성에 유효 적절하고 또한 가능한 한 최소침해를 가져오는 것이어야 하며 아울러 그 수단의 도입으로 인한 침해가 의도하는 공익을 능가하여서는 아니 된다 할 것이다(대법원 1996.11.29. 선고 96누8567 판결; 대법원 1997.9.26. 선고 96누10096 판결 등 참조)."

31) 대법원 1998.4.24. 97누1501 판결: "또한 비례의 원칙상 그 행정목적을 달성하기 위한 수단은 목적달성에 유효·적절하고 또한 가능한 한 최소침해를 가져오는 것이어야 하며 아울러 그 수단의 도입으로 인한 침해가 의도하는 공익을 능가하여서는 아니 된다 할 것이다."

별할 수 있으나 사실상 같이 이루어지는 것이라고 할 수 있다. 실제로는 무엇이 공익침해이며 그 정도는 어떠한가 라는 것이 公益과 관련된 違法判斷의 중심을 이루게 되는 경우도 있다. 판례 가운데는 공익침해 여부의 판정을 절차나 과정상의 위법보다는 結果的 違法의 문제로 판단하는 경우도 있고,[32] 한편 이와 반대로 결과뿐 아니라 節次, 過程上의 문제도 다른 공익의 관점에서 아울러 검토하여야 한다는 판례도 있다.[33] 그런데 이 문제는 公益判斷에 있어서의 고려 범위를 어느 정도로 하는 것이 적당한가 라는 차원의 문제일 수도 있다. 그리고 판례의 태도를 볼 때 공익침해 자체가 당연히 위법으로 연결된다고 단언할 수 없다. 공익침해가 있다 하더라도 그 정도가 심하지 않아서 관련 행정처분으로 인한 當事者의 不利益에 비해 미미하다면 이익형량의 원칙상 이를 違法이라 할 수는 없는 것이다.[34]

---

32) 예컨대 대법원 1984.2.28. 선고 83누606 판결: "건물의 부지가 협소하여 개축허가가 불가능하므로 주택에서 점포로의 용도변경 및 대수선허가를 얻어 수리공사를 하던 중 건물 일부가 붕괴되어 부득이 나머지 부분마저 철거한 후 벽돌조 슬라브조의 건물을 다시 건축한 것이나 위 건축물이 원래의 건물 부지상에 같은 규모로 건축되어 있고 4거리에 위치하여 도시미관상 해롭지 아니하다면 무허가 건축물이란 사실만으로 행정대집행법 제2조 소정의 위 건축물을 방치함이 심히 공익을 해하는 것에 해당한다고는 볼 수 없으므로 위 건축물에 대한 피고 행정청의 계고처분은 위법하다."

33) 예컨대 대법원 1989.3.28. 선고 87누930 판결: "무허가로 불법건축되어 철거할 의무가 있는 건축물을 도시미관, 주거환경, 교통소통에 지장이 없다는 등의 사유만을 들어 그대로 방치한다면 불법건축물을 단속하는 당국의 권능을 무력화하여 건축행정의 원활한 수행을 위태롭게 하고 건축허가 및 준공검사 시에 소방시설, 주차시설, 기타 건축법 소정의 제한규정을 회피하는 것을 사전 예방한다는 더 큰 공익을 해칠 우려가 있다."

34) 대법원 1989.4.25. 선고 88누3079 판결: "그러나 일반적으로 제재적 행정처분이 사회통념상 재량권의 범위를 일탈한 것인가의 여부는 처분사유로 된 위반행위의 내용과 당해 처분에 의하여 달성하려는 공익목적 및 이에 따르

4) 公益判斷에서의 考慮範圍

우리 판례상의 공익판단에 있어서 또 하나의 중요한 쟁점으로 제기되는 것이 公益判斷에 있어서의 考慮範圍의 문제이다.[35] 이것은 사실 공익판단과 관련되는 이익형량과도 무관하지 않는 것으로서 공익판단에 있어서의 고려범위를 어느 정도까지로 할 것인가에 따라 이익형량의 樣相도 달라지게 된다고 할 수 있다. 또한 공익판단에 있어서의 고려범위를 확대하면 할수록 그에 관련되는 공익은 특수공익에서 一般公益으로 변화되어 간다고 할 수 있다. 이와 관련된 우리 판례는 모두 고려범위를 넓히는 것이 妥當한 경우를 지적하고 있지만, 판례가 문제 삼는 구체적인 경우를 떠나서 일반론적으로 보면 考慮範圍를 넓히는 것이 항상 정당한 것이라고만은 말할 수 없다.

는 제반사정 등을 객관적으로 심리하여 공익침해의 정도와 그 처분으로 인인하여 개인이 입게 될 불이익을 비교교량하여 판단하여야 할 것인바, …"

35) 대법원 1983.2.22. 선고 82누413 판결; 대법원 1983.7.26. 선고 83누20 판결; 대법원 1984.2.28. 선고 83누505 판결: "원고 자신이 소송까지 제기하여 철거키로 확정된 건축물의 철거집행시 그 건물 벽면에만 여러 곳에 구멍을 뚫어 놓고 그 집행을 완료한 것으로 한 후 건축법 소정의 절차 없이 동 건물을 개수하였다면 이는 허가 없이 개축한 건물로서 철거명령에 따라 철거할 의무가 있고, 소관기관의 철거명령에도 불구하고 이를 그대로 방치한다는 그 자체가 건축행정의 원활한 수행을 불가능케 하고 또 행정당국의 단속을 무력화시키는 결과가 되어 심히 공익을 해한다 할 것이고 단순히 주위의 환경과 도시미관상의 이유를 들어 공익을 해함이 없다고 단정함은 위법하다."

第4節 裁判上 公益概念의 法問題化 方向

1. 序 言

裁判을 통해 公益判斷을 법문제화하고자 하는 시도는 현대국가에 있어서의 공익판단이 맞이하는 문제상황의 변화에 기인하는 것이다. 規準的 公益觀의 퇴조와 潛在的 公益觀의 대두, 공익에 대한 多元的 理解의 등장, 국익과 공익의 분화 등 이미 검토한 바 있는[36] 공익관념에 대한 인식변화의 제양상은 공익판단의 구조를 근본적으로 바꾸어 놓을 것을 요구하고 있다. 그리하여 새로운 상황하에서 재판기관은 더 이상 공익판단의 방관자가 아니라 공익판단에 깊숙이 관여하고 개별 이익상황하에서의 공익의 구체화에 規範的 次元의 방향제시를 담당할 것을 요구받고 있다. 물론 입법의 차원에서 공익이 구체적으로 규정되는 것 역시 새로운 문제상황에서 절실히 요구되는 것이기는 하나, 공익개념의 實定法的 具體化는 여러 가지 제약조건이 많이 존재하기 때문에 공익개념의 법개념화에 있어서 궁극적인 역할은 재판기관이 담당하게 된다고 보아도 지나치지 않을 것이다.

이처럼 재판기관이 공익판단에 깊숙이 개입한다는 것은 우리 재판기관들에게 있어서는 전혀 새로운 경험일 것이다. 그 동안의 우리 정치현실은 公益에 대한 論證을 터부시하다시피 하는 전통을 형성하여 왔던 것이고, 재판에 있어서의 공익논증은 일제강점기의 司法狀況에서도 물론 찾아보기 어려웠다. 따라서 재판상의 공익논증이 어떠한 문제의식과 방향성을 가지고 전개되어야 할 것인가 라는 것이 공익개념의 법문제화를 위한 기본 테제로 등장하게 된다. 이하에서 개별적으로 검토해 본다.

---

36) *Supra*. 제4장 참조.

2. 公益判斷의 節次法構造化

공익을 더 이상 規準的 · 一義的으로 이해할 수 없는 현대국가의 상황에 있어서, 공익은 잠재적인 것으로 認識의 대상이라기보다는 관계 제이익의 참여에 따른 決定의 대상이라는 측면이 강하게 나타난다. 선험적인 공익, 보편적인 공익이 먼저 주어져서 오류를 용납하지 않는 인식의 대상이 되는 것이 아니라 주어진 이익상황하에서 가장 공동체의 이익에 부합하는 것은 무엇인가라는 것이 주어진 규범체계하에서 민주적이고 법치주의적 원리에 따라 합법적으로 판단 결정되어야 하는 것이다. 이렇게 보면 공익의 판단에 있어서 공익의 실체적인 내용에 대한 법적 통제보다 공익결정과정에 있어서의 節次的 民主性, 適法性이 더욱 더 중요한 문제로 대두하게 된다.

물론 구체적인 경우 헌법, 법률, 명령 등의 형식으로 공익의 내용에 관한 실체적 판단이 내려져 있는 경우도 있을 것이지만 實定法의 해석만으로 공익의 실체적 내용을 확인할 수 없는 많은 경우에 있어서는 公益判斷은 일정한 규범적 룰에 따른 이익대변의 과정에서 이익상황의 조절이라는 성격을 띠게 되는 것이다. 이렇게 될 때 裁判機關은 공익판단에 있어서 節次的 適法性의 확보에 주의를 기울이지 않으면 안 된다. 재판기관은 실정법 규범이 실체적 공익의 내용을 제시하고 있지 않는 한 자신의 實體的 公益判斷을 내놓기보다는 공익결정과정에서의 절차적 적법성을 검토하여 공익결정 과정에서 관계 제이익이 공평하게 참여할 기회를 보장받았는가를 심사하는 데 역점을 둘 필요성이 있다.

재판기관이 공익판단의 節次的 性格에 착안하게 되면 공익판단의 法過程은 실제적으로 節次法構造化하게 될 것이다.[37] 이러한 절차법구조화는 실정법의 해석에만 의존하는 것이 아니라, 재판기관이 스스로 公益決定에서의 節次原則을 창조해 나갈 수도 있으며, 입법이 제시한 절

37) Häberle, *Öffentliches Interesse als juristisches Problem*, S. 87ff.

차원칙의 해석 적용에 있어서 재판기관이 적절한 意味附與를 행할 수도 있다는 점에서 재판기관의 재량에 크게 의존할 수도 있다.

3. 多元的 公益의 構造解明

현대국가의 공익은 다양한 원천과 타당영역을 가진다. 공익의 가장 전형적인 것으로 전통적으로 國益이 公益과 동일시되는 경우가 많았으나 공익의 전제가 되는 公共性은 국가영역에서만 발생하는 것은 아니다.[38] 국가영역이 아닌 사회영역에서의 '社會的 公共' 역시 공익의 원천이 될 수 있다.[39] 뿐만 아니라 국익이라 할지라도 구체적 이익상황에 따라서 추구하는 바가 상이할 수 있다. 環境部가 주장하는 국익과 財政經濟部가 주장하는 국익은 차이가 있을 수 있으며, 같은 맥락에서 환경법규의 해석 적용상의 국익과 경제법규의 해석 적용상의 국익은 서로 모순될 수 있는 것이다. 또한 國家와 地方自治團體 사이에서도 각자의 '公益'이 矛盾 또는 衝突될 수 있는 여지는 얼마든지 있다.

요컨대 국익이라 할지라도 具體的인 利益狀況하에서는 그것이 특수공익으로 특징지어질 수 있는 것이고, 社會領域에서도 국익 등에 양보할수만 없는 공동체의 이익이 존재한다. 각 사회영역은 국가의 단순한 일부가 아니라 각 領域 나름의 主權的 圈域을 가지는 독립적인 존재로서 국가의 보호와 간섭을 받고 있는 것이다.[40] 그리고 이와 같은 사정은 사익과 공익의 관계에서도 동일하다. 私益이 항상 公益에 의해 배척당하는 것은 아니다. 本質的인 중요성을 가진 私益은 공익에 우선하기

---

38) *Ibid.*, S. 25f, 468f.

39) 徐元宇, 「社會國家原理와 公法理論의 새로운 傾向」, 『行政法研究 1』, 1986, 8면 이하.

40) 네덜란드의 법철학자 헤르만 도예베르트(Herman Dooyeweerd)는 이를 領域主權(Sphere Sovereignty)이라 칭한다. Herman Dooyeweerd, *Roots of Western Culture*, 1979, 40ff.

도 하고, 무엇보다도 공익과 사익 사이에 이익형량을 통한 법적 조절이 이루어지기도 하는 것이다.

이상과 같이 공익이 가지는 多樣한 含意는 공익의 타당영역, 공익의 강도, 중요성, 이익상황의 절박성, 이익상호간의 관련성 등에 의해 複雜한 構造 안에서 진지한 해석의 대상이 되고 있다. 이러한 상황하에서 재판기관은 일반공익과 특수공익의 관련 구조, 국가영역과 각 사회영역 간의 관련 구조, 공익과 사익의 관련과 분리 등의 多元的인 公益의 構造에 대한 나름의 해명방식을 가져야 할 것이다. 이러한 해명은 개별적인 공익판단이 맞이하는 구체적 이익상황에 대한 면밀한 분석하에서 이루어져야 할 것인데, 이와 같은 構造解明에는 재판기관 자신의 공익에 대한 법적 판단에 있어서의 문제의식이 투영될 것이다. 재판기관의 문제의식이 날카로우면 날카로울수록 현대사회의 多元的 公益의 構造解明은 치밀하게 다루어질 것이다.

4. 公益槪念의 具體化

입법의 형식을 통하여 規範的으로 주어진 공익판단은 대개 一般·抽象的인 槪念形態로 존재하는 것이다. 따라서 개별적·구체적 상황에서의 공익판단은 行政權에 의해 이루어지는 것이 보통이라 할 것이다. 그러나 공익개념을 하나의 법적 관념으로 보고, 공익판단에 대한 소송적 통제를 활성화한다면, 구체적인 공익판단은 행정권의 임무만이 아니라 裁判機關의 任務로서도 등장하게 된다. 이처럼 재판기관이 공익의 구체적 해석·적용에 관여하게 될 때 재판기관은 각각의 이익상황에 따라 공익의 性格, 크기, 强度, 考慮範圍 등을 분석하고 그에 따른 공익개념의 具體化·領域化·限定化를 도모할 필요성이 있다. 이러한 공익관념의 구체화·영역화·한정화는 앞에서 검토한 다원적 공익의 구조해명과도 밀접한 관련이 있지만 다원적 공익의 구조해명이 주로 다양한 공익들 간의 관련과 중첩, 상호관계와 결부되어 있다면, 개별·구체적 상황에의 적용을 위한 공익개념의 구체화 · 영역화 · 한정화는 한 종류의 공익이 타당하는 범위와 관련되는 公共性의 性格 및 强度 등을 탐구해 나간다는 점에서 양자가 문제시하는 상황은 일응 구별된다.

이와 같은 公益槪念의 具體化는 공익관념이 사용된 맥락[41]에 따라 다소 상이한 양상을 나타낸다.

첫째, 가장 흔하게는 공익개념의 구체화는 利益狀況의 具體化와 밀접한 관련이 있다. 문제 되는 사안에서 하나의 공익과 또 다른 하나 또는 여러 개의 공익이 충돌하거나 공익과 사익이 모순 충돌하는 경우에 있어서 공익개념의 적용을 위한 구체화는 이러한 이익상황의 면밀한 분석 위에서만 가능하다. 이러한 이익상황의 분석에 있어서 추상적인 공익관념은 다소간 특수화될 필요성이 있다. 그러나 때로는 그 반대로 特殊公益 상호간의 모순 충돌의 합리화를 위해 모순 충돌되는 양 공익 간의 일반화가 요구되는 경우도 있다. 이러한 관련은 公益과 私益 간의 관계에서도 나타나는 것이다.

利益狀況의 具體化를 위해서 공익을 포함하여 관련 이익의 고려범위가 문제 될 것이며, 이와 관련하여 공익의 抽象性의 정도가 조정될 필요도 있다. 또한 관련되는 公共性의 성격에 대한 具體的인 解明이 요구되는 경우도 있을 것이며, 公共性의 强度나 密度 등도 문제가 된다. 한편 궁극적인 공익판단을 위해서는 법질서가 추구하는 공익 자체의 구체화만이 문제 되는 것이 아니라 그에 대비되는 다른 공익이나 사익에 대한 구체적 해명, 그리고 문제 되는 공익에 대한 침해의 정도 등도 고려의 대상이 된다.

둘째, 경우에 따라서 공익개념의 구체화는 行政目標의 具體化와 관련되는 경우가 있다. 법규상 공익개념이 행정목표로 설정되어 있거나 그에 준하는 취급을 받아야만 하는 경우가 그것이다. 이 때 애매한 抽

---

41) 입법상 공익개념이 사용된 여러 맥락과 관련에 대해서는 *Supra*. 제5장 참조. 이하에서는 제5장의 검토와 관련하여 논의를 전개한다.

象的 行政目標는 공익개념의 구체적 적용에 있어서 극복해야 될 장애요소가 된다. 이 경우에도 위에서 검토한 이익상황의 구체화와 관련되는 여러 가지 관점이 간과되어서는 안 될 것이다.

셋째, 拒否의 要件, 制限 및 限界의 근거로서의 공익개념도 역시 구체화되어야 한다. 그러한 거부, 제한 및 한계로서 공익이 일반적 사유로 명기되어 있는 경우 그 일반적 사유는 법이 명시하고 있는 구체적 사유와 동등한 가치가 있는 것으로 판단될 수 있는 사유이어야 한다. 공익판단의 고려범위, 공공성의 성격, 추상성의 정도, 공공성의 밀도와 강도 등에 관련되는 문제는 여기에서도 동일하다.

넷째, 支援이나 保護의 대상으로서의 공익 또는 기타 特別規律의 대상으로서의 공익은 더욱 강한 구체화의 요구에 직면한다. 예외취급 또는 특수취급의 정도가 강할수록 그 근거되는 공익은 具體化되어야 하기 때문이다. 어떠한 행정작용도 가장 추상적인 형태의 공익에는 그 근거를 둘 수 있기 때문이다. 앞에서 검토한 공익판단의 고려범위, 타당범위, 공공성의 성격, 추상성의 정도, 공공성의 밀도와 강도 등의 논의는 여기에도 타당하다.

5. 利益衡量의 基準의 體系化[42)]

구체적인 공법쟁송에서의 공익판단에서 실체적인 의미를 갖는 것이 이익형량이다. 공익에 대한 추구는 대체로 그와 모순 또는 저촉되는 다른 이익의 포기 내지 조절과 관련을 맺는 것이므로 공익판단은 실제에 있어서 절대적이라기보다는 相對的이다. 따라서 문제 되는 公益에 대비되는 다른 利益(그것이 또 다른 종류의 공익이든 순수한 사익이든 간에)과의 比較와 衡量이 공익판단의 핵심을 이루는 경우가 많다. 이러한

42) 公益判斷과 利益衡量에 관한 일반적인 문제점에 대해서는 제4장에서 이미 언급한 바 있으므로 재론을 피한다.

까닭에 재판기관은 공익판단에 있어서의 이익형량의 기준을 歸納的으로 마련하고 이를 體系化할 필요가 있다. 오늘날과 같은 多元的 公益, 潛在的 公益의 시대에 있어서는 막연히 어느 경우에 사익보다 공익이 우선한다든가, 또는 어느 경우에 적용되어야 할 공익은 이러한 성격의 것이라든가라는 판단보다 그러한 판단을 가져오게 한 이익형량의 근거를 구체적으로 論證할 것이 요구된다. 그리고 이러한 구체적 개별적 논증방식이 쌓이면 이익형량의 기준의 체계가 수립될 수 있을 것이다.

그런데 구체적인 이익형량에 있어서는 무엇보다도 多元的 公益의 構造解明과 공익의 구체화가 요구된다. 형량의 대상이 되는 공익의 정체를 밝혀 놓지 않고서는 실질적인 이익형량이 불가능할 것이기 때문이다. 따라서 이익형량에 있어서는 공익판단의 고려범위를 적절하게 잡을 것, 문제 되는 관계이익의 강도나 밀도 또는 침해의 정도에 대해 충분한 고려가 이루어질 것 등이 요망된다.

이익형량에 있어서 관련이익이 다원적일 때에는 어느 利益이 보다 일반적인 관점에서 우선되어야 할 것인가 라는 점이 중요하다. 특히 어떤 하나의 공익과 또 다른 하나의 공익이 충돌할 때, 어느 공익이 보다 優先的인 價値가 있는 것인가가 평가되어야 할 것이고 충돌되는 양 특수공익이 보다 일반화되면서 辨證法的 통일의 과정으로 대립을 해소시킬 방안은 없는 것인가에 대한 검토도 이루어져야 할 것이다.

그러나 문제는 어떠한 공익과 다른 이익 간의 우세관계 또는 우선 순위 관계가 명확하다고 하더라도 항상 優先的 公益이 법적 보호의 대상이 되지만은 않는다는 것이다. 하나의 특수공익과 다른 하나의 特殊公益 사이에서는 말할 것도 없고 공익과 사익의 관계에서도 사익이 언제나 희생되지만은 않는다. 바로 그 까닭에 이익형량이 필요한 것이다. 이러한 때에 문제 되는 것이 比例의 原則이라 할 것이다.[43] 공익의 추구와 사익의 희생 또는 보다 우선적인 공익의 추구와 보다 중요성이 떨

---

43) T. Läufer, *a.a.O.*, S. 694 참조.

어지는 다른 공익의 희생은 무한정 허용되는 것이 아니라 일정한 比例性의 범위 안에서만 허용되는 것이다.[44] 따라서 이익형량에 있어서는 관련되는 이익의 本質的 特性도 문제 되지만 관련되는 利益의 侵害程度 역시 중요한 판단의 기준이 되는 것이다. 재판기관에 의한 이익형량의 기준은 이러한 여러 관점을 포괄하여 형성되어질 것이 요망된다.

6. 公益槪念의 規範力 解明

法規上 또는 行政法의 一般原則上 원용되는 공익관념은 그 문제상황이 극히 다양하다. 그리하여 어떤 경우에 공익개념은 거의 법적 판단에 있어 상징적인 의미밖에 가지지 못하는 경우도 있고 또는 아주 일반적인 해석보조수단으로 기능하는 경우도 있다. 이러한 까닭에 공익개념이 가지는 法的 拘束力 또는 規範力은 문제상황에 따라 또는 법규의 규정방식에 따라 매우 다양하다. 공익개념을 법문제화한다고 하더라도 법문제화된 공익개념의 법기능적 수준은 다양하게 나타날 수밖에 없는 것이다. 재판상 문제 되는 경우는 대체로 공익개념의 규범력이 강하게 나타나는 경우일 것이지만 공익개념의 법개념화와 관련하여 이와같은 규범력의 상이성에 대한 재판기관의 인식이 어느 정도 필요하다고 할 것이다. 이것 역시 공익개념이 실질적으로 법적 논증의 대상이 되는 문제상황의 추이에 따라 歸納的으로 體系化되어 나아가야 할 것이다.

44) P. Häberle, "Gemeinwohljudikatur und Bundesverfassungsgericht", *a.a.O.*, S. 296.

第5節 裁判上 公益判斷의 機能

1. 序 言

재판기관이 재판을 통하여 공익판단에 참여하게 된다는 것은 결국 재판기관이 規範的 體系에 비추어 입법적 행정적 공익판단을 審査한다는 의미가 된다. 이와 같은 공익판단에 대한 재판통제는 헌법재판제도와 행정소송제도 등에 의해서 이미 제도적으로는 보장되고 있는 것이다.

그러므로 재판기관의 공익판단은 기본적으로 立法的 · 行政的 공익판단에 대한 統制의 機能을 가지게 된다. 그리고 이러한 통제의 기능은 입법적 공익판단의 해석과 보완을 통하여 규범적 공익판단을 궁극적으로 완성하고 또한 이를 통하여 왜곡된 공익판단을 진정한 共同體利益, 즉 진정공익으로 향도하는 역할을 하게 된다.

2. 立法的 公益判斷의 解釋과 補完 — 行政法的 토포스(topos)로서의 公益

공익판단은 종래 행정권의 專有物인 것처럼 인식되어 온 적도 있었다. 그러나 이미 언급한 것처럼 공익판단은 입법, 행정, 사법의 모든 차원에서 문제 되는 총체적인 법문제라고 할 수 있다. 공익판단을 이와 같이 이해할 때 일차적인 공익판단은 입법적 차원에서 이루어진다고 보아야 한다. 따라서 행정은 입법에 의하여 제시된 공익판단을 구체적 · 개별적인 경우에 적용하게 되고 司法은 쟁송사건에서 그렇게 적용된 공익판단의 당부를 검토하게 된다. 그러므로 법원을 비롯한 재판기관에 의한 공익판단은 입법에 의한 抽象的 · 一般的 공익판단을 해석하여 개별 · 구체화하고 입법적 공익판단에서 명백하게 드러나지 않은 의미를 분명히 밝히거나 또는 판단의 공백을 메우는 역할을 하게 되는 것이다.

그런데 실제에 있어서는 입법적 공익판단이 구체적인 의미내용을 제시할 수 있는 경우는 극히 드물기 때문에 公益判斷의 實體는 재판기관이 자신의 역할을 충분히 인식하는 한 재판기관에 의해 형상화될 것이다. 이러한 구체적 공익판단의 과정에서 재판기관은 헌법, 법률, 명령 등의 법체계의 분석에 의해 문제의 해답에 접근할 수도 있지만 상당부분 공익이 무엇인가에 대한 規準的 意味를 스스로 창조해 내어야 하는 경우도 있을 것이다. 또한 법규범의 해석작업 가운데에서 공익의 의미내용을 구체화하는 경우에 있어서도 실제로는 재판기관의 이론구성이 중요한 의미를 가지는 경우가 많을 것이기 때문에 공익판단에 있어서 재판기관의 역할은 지대할 수 있다.

입법적 공익판단의 해석과 보완으로 나타나는 재판기관의 공익판단의 기능은 법기술적인 관점에서는 실정법규상의 공익과 행정법의 일반원칙으로서의 공익의 확인과 구체화로 나타난다.

공법적 판단의 대상이 되는 공익은 실정법규에 명문화되어 있는 형태로 존재할 수도 있고 또는 실정법규에 명문으로 나타나 있지는 않으나 문언해석상 공익판단이 요구되는 경우도 있으며, 한편 실정법규의 문언해석 여부와 직접적인 관계가 없으면서도 일반적인 裁量要件으로서의 공익판단이 문제 되는 경우도 있다.

첫째, 실정법규에 명문화되어 있는 공익규정은 이미 前章에서 살펴본 바와 같이 여러 가지 형태를 띠는 것인데, 이와 같은 明示的 公益規定의 판단에 있어서 재판기관은 그와 같은 公益文言이 어떠한 맥락과 妥當範圍, 考慮要素를 배경으로 하여 해석 · 적용되어야 할 것인가 라는 것을 확인하고 공익과 관련되는 이익상황 등을 구체화하여야 할 것이다. 특히 명시적 공익규정이 법률요건으로 존재하는 경우에는 '공익' 관념의 추상성으로 인하여 재판기관의 法創造[45]에 준하는 작용이 요구

45) 법규의 흠결이나 모순은 때로는 법원으로 하여금 법률초월적 法形成(gesetzesversteigende Rechtsfortbildung)이라는 창조적 작업으로 인도하는 경

되는 경우도 있을 것이다.

둘째, 명문규정으로서 '公益', '公共福利' 등의 용어가 채택되지는 않았다 하더라도 실정법규의 해석상 관련되는 '공익'의 의미내용을 확인하고 이를 구체화하여야 하는 경우가 있다. 그것은 행정작용이 본질적으로 公益을 추구하는 것인 까닭에 행정작용의 근거법 등의 해석에 있어서 불가피하게 공익판단이 요구되는 경우가 있는 것이다. 이와 같은 때에는 공익이 직접적 · 적극적 법률요건으로 기능하지는 않는다고 하더라도 消極的 要件으로서 기능할 수도 있다. 공익침해의 발생여부가 법판단에 궁극적인 영향을 미치는 것 등이 이와 같은 경우에 해당된다. 公益規定이 명문으로 존재하지 않지만 법해석, 적용의 과정에서 문제시되는 이와 같은 경우에 재판기관은 먼저 당해 사안에서 공익판단이 차지하는 의미를 명확히 할 필요가 있다. 공익판단이 단순히 문언해석에 관련되는 것인지 법률요건과 관련되는 것인지 등을 판단한 다음 그에 맞추어 공익관념에 대한 구체적 논증이 필요하다고 할 것이다.

셋째, 실정법규의 文言解釋과는 직접적인 관계가 없이 공익판단이 법판단의 주요 쟁점으로 되는 경우가 있다. 法律效果의 결정, 선택에 있어서 재량행사의 공익 위반여부 판단 등의 경우가 그것이다. 公益違反行爲가 재량권의 범위를 벗어나는 경우의 하나에 해당될 수 있음은 물론이다. 한편 행정행위의 取消, 撤回에 있어서 '공익' 판단이 요구되는 경우도 실정법규의 문언해석과 관련이 없더라도 행정작용에 대한 法的 判斷에 있어서 공익판단이 요구되는 한 형태라고 할 수 있다. 여하튼 이러한 유형의 공익판단은 裁量權 행사에 관한 법판단과 밀접하게 관련된다.[46]

그런데 위에서 검토한 두 번째와 세 번째의 경우와 관련하여 行政法

우가 있다. Karl Larenz, *Methodenlehre der Rechtswissenschaft*, 4 Aufl., 1979, S. 350ff.

46) P. Häberle, *Öffentliches Interesse als juristisches Problem*, S. 193-201 참조.

의 一般原則으로서의 公益의 原則이 적용된다.[47)]

3. 事實的 公益의 純化와 眞正公益의 指向

현실적인 공익판단이 지향하는 이상은 眞正公益의 발견과 실현에 있다고 할 것이다. 그러나 행정작용의 실제에 있어서의 공익판단은 순수하고 客觀的인 의미의 공익판단일 수만은 없다.[48)] 실제의 행정상의 공익판단에는 편견과 이해관계가 복잡하게 작용하는 것이다. 이와 같은 편견과 이해관계의 작용은 심지어 정부분야에서 복수의 행정기관이 관련된 공익판단에 있어서도 발견된다. 또한 공익판단과정이 이익대변 활동에 노출되어 있을 때 利益代辯活動에 능한 관계자는 그렇지 못한 관계자에 비해 공익판단 과정에 광범위한 영향력을 행사하기 마련이다. 그러나 그렇다고 해서 公益判斷過程이 이익대변 활동에 대해 폐쇄적으로 된다면 또 다른 의미에서의 편견의 작용을 배제할 수 없을 것이다.

이러한 까닭에 공익판단은 행정관료와 이해관계자들에게 전적으로 맡겨 둘 수 없다. 행정관료는 행정관료대로 行政便宜主義나 部處利己主義에 따른 왜곡위험이 있고, 이해관계자들은 이해관계자 나름대로의 자신들에게 유리한 방향의 공익판단이 이루어지도록 이익대변활동을 전개할 것이기 때문이다. 따라서 제3자로서의 재판기관에 의한 공익판단은 이러한 편견과 왜곡을 시정할 수 있는 전연 다른 형태의 法過程으로 주어진다. 재판기관은 정치적 기관이 아니므로 이익대변활동에 직접 노출되지 않으며, 한편 관련된 공익판단에 대해 직접적인 이해관계를 가지지 않으므로 客觀的 · 合理的 公益判斷에 적합하다. 따라서 재판기관이 건전하고 치밀한 문제의식을 가지고 公益判斷에 임할 때, 공익판단을 둘러싼 정치적 함수에 따른 왜곡을 제거하고 진정공익을 지향할 수

---

47) *Supra*. 이 장 제2절 1 참조.

48) Wolff/Bachof/Stober, *a.a.O.*, S. 341-342.

있게 된다.

그러나 이와 같은 진정공익의 지향과 사실적 공익의 순화기능을 수행하기 위해서는 재판기관에 공익판단과 관련되는 利益代辯活動이나 政治經濟構造에 대한 기본적인 이해가 요구된다. 공익판단이 법판단의 성격을 띤다고 해서 이것이 단순히 법조문의 논리적 해석에만 관련된다고 생각하는 것은 거시적 관점에서의 公益에 대한 올바른 판단에 방해가 될 수 있다. 公益判斷은 法判斷임과 동시에 政治經濟的 상황에 대한 판단일 수 있고 사실학적 所與로서의 정책에 대한 판단일 수도 있다는 점[49)]을 간과할 수 없다. 법관이 법판단과 관련되는 사실관계를 모두 잘 이해할 필요는 없지만 적어도 법판단과 관련되는 사실관계의 맥락에 대한 이해가 없어서는 안 될 것이다. 따라서 재판기관은 행정청에 의한 사실상의 공익판단을 왜곡시킬 수 있는 사회과학적 요소들에 대한 기본적인 이해를 전제로 공익판단에 임하여야 할 것이다.

第6節 公益判斷에 대한 裁判統制의 方法과 限界

1. 公益判斷에 대한 裁判統制의 方法

행정권의 공익판단에 대한 재판기관의 통제는 實體法的 次元에서, 節次法的 차원에서, 그리고 판단의 과정에 대한 形式的 統制의 차원에서 이루어질 수 있다.

실체법적 차원에서의 통제란 입법에 의하여 규준적으로 주어진 공익판단을 행정권이 준수하였는가 라는 점에 대한 통제로서 실정법에서 規

---

49) 정치학자인 R. E. Flathman은 "公益이란 정부가 채택했거나 제안한 政策을 인준하고 승인하는 기준으로 사용할 수 있다"고 한다. Richard E. Flathman, *op. cit.*, p. 4.

準的 公益을 발견할 수 있을 때 가능한 통제의 기법이다. 이미 언급한 바 있듯이 실정법에서의 규준적 공익에 대한 발견은 '公益'이라는 입법문언의 채택여부와 관계없이 실제로 실정법이 공익결정적 판단을 내리고 있는가 라는 데 초점이 맞추어져야 할 것이다.

節次法的 次元에서의 재판통제란 潛在的 公益觀[50]하에서는 공익판단의 節次法構造化가 중요한 만큼 공익판단 과정에서의 절차법적 측면이 준수되었는가 라는 점에 대한 통제라고 할 것이다. 실정법규가 공익판단의 절차적 과정에 대해 규정하고 있으면 물론 이러한 차원의 절차법적 통제가 가능할 것이지만 법규가 침묵하고 있다고 하더라도 공익판단에 있어서 관계 제이익의 대변이라는 관점에서의 절차법적 요구를 재판기관 스스로 법적 의무화할 수 있을 것인가가 문제 된다. 공익판단의 절차 자체를 판례를 통해서 도입할 수는 없을 것이지만, 후술하는 바와 같이 공익판단에서 관계 제이익이 반드시 검토되어야 한다는 形式的 適法要件의 부여는 판례법상으로도 가능하다고 할 것이고, 이러한 방향으로의 발전은 결국 裁判機關에 의한 새로운 適法節次 要件創造[51]의 결과로 나아갈 가능성을 배제할 수 없다.

판단과정에 있어서의 形式的 次元의 統制란 준절차적 의미를 가진다고도 할 수 있는 것으로서, 판례가 형량시의 고려요소를 體系化한다든가, 공익판단의 論理構成에서 결여되어서는 안 될 요소를 적시한다든가, 행정청의 판단과정의 矛盾을 적시하거나 논리적 오류, 채증법칙 위반 등을 심사함으로써, 재판기관 자신의 실체적인 공익판단을 제시하지 않으면서도 행정청의 공익판단에 형식적으로 간섭하는 형태의 재판통

---

50) 규준적 공익, 잠재적 공익 등에 대해서는 *Supra*. 제4장; Wolff/Bachof/Stober, *a.a.O.*, S. 344; W. Schmidt, *a.a.O.*, S. 195 등 참조.

51) 미국의 경우 法院의 判決에 의해서 中間型 規則制定節次(hybrid rulemaking procedure)가 요구되어지는 경우 등 법원에 의한 절차의 부과가 인정되고 있다. 예컨대 Appalachian Power Co. v. EPA, 477 F. 2d 495(4th Cir. 1973) 판결 등.

제 방식이다.[52] 이러한 방식의 재판통제가 공익판단에서 의미심장한 이유는 실체적 관점에서의 공익판단에 대한 재판통제는 법규에 나타나는 規準的 公益이 명백한 형태로 나타나서 재판기관의 실체적 공익판단에 무리가 없는 경우가 아닌 한 재판기관의 實體的 公益判斷을 제시하는 것이 반드시 바람직하지는 않기 때문이다.

2. 公益判斷에 대한 裁判統制의 限界

공익을 하나의 法的 觀念으로 받아들인다고 하더라도 공익판단은 단순한 법판단이라고 할 수는 없다. 공익판단은 다분히 政策的 判斷의 성격을 가지고 정치적 含意를 내포하는[53] 다측면적 판단이라고 할 것이다. 그러므로 재판기관에 의한 공익판단은 때로 불합리한 결과를 가져올 수도 있다. 재판기관은 공익판단의 배경이 되는 사실관계나 정책적 관련에 대한 충분한 이해를 가지지 못하는 경우도 많을 것이기 때문이다. 따라서 공익판단에 재판기관이 참여한다고 하더라도 재판기관으로서 가질 수밖에 없는 이러한 限界를 충분히 인식하지 않으면 안 된다. 그러므로 재판기관의 공익판단에 대한 통제는 一定範圍로 制限될 필요가 있다.

첫째, 실체법적 차원의 規準的 意味의 공익판단에 있어서는 재판기관은 실체적 판단이 가능할 정도로 사실관계나 정책적 관련이 단순하고 명백한 경우에만 자신의 공익판단을 적극적 의미에서 제시할 수 있다고

---

52) 미국의 사법심사에 있어서의 恣意 · 專斷基準(arbitrary and capricious test)과 嚴格審査(hard look) 원칙이 이와 같은 심사기법의 개발에 유용한 시사점을 줄 수 있을 것이다. C. R. Sunstein, *op. cit.*, P. 178ff.

53) 공익은 政治學者들에 의하여 정치학적 · 철학적 개념으로 받아들여지고 있다. Anthony Downs, "The Public Interest: Its Meaning in a Democracy", *29 Social Research*, 1962, pp. 1-2.

하여야 할 것이다. 그렇지 않은 한, 재판기관은 자신의 공익판단을 일의적으로 제시하기보다는 행정청 등에 의한 공익판단이 어떠한 점에서 공동체이익에 부합하지 못하거나, 그를 충분히 대변하지 못하였는가 라는 점을 논증함으로써 법적 심사에 임하여야 할 것이다. 요컨대 실체법적 차원에서의 규준적 공익판단에 있어 재판기관은 주로 消極的 判斷機能, 즉 네거티브 시스템으로 기능할 것이 요망된다.

둘째, 공익판단에 대한 재판통제의 기법으로는 形式的(準節次的) · 節次的 觀點에서의 재판통제가 활용될 것이 바람직하다. 특히 형식적 관점에서의 재판통제는 재판기관이 실체적 내용에 깊이 들어가지 않으면서도 실체적 공익판단의 합리성을 제고할 수 있다는 점에서 장점이 있다. 그러나 형식적 관점에서의 재판통제가 엄격해지면 질수록 그 통제기준이 실체법적 기준에 유사해지는 경향이 있다는 점은 경계하여야 할 것이다.[54)]

3. 公益違反의 意味와 法的 效果

재판통제에서 法技術的으로 문제 되는 것이 공익위반의 의미와 법적 효과는 여하한 것인가 라는 것이다. 사실 공익개념을 규정하는 법규에 따라 공익위반의 의미와 그 법적 효과는 상이할 수 있으나 법규에 딱히 명시적인 의미와 효과를 발견할 수 없는 경우에 있어서의 일반론은 반드시 검토될 필요가 있다.

행정작용에 있어서 公益에의 不適合이라는 상황은 항상 발생될 수 있는 상황이다. 그리고 공익에의 부적합을 언제나 공동체 차원에의 문

---

54) 미국의 Hard-Look 심사도 이러한 準節次的 · 形式的 要件의 강화가 결국 實體的 審査要素로 발전하는 결과를 가져오게 되었다고도 한다. M. B. Garland, "Deregulation and Judicial Review", *98 Harvard Law Review 505*, 1985, pp. 532ff.

제로 제기할 수도 없는 측면이 있다. 왜냐하면 공익에 대한 인식이 공동체구성원 간에 완전히 일치할 수 없는 까닭에 공익에의 부적합 여부는 언제나 논란거리가 될 수 있기 때문이다. 또한 공익에의 부적합이란 그 부적합의 정도에 따라 다양하게 나타날 수 있지만 결국 公益에 가장 적합한 선택이나 결정이 아닌 한 공익에의 부적합이라는 판단을 완전한 의미에서 모면하기는 힘든 것이다. 그러므로 公益에 가장 적합한 선택이나 결정이 아니라는 의미에서의 공익에의 부적합을 법문제화하여 재판통제의 대상으로 삼는다는 것은 바람직하지 못하다. 그와 같은 것은 결국 행정의 自律性을 말살하게 만들 것이기 때문이다. 따라서 법문제화될 수 있는 公益에의 不適合이란 단순히 공익에 가장 적합한 것이 아니라는 의미가 아니라 문제 되는 행정작용의 目的에 違反될 정도라든가 또는 다른 공동체적 가치에 대한 침해가 되어 해당 행정작용을 통한 공익 달성이 무의미하게 될 정도의 侵害的 性格을 띠는 것이 되지 않으면 안 된다.

그러므로 공익부적합 또는 공익위반이 문제 되는 상황은 대부분 공익침해가 발생하는 경우라고 하여야 할 것이다. 물론 경우에 따라서는 公益에의 適合 자체를 法律要件으로 상정하는 경우도 있을 것이고 이러한 경우에는 반드시 公益侵害만이 문제 된다고 할 수는 없다. 그러나 대부분의 공익판단에서는 공익침해가 문제가 된다.

그렇다면 공익침해행위의 法的 效果는 어떠한가? 공익판단이 문제되는 실제의 상황을 검토해 보면 공익침해가 발생하였다고 하여 언제나 그 침해행위가 위법으로 되는 것은 아니다. 공익과 형량이 되는 사익의 존재가 법적 판단에서 비교의 대상이 되고, 또한 문제 되는 공익 이외에 다른 종류의 공익과의 比較較量이 문제 될 수도 있기 때문이다. 그러므로 공익침해의 위법성 여부는 비교교량의 대상이 되는 사익 또는 다른 공익에 있어서의 불이익 또는 침해와의 상대적 관계에서 결정되는 것이다. 즉 재량영역에서 단순한 공익침해만으로는 재량권의 일탈 · 남용이 성립하지 않고 그 공익침해가 이익형량의 과정을 거치면서도 합리

성을 잃었다고 판단되었을 때 違法이 되는 것이다.[55]

요컨대, 공익위반의 법적 효과는 공익을 규정하는 입법의 태도, 공익이 문제시되는 상황 등에 따라서 결정될 것이므로 획일적으로 논할 수는 없다. 그러나 이익형량이 문제시 되는 상황 하에서는 공익침해는 그 자체만으로 위법이 되는 것이 아니라, 비교형량의 대상이 되는 이익과의 관계성 안에서 위법여부가 판정되는 것이라 할 것이다. 따라서 공익침해여부의 위법성 판정에 있어서는 관련 공익의 일반성의 정도나 고려범위, 공익의 강도, 침해의 정도 등이 비교의 대상이 되는 이익의 제상황과 아울러 고려되어야 한다.[56]

第7節 小 結

우리 나라에서는 아직 제대로 現實化되었다고 할 수 없지만 공익판단이 裁判統制의 대상이 된다는 것에는 중요한 의미의 함축이 있다. 행정소송이나 헌법재판이 실질적으로 行政統制的 機能을 수행하지 못하고 미시적이고 개인적인 의의밖에 가지지 못하는 단순권익구제 차원에 머무른다고 하면, 공익에 대한 재판통제는 실제적인 필요가 그다지 느껴지지 않을 것이다. 그러나 재판기관이 거시적인 관점에서 잘못된 행정정책으로 인한 국민의 권익침해와 국법질서의 훼손을 방지하고자 하는 문제의식을 가지게 될 때 행정청에 의한 公益判斷 역시 법질서의 테두리 안에서 이루어져야 한다는 점이 강조될 것이다.

그러므로 공익판단에 대한 재판통제는 裁判機關과 재판기관의 구성원들의 역할인식과 司法哲學 등에 의하여 그 방향과 성격이 결정지어질 것이다. 그런데 多元化되고 民主化된 오늘의 사회에서 행정부의 기능이

55) 대법원 1989.4.25. 선고 88누3079 판결 참조.

56) Häberle, *Öffentliches Interesse als juristisches Problem*, S. 21.

지나치게 비대화되고 민주화의 미명하에 이익집단의 불공정한 이익표출활동이 증대되고 있는 현실에 비추어 보면, 재판기관이 단순히 개인적 권익구제의 역할인식만을 가지고 現代의 公法紛爭에 대처해 나간다고 하는 것은 재판기관의 현대적 기능에 비추어 볼 때 크게 미흡하다고 볼 수밖에 없다. 더구나 앞으로 우리가 맞이하는 시대는 개인적 권익구제의 차원이라 할지라도 하나의 획일적이고 規準的인 價値判斷이 반드시 사회적 타당성을 유지할 수 없는 시대라는 점을 감안하면, 재판기관의 역할인식의 변화와 아울러 재판통제에 있어서의 대처방안도 지금과는 사뭇 달라져야 할 것으로 믿는다.

그러나 이상과 같은 문제의식하에 현실의 우리 공법 판례의 경향을 보면, 아직은 이러한 방향으로의 役割認識의 變化와 方法論의 改革이 거의 이루어지지 못하고 있는 실정이다. 따라서 판례는 아직 공익판단에 관련되는 복잡한 含意와 關聯性을 의식하지 못하고 전통적인 規準的 公益觀을 무의식적으로 반영하고 있는 듯하다. 그러나 이것은 선진적 법치주의 질서를 구현하고자 하는 法과 法學의 근본적 문제의식에 비추어 볼 때 문제가 아닐 수 없다. 민주화 · 개방화 · 다원화의 시대에 있어서는 새로운 재판통제의 패러다임(paradigm)이 요구되는 것이다. 이러한 새로운 패러다임하에서는 法判斷은 政策判斷과 완전히 동떨어지는 것이 되어서는 안 될 것이며, 재판기관과 재판기관의 구성원은 공익판단이 단순한 법체계적 기술판단이 아니라 정치 · 경제 · 사회 · 문화의 복합적 맥락 안에서 일정한 社會統合 및 秩序維持 機能을 수행하고 있는 공법에 대한 機能的 判斷의 측면을 가진다는 점을 도외시할 수 없을 것이다. 이렇게 보면 공익판단과 관련되는 재판기관의 역할인식이나 방법론의 문제는 비단 공익판단의 문제에 국한되는 것이 아니라 새로운 정치 및 사회 질서에 대응하는 재판기관의 거시적 대응이라는 관점에서 보다 일반적인 의미의 시대적 과제가 아닌가 한다.

이 時代的 課題에 효율적으로 대처하기 위해서는 재판기관과 판례의 태도나 기능만이 달라져서는 아니 될 것이며, 학설도 더 이상 법질서 자체의 논리체계에만 집착할 것이 아니라 법질서의 기능성 · 효율성 등에도 관심을 가지고 새로운 문제제기와 방법론을 제시하여야 할 것이며, 입법부도 고식적인 立法對應方式에서 벗어나 보다 성실하고 현대적 문제의식에 충실한 입법활동을 전개해 나아가야 하리라고 본다.

第7章 個別公法 領域에서의 公益論議

第1節 序 說

一般理論的인 관점에서 공익개념의 법문제화에 있어서 가장 큰 문제점은 공익개념의 抽象性이라고 할 수 있다.[1] 따라서 公益判斷을 法過程化함에 있어서 공익개념의 추상성을 극복한다는 것은 가장 원초적인 과제라고 할 수 있다. 또한 公益判斷이 관련되는 문제상황은 매우 多岐하기 때문에 공익관념에 대한 일반론적 검토만으로는 공익판단의 법문제화의 문제의식에 온전히 미치지 못하는 측면이 있음을 부인할 수 없다.

이러한 까닭에 공법상의 공익논의에 있어서 일반이론 이외에 各論의 논의 필요성이 존재한다.[2] 각 個別公法領域에서의 공익판단의 관점과 문제상황에 대한 분석이 공익판단의 법적 해명을 위해 유익할 것으로 판단되기 때문이다. 그러나 이 점을 우리의 學說과 判例가 매우 등한시해 왔다는 것을 부인할 수 없다. 特別法領域에 따라서가 明文의 법규정이 공익관련을 규정함에 따라 공익판단의 문제가 논란의 대상

1) W. Leisner, Erlangen, *a.a.O.*, S. 217ff.

2) 一般公益(allgemeine öffentliche Interessen)과 特殊公益(besondere öffentliche Interessen)을 구별하는 취지가 여기에 있다. Wolff/Bachof/Stober, *a.a.O.*, S. 341-343 참조. 개별공법 영역에서의 공익이란 곧 특수공익을 의미한다고 할 것이다.

이 된 적도 없지 않았으나 전체적으로 보아 독립적 논의로서의 공익논의에 있어서의 各論的 고찰은 찾아보기 어렵다. 판례도 개별 영역의 공익판단에 대한 자신의 이론을 체계화할 수 있는 소재를 제공해 주지 못하고 있다.

그러나 이상에서 검토한 기본적 문제의식에 근거하여 대표적인 개별 공법 영역에서의 공익판단과 관련된 기본적 문제상황, 그리고 이익형량과 관련되는 이익상황이나 판단에 있어서의 고려요소 및 고려범위를 검토하는 것은 先行研究의 不在에도 불구하고 반드시 불가능한 것은 아닐 것이다. 이하 개별공법 영역을 질서행정법, 경제행정법, 급부행정법, 교육 · 문화행정법, 토지행정법, 환경행정법 영역 등으로 나누어 검토하기로 한다.

第 2 節　秩序行政法의 領域에서의 公益槪念

1. 基本的 問題狀況

秩序行政의 기본개념은 실질적으로 公益을 그 중심으로 하고 있다고 할 수 있다. 무엇보다도 질서행정의 원초개념으로서의 警察槪念이 바로 공익관련성을 분명히 드러내고 있는 것이다. 물론 경찰활동 또는 질서행정작용은 침해적 작용을 중심으로 하는 것이기 때문에 개별적 수권이 필요한 것이 원칙이고, 이러한 個別的 授權이 입법상 존재하는 한 그와 관련된 법판단은 넓은 의미의 공익판단에 해당됨에도 불구하고, 외형상 個別 構成要件의 해석, 적용 등과 관련된 문제로 귀결됨에 그친다. 그러나 그와 같은 개별적 수권이 존재하지 않는 경우 경찰활동은 一般條項에 근거하게 되고, 이 일반조항은 實質的 意味의 경찰개념에 입각한 것이므로 실질적 경찰개념이 공익개념에 깊이 관련되어 있는 까닭에 결국 警察活動의 正當化는 공익관련성 유무에 따라 좌우됨에 이른다.[3)]

우리 나라의 경우 경찰작용의 근거에 대한 一般條項(또는 槪括條項)의 存在與否에 대한 論爭이 있기는 하나,[4] 일반조항의 존재여부에 대한 논쟁의 결과에 관계없이 개별적 授權 없는 경찰활동의 正當化(그것이 정당화될 수 있다면)는 실질적 경찰개념에 의하여 논증될 수밖에 없는 것이므로 결국 공익판단과 관련된다는 것은 어느 학설을 취하더라도 異論이 없을 것이다.

우리 나라의 실정 경찰법규상 명문으로 나타나고 있는 실질적 경찰개념의 요소는 경찰관직무집행법 제2조 제5호의 '공공의 안녕과 질서유지'라고 할 수 있을 것이다. 이 公共의 安寧(öffentliche Sicherheit)과 公共의 秩序(öffentliche Ordnung) 관념은 獨逸公法理論上 경찰권의 발동 근거 및 한계와 관련하여 중요한 논의의 대상이 되고 있다.[5] 그러나 우리 나라의 경우 특히 문제 되는 公共의 秩序와 관련하여 경범죄처벌법 등이 제정되어 있어 경찰의 개입영역이 어느 정도 法定化되어 있으므로[6] 논의의 중요성에 비해 그 實益은 그다지 크지 않다. 그러나 公共의 安寧과 관련하여 특히 개인적 법익의 경우 어떠한 경우에 경찰이 개입할 수 있는가 여부, 公共의 秩序와 관련하여 반윤리적·반사회적 개인활동에 경찰이 개입할 수 있는가의 여부 등은 그것이 公益과 관련되어 있는가 또 어느 정도로 관련되어 있는가에 따라 결정되어지는 것이라 할 것이다. 어쨌든 公共의 安寧과 秩序維持가 경찰의 임무요 그 權限 發動의 근거라고 할 때, 경찰법상의 공익은 보호대상으로서의 공익 또는 행정개입 및 활동의 근거로서의 公益이라는 성격을 띠게 된다.

---

3) Karl Heinrich Friauf, "Polizei- und Ordnungsrecht", in Ingo von Münch/Eberhard Schmidt-Aßmann (Hrsg.), *Besonderes Verwaltungsrecht*, 9. Aufl., 1992, S. 124.

4) 朴鈗炘, 『最新行政法講義(下)』, 2001, 322면 이하; 金南辰, 『行政法 II』, 2001, 263면 이하 등.

5) K. H. Friauf, *a.a.O.*, S. 109ff.

6) 朴鈗炘, 前揭書(下), 304면.

경찰활동 또는 경찰개입의 여부는 立法的으로 미리 예정되어 있을 것이 요망된다. 요컨대 경찰의 介入이 필요할 정도의 중요성을 가지는 공익적 상황은 입법자가 미리 정하여 두는 것이 필요한 것이다. 경찰활동은 침익적 행정작용을 중심으로 하는 것이기에 더욱 그렇다. 그러나 경찰이 가지는 포괄적 위험방지 및 제거기능에 비추어 볼 때 경찰개입의 범위를 미리 구체적으로 예정한다는 것은 불가능하다. 그것은 경찰개입을 초래하는 공익관련 이익상황의 구체화가 법기술적으로 대단히 어렵기 때문이다. 이 때문에 경찰개입 및 활동의 근거로서의 공익판단은 입법자에 의해서가 아니라 경찰행정 또는 질서행정담당자에게 주로 맡겨질 수밖에 없다. 소위 警察上의 便宜主義라는 관념은 경찰기관이 자신의 개입여부와 그 범위를 스스로 결정할 수 밖에 없는 이러한 사정에 기인하는 것이다.[7)]

그러나 공익판단의 법문제화는 경찰기관의 이러한 公益判斷機能을 법적 통제하에 둘 것을 요구하게 된다. 사실 이러한 방향으로의 발전, 즉 警察의 過剩介入 또는 介入拒否와 관련된 재량통제의 문제는 이미 재량통제의 관점에서 過剩禁止의 原則, 無瑕疵裁量行使請求權, 行政介入請求權 등의 법리를 만들어 내기에 이르렀다. 그러므로 경찰행정에 있어서의 과잉금지의 원칙, 행정개입청구권 등의 법리는 警察介入과 관련되는 공익판단의 문제인 것이다. 즉 과잉금지는 경찰개입과 관련되는 공·사익의 비교형량의 관점에서 발전된 법원칙인 것이고, 경찰개입청구권은 경찰개입이 요청되는 要保護公益의 존재여부에 대한 판단이라고 할 것이다.

2. 公益判斷과 관련된 法理

警察法領域에서 발전된 제반 조리법 원칙들은 사실 경찰법영역에서

7) K. H. Friauf, *a.a.O.*, S. 121ff.

의 공익판단과 관련된 법원칙이라 할 수 있다. 경찰행정작용의 個別的 授權이 어려운 까닭에 일반조항이 문제 되는 것이고, 경찰행정작용의 包括性 그리고 경찰상의 便宜主義 등이 문제되는 것이라면 경찰기관에 의한 공익판단이 恣意的으로 이루어질 것에 대한 염려는 매우 자연스러운 것이다. 즉 명문의 실정법규를 통한 경찰기관의 공익판단에 대한 기준이나 제한의 설정이 어렵기 때문에 결국은 不文의 법원칙들을 통하여 경찰기관의 공익판단에 대한 제한이 주어져야 할 것이고, 이 때문에 警察法領域에서 존중되어야 할 條理法 또는 法原則이 중요한 법리적 의의를 가지는 것이다.[8)] 경찰소극의 원칙, 警察公共의 原則, 경찰책임의 원칙, 경찰평등의 원칙, 경찰비례의 원칙 등 오늘날 논급되고 있는 여러 형태의 경찰법상의 불문법원칙은 경찰의 개입, 경찰작용 등과 관련된 공익판단에 있어서의 중요한 基準과 限界로 기능하고 있는 것이다.[9)]

공익판단의 관점에서 이들 法原則을 검토해 보기로 한다.

첫째, 警察消極의 原則은 경찰법영역에서 문제되는 공익은 증진과 함양의 대상이 아니라 소극적 보호의 대상이라는 것을 밝혀 주고 있다. 즉 경찰법영역에서의 公益은 신장되거나 조장되는 것으로 이해되어서는 안 되고, 국가공권력에 의한 保護가 필요한가의 관점에서 검토되어야 하는 것이다.

둘째, 警察公共의 原則은 사생활, 사주소, 민사관계는 별도의 正當化事由가 없는 한 경찰법상의 公益과는 무관하다는 것을 말해 준다.

셋째, 警察責任의 原則은 경찰권 발동의 상대방을 한정시킨다는 점에서 경찰법상의 공익추구활동이 일정한 행위 또는 상태관련성의 범위 안에서만 이루어질 것을 요망하고 있다. 경찰법이 보호대상으로 하는 공익은 무제약적 경찰활동을 正當化시켜 주는 것은 아니며, 경찰권발동의 대상이라는 측면에 있어서도 그러하다는 것이다.

---

8) *Id*.

9) 金道昶, 『一般行政法論(下)』, 1992, 307면 이하 참조.

넷째, 警察平等의 原則은 경찰법상의 공익판단이 성별, 종교, 사회적 신분 등에 의해서 영향받을 수 없다는 것을 의미한다.

다섯째, 警察比例의 原則은 경찰법상의 공익추구활동이 지나치게 私益을 제약할 수 없다는 것을 의미하며, 이것은 利益衡量과 매우 긴밀한 관련을 가지는 법원칙이다.

3. 公益判斷에 대한 法的 統制

경찰기관이 介入與否와 介入方式 등을 결정하는 것은 입법적으로 명백한 경우가 아닌 한 경찰기관의 판단에 따르게 된다. 이러한 판단은 이미 밝힌 바와 같이 기본적으로 공익판단의 성격을 띠게 되는데, 대부분 外形上 裁量判斷으로 이루어진다. 경찰작용에는 便宜主義가 지배하고 넓은 재량이 인정되기 때문이다.

그런데 이러한 판단작용을 전적으로 경찰기관에 맡겨 둘 수는 없다. 앞에서 언급한 諸般 條理法原則들도 경찰기관의 재량판단의 한계를 설정하는 것들이며,[10] 실질적 경찰개념 자체도 경찰작용의 限界를 설명해 주고 있으므로, 이러한 법개념과 법원칙에 따른 통제가 이루어져야 할 것이다. 이러한 통제가 法的 次元에서 이루어질 때 경찰법 영역에서의 공익판단은 비로소 법문제화한다고 볼 수 있다.

理論上으로는 경찰법영역에서의 공익판단의 법적 통제가 불가능한 것이 아니다. 앞서 언급한 과잉금지의 원칙, 무하자재량행사청구권 및 행정개입청구권의 법리는 모두 경찰법영역에서부터 발전해 온 法概念 및 法原則으로서 경찰법상의 공익판단을 통제할 수 있는 기제로 기능할 수 있다. 그러나 실제로는 警察權의 개입여부, 개입정도와 관련된 법률분쟁은 반드시 활발하다고 할 수 없고, 따라서 경찰법영역에서의 公益判斷에 대한 재량통제는 그다지 활발하다고 볼 수 없다. 또한 그에 대

---

10) K. H. Friauf, *a.a.O.*, S. 121-125.

한 법적 통제가 이루어진다고 하더라도 심도 있는 공익판단적 관점에서의 접근이 잘 이루어지지 않고 있다. 경찰법영역에서의 재량판단이 기본적으로 공익판단과 관련되어 있다는 점, 그리고 경찰법상의 公益判斷이 가지는 문제상황의 특수성 등에 대한 충분한 이해에 바탕한 경찰법적 판단이 의미 있는 水準으로 이루어진다면 경찰법영역에서의 法治主義는 그만큼 더 진전하게 될 것이다.

第 3 節 經濟行政法의 領域에서의 公益概念

1. 一般的 問題狀況

우리 나라에서는 經濟行政法이라는 법영역은 다른 법영역과 확연히 구별되는 확립된 관념을 기초로 하는 것이 아니다.[11] 우리 나라에서 경제행정법이라는 개념 자체의 사용이 보편화된 것도 일천하다. 따라서 경제행정법이 어떠한 普遍的으로 通用되는 관념인 것인 양 다루어지는 것은 다소 위험하다.

우리 나라의 경제계, 관계 등의 언어관행에 비추어 본다면, 우리 나라에 있어서의 경제행정법은 營業法 위주의 독일 경제행정법[12]에 비해서는 비교적 광범위한 법역으로 설정될 필요가 있다고 본다. 또한 經濟規制라는 개념을 助成的 · 支援的 의미의 경제간섭활동을 포함하는 것으로 이해할 때, 경제행정법은 주로 경제규제라는 관념과 관련하여 이해되어야 할 것으로 보여진다.[13]

---

11) 독일의 경우는 1920년대 이후에 이러한 법영역이 발전해 왔다고 할 수 있다. Rolf Stober, *Wirtschaftverwaltungsrecht* 9. Aufl., 1994, §2.

12) R. Stober, *a.a.O.*, §3 참조.

13) 이러한 관점에서 經濟行政法을 規制行政의 일종으로 분류하는 견해가 있

요컨대 우리 나라에 있어서의 경제행정영역에서의 공익적 문제상황은 주로 經濟規制作用과 관련이 있다고 분석된다. 물론 여기서 말하는 경제규제라는 것은 단순히 侵害的 作用만이 아니라 수익적 · 지원적 · 조성적 경제간섭작용을 포함하는 개념이다. 이러한 의미에서 경제행정영역은 더 엄밀히는 自由經濟 領域의 거래질서와 게임 룰을 유지 · 보호하는 公正去來 및 獨占規制的 경제행정영역과 보다 적극적으로 국민경제의 발전을 도모하는 國家干涉的 경제행정영역으로 구분할 수 있다. 前者의 경우 경제행정의 역할은 다분히 經濟警察的 역할에 준하는 것이다. 즉 행정청은 이미 존재하는 시장경제질서의 경제규범의 준수여부를 감시하는 準司法的 기능을 하게 되는 것이다. 이에 반해 後者의 경우 행정청은 경제질서의 변화를 촉발할 수 있는 經濟干涉을 행한다. 후자의 경제규제는 자유 시장경제원리에는 다소 배치되는 측면이 있지만 시장경제의 논리가 가지는 한계와 모순을 극복하기 위한 국가작용이라는 성격을 가지게 된다.

그런데 전자의 경우와 후자의 경우 공익개념의 문제상황은 相異할 수밖에 없다. 전자의 경우 공익은 消極的 保護의 대상이다. 자유롭고 공정한 시장경제질서가 바로 이 경우의 공익에 해당되는 것이다. 따라서 이 경우의 공익판단의 문제상황은 秩序行政法 영역에 있어서의 공익판단의 문제상황과 매우 유사한 측면이 있다. 그러나 後者의 경우의 공익은 積極的 振作의 대상이다. 후자의 공익은 자유 시장경제질서의 모순을 적극적으로 방지하고자 하는데 있는 것이지, 시장경제질서를 옹호하고 유지하려는 데만 있는 것이 아니기 때문이다. 다만 후자의 공익은 필요 이상으로 확대 해석되며 경제규제의 기본이 되는 자유 시장경제질서에 대한 훼손이 될 수 있으므로 그 범위를 벗어나서까지 보호와 진작의 대상이 되어서는 안 될 것이다.

이상과 같이 公正去來規制의 경우와 一般的 經濟規制의 경우 공익관

다. 朴鈗炘, 前揭書(下), 목차 참조.

념의 지향성에 차이가 있는 것이 사실이지만, 행정의 실제에 있어서 전자와 후자는 각각 특정한 경제행정목표의 달성을 위한 정책수단으로서 혼용될 수 있음을 간과할 수 없다. 요컨대 이상의 구별은 原則論的 구별인 것이고, 아직까지 우리 나라의 경제상황에 있어서는 전체적인 경제행정은 積極的 · 造成的 성격을 가지는 것을 부인하기 어렵다고 할 것이다.

2. 經濟秩序行政의 領域에서의 公益判斷

經濟秩序行政의 領域에서의 공익판단은 질서행정에 있어서의 공익판단과 유사한 측면을 가진다. 그러나 경제질서행정은 반드시 좁은 의미의 危險防止 및 除去機能이라고 할 수 없다. 따라서 경제질서행정이 언제나 소극적인 것일 수는 없고 經濟助長機能과 반드시 격리되어 있다고 할 수도 없다. 그러므로 이 영역에서의 공익판단에 있어서는 자유시장경제질서라는 공익적 가치와 당면한 경제운용에 있어서의 경제조장 및 지원이라는 공익적 가치가 흔히 충돌할 수 있다. 여기에 個人이나 個別企業의 이익도 利益狀況의 일단을 이루게 되기 때문에 이익형량은 매우 복잡한 국면이 된다.

독점규제및공정거래규제법의 본질이 消費者利益을 위한 것인가 또는 중소기업 등 産業界의 이익을 위한 것인가 라는 것도 구체적인 이익판단과정에서 반드시 명확하지 아니하겠지만, 경제질서행정 영역에서도 구체적인 이익형량에 있어서는 衡量者의 관점이 어떠한 입장에 서 있어야 하는가가 중대한 문제가 된다. 그러나 경제질서에 관한 규제인 한 거시적으로는 엄격한 질서유지가 전체 공익에 도움이 된다는 점을 간과해서는 안 될 것이다. 단기적인 경제조장의 필요나 개별기업의 이익을 고려하는 것은 장기적으로 경제거래질서의 왜곡을 초래할 수 있기 때문에 이 영역의 공익판단에서는 이 점이 특히 고려되어야 할 것이다.

한편 經濟秩序行政의 영역에 속하는지 經濟支援 및 助長行政의 영역에 속하는지가 다소 애매한 행정영역이 존재함을 간과할 수 없다. 예컨대 公共料金規制와 價格規制의 경우 규제를 통해서 달성하려는 행정목표는 단순히 시장경제질서의 유지만이라고 할 수 없는 것이다.[14] 그러므로 이러한 경우의 經濟行政에 있어서의 公益判斷은 더욱 복잡한 양상을 띠게 된다.

3. 經濟支援 및 助長行政의 領域에서의 公益判斷

經濟支援 및 助長行政의 領域에서의 공익판단은 적극적 공익신장의 성격을 띤다. 특히 단순히 시장경제체제로 인한 矛盾을 시정할 목적의 경제규제가 아니라 경제발전을 적극적으로 도모하기 위한 정책의 일환으로 행해지는 국가적 경제간섭은 經濟를 이끄는 강력한 公益指向力을 나타낸다. 그러나 이러한 형태의 공익판단은 흔히 恣意的인 것이 될 수 있음을 유의하여야 한다. 다른 국가적 가치의 희생 위에 특정한 국가경제적 이익을 추구하는 것이 公益을 憑藉하여 등장하기 쉬운 것이다. 따라서 이 영역에서의 공익판단에서는 목적하는 경제지향적 공익과 환경적 가치, 인격적 가치, 절차적 정의와 인권 등의 공익적 가치와의 비교형량이 신중하게 행해져야 한다. 또한 그 때문에 이 영역에서의 공익판단은 關係 諸利益의 공정한 참여 하에 이루어지는 潛在的 公益 모델이 될 것이 요망된다. 한편 적극적 공익신장을 위한 政治力은 가장 강력한 힘을 가질 수 있으나, 법적 관점에서는 이러한 指向性을 가진 公益이 私益에 대한 優越性을 주장할 근거로서는 오히려 가장 빈약하다고 할 것이다. 때문에 행정적 차원에서의 공익판단이 근거 없이 사익경시적으로 흐를 수 있는 것이다. 그러므로 재판기관에 의한 공익판단에 있어서의 이익형량은 강화된 私益保護的 모델에 근거할 것이 요망된다. 이와 유사한 논리로 이 영역에서의 이익대변과 관련된 政治狀況 모델의 형태

14) S. G. Breyer & R. B. Stewart, *op. cit.*, pp. 222-257 참조.

에 따라 재판기관의 公益判斷의 관점도 영향을 받아야 할 것이다. 즉 강한 이익대변력을 가진 한 쪽 당사자와 약한 이익대변력을 가진 다른 쪽 당사자 사이에서 행정적 공익판단을 둘러싼 분쟁이 발생했을 때 裁判部는 그러한 이익대변상황에 맞는 公益判斷 모델을 개발할 필요가 있다는 것이다.15)

第 4 節 給付行政法의 領域에서의 公益槪念

1. 序 言

給付行政은 오늘날에 있어서조차도 그 범위를 확대시켜 나가고 있는 광범위한 행정영역이다. 따라서 급부행정이 授益的 生活配慮活動이라는 개념징표를 공통으로 가진다고 하더라도 그 구체적인 양상은 다종, 다기하게 나타난다. 그러므로 급부행정에 있어서의 공익판단의 문제를 획일적으로 논하기는 어려운 형편이고, 그 구체적 상황에 따라 公益判斷의 問題狀況은 사뭇 달라질 수 있다고 할 것이다. 그러나 대체로 오늘날의 강학상 논의되는 급부행정법의 영역구분에 따라 공익판단의 상황구분을 시도한다면 첫째, 공물 · 영조물 · 공기업 등의 이용급부와 관련되는 급부행정영역에서의 공익판단의 문제, 둘째, 공기업 또는 특허기업 등에 의한 역무제공급부 등 공익목적의 기업활동에 관련되는 공익판단, 셋째, 자금의 지원,부조금의 지급 등 지원급부와 관련되는 공익판단 등으로 나누어 볼 수 있다.16)

---

15) J. Q. Wilson, *The Politics of Regulation*, 1980, Ch 10; 이 理論의 법학에의 適用에 있어서는 S. Rose-Ackerman, “Progressive Law and Economics — And the New Administrative Law”, *98 Yale Law Journal 341*, 1988 참조.

16) 金道昶, 『一般行政法論(下)』, 1993, 356면 이하 참조.

2. 利用給付와 관련되는 公益判斷

公物, 公營造物[17]의 이용 등과 관련되는 공익판단은 주로 組織法的 次元에서 법적 문제의식의 대상이 된다. 공기업이나 특허기업에 있어서도 그 이용관계가 給付의 중점이 되는 경우가 없지 아니하나, 공기업이나 특허기업의 경우에는 이미 그 이용관계는 단순한 靜的 施設의 이용관계라기보다는 動的 차원의 用役提供이 관련된 이용관계의 측면을 가지는 경우가 많다. 그리하여 공기업이나 특허기업의 이용관계에 있어서의 법적 관심사는 조직법적 차원의 것이라기보다는 作用法的 차원의 것이 되는 것이고,[18] 이러한 작용법적 차원의 이용관계는 후술하는 바와 같이 이용자의 私法的 이용관계가 되는 것이 보통이다.[19]

그러므로 公物法, 公營造物法에 있어서는 이용대상이 되는 공물 또는 공영조물의 법적 성격을 구명함에 있어서 공익판단이 개재된다. 즉 공물여부의 판단에 있어서, 또는 공영조물의 설립근거의 판단에 있어서 공익판단은 중요한 의의를 가지게 된다. 오늘날 공물개념이나 공영조물의 개념에 직접적으로 '公益'이라는 표현이 사용되고 있지는 않으나 공물개념 및 공영조물의 개념에도 공익관련성이 잠재되어 있다고 보지 않을 수 없다. 오히려 공물여부의 판정, 예컨대 공용폐지 여부의 판정 등에 있어서 당해 물건 또는 시설의 공익성, 공공성에 대한 판단이 필수적이라고 보여진다. 이에 반하여 公物, 營造物利用關係의 설정, 변경, 폐지 등은 반드시 공익판단을 개재시키지 않는다. 왜냐하면 공물과 영조물의 존재 자체가 공공성을 띨 뿐 公衆의 그에 대한 利用은 사사롭게

17) 營造物은 조직법적 관심사에서 논의되는 概念이다. Wolff/Bachof/Stober, *Verwaltungsrecht* II 5. Aufl., 1987, S. 299-300.

18) 金道昶, 前揭書(下), 367면 주 2 참조.

19) 이 법률관계가 소위 行政私法(Verwaltungsprivatrecht)관계라고 할 수 있다. Hans-Uwe Erichsen, *Allgemeines Verwaltungsrecht* 10. Aufl., 1995, S. 57ff.

이루어질 수 있기 때문이다. 다만 그러한 公衆의 私的 利用은 공물,영조물의 공익성에 의해 다소간 제한을 받을 수 있다. 공물의 許可使用, 特許使用 등의 제도는 바로 공물, 영조물의 公益性에 대한 保護裝置라고 할 수 있는 것이다. 이러한 관점에서 볼 때, 공물, 영조물에 대한 공익판단은 일단 조직법적 차원의 관심사라고 할 수 있되 부차적으로 防禦的 公益判斷으로서의 문제상황을 가진다고 할 수 있다.

3. 公益目的의 企業活動에 있어서의 公益判斷

公企業이나 特許企業에 있어서의 공익판단은 기본적으로 행정작용법적으로 정향되어 있다.[20] 물론 공기업이나 특허기업에 있어서의 공익판단에 있어서도 공기업의 설립, 특허기업의 설립 등과 관련한 조직법적 차원이 전혀 없는 것은 아니다. 公企業은 공익을 목적으로 설립되어야 하며, 特許企業을 公企業과 별도의 개념으로 파악한다고 하더라도 특허기업에 있어서도 특허의 대상이 되는 기업은 역시 公益性을 가지는 기업이라고 하여야 할 것이기 때문이다.[21] 그러나 조직법적 차원에서 요구되는 이러한 공익성 요건은 실제로 그렇게 엄격한 법적 판단의 대상이 되기는 어렵다. 왜냐하면 넓은 의미에서 보면 대부분의 기업은 여하한 형태로든 공익적 관련을 가지고 있기 때문이다. 더구나 공기업 또는 특허기업의 대상으로 운위되는 기업이라면 대부분 강한 공익성을 가지고 있는 것이 보통이다.

문제는 이러한 공기업과 특허기업의 기업활동이 公益目的을 위해 어느 정도 制限되고 또 그만큼 특별한 保護의 대상으로 된다는 데 있다. 공기업이나 특허기업이 부담하게 되는 각종 의무와 각종의 특권은 그 근거를 공기업과 특허기업의 公益性에서 가지게 되는 것이다. 그러므로

---

20) 金道昶, 前揭書(下), 367면 주 2 참조.

21) 金道昶, 前揭書(下), 367면 이하 참조.

공기업, 특허기업의 特別義務와 관련되는 구체적 법적 판단, 또는 공기업, 특허기업의 특별보호 및 특권과 관련되는 법적 판단의 핵심은 공익판단이라고 할 수 있다. 당해 기업의 근거가 되는 公益을 어떻게 이해하느냐에 따라 관련 법률문제는 해결의 방향을 잡아 나가게 될 것이다. 이러한 해결에 있어서는 당해기업과 직접 관련되는 公益뿐 아니라 一般公益이나 기타의 特殊公益, 그리고 私益 간의 조화와 균형이 역시 고려되어야 한다.

4. 支援給付에 있어서의 公益判斷

資金의 조성과 지원, 사회보장급여의 지급 또는 의료보장 등의 시행과 같은 행정청의 지원활동은 오늘날 특히 두드러지는 행정활동영역이다. 그러나 이 영역에서의 공익판단도 역시 규범정립 영역에서 대부분이 판가름나기 마련이다. 지원의 대상자, 지원의 방식과 규모 등은 성문법규로 구체적으로 정하여지기 마련인 것이다. 문제는 구체적인 包攝의 과정에서 또는 裁量行使의 영역에서 공익판단이 문제 될 수 있다. 특히 재량과 판단여지의 폭이 넓은 경우에 있어서 支援을 근거짓는 공익성의 판단이 중요한 의미를 가질 수 있다. 지원을 근거지우는 공익에 비해 과소한 지원은 당연히 否定的인 법적 판단의 대상이지만 過大한 지원 역시 과잉급부금지의 원칙[22]에 의해 違法으로 판정받게 된다. 이 영역에서의 공익판단은 더욱 복잡하게 私益과 관련되어 있다. 個人의 생존배려 자체가 公益으로 판단되고 있기 때문이다.

22) 金道昶, 前揭書(下), 396면.

第 5 節 教育 · 文化行政法의 領域에서의 公益概念

1. 一般的 問題狀況

교육행정법 영역, 문화행정법 영역의 경우 다른 행정법 영역에 비추어 領域의 獨自性이 훨씬 강조되는 편이다. 이러한 사실은 헌법이 教育의 自主性, 專門性, 政治的 中立性 및 大學의 自律性을 보호하고 있는 것(헌법 제31조 제4항)이나, 表現의 自由를 중요한 기본권의 하나로 규정하고 있는 것(헌법 제21조)을 보아도 명백하다고 할 것이다. 요컨대 教育이나 言論 영역은 반드시 국가적 관점에서의 공공성의 가치를 운위할 필요도 없이 그 자체로서 독자적인 공공의 영역을 가지고 있는 셈이고,[23] 그만큼 국가권력으로부터도 일정한 거리를 두게 된다. 이런 까닭에 교육, 문화행정법 영역에서의 공익관념이야 말로 國益과 公益의 分化, 그리고 공익관념의 다양성이라는 현대적인 공익개념의 변화의 추이를 가장 전형적으로 대변하는 것이라 할 것이다.

그러나 우리 나라의 경우 권위주의 시대 이후로 교육, 문화행정법 영역에서의 공익관념이 국가적 공공성에 기초한 공익관념에 비해 얼마만큼의 獨自性과 自主性을 인정받을 수 있었는지에 대해 의문이 제기된다. 아직도 우리의 법현실에서는 國益과 公益이 미분화 상태에 처해 있는 것은 아닌가 의심스럽다. 그 동안 교육, 문화행정법 영역에서도 지배적인 영향력을 가진 것은 정치논리였다는 점을 부인할 수 없고, 이러한 이해의 바탕 위에서 볼 때 교육, 문화행정법 영역에서의 공익판단은

---

23) 소위 非國家的 公共의 영역이라고 할 수 있다. 徐元宇, 「社會國家原理와 公法理論의 새로운 傾向 — 이른바 "公概念" 論議의 展開와 관련하여」, 『行政法研究 1』, 1986, 8면 이하; U. Scheuner, "Pressfreiheit", in: *VVDStRL 22*, 1ff.; W. Martens, *Öffentlich als Rechtsbegriff*, 1969, S. 124ff. 등 참조.

支配 이데올로기로서의 공익개념을 대변하는 것 이상이 되기 어려웠다고 사료된다.

2. 教育行政法의 領域에서의 公益判斷

교육행정법이라는 관념 자체가 아직은 우리 나라에서 확고한 입지를 구축하고 있지는 못하고 있다. 그러나 현실적으로 교육영역이 국가 및 지방자치단체의 교육행정기관에 의해 좌우되고 있다는 점을 부인할 수 없기 때문에 교육행정법이 현실적인 規範性의 수준 여하에 불구하고 우리 실정법질서의 중요한 부분을 형성하고 있음을 부인할 수 없을 것이다.

教育行政의 영역이 公益에 관한 사항이라는 것에 대해서는 누구도 부인하지 않는다. 그러나 교육행정에서 인식되는 公共性과 公益關聯性의 程度와 性格은 교육상황의 변화에 따라 급격히 변동하고 있다.

첫째, 教育改革의 일환으로 전개되는 대학 간의 자유경쟁 체제의 도입은 교육의 公共性의 성격에 다소간의 변화를 가져왔다. 특히, 사립학교의 경우, 市場原理에 입각한 경쟁체제는 공익의 원칙보다는 需要 供給의 경제원칙의 지배를 초래할 것이며, 이는 교육영역에서의 공익성의 外延을 제거하고 그 核을 수축시키는 결과를 가져오게 된다.

둘째, 교육영역에서의 공익성은 教育規制의 한계를 설정하는 데에는 거의 기여하지 못하였고, 교육에 대한 國家監督의 근거로서 활용되어 왔을 뿐이다. 따라서 교육영역에서의 공익개념은 법적 의의보다는 지배 이데올로기로서의 의의가 강하였다고 할 것이고, 이 점에서 심각한 반성이 필요하다.

셋째, 교육영역에 있어서 公益判斷의 주체는 거의 행정청이었다고 해도 과언이 아니다. 교육문제가 법문제화되는 비교적 제한된 범위의 사건들이 있었으나 이 사건들에서 재판부가 教育의 公益性 자체에 대한 판단에 접근한 예는 거의 드물다. 다만 私立大學의 學則을 自治法規로 인식하는 등[24] 우리 법원은 私立學校 在學關係가 기본적으로 私法關係

임에도 불구하고 그 公共性을 인정하는 등 교육문제가 공익판단의 문제라는 점을 부인하지는 않는다.

결론적으로, 교육행정법 영역에서 지나치게 행정주체측의 公共性 또는 公益性의 범주에 포함되어 있는 영역들이 私的 自治의 영역으로 환원되는 것은 일응 바람직하다고 본다. 이것은 私人에 의해서도 公益的 목표가 실현될 수 있다는 것을 부정할 수 없는 오늘날의 사회발전과정에 비추어서도 그러하다고 본다. 그러나 이러한 경향이 자칫 교육영역에 있어서의 핵심적인 공공성 영역을 훼손하지 않도록 하여야 할 것이다. 전반적으로 교육영역에서의 공익은 국익과의 차별화와 분화, 그리고 국가적 공익 또는 공공성의 범위의 축소, 그리고 공익이 教育規制의 限界를 설정하는 기준으로 활용되어야 한다는 점 등이 주목되어야 하며, 이러한 바탕 위에서 教育行政 영역에서의 공익개념 및 공익판단의 법문제화가 진행되어야 한다고 본다.

3. 文化行政法의 領域에서의 公益判斷

문화행정법이란 定期刊行物 및 放送, 그리고 저작, 예술활동, 문화재보호 등과 관련된 개별공법 영역이다. 교육행정법과 마찬가지로 文化行政法 역시 아직 우리 행정법학계에서 확립된 개념이 아니다. 그러나 이러한 영역이 우리 행정법 규율체계 안에 존재했던 것이 사실이므로 향후 하나의 특별행정법 영역으로 발전시켜 나아가야 할 것이라고 본다.

문화행정법 영역에서 공익판단과 두드러진 관련을 가진 것은 言論法分野[25]라고 할 것이다. 言論自由는 우리 憲法이 보장하는 바이지만 公益 또는 公共福利는 언론자유의 제약요소로 기능하여 왔고 우리 判例도

24) 서울고등법원 1990.10.23. 선고 90나22792 판결.

25) 언론분야는 國家的 公共과 구별되는 社會的 公共領域의 전형의 하나로 이해된다. 徐元宇, 前揭論文, 110면 이하 참조.

이를 언론자유의 제약원리로 원용하여 왔다.[26)] 언론 자유의 제약요소로서의 公益은 종래 지나치게 확대 적용되어 왔으나 民主化時代 이후 그 적용영역의 축소를 경험하고 있다. 言論法 領域에서의 공익은 또한 언론자유의 보장요소로서도 기능한다. 예컨대 범죄보도나 사이비 종교의 실태에 대한 보도 등에 있어서 그 보도로 인하여 타인의 名譽나 人格權이 침해되는 사태가 발생하더라도 公益이라는 이름하에 보다 광범위한 免責事由가 인정되는 것이 보통이다.[27)] 즉 公的 人物이나 公的 關心事 등에 관한 보도에 있어서 국민의 알 권리와 관련하여 違法性 阻却事由가 좀더 폭넓게 인정된다는 公的 人物의 理論이나 公益의 理論은 언론의 논평 및 비판을 자유롭게 함으로써 보다 광범위한 공익에 이바지하게 하고자 하는 것이다.[28)]

言論法 領域에서의 공익은 국가와 언론기관, 언론기관과 개인 그리고 국가와 개인의 3면 관계에서 기능함을 간과해서는 안 된다. 국가가 공익을 이유로 언론자유를 제한하는 측면이 있는가 하면 언론기관이 公益을 근거로 個人의 프라이버시를 침해하는 측면도 있으며, 한편 국가가 언론기관의 공익을 빙자한 횡포에 개인을 보호하는 측면도 존재한다. 첫 번째의 경우는 국익과 공익의 충돌이라고 할 수 있고, 두 번째의 경우는 공익과 사익의 충돌이라고 할 수 있으며, 세 번째의 경우는 국가에 의한 공·사익의 조절이라고 할 수 있다. 이처럼 언론법의 영역에서는 다양한 차원의 공익과 사익이 서로 충돌할 수 있고, 국가도 이러한 충돌상황의 한 당사자로 존재한다는 점에서 공익판단의 機制가 보다

---

26) 예컨대 대법원 1994.9.13. 선고 93도1840 판결; 대법원 1993.10.26. 선고 93도2445 판결 등.

27) 朴容相,「表現行爲의 違法性 조각사유」, 法曹 1996/2, 59면 이하 참조. 판례도 이러한 입장을 견지하고 있다. 대법원 1996.9.6. 선고 96다19246,19253 판결; 대법원 1996.4.12. 선고 94도 3309 판결; 대법원 1995.11.10. 선고 94도1942 판결 등.

28) 朴容相, 前揭論文, 20면 이하.

정교하게 만들어질 것이 요구된다고 하겠다.

第6節　土地行政法의 領域에서의 公益槪念

1. 序 言

土地는 인간의 생존과 활동의 기반이다. 헌법에 의하여 토지는 재산권의 일종으로 보호되며, 그 내용과 한계는 법률로서 정하도록 되어 있다. 그러나 토지는 기타의 재산권과는 달리 강한 公益性을 가진다. 물론 모든 재산권의 행사는 공공복리에 적합하도록 하여야 한다는 강한 헌법적 구속 아래에 있다. 그러나 토지에는 이에 더하여 보다 강한 공익추구의 요청이 주어져 있다. 가령 農地에 대해서 국가는 耕者有田의 원칙이 달성될 수 있도록 노력하여야 하며, 農地의 소작제도는 금지된다(제121조). 이 헌법규정은 과거 농지의 소작으로 인하여 발생하였던 사회적 문제의 발생을 방지하기 위한 것이다. 국가는 또한 국민 모두의 생산 및 생활의 기반이 되는 國土의 효율적이고 균형있는 이용 개발과 보전을 위하여 法律이 정하는 바에 의하여 그에 관한 필요한 제한과 의무를 과할 수 있다(제122조). 이러한 규정은 모두 토지가 가지는 특수성에서 기인하는 것이다. 특히 우리 나라는 인구에 비해 토지가 협소하기 때문에 토지를 特定 私益이 아니라 보다 광범위한 타당 범위를 가지는 公益을 위하여 이용할 수 있도록 하는 일이 한층 중요하다.

토지를 공익목적에 맞게 효율적으로 이용하도록 하기 위하여 제정되고 운용되는 토지행정법에 관한 법령의 수는 참으로 많다. 이를 크게 나누어 보면, 利用計劃에 관한 법, 利用規制에 관한 법, 특수한 公益目的을 갖는 토지 및 토지관련 시설에 관한 법, 그리고 토지를 수용하는 경우의 補償에 관한 법 등이 있다.

2. 土地行政法의 領域에서의 公益判斷

우리 나라의 토지에 관련된 법에서 추구하는 공익은 그 발전의 과정을 史的으로 고찰해 보면 다음과 같은 세 단계로 구분해 볼 수 있다. 첫째 단계로서, 과거 토지에 관한 공익의 추구는 전형적인 權威主義的 경향을 불식하지 못하고 있었다. 이것은 해방 후에도 토지수용이 가능한 公益事業의 목록을 일제시대의 것 그대로 답습한 데서 잘 알 수 있다. 둘째 단계에서는 國家經濟發展이 토지에 관한 공익판단에 있어서 중요요소로 대두하였다. 이 당시에는 국가경제개발계획 아래에 이에 필요한 산업기반을 어떻게 효율적으로 건설할 것인가 라는 점이 일차적인 과제였다. 셋째 단계로 오늘날의 토지에 관한 공익판단은 보다 복잡한 모습으로 나타난다. 일차적으로 土地投機의 폐해를 방지하는 것이 중요한 과제가 되었다. 나아가서 토지자원의 효율적인 이용을 위한 利用規制가 문제시되고, 한편으로는 자연공원법이나 도시공원법이 만들어지면서 自然을 保存하여 보다 쾌적한 삶의 공간을 확보하기 위한 노력도 중요한 의미를 가지게 되었으며, 또한 토지에 대한 오염을 방지하기 위한 노력도 입법적인 성과로 나타났다. 이런 논의들은 土地公槪念 논의를 통하여 국민적 합의과정을 거치고 나중에 법제화되는 성과로 나타났다.

토지에 관한 公益의 내용을 열거해 보면 다음과 같다. 우선 바람직한 土地利用秩序의 형성이 있다. 이는 각종의 계획과 규제법으로 달성된다. 다음으로는 土地의 形狀을 자연 그대로 혹은 현 이용상태를 그대로 保存하는 데서 오는 이익이 있을 수 있다. 이는 각종의 공원법이나 형질의 변경을 금지하는 법제로 달성된다. 한편 土地는 수요에 비해 공급이 비탄력적인 성격을 가지기 때문에 土地市場을 적절히 규제하는 것도 공익을 위하여 크게 중요하다. 특히 경제가 발달하면서 지가가 급등하기 시작하자 이로 인하여 큰 사회문제가 발생하였고 이를 적절히 해결하는 것이 중요한 국가과제로 대두되기도 하였다. 또한 토지에 대한 공익과 사익 혹은 공익과 공익의 형량이 중요하다. 뒤의 문제는 보통 土

地收用의 문제로 해결한다. 즉 어떤 경우에 토지를 수용할 수 있으며, 수용하는 경우에는 그에 대한 보상을 얼마나 지급하여야 할 것인지가 중요한 법적인 문제가 된다. 토지수용을 가능하게 하는 것은 '公益'을 위한 사업 즉, 公益事業[29]이다. 공익사업의 범위에 대해서는 토지수용법이 입법적인 공익판단을 내려놓고 있다(공익사업을위한토지등의취득및보상에 관한 법률 제2조 제2호 및 제4조). 그러나 구체적인 판단은 事業認定의 과정을 통해서 이루어지게 된다. 한편 補償의 문제는 결국 공익과 사익의 형량의 문제라고 할 수 있다. 토지수용의 과정은 전형적인 공익판단의 과정이라고 할 수 있는 것이다.

토지행정법에서의 공익판단은 社會正義의 實現과도 밀접한 관련이 있다. 토지투기가 빈부의 격차를 발생시키고 소득불균형의 원인이 되는 경우가 많기 때문에 특히 토지공개념 입법에 있어서의 공익판단은 '正義'의 문제와 긴밀한 관련을 가지고 있다.[30]

3. 土地公槪念 論議

우리 나라의 토지행정법사에서 公益論議와 관련하여 크게 주목을 받았던 사건으로 土地公槪念 논의가 있었다. 토지공개념 논의의 취지는 토지는 일반적인 재화와 구별되는 특수한 재산이기 때문에 그 이용은 보다 높은 공익의 요구에 합치하여야 한다는 것이다. 이런 주장이 생겨난 것은 무엇보다도 토지의 부족과 그로 인한 토지가격의 상승 등으로

29) 우리 나라의 경우 公益事業의 인정이 너무 너그럽게 이루어진다는 점이 문제점으로 지적되어야 한다. 이것은 還買權 行使와 관련하여 공익사업의 변환이 지나치게 넓게 이루어지는 것과 관련이 있다. 公益事業의 변환과 관련되는 문제점에 대하여 柳瑗奎, "公益事業의 變換과 還買權의 行使", 『人權과 正義』 1992/9 참조.

30) 원래 공익 또는 공공복리 일반도 正義의 문제와 밀접한 관련을 가지고 있다. 이에 관해서는 Christian Kissling, *Gemeinwohl und Gerechtigkeit*, 1993 참조.

말미암아 각종 사회문제가 발생하는 것에 그 원인이 있다.

土地價格의 昻騰으로 인한 사회적 문제는 크게 두 가지 측면이 있다. 하나는 토지가 낳는 不勞所得이 건전한 투자를 저해하는 측면이 있다. 정상적인 이윤보다는 투기적 차익을 노리는 심리가 사회에 만연하였다. 한편으로는 토지가격의 앙등으로 인하여 토지를 정작 필요로 하는 기업이나 사람들은 토지를 구할 수 없을 뿐만이 아니라 토지가격의 상승에 의한 주택가격 및 주택의 임대가격 상승은 서민들의 생활을 크게 어렵게 만드는 요인이 되었다. 이런 상황을 타개하기 위하여 나온 이념이 土地公槪念인데, 이는 토지가 가지는 공적인 성격을 강조하고 토지에 대한 규제를 정당화하는 역할을 하였다. 토지공개념을 입법화한 법적인 장치로는 택지소유상한에관한법률, 개발이익환수에관한법률, 토지초과이득세법, 종합토지세 관련법 등이 있었고, 이러한 법제를 지원하기 위한 지가공시및토지등의평가에관한법률이 있다.

이 법들은 위에서 든 취지에도 불구하고 그 규제방법이 과도하고 개인의 재산권을 지나치게 제한한다는 批判이 있었다. 이런 비판에 대하여 애초에는 憲法裁判所는 토지공개념법제가 마련된 취지에 대하여 공감하는 취지의 판결을 내린 바 있었으나,[31] IMF 경제위기를 맞이하면서 택지소유상한제가 폐지되는 등 토지공개념 입법에 큰 변화가 초래됨에 따라 택지소유상한에관한법률을 違憲宣言하는 결정을 내린 바 있다.[32] 그러나 土地公槪念은 토지가 가지는 공익 구속적인 성격의 법적인 표현일 따름이다. 이로 인하여 토지에 대하여 헌법상 용인되지 않는 제한이나 침해가 발생하는 것은 물론 아니다. 단지 토지가 가지는 公益的인 성격을 강조하고 보다 공익에 알맞은 방향으로의 국가정책을 뒷받

---

31) 헌법재판소 1994.7.29. 선고 92헌바49, 52 결정(토지초과이득세법 위헌심판); 헌법재판소 1998.6.25. 선고 95헌바35, 97헌바81, 98헌바5 · 10(개발이익환수에 관한 법률 위헌소원).

32) 헌법재판소 1999.4.29. 선고 94헌바37 결정.

침하는 법제도화를 이끄는 개념일 뿐이고 몇몇 입법의 변화가 토지공개념의 폐지를 가져왔다고 평가하는 것[33]은 지나친 것이라고 본다.

4. 土地收用에서의 公益判斷

공익사업을위한토지등의취득및보상에관한법률 제4조에서 토지를 수용 또는 사용할 수 있는 사업을 열거하고 있다. 그 목록은 국가에서 시행하는 중요사업의 전 범위에 걸쳐서 망라되어 있다. 토지를 수용 또는 사용할 수 있는 사업을 公益事業이라 한다. 토지의 수용은 경찰권의 행사와 함께 공익에 관한 논의가 가장 먼저 시작되었던 분야이기도 하다. 연혁적으로 볼 때에도 국가는 공장건설이나 도로, 철도의 건설에 필요한 토지를 조달하는 경우 그것이 私有地인 경우에는 공익을 내세워서 수용이라는 방법을 취하였다. 이 때에는 통상의 私法上의 계약 방식이 아닌 强制取得의 방식이므로 개인의 재산권에 대하여 과도한 침해가 있을 수 있고, 이를 방지하기 위하여 그 要件과 節次를 법정화한 것이다. 또한 수용되는 토지에 대해서는 적절한 보상을 통하여 사회적 부담을 적절히 분배하도록 하는 損失補償이 따르도록 한 것이다.

그런데 현실적인 문제에 있어서는 다른 분야와 마찬가지로 公益事業인지의 여부가 확실하게 밝혀지지 않는 경우가 있다. 가령 私立大學이 기존의 시설을 확장하는 사업의 실현을 위하여 인근의 토지가 필요한 경우에 그 사업이 과연 토지수용이 인정되는 공익사업이 될 수 있는 지의 여부가 문제 된다. 中央土地收用委員會에서는 기존 사립대학의 진입로 확장을 위한 인접 토지의 수용을 구 토지수용법 제3조의 제4호 및 제7호에 의하여 公益事業으로 인정한 바 있다.[34]

---

33) 언론은 이러한 입법의 변화가 토지공개념의 폐지를 초래한 것처럼 보도한 바 있다. 예컨대 「토지공개념 사실상 폐지」, 매일경제신문 1998. 7. 22. 1면.

34) 건설교통부고시 1996.8.5. 1996-267호 사업인정(단국대학교 사건);

第7節 環境行政法의 領域에서의 公益判斷

1. 概 說

環境行政法 영역은 비교적 최근에 발전된 법분야이다. 헌법은 환경권을 국민의 기본권의 하나로 규정하고 있으며, 이를 바탕으로 그간 각종 분야에서 환경보전을 위한 입법이 추진되어 왔고, 1990년 環境政策基本法을 제정함으로써 환경보전을 위한 法體系의 완성을 꾀하였다.[35)] 그런데 환경법 분야는 주로 防禦的 消極的인 형식으로 발전해 온 것이 특징이다. 과거 농업이 주가 되던 시기에는 環境이 그다지 문제 되지 않았으나 산업화 근대화 및 도시화의 진행으로 환경의 보전을 위한 노력이 시급한 과제로 대두된 것이다.

환경행정은 消極的 의미에서의 公益에서 출발하였다. 즉 1963년에 제정된 公害防止法은 점차 확산되어 가는 공해를 방지할 목적으로 만들어졌다. 여기서 公害라는 개념에 주목할 필요가 있다. 공해는 公益에 정반대되는 개념이다. 따라서 공해를 방지하거나 이를 최소화하는 것은 바로 공익이라는 목적에 부합한다. 그러나 環境法이 단순한 소극적 방어적인 기능만 가지고 있는 것은 물론 아니다. 이후 1977년에 제정된 環境保全法은 종합적인 환경보전의 법으로서의 성격을 갖추었다. 이 법제로 인하여 환경기준, 환경영향평가 및 총량규제 등의 개념이 입법화 되었다.[36)]

環境行政法은 종합법적인 성격을 가지는 환경정책기본법을 근간으로

건설교통부고시 1998.6.22. 1998-180호 사업인정(대불대학교 사건).

35) 그러나 1991년 이후의 複數法 체계에 대한 비판의 소리도 없지 않다. 吳錫洛, 「환경규제의 문제점과 개선방향」, 『人權과 正義』, 1993/9, 46-47면 등 참조.

36) 具然昌, 『축조해설 環境保全法』, 1981, 84면.

환경에 영향을 미치는 사업에 대하여 미리 그 적정성을 평가하도록 하는 환경영향평가법, 그리고 개별적인 환경오염에 대하여 규제하는 대기환경보전법, 수질환경보전법, 소음 · 진동규제법 및 토양환경보전법으로 구성된다. 토양 · 환경오염에 대한 분쟁을 처리하고 보상문제를 해결하기 위한 각종의 법들이 있다. 이들 법분야를 묶어서 본다면 크게는 計劃과 事前評價에 관한 부분, 規制 및 保全에 관한 부분, 그리고 事後救濟에 관한 부분으로 나누어 볼 수 있다.

2. 環境行政法에서의 公益判斷

환경행정법 분야에서의 公益判斷은 기타의 행정법 각론 분야와는 다른 특수한 성격을 가진다. 우선, 환경보전법은 경찰행정 분야와 마찬가지로 防禦的 · 消極的인 데서 출발한다. 환경오염으로부터 환경을 보전하는 것이 일차적인 과제이다. 이로 인하여 환경분야는 끊임없이 다른 분야 특히 2차 산업 분야와 마찰 소지를 안고 있다. 즉 환경에 관한 規制를 강화하는 일은 곧 현 산업의 비용을 증대시키는 일이고 이는 바로 생산방식의 변경 혹은 산업의 형태변경으로 연결될 수 있는 문제이다. 그리고 산업이 변화한다는 것은 고용문제와 연결될 수 있으므로 사회지표상의 이익들이 충돌할 수 있다.

다음으로, 환경에 관한 문제는 한 나라의 국경을 넘어서는 國際的 · 世界的인 성격을 지니고 있다. 가령 中國의 공해가 우리 나라에 넘어와서 피해를 끼친다거나 선진국과의 무역에 있어서 환경상의 문제를 거론하는 것 등은 이제 일상적인 일로 되어 있다. 마찬가지로 각종의 국제조약에서 환경유해 물질의 배출기준을 정하고 이를 준수하게 하는 등 환경보전은 국제적인 공익문제로 심각하게 생각되어야 한다.

또한 環境에 있어서는 世代間의 利益衡量이 문제 된다. 환경은 일단 침해되면 그 복구가 어려울 뿐만이 아니라 복구하는 데 비용이 많이 들기 때문에 오늘의 환경오염은 미래 우리 후손들에게 큰 부담을 지울 수 있다. 따라서 환경을 보전하고 쾌적한 환경을 조성하는 일은 현재의 국민만이 아니고 未來의 國民에게도 중요한 과제가 된다. 이를 위한 노력과 비용을 지금 얼마나 감당하고 후손에 얼마나 남겨 줄 것인가를 衡量하여 정하여야 한다.

환경법 영역에서의 공익판단에서 또하나 특징적인 것은 地域間 혹은 階層間의 利益이 서로 충돌되는 일이 많은 점이다. 우선 지역 간의 문제를 보자. 가령 어느 장소에 폐기물매립장이나 폐기물소각장 등의 폐기물처리시설을 건설할 경우에는 그 시설이 위치하는 장소 인근에 위치하는 주민들은 당해 시설의 입지로 인하여 생활상의 불편을 느끼게 된다. 상수원의 보호를 위하여 상수원 부근의 주민들에게 農業, 畜産業 등 생계를 위한 활동을 제한하는 경우에도 마찬가지이다. 이 경우에 약간의 보상이 따른다고는 하지만 그로 인한 생활상의 불편이나 경제적인 손실에 비하면 부족한 경우가 많다. 이와 같은 부정적 영향을 가져오는 시설을 嫌惡施設이라 하여 흔히 地域利己主義가 발생하는 대표적인 사례로 꼽힌다. 그러나 대부분의 경우에는 이를 지역이기주의로만 몰아부치기 힘든 나름대로의 정당성이 있기도 하다. 이 경우에 앞에서 분석하였던 特殊公益과 一般公益의 충돌이 있다고 본다. 그러나 일반공익이라고 하더라도 어느 경우에나 반드시 특수공익에 우월할 수는 없고 兩 公益 간의 衡量에서도 比例의 原則이 적용된다.[37)]

또한, 公害被害는 사회적으로 낮은 所得階層의 사람들에게 큰 피해를 준다고 조사되어 있다. 소득수준이 높은 경우에는 환경오염이 적은 재화(좋은 주거환경, 생수, 무공해 식품 등)에 대한 구매력이 있기 때문에 환경오염에 대해서는 그만큼 대처할 능력이 있다고 볼 수 있다. 따라서 환경을 보전하는 일은 전체적인 사회적 정의에도 맞다고 볼 것이다. 즉 眞正公益에 접근하는 길이 된다고 본다. 이처럼 환경행정법에서의 公益判斷 역시 바로 社會正義 問題와도 직결되어 있다.

---

37) Wolff/Bachof/Stober, *Verwaltungsrecht* I, *a.a.O.*, S. 343.

한편 환경행정법 분야에서의 이익충돌이 이처럼 복잡한 양상을 띠기 때문에 公益判斷의 節次法構造化가 어느 분야보다도 절실히 요구된다. 현행 법제도 아래에서는 흔히 정책결정 및 시설운영과정에서의 지역주민 및 전문가의 참여가 인정되는데 환경영향평가제도도 공익판단의 절차법구조화와 관련하여 行政節次法的 의미를 가지도록 운영할 필요가 있다고 본다.[38]

38) 李相敦, 「環境政策基本法에 대한 考察」, 『公法硏究』, 제21집, 1993, 164-169면.

第8章 結　論

1. 公益의 本質에 대한 多次元的 接近

이 연구의 연구목적에서 밝힌 바와 같이 '公益이란 무엇인가', '公益의 本質은 무엇인가' 등의 문제에 대한 접근은 다양한 차원에서 이루어져야 한다.

첫째, 公益, 즉 公共의 利益이란 '누구의 利益을 말하는가' 라는 관점에서 접근해 볼 수 있다. 이는 公益의 享有主體가 누구인가 라는 문제이다. 예컨대 공익을 국가의 이익, 공중의 이익 또는 국민 다수의 이익 등으로 정의하려는 시도가 이에 해당한다. 독일에 있어서 공익론의 발전을 살펴보면, 군주가 지배하던 高權的 權威主義 시대에는 君主=國家의 이익을 곧 공익으로 보았으나,[1] 市民的 自由主義 시대에 들어오면서 이러한 견해는 더 이상 유지될 수 없었다. 따라서 국가 이외에도 지방자치단체나 그밖에 다른 공동체의 이익도 공익으로 성립할 수 있게 된다.[2] 한편 자유주의의 발전으로 인하여 공익은 어느 경우든 공동체

---

1) O. Mayer, G. Meyer, Bredt 등이 이러한 입장이다. 이에 대하여는 제3장 제2절 2. 1) 참조.

2) 단 이것은 國家와 社會의 준별이라는 自由主義的 二元論에 기초한 것이다. 그러나 민주주의와 실질적 법치주의가 헌법에 의해 확고히 보장된 현대에 들어와서는 국가와 사회의 엄격한 구별이라는 데 의문이 제기되면서, 독일

의 구성원인 인간의 이익으로 환원될 수 있어야 한다는 관념이 강력하게 대두되면서[3] 공동체 그 자체의 이익 관념의 성립가능성을 인정하는 견해[4]와 대립하게 되었다. 어떠한 견해에 의하든 오늘날 공익은 사익을 침해하는 것이 아니라 오히려 사익을 증진시키고 보호하는 것이라는 점이 널리 인식되고 있다.[5] 이와 같이 공익을 인간의 이익이라고 볼 때 공익의 주체가 되는 사람의 집단을 일반적으로 公衆(Allgemeinheit, Öffentlcihkeit)이라 칭하며 오늘날 공익을 公衆의 利益으로 정의하려는 경향이 대다수를 이루게 되었다. 그러나 공중의 이익이라 할 때 공중은 구체적으로 누구인가 라는 문제가 다시 제기된다. 이에 대하여는 공중은 不特定 多數를 의미하는 것으로 보는 것이 일반적이다.[6] 예컨대 국가, 지방자치단체 또는 노동조합과 같이 누구나 언제든지 진입이 가능하다는 의미에서 不特定한 人的 範疇를 공중, 즉 공익의 주체로 보려는 입장이 일반적이라고 할 수 있다. 그러나 그러한 공중의 이익, 즉, 공익을 구체적으로 어떻게 확정하느냐는 또 다른 문제이다.

두 번째 접근방식은 공익을 '누가 決定할 것인가', 그리고 '어떻게 確定할 것인가' 라는 관점에 기초한다. 앞에서 공익을 공중의 이익이라고 보는 견해가 일반적이고, 공중이란 불특정한 인적 범주를 의미한다

에서는 다시 공익을 국가의 이익으로 환원시킬 수 있다고 하는 입장이 대두되기도 하였다. Uerpmann의 견해가 바로 여기에 해당한다. 이에 대하여 상세한 것은 제3장 제9절 1. 1) 참조.

3) 이러한 입장의 학자로는 Krüger, Dürig, Martens 등을 들 수 있다. 이에 대하여 상세한 내용은 제3장 제3절 7.과 제4절 및 제6절 참조.

4) 공동체의 고유한 이익을 인정하는 대표적인 견해는 Wolff에 의해 주장되고 있다. 이에 대한 내용은 제3장 제5절 참조.

5) Douglas F. Morgan, "The Public Interest", in *Handbook of Administrative Ethics*, 1994, pp. 126-127.

6) 이러한 입장의 학자로는 Krüger, Dürig, Martens 등을 들 수 있다. 이에 대하여 상세한 내용은 제3장 제3절 7.과 제4절 및 제6절 참조.

고 하였다. 그러면 불특정한 인적 범주에 해당하는 모든 사람에게 공통된 이익만이 공익인가, 아니면 비록 그러한 인적 범주의 모든 구성원에게 공통되지는 않더라도 그들의 지배적 다수에 공통된 이익도 공익이라 할 수 있는가가 문제이다. 일반적으로 민주주의 원칙에 따르면 공통의 의사, 즉 일반의사는 多數의 意思라고 볼 것이다. 그렇다면 다수의 의사는 어떻게 형성될 수 있는가라는 문제로 귀착된다. 이에 대한 대답에 있어서는 민주주의에 대한 이해의 차이로부터 상이한 견해가 존재한다. 민주주의를 직접민주주의의 관점에서 이해하고 사실적 이익의 의미를 중시하는 입장에서는 궁극적으로 構成員의 直接的인 表決에 의해 다수의 의사가 확정될 수 있고, 또한 그것이 가장 바람직하다고 볼 것이다.[7] 그러나 오늘날 대의민주제가 원칙적인 형태로 받아들여져 있는 헌법구조 아래에서는 직접표결은 예외적으로 인정될 뿐이다. 독일의 경우 연방차원에서는 직접민주주의적 요소를 배제하고 있기 때문에 이러한 직접민주주의적 관점에 대하여는 그것이 실정법질서에 반한다고 보는 것이 일반적이다.[8] 다수의사의 형성, 즉 공익의 형성이 대의민주주의 원리에 입각해서 이루어진다고 보면, 일차적으로 議會가 公益 決定機關으로서의 지위를 차지한다고 볼 것이다. 대의제 민주주의 아래서 어떤 목적을 공익으로 승격시키는 권한은 의회에 부여되어 있다는 것이다.[9] 그러면 입법자는 무엇이든 공익으로 승인할 수 있고, 또 반대로 무엇이든 공익이 아니라고 결정할 권한이 있는가 라는 문제가 제기된다. 그러나 다수의 의사에 절대적인 정당성을 인정하는 것은 오늘날의 실질적 법치주의 원리에 반한다. 의회는 헌법제정권자의 결단에 반하여

7) Dürig는 바로 이러한 입장에서 자신의 공익론을 전개하였다. 이에 대하여는 제3장 제4절 1. 3) 참조.

8) Uerpmann, *Das öffentliche Interesse*, 1999, S. 8f. 참조.

9) Martens, *Öffentlich als Rechtsbegriff*, 1969, S. 186f. 이에 대하여는 제3장 제6절 1. 참조.

서는 아니되며 헌법에 나타난 憲法制定權者의 意思를 존중하여 공익의 내용을 형성하여야 할 의무를 부담한다. 나아가 헌법제정권자에 의해 헌법에 변화가 야기되는 경우에도 천부적 인권을 훼손하는 것은 허용될 수 없을 것이다. 여기서 우리는 오늘날 다수의 지위를 차지하는 이른바, 잠재적 공익관이 규준적 공익관에 의해 일정 부분 수정되어야 함을 알 수 있다. 한편 의회는 공익의 내용을 구체적으로 확정짓지 아니하고 추상적 형태로 규정하는 경우가 많으며, 이 경우 공익의 내용을 구체적으로 결정하는 임무는 집행권인 행정부와 사법부에 위임된다. 공익을 구체적으로 형성하는 임무는 법률을 구체적인 경우에 적용하는 행정부에 의해 대부분 수행된다. 일찍이 많은 학자들은 公益判斷의 主體로서 행정권의 중요성을 강조하였다.[10] 다만 이 경우에 있어서도 행정권에게 어느 정도의 자유재량이 부여되었다고 볼 것인가에 대하여는 견해가 대립하여 왔다. 이는 공익개념의 해석 적용에 대한 司法審查의 可能性을 인정할 것인가의 문제이다. 과거에는 공익개념을 재량개념으로 파악하여 사법심사를 부인하는 견해도 있었으나,[11] 오늘날은 원칙적으로 사법심사를 인정하는 것이 일반적이며,[12] 다만 이를 엄격한 기속개념으로 파악하여 전면적 사법심사를 인정할 것인가 아니면 사법심사는 인정하되 그 범위 내지 강도가 일정부분 제한된다고 볼 것인가의 차이가 있을 뿐이다. 요컨대 공익의 형성은 원칙적으로 입법자에 의해 수행되나 입법자가 구체화의 여지를 남겨둔 경우에는 행정권이 당해 법률의 해석 · 적용과정에서 공익형성의 일차적 임무를 담당하며, 이에 대하여 다툼이 있는 경우에는 사법부가 최종적으로 결정하되 사법부는 입법자의 객관

---

10) Fleiner, Krüger, Laun, Dürig, Wolff 등 대부분의 학자들이 공익판단에 있어서 행정의 역할을 중요한 고찰대상으로 하고 있다. 이에 대하여는 제3장 제3절 6., 7.과 제4절 및 제5절 참조.

11) 예컨대 Laun이 그러하다. 이에 대하여는 제3장 제3절 7. 5) 참조.

12) 이미 Krüger는 공익개념을 엄격한 기속규정으로 파악하여 사법심사를 인정하였다. 이에 대하여는 제3장 제3절 7. 2), 5) 참조.

적 의사가 무엇인지를 밝혀 그에 따라야 하며 그 과정에서 행정권의 전문적 의사를 존중하여야 할 것이다.

공익문제에 접근하는 세 번째 시각으로는 공익이 무엇인지를 구체적으로 '어떻게 決定할 것인가' 라는 관점이 있을 수 있다. 첫째 관점이 公益의 主體에 관한 것이고, 둘째 관점이 公益의 判斷權者에 대한 것이라면, 이는 좀더 실천적인 관점에서 公益判斷의 方法論에 관한 것이다. 공익판단의 방법론은 각각의 공익판단권자에 따라 다르게 형성된다. 立法者의 公益判斷은 입법행위, 즉, 법률의 제정에 의해서 이루어진다. 민주적 법치국가에서 법률의 제정은 이해관계인의 참여와 토론 및 감시가 보장될 수 있도록 투명하게 형성되어야 한다. 이와 관련하여 오늘날 문제되는 것은 이른바 정당국가화에 따른 政黨羈束의 문제이다. 국회의원은 무기속 원칙에 의해 전체 국민을 위해 의결권을 행사할 수 있고 또 그렇게 하여야 한다. 그러나 현실적으로는 국회의원이 소속 정당의 당론에 따라 의결권을 행사하는 것이 일반화되어 있기 때문에 의회가 국민의 의사가 아닌 정당의 의사를 대변하게 되는 문제가 발생한다. 정당은 특정한 강령에 따를 것을 약속하는 자들의 공동체로서 그 인적 범위가 특정되므로 앞에서 언급한 공중 일반의 개념에 포섭될 수 없다. 즉, 정당의 이익은 공익으로 승인될 수 없다.[13] 따라서 의회에 의한 공익판단에 있어서 정당의 이익에 의한 대체현상을 막기 위한 제도적 장치가 요망된다고 하겠다. 行政權에 의한 公益判斷에 있어서는 행정절차법제의 정비가 가장 중요한 요소로 제기될 수 있다. 특히 이해관계자에 대한 節次參與權의 보장은 적절한 공익판단을 담보하는 중요한 장치이다. 이를 통해 행정결정의 민주성과 투명성이 담보되기 때문이다. 이는 궁극적으로 행정결정의 정당성과 수용성을 강화시켜 줄 것이다. 행정권에 의한 공익판단에서 오늘날 제기되고 있는 또 다른 문제로 전문가 집단

13) 같은 견해 Dürig, *Die konstanten Voraussetzungen des Begriffs "Öffentliches Interesse"*, 1949, S. 101, 103. 이에 대하여는 제3장 제4절 1. 4) 참조.

에 의한 지식독점화 현상을 들 수 있다. 오늘날 과학기술의 발전과 사회관계의 복잡화로 인해 행정활동은 전문적 지식에 의존할 수밖에 없으며, 이는 의회에 의해 행정에 많은 권한이 위임되는 이유이기도 하다. 그런데 전문지식의 보유는 특정 소수에 제한되어 있기 때문에 이들의 의사에 반하는 이익을 주장하여 관철하기란 거의 불가능에 가깝다고 해도 과언이 아니다. 더욱이 이러한 전문지식에 의존한 행정결정에 대하여는 사법심사도 극히 제한적으로만 수행될 뿐이다. 따라서 專門家에 의한 公益形成을 어떻게 통제할 것인가가 새로운 문제로 제기되고 있다. 이제까지의 논의에 따르면, 결국 이 문제도 節次的 統制에 의하는 것이 가장 합리적이라고 할 것이다. 행정결정에 대하여 다툼이 생기거나 혹은 입법자의 결정에 대하여 위헌성이 문제되는 경우에는 司法審査(헌법재판소의 위헌심사도 포함)에 의해 공익의 내용이 최종적으로 결정된다. 그런데 사법부는 民主的 正當性에 있어서 취약하기 때문에 소극적 판단에 한정되어야 한다는 것이 일반적인 입장이다.[14] 사법부가 공익판단을 수행함에 있어서 가장 핵심적인 요소는 利益衡量이다.[15] 물론 공익판단에 있어서 이익형량은 입법 · 사법 · 행정 모두에게 요구되는 핵심원리라고 할 것이다. 다양한 사익이 복합적으로 대립 · 충돌하는 현대사회에 있어서는 그러한 이익갈등을 여하히 조정하느냐 라는 것이 핵심과제이기 때문이다.

이상의 논의를 살펴보면 '공익이 무엇인가' 라는 문제는 民主主義와 法治主義에 대한 이해와 밀접한 관련이 있다는 점을 알 수 있다. 따라서 그 나라의 헌법상 민주주의와 법치주의가 구체적으로 어떻게 보장되어 있으며, 또한 어떻게 제도적으로 구현되고 있느냐에 따라 다른 결론이 나올 수 있을 것이다. '공익의 내용이 무엇인가' 라는 문제에 대하여 일의적으로 실체적인 대답을 내놓을 수 없는 경우에는, 권력분립이라는

---

14) 이에 대하여 상세한 것은 제6장 제4절 2. 참조.

15) 이에 대하여 상세한 것은 제4장 제4절 5. 참조.

관점에서 입법 · 행정 · 사법에 각각 어떠한 권능이 부여되어 있는가를 구명함으로써 간접적으로나마 공익의 본질에 접근할 수 있을 것이다.

2. 現代社會에 있어서 公益判斷의 觀點

公益을 엄밀하게 개념 정의하는 것은 매우 어려운 일이다. 공익을 이해하는 사고방식은 논자의 근본적인 價値觀과 世界觀을 반영하는 것이므로 이와 같은 가치개념에 대해 어떤 보편적인 이해를 얻는 것은 사실상 불가능하다고 본다. 그러나 이 연구가 제시한 공익이해의 기본적인 틀에 의할 때, 公益理解와 公益判斷에 관하여 다음과 같은 이해의 방향이 도출된다.

1) 공익은, 어떤 利益狀況이 특정한 법적 주체가 단순히 그가 속한 사회의 個別 構成員으로서 가지는 이익의 의미를 넘어서 社會的 意味를 가지게 되는 경우에, 그 사회 구성원들이 가지게 되는 이익을 말한다. 그런데 사회적 의미의 범위를 넓게 인정하면 모든 이익이 사회적 의미를 가지게 되어 공익의 범위가 확대될 것이고, 사회적 의미의 범위를 좁게 인정하면 그 어떠한 이익도 사회구성원 전부의 普遍的 利益에 합치할 수 없어서 공익의 범위도 줄어들게 된다. 그러므로 법학적 논증의 대상에서의 공익관념은 추상적 보편개념으로 존재하는 것이라고 할 수는 없고, 구체적 이익상황에서 개인의 이익의 범위를 정하고 그 사회적 한계를 긋는 상대적인 의미를 가지는 것이라고 하여야 할 것이다. 그러므로 어떤 이익상황을 두고 그것을 공익 또는 사익이라고 절대적으로 단정지우는 것은 불가능하다. 동일한 이익상황이, 문제 되는 사회적 맥락에 따라 社會關聯性이 폭넓게 인정이 되어 공익으로 이해될 수도 있고 또는 단순한 個人의 利益으로서 사회적 의미가 없는 것으로 판단되어 사익으로 관념될 수도 있기 때문이다.

2) 한편 공익이 사회적 의미 관련에서 이해될 수 있다고 할 때 公益의 존재를 근거지우는 사회는 여러 가지 형태로 존재할 수 있다는 점도

중요하다. 모든 사회공동체를 국가의 종속물로 만들어 버리는 國家絶代主義的 立場에 서지 않는 한 공익은 국가만을 배경으로 존재할 수 있는 것이 아니라 국가 아닌 다양한 공동체를 배경으로도 존재할 수 있다. 예컨대 지역공동체, 종교공동체 기타 공공단체나 인적 결사 등도 공익을 근거지을 수 있는 사회에 해당된다고 할 것이다.

3) 그러므로 公益이란 "어떤 利益狀況이 특정한 법적 주체의 個別的利益에만 관련되는 것이 아니라 국가나 공공단체, 기타의 사회의 여러 공공영역이나 계층 또는 집단의 公共性과 관련하여 그 정당성이 판단되어져야 할 때의 共同體利益"을 말하는 것으로 일응 이해할 수 있다.

4) 공익을 근거지우는 사회적 관련은 '公共性'이라는 개념에 의해 설명될 수도 있다. 포스트모던 사회에서의 공공성은 국가적 공공성에 국한되는 것이 아니라 언론, 교육, 종교 등 多樣한 社會領域에도 공공성을 인정할 수 있다고 이해되어야 할 것이다. 이렇게 볼 때 공익에는 매우 다양한 차원이 있고, 그 개념 범주의 범위에 있어서도 큰 편차를 나타낼 수 있다는 점을 인정하지 않을 수 없다. 따라서, 공익판단은 구체적 이익상황에서 충돌할 수 있는 다양한 차원과 범위를 가진 수많은 공공성을 가진 이익들 사이에서 보다 보편적이고 합리적인 사회적 의미를 구하는 과정으로 이해될 수 있다. 이렇게 볼 때, 공익사이의 형량이나 公益과 公益의 충돌도 충분히 예견할 수 있다. 한편 私益이란 어떤 이익상황이 순수히 개인적인 의미밖에 가지지 않고 사회적 의미 또는 공공성을 결여한 경우를 의미하는데, 이것 역시 상대적인 개념으로 이해하여야 할 것이다. 어떤 법적 맥락에서 사익으로 판단된 이익도 다른 법적 맥락에서는 공익적 의미가 있는 것으로 이해될 수 있기 때문이다. 그러므로 사익이든 공익이든 이익상호간의 형량 즉 利益衡量은 현대 행정국가에서 보다 보편적인 公益合致的 判斷을 함에 있어서 필수적인 법적 사고의 틀을 이루고 있다.

5) 한편, 공익이라는 개념이 實在論的으로 存在하는 것인가 唯名論的으로 단지 구체적으로 결정될 수 있을 뿐인가 라는 것에 대해서는 普遍

論爭의 역사만큼이나 오래 된 시각 차이가 존재한다. 요컨대 공익은 認識의 대상인가 決定의 대상인가? 공익의 근거되는 사회공동체가 강한 동질성을 가질수록 그 공동체는 공익개념의 보편성을 추구하기 쉽고 이질성이 강한 사회일수록 공익을 서로 다른 이해관계를 가진 사회구성원 사이의 통합적 이익결정의 의미로 받아들이기 쉽다. 현대사회의 다양한 분화는 공익관념에 대한 보편적 인식을 점점 어렵게 하고 있어서 공익의 실체적 내용에 대한 합의는 점차 희석되고 이를 대체하여 공익決定過程의 正當性이 公益判斷의 正當性의 중요한 이슈로 등장하고 있다. 현대국가에서 절차적 정의가 강조되고 潛在的 公益觀이 規準的 公益觀을 대체하는 경향이 나타나는 것은 바로 이 때문이라 할 것이다.

6) 공익판단이 아무리 엄밀히 이루어진다 하더라도 그 판단이 가장 적확하게 普遍的인 社會共同體의 利益을 반영하는 것이라고 단정하기는 어렵다. 어떻게 보면 공익판단은 사회구성원 사이의 역학관계에 의해 결정되어지는 것 같기도 하며, 특히 잠재적 공익관 하에서의 공익은 처음부터 보편적 가치로서의 공익을 반드시 전제하지 않고 공익결정과정의 정당성을 공익판단의 정당성의 기초로 삼는 경향이 있다. 그러나 사실적 유권적 공익판단의 정당성에 대한 회의는 반드시 존재하게 되고 그러한 회의의 기초를 제공하는 것은 絶對的 · 普遍的 價値에 대한 신봉이라 할 것이다. 절대적 · 보편적 가치는 존재하지 않는다고 하면 결국 공익판단은 그때 그때의 역학관계에 의해 결정된다는 것을 승인하게 된다. 그러나 인간의 相互主觀性은 인간간의 공감대를 반드시 형성할 수 밖에 없으므로 그러한 공감대에 바탕한 보편성의 잣대로 구체적으로 이루어진 공익판단의 당 · 부당을 논단하는 것을 끝내 회피할 수는 없다고 본다. 특히 우리 나라와 같이 공익판단의 정당성이 심하게 회의되고 공익판단에 대한 보편성 심사가 강조되어야 하는 나라에서는 '事實的 公益' 과는 구별되는 '眞正公益' 을 반드시 전제할 필요가 있다고 본다.

7) 공익은 이익상황에 관한 社會的 關聯을 설명하는 것이라고 한다면 사회질서를 유지하는 법체계가 공익판단을 법적 판단의 대상에서 제외

한다는 것은 마땅히 비판받아야 할 것이다. 요컨대 공익판단도 法判斷의 일종으로 이해되어야 하며 그 판단에 대한 법적 평가가 내려져야 한다. 그러나 종래 공익판단은 행정적 판단의 대상이지 법적 판단의 대상은 아닌 것으로 관념되어 온 것이 보통이다. 이 연구의 문제의식은 기본적으로 이러한 공익판단을 법판단의 문제로 만들어야 한다는 것이고, 더구나 그 판단은 立法, 行政, 司法의 국가기관의 기능과, 實體法과 節次法을 망라하는 법영역에 걸친 다차원의 판단이라는 점을 강조하고 있다.

8) 공익판단을 법판단이라고 할 때, 公益判斷을 그르친 경우에는 그에 따른 법적 효과가 발생한다고 하여야 한다. 헌법이나 법률 및 법규명령 등에 의해 공익판단이 立法化되어 있는 경우 이것을 그르친 것은 위헌, 위법의 효과를 가져오지만, 공익판단이 행정청의 裁量이나 判斷餘地의 범위 안에 있을 때, 그것을 그르친 경우의 법적 효과가 어떠할 것인가에 대해서는 다소의 논란이 있을 수 있다. 그러나 오늘날의 일반적인 학설 경향은 공익판단을 그르친 정도가 심한 경우에는 그것이 재량권의 범위를 벗어난 것으로서 위법이 된다고 하여야 할 것이고, 행정청의 재량의 범위 안에서 이루어진 다소의 판단상의 잘못은 이를 위법으로까지 논단할 수는 없고 다만 종래처럼 부당에 그치는 것으로 관념할 수 있을 것이다. 어느 범위까지가 違法이고 어디까지가 不當인가 라는 것에 대해서는 법해석과 국민의 支配 에토스가 그 기준이 된다고 하여야 할 것이다.

3. 公益判斷에 있어서 立法, 行政 및 司法의 課題

公益判斷의 문제는 앞으로 장구한 세월 동안 우리 법학의 과제가 되어야 할 근본적인 문제이다. 이 연구에서 여러 가지 문제제기가 이루어졌으나 이 문제의 궁극적인 해결은 입법, 행정 및 사법 차원에서의 공익판단과정의 변화를 통해 달성될 수 있다고 본다. 이 점에 관하여 이미 다양한 문제제기가 있었으나, 마지막으로 공익판단과 관련된 핵심적인 과제를 다시 한번 제시함으로써 이 연구의 대미를 장식하고자 한다.

첫째, 우리 나라의 立法上 公益概念은 아직 전통적인 권위주의적 공익개념에서 탈피하지 못하고 있다. 비록 최근에는 규제, 급부 및 환경, 경제행정법 등의 영역에서 새로운 공익요구나 공익판단이 입법으로 규율되고 있으나, 아직은 부분적이고 단편적인 데 불과하다. 법적 개념으로서의 공익개념을 입법적으로 체계화하고 구체화하는 것이 필요하다.

둘째, 현대의 국가 기능증대에 비추어 볼 때 行政府의 公益判斷의 필요성과 중대성은 점차 커진다고 볼 수 있다. 전통적인 법학의 견지에서 보면, 공익의 판단과정에서 경시될 수도 있는 개개인의 權利保護가 가장 중요하다. 그러나 현대사회에서는 개인의 기본권이 국가를 통하여 실현되는 경우가 많다는 점을 감안하면, 행정부에게 공익판단의 우선권을 인정하지 않을 수 없는 경우가 많을 것이다. 이러한 경우 공익판단의 내용 못지않게 公益判斷過程 자체를 節次法的으로 통제하는 일이 중차대한 과제로 떠오른다. 公益決定 과정 자체의 투명성 보장과 이해 관계인의 참여, 전문가의 참여에 의한 전문성과 공정성의 제고 등이 모두 이러한 목적에 부응하는 것이다. 이를 앞에서 공익판단의 '節次法構造化' 라고 부른 바 있다.[16] 행정부에게 공익실현을 위한 이니시어티브를 주면서도 이를 효율적으로 통제할 방안을 모색하는 일 역시 공익론과 관련된 중차대한 課題이다.

셋째, 司法上의 公益判斷에 있어서도 공익은 아직 법적인 논증의 대상이 되지 못하고 있으며, 개인의 권리제한에 대한 면죄부를 부여하거나 국가활동의 규준적인 전제로 인식되고 있는 경우가 많다. 사익과 공익, 공익과 공익간의 형량문제도 아직은 일정한 기준이 없이 경우에 따라서 임의로 판단되는 경향이 많다. 사법에 있어서 공익판단이 체계적인 공익관에 입각하여 정교한 공익판단의 법기술체계로 발전되어 나아가야 할 것이다.

---

16) *Supra*. 제4장 제5절 4. 참조.

이상과 같은 향후의 과제의 해결에 이 연구가 조그마한 보탬이 되어 '公益具體化法으로서의 行政法'으로의 발전이 촉구되는 계기가 되기를 희망한다.

第9章 補 論: 英·美 公益法運動의 法的 意義

1. 序 說

獨逸法系에서의 공익개념과 英·美法系에서의 公益(public interest) 개념이 가지는 의미는 사뭇 다르다. 독일이나 일본, 우리 나라의 경우 공익개념은 共同體 또는 그 구성원 全體의 공동이익이라는 의미의 추상적 관념으로서 이 개념의 구체적 적용에 있어서 주로 문제 되는 것은 그러한 추상적 관념을 어떻게 구체적인 형태로 한정지울 수 있는가 라는 것이었다. 그러나 영미법계에서는 공익과 관련하여 추상적 공익개념의 구체적 상황에의 해석, 적용의 문제가 논의의 대상이 되기보다는 구체적 사회문제로서 司法的 不正義의 시정과 司法的 手段을 통한 社會正義의 실현을 위한 제도와 관행에 대한 연구와 모색이라는 차원에서 공익이 논의되었다. 영·미에서의 공익론은 출발부터가 매우 실제적 과제를 전제한 것이었고, 공익은 문제해명을 위한 基本槪念으로서가 아니라[1] 課題 그 자체로 제시된 것이었다. 요컨대 영미법계의 공익론은 公

1) 영미법에 있어서도 public interest라는 개념이 대륙법에서와 같이 중요한 법적 기준 또는 구성요건적 불확정개념이 되는 경우가 없는 것은 아니다. 예컨대 National Broadcasting Co. v. United States, 319 U.S. 190 판결에서 선언된 public convenience, interest, or necessity 기준 등. 그러나 이러한 경우는 대체로 구체적인 법해석론의 문제로 치부될 뿐이며, '공익'은 공익법운동의 차

益法運動이라는 구체적인 사회운동과의 관련에서 논의되는 것이었다고 할 수 있다.

물론 보다 근본적인 철학적 관념에서 보면, 독일에서의 공익논의도 궁극적으로 正義論과 관련을 맺는 것이고[2] 英 · 美에서의 공익법운동은 바로 正義 그 자체를 지향하는 것이므로[3] 양자의 관련성을 찾을 수 있다. 그러나 양자는 법학방법론적 위치나 논의의 관심방향이 서로 다른 개념으로서 동일선상에서 비교될 성질의 것이 아니다. 영미법에서의 공익은 공동이익이라기보다는 개인이 사회구성원으로서 가지는 이익으로서,[4] 그것이 박탈될 때 다른 社會構成員들이 이를 회복하도록 도와 줄 의무를 가지는 이익이라고 할 수 있다[5]고 한다. 따라서 영미 공익론에서의 공익개념은 倫理的 哲學的 주제로서의 성격을 가지는 것이고, 독일의 공익론 보다 더욱 正義論과 밀접한 관련을 가지는 것이다.

이러한 까닭에 이 연구에서는 英美法系의 公益論을 本論에 포함시키지 아니하고, 다만 補論으로서 이를 간단히 소개하는 데 그치고 있는 것이다.

2. 英美法에 있어서 公益槪念의 定義

영미에서도 독일과 마찬가지로 公益槪念은 전통적으로 다양한 의미로 쓰여져 왔다. 公益槪念은 민주주의에서부터 독재에 이르기까지 다양

차원에서 논의되고 있을 뿐이다.

2) 자세한 것은 C. Kissling, *Gemeinwohl und Gerechtigkeit*, 1993 참조.

3) Jeremy Cooper & Rajeev Dhavan, *Public Interest Law*, 1986, 3ff.

4) John Bell, "Public Interest: Policy or Principle?", in: *Law and the Public Interest* (ARSP Beiheft 55), 1993, p. 30.

5) A. J. M. Milne, "The Public Interest, Political Controversy, and the Judges", in: *Law and the Public Interest* (ARSP Beiheft 55), 1993, p. 41.

한 것을 정당화시키는 도구로 사용되었다. 공익에 대한 법적인 의미부여도 다양하게 나타났다.

그 가운데 대표적인 것은 多數의 利益과 관련된 것을 공익으로 보는 것이다. 이런 경우는 사회의 일부 집단이나 계층이 아니라 전체 혹은 대다수 市民의 利益과 관련된 것을 공익으로 본다.[6] 혹은 어떤 경우에는 공익의 내용을 전체 구성원과의 관련성에서 찾는다. 이런 태도에 의하면, 공익은 사회의 모든 구성원들이 필요로 하는 어떤 것을 충족시키는 이익이다.[7] 한편으로 공익은 민주사회의 작동에 필요한 社會의 普遍的 合意에 밀접히 관련을 맺고 있다. 민주사회가 유지되기 위해서는 사람들에게 일정한 원리에 따라서 행위할 것이 요청되게 되는데 이러한 사회 내 행동의 원리가 공익으로 설명되기도 한다. 어떤 사람은 이러한 원칙을 사회 내에서 준수되어야 하는 행위 및 결정에 관한 기본적인 원칙과 정부가 추진해야 하는 기본적인 사회정책에 관한 일반적인 원칙으로 나누어서 설명하기도 한다.

이러한 기본적인 원칙들이 지향하는 목표는 전통적으로 共同善이라는 관념과 밀접한 관련을 맺고 있다. 그래서 이런 개념정의 방식에 따른다면, 公益이란 결국 공동선을 위하여 조정되고, 공동체의 모든 성원들을 위한 제반 이익들의 총계로부터 도출되는 정책으로 집약된다.[8]

이상의 설명에서 나타나는 바와 같이, 미국에서의 공익개념은 공리주의적 관점에서 논의되는 경향이 강하다. 따라서 공익론의 핵심은 효율성의 관점과 연결되고 있다. 미국 문헌에서 공익의 개념을 독일에서처럼 체계적으로 연구하여 정리하려는 시도는 매우 드문 것이 사실인

---

6) Martin Meyerson and Edward C. Banfield, *Politics, Planning and the Public Interest*, 1955, p. 322.

7) Virginia Held, *The Public Interest and Individual Interest*, 1960, p. 4.

8) F. Raymond Marks, Kirk Leswing and Barbara A. Fortinsky, *The Lawyer, the Public and Professional Responsibility*, 1972, p. 51.

데, 이러한 시도를 한 학자가 바로 와이스브로드(Weisbrod)이다.[9] 그에 따르면, 공익과 관련한 다양한 고려들은 크게 두 가지 지도원리로 묶을 수 있다고 한다. 그것은 곧 效率性(Efficiency)과 衡平性(Equity)이다.[10] 여기서 효율성이란 사회적 산출의 총량으로서, 파이의 크기에 관계된 것이며, 형평성이란 사회의 다양한 구성원에게 귀속되는 파이의 상대적 총량에 대한 결정과 그러한 결정과정에 관한 것이다. 효율성에는 다시 두 가지 관념이 존재하는데, 그 하나는 技術的 效率性(technical efficiency)이고, 다른 하나는 配分的 效率性(allocative efficiency)이다.[11] 기술적 효율성이란 물리적인 투입 · 산출에 관한 효율성을 말한다. 즉 특정 생산자가 특정 상품을 생산함에 있어서 최소의 비용으로 생산하는 것 혹은 일정한 생산요소를 투입시켜서 최대의 산출을 만들어내는 것을 의미한다. 이러한 의미의 효율성을 달성하기 위해, 즉 비용의 최소화를 위해, 행위자는 가능한 여러 가지의 대안들을 고려하여 선택하여야 한다. 물론 이러한 선택은 법적 제도적 한계 내에서 이루어져야 하며, 법적 한계로 인한 비효율을 감수하여야 한다. 예컨대 최저임금에 관한 법규에 의해 임금을 과다지불하여야 한다는 것이다. 이에 반해 배분적 효율성은 좀더 거시적인 안목에서 문제되는 관념이다. 배분적 효율성이란 모든 생산자원이 가장 가치있는 방식으로 사용되었는가에 대한 문제이다. 예컨대 어떤 노동자가 1시간을 여가에 사용하는 데 대하여 5,000원의 가치를 두고 있는데, 고용주 "갑"은 그의 1시간 추가적인 노동에 대하여 6,000원의 가치를 부여하고 있다고 가정하면, 그 노동자는 여가를 즐길 것이 아니라 노동에 종사하는 것이 더 효율적인 자원배분을 가져온다. 만일 "을"이라는 다른 고용주가 그 노동자에 대하여 시간당

---

9) Burton A. Weisbrod, "Conceptual Perspective on the Public Interest", Burton A. Weisbrod ed., *Public Interest Law*, 1978, pp. 4-29.

10) *Ibid.*, p. 4.

11) *Ibid.*, pp. 4-6.

7,000원의 가치를 부여하고 있다면, 그 노동자는 "갑"이 아니라 "을"을 위해 노동하는 것이 효율적이다. 이러한 의미의 효율성은 공정한 경쟁질서가 확립된 경우에만 달성될 수 있다. 이러한 공정한 경쟁질서확립에 법이 결정적인 역할을 한다는 점에는 의문의 여지가 없다.

效率性을 공익의 한 요소로 볼 수 있는가에 대하여는 논란이 있을 수 있다. 만일 공익을 사회공동체가 지향하는 가치의 하나라고 한다면, 효율성추구가 과연 가치로 인정될 수 있는가라는 근본적인 문제에 부딪히게 된다. 드워킨(Dworkin)에 의하면, 부를 통하여 다른 어떤 것을 획득하게 된다는 점에서 經濟的 富의 중요성을 인정할 수 있고, 또 그것이 중요한 관심사로 되고 있지만 부 자체가 본래적 가치를 가진다고 할 수는 없다는 것이다.[12)] 이러한 관점에서 보면, 경제적 효율성의 관념과 공익을 일치시키기는 곤란한 점이 없지 않은 것이다. 이러한 견해에 대해 정반대 입장에 서 있는 학자는 포스너(Posner)이다. 그는 법제도의 배후에 있는 경제적 논리를 찾아 내어 "不正義로운" 資源의 浪費를 시정하는 것이야말로 正義로운 것이라고 보고 있다.[13)] 그에 의하면 낭비는 부도덕한 것이다. 우리가 효율성을 그 자체로 가치로 보건 아니건 공익이라는 것이 구체적인 행정현실에 있어서 지향해야 할 指導目標라는 점을 인정하는 한 효율성만큼 명백한 공익의 요소도 없다고 볼 수 있다. 효율성만을 유일한 가치로 보는 것이 아니라, 형평이나 다른 사회적 목표들과 함께 고려하는 한 효율성은 공익판단의 중요한 요소라고 할 것이다.

衡平性이란 사회에서 생산되는 모든 재화들이나 그밖에 다른 가치들 그리고 구성원의 지위를 증진시킬 수 있는 기회 등을 공정하게 배분하

---

12) R. M. Dworkin, "Is Wealth Value?", in: Ogus and Veljanovski ed., *Readings in the Economics of Law and Regulation*, 1984, p. 50; Dworkin, "Is Wealth Value?" (1980), *9 Journal of Legal Studies* 191, pp. 191-208.

13) Richard A. Posner, *Economic Analysis of Law*, 4. ed., 1992, p. 27.

는 것을 말한다. 형평성이라는 관념은 매우 다차원적인 측면을 가지며, 이에 대하여는 많은 문헌들이 있다.[14] 형평은 사회적 제가치의 배분과 관련이 있다고 말하지만, 어떤 이는 재산적 가치에 중점을 두기도 하고, 어떤 이들은 재화나 용역 이외에 사회적 지위나 평가, 명예, 권력 등을 포함하는 보다 광범위한 사회적 가치에 중점을 두기도 한다.[15] 형평성의 문제는 이러한 광범위한 價値의 "分配"에 관련한 것이고, 이는 다시 그러한 분배의 "結果" 그 자체의 형평성문제와 분배가 이루어지는 "過程" 내지 "節次"의 衡平性 문제를 포함한다. 결과 자체의 형평성 문제는 개인의 가치관에 따라 매우 상이하게 주장되기 때문에, 가치다양성 내지 가치상대주의를 인정할 수밖에 없는 오늘날에는 특정한 하나의 가치에 입론한 가치실재론적 주장들은 일반적인 법원리로 승격될 수 없다. 따라서 다양한 가치를 전제로 이들간의 의사소통과 타협의 과정을 통한 결론을 공정한 것으로 받아들일 수밖에 없게 되었고, 이러한 점에서 이른바 整合主義(Coherentism)적 입장이 일반적으로 받아들여지고 있다고 볼 수 있다. 이런 관점에서 형평의 결과 자체보다는 분배의 과정 내지 절차에 더 많은 관심이 기울여지게 되었으며, 그 대표적인 이론이 바로 롤스의 正義論이라고 할 것이다. 이에 대하여는 뒤에서 상론한다.

한편, 와이스브로드는 효율성과 형평성을 두 축으로 하는 공익이[16]

---

14) 예컨대 Robert J. Lampman, "Recent Thought on Egalitarianism", *Quarterly Journal of Economics*, LXXI (May 1957), pp. 234-266; Edmund S. Phelps, ed., *Economic Justice* (Harmondsworth, Middlesex, England: Penguin Books Ltd., 1973); John Rawls, *A Theory of Justice*, 1971. 등 참조. 특히 롤스의 정의론에 대하여는 아래에서 상론한다.

15) Burton A. Weisbrod, *op. cit.*, pp. 5-6.

16) 물론 와이스브로드는 공익을 이들 두 가지로 국한시키지는 않는다. 효율과 형평이 가장 대표적인 두 지도관념일 뿐이며, 그밖에 다른 사회적 목표들도 공익을 구성할 수 있다고 보았다. Weisbrod, *op. cit.*, p. 25 참조.

구체적으로 실현되는 영역을 체계화하고 있다. 즉 공익은 사적부문에서 예컨대 일반 사기업에 의해서도 수행될 수 있다.[17] 다른 한편에는 공공부문이 있는데, 여기에는 정부가 가장 대표적이지만 그밖의 다른 공공주체들도 포함된다.[18] 그리고 이들 사이에 이른바 自發的 部門(Voluntary Sector)이 존재한다.[19] 여기에는 다양한 비영리단체들이나 조직이 해당된다. 와이스브로드는 이른바 공익운동이라는 관점에서 이들의 중요성을 강조한다. 이러한 관점은 오늘날 공법의 영역에서 점차 그 중요성이 강조되고 있는 이른바 民官協力(Public Private Partnerships)에 의한 공익수행의 문제를 일찍이 간파하고 있다는 점에서 의미가 있다. 그러나 미국의 경우는 독일과는 달리 이러한 논의가 행정법의 개혁문제로까지 전개되지는 않았다. 이는 미국법체계 내에서 행정법이 가지는 독자성의 문제를 고려할 때 당연한 것일지도 모른다. 여하튼 여기서도 앞에서 언급한 바와 같이 미국의 공익론은 公益運動 내지 公益訴訟運動과 밀접한 관련 속에서 전개되고 있다는 사실을 알 수 있다.

공익에 관한 근본적인 생각, 특히 사회적 제가치를 어떻게 공평하게 배분할 것인가에 대한 사상은 롤스의 正義論에서 잘 나타난다. 미국적인 사회계약론을 구성한 롤스는 공익이라는 개념을 명시적으로 쓰고 있지는 않지만 그의 정의론은 공익에 관한 아이디어로 가득 차 있다. 롤스가 쓰는 말 가운데서 공익에 가장 가까운 개념으로 볼 수 있는 것이 '公正으로서의 正義(justice as fairness)'라고 하는 개념이다. 롤스는 정의라고 하는 것을 사회 내에서 기본적인 권리와 의무를 분배하고 사회의 운영에서 발생하는 비용과 이익을 할당하는 방법을 정하는 메커니즘으로 보고 있다.

이러한 원칙들을 정하는 틀을 롤스는 原初的 狀態(initial situation)라

---

17) *Op. cit.*, pp. 9-17.

18) *Op. cit.*, pp. 17-20.

19) *Op. cit.*, pp. 20-24.

는 가정을 통하여 설정하고 있다. 이 시원적 상태에 사람들은 자기가 처한 위치가 어떤 상황인지를 전혀 모르는 무지의 상황에 놓여 있다고 가정한다. 따라서 이 상황 안에서 사람들은 어떤 사회적인 제도가 자기에게 득이 될 것인지 아니면 해가 될 것인지를 전혀 모른다. 따라서 이 경우에 모두가 받아들일 수 있는 조건은 어떤 사람이 사회 내에서 불리한 상황에 처한다고 하더라도 그러한 상황을 견뎌 낼 만한 것이지 않으면 안 된다(受忍可能性). 왜냐하면 합리적인 선택을 하는 사람이라면 그런 상황을 사회 내 제도로 용인하지 않을 것이기 때문이다. 이러한 요건을 충족시켜 주는 상황으로 롤스는 두 가지의 조건을 요구하고 있다. 가장 기본적인 조건으로 모든 사람은 광범한 기본적인 자유를 향한 평등한 권리를 가지고 있어야 한다. 다음으로 사회 및 경제상의 불평등을 피할 수 없는 경우라면 그것은 모든 사람의 이익에 합치하는 방향으로 조정되어야 하며, 적어도 그로 인하여 가장 불이익을 받는 사람의 이익이 되는 방향으로 조정되어야 한다.[20] 롤스의 이런 논의는 두 가지의 의미를 지닌다. 우선은 공익을 실체적으로 규정하는 것을 회피하고 그것을 도출가능하도록 만드는 제도적인 조건들을 부여하고 있다. 또 한편으로는 공익 논의를 節次的인 논의로 이끌고 가는 기회를 마련하고 있다.

미국에서 공익에 관한 절차적 논의는 특히 중요하다. 미국 憲法에서 일찍부터 중요시되어 온 적법절차의 조항 역시 영미법의 節次的 正義와 맥락을 같이 하고 있으며, 이것이 다음에 볼 公益法運動과도 깊은 관계가 있다. 절차적으로 공익을 이해하는 경우에는 공익에 대한 실체적인 내용을 부여하기보다는 민주주의 사회 안에서 어떤 정치적 과정이 공익을 증진시키는 것인지에 관한 사회적 이해를 도출하는 것이며, 공익의 내용에는 다양한 것이 포함될 수 있다고 하는 多元主義的 價値觀을 전제로 하고 있다.[21]

---

20) John Rawls, *A Theory of Justice*, 1971, pp. 14-15.

3. 美國의 公益法運動

1) 公益法運動의 登場

公益法運動은 미국에서 司法制度의 불완전성을 개선하려고 하는 노력의 일환으로 전개되었다. 이 운동은 인종차별에 대한 사법적인 대응으로부터 시작해서 소비자운동 및 환경보호운동 등 다양한 방면에서 전개되었다. 공익법운동이 가지는 개념적인 징표로서는 다음의 몇 가지를 들 수 있다. 첫째, 공익법운동은 自發的인 부문에 의하여 수행되는 것을 가리킨다. 따라서 정부나 공공단체의 주도로 이루어지는 운동은 제외된다. 둘째, 공익법운동은 주로 司法的인 형식을 동원하여 전개된다. 때로는 협상이나 중재 혹은 로비 활동 등의 비법적인 형식이 동원되는 경우도 있으나 그러한 활동유형은 공익법운동의 범주에서는 일단 제외된다. 셋째, 공익법운동의 특징은 外部效를 갖는다는 것이다. 외부효는 경제학적인 개념으로, 어떤 행위의 결과가 행위자 이외의 사람에 대하여 의도하지 아니한 영향을 미치는 것을 말한다.[22)]

공익법운동에는 다양한 유형의 조직들이 참여하였다. 이 가운데서도 公益法務法人(Public Interest Law Firm)들의 활약이 두드러졌다. 이러한 공익법무법인에서는 공익을 위한 소송을 담당하는 최소 1인 이상의 변호사가 고용되어 활동한다. 이러한 공익법무법인은 20세기 중반에 본격적으로 성장하기 시작하였다.

후술하는 바와 마찬가지로 19세기에 이르기까지 소송에 관한 업무를

---

21) Gehard Holm, "In Defense of the Public Interest", *Social Research* XXVII, 1960, p. 301.

22) Joel F. Handler, Betsy Ginsburg and Arthur Snow, "The Public Interest Law Industry", in: A. Weisbrod/Joel F. Handler/Neil K. Komesar, *Public Interest Law*, p. 49.

담당하는 사람들 사이에는 공익은 傳統的인 對審構造 아래서 충분히 달성될 수 있는 것으로 생각되었다. 즉 소송사건을 수임한 변호사들은 자기들의 고객을 위하여 열심히 변론활동을 하면, 그 고객은 자기에게 주어진 권리를 충분히 구제받고, 이를 통해서 전체적인 공익도 달성될 수 있다고 하는 믿음이 있었다. 따라서 변호사들은 정의나 공익에 대하여 따로 고민할 필요는 없으며, 단지 자신들의 직업윤리에 충실하다 보면 모든 사회적인 문제도 자연히 해결되는 것으로 믿었다. 그러나 이 방식으로 해결되지 않는 개인의 권리영역이 많아지면서 이런 믿음은 근거없는 것으로 드러났다. 또한 경제적인 형편 때문에 변호사를 고용할 수 없는 사람들의 권리보호도 중요한 과제가 되었다. 이 문제의 해결을 위해서 처음에는 개인의 차원에서 혹은 자선기관 등의 소개에 의한 非組織的인 형태로 진행되었다.

1900년에는 公衆의 辯護를 위한 사무소가 정부의 지원 아래 개설되기는 하였으나, 그 재원은 주로 개인의 도움에 의존하는 등 제도적인 정착은 보지 못하였다. 이 당시에는 변호사들은 자기의 책임 아래 개인의 사업이라는 형태로 활동하는 것이 일반적인 관습이었으므로, 공적인 조직에 소속되어 불특정의 약자를 위하여 변호한다는 관념은 일반에게는 낯설 수밖에 없었다.

公益法運動의 역사에 획기적인 의미를 지닌 조직은 1909년 '有色人種의 發展을 위한 全國協會(National Association for the Advancement of Colored People: NAACP)' 라는 이름으로 나타났다. 이 단체는 주로 흑인들의 인권이 문제 되었던 중요한 사건의 변호를 통하여 활동하였다. 그러나 이 때에는 재원의 부족 등의 이유로 조직적이고 일관성 있는 변호활동은 수행하지 못했으며, 그 때마다 전국적으로 문제가 되는 사건의 소송에 주로 개입하여 인종차별에 대한 사회의 관심을 환기하고자 노력하였다. 그러나 이후 지원단체로부터 대규모의 자금지원을 받고, 그 동안의 대증요법에서 벗어나 조직적이고 일관성 있는 법정활동을 전개하기에 이르렀다. 1939년 동 협회는 權利保護 및 教育基金을 만들고

(NAACP Legal Defense and Education Fund Inc: The NAACP Inc. Fund) 통일적이고 지속적인 인종차별 반대운동을 전개하였다. 이러한 과정에서 의미 있는 판결이 1954년의 브라운 사건에서 나왔다(Brown v. Board of Education of Topeka, Kansas).[23] 이외에도 협회 및 기금에서 성공적으로 수행한 소송이 수십 건에 이르게 되었다. 이와 같은 성공적인 결과는 법적인 활동에 있어서 여러 가지 긍정적인 영향을 미쳤다. 그 가운데서 지적할 수 있는 것은 우선, 소송이 사회 내에서 소수자를 보호하기 위한 중요한 무기가 될 수도 있다는 점이다. 나아가 이러한 활동은 사회정의와 공익에 대하여 고민하고 있던 유능한 젊은이들을 끌어들이는 계기가 되었다. 이로써 公益法務法人이 전국적으로 확산될 수 있는 계기가 형성되었다고 볼 수 있다.

비슷한 시기에 활동한 조직으로는 1920년 창설된 美國市民自由同盟(American Civil Liberties Union: ACLU)이 있다. 이 조직은 처음에는 사회적으로 저명한 법조인들을 중심으로 하여 중요한 사건에 대한 의견을 발표하는 등의 활동을 하였으나 나중에는 NAACP와 마찬가지로 소송활동에 직접 참여하게 되었다.

자발적인 공익법활동에서 가장 잘 알려진 활동으로는 랄프 네이더(Ralph Nader)의 消費者保護運動이 있다. 처음에는 자동차의 장치결함에 대하여 문제를 제기한 이 운동은 나중에 소비자 운동 전반으로 확대되었다. 여기서 네이더는 소비자 운동에 있어서의 정보의 공유와 조직적인 대응의 필요성을 역설하였다. 이러한 호소는 정부주도의 시민권운동에 회의와 한계를 느끼고 있던 변호사들에게 큰 자극을 주었으며,

---

23) Gerald Gunter, *Individual Rights in Constitutional Law*, 4th ed., University Casebook Series, p. 303 이하. 이 사건에서 워렌 대법관은 그 당시에 주장되었던 "分離되지만 平等하게"라는 표현은 실질적인 불평등에 대한 수사에 지나지 아니하므로 적어도 공교육의 영역에서 이런 주장이 통용될 여지는 없다고 판시하였다.

많은 젊은 변호사들이 네이더의 주위에 모여들어 公益法運動을 전개하기에 이르렀다.

2) 公益法運動의 發展

公益法運動은 여러 모습으로 전개되기 때문에 그 정의를 어떻게 하는가에 따라서 그 범위가 다양한 모습으로 파악될 수 있다. 단순히 법률적인 방법을 동원한다는 것, 즉 법정에서의 소송에 의존한다는 것과 그 소송이 외부효를 가진다는 것을 公益法運動의 기준으로 할 때에는 정부부문의 조직과 순전히 사적부문의 조직이 포함되게 된다. 여기서 사적부문의 공익법운동은 pro bono(慈善活動)로도 부를 수 있는 것이다. 예를 들면 보수를 받지 않거나 실질적으로는 통상의 경우보다 소액만을 받고 구빈법이나 민사법, 행정법 등의 公法 혹은 자선조직의 법적인 활동에 종사하는 경우가 여기에 속한다. 이러한 부문이 공익법운동의 자발적인 부문과 구별되는 것은 이러한 활동은 자신들의 본업이 아닌 부업으로 수행된다는 것이다. 따라서 주된 재정은 다른 큰 사건의 수임료로 충당되는 경우가 많다. 그렇지만 어떤 경우에는 사실상 자발적 부문의 공익법운동과 순수한 사적 부문의 공익법운동은 서로 구별되지 않는 경우가 많았으며, 단지 그 정도(외부효의 정도)에 의해서만 구별할 수 있는 경우도 많다. 이런 점을 주의하면서 다음에는 自發的 部門의 公益法運動의 발전에 대하여 기술하기로 한다.

公益法運動은 1970년도 중반에 정점을 이루면서 크게 확산되었다. 공익법운동에 대해서 정의를 어떻게 하는가에 따라서 공익법운동의 범주에 넣을 수 있는 조직이나 단체의 범위가 달라진다는 것은 앞에서 말한 바와 같다. 공익법운동의 범주에는 자발적인 부문 이외에도 공적인 기관의 주도에 의해서 운영되는 부분도 있고, 순수히 사적인 부분도 있다. 여기서는 주로 자발적인 조직을 중심으로 하여 공익법운동에 대하여 기술하기로 한다. 공익법운동의 자발적 부분의 중심을 이루는 부분은 앞에서 언급했듯이 Public Interest Law Firm(공익법무법인)이라고 부르는 조직이다.

公益法務法人으로 분류되기 위해서는 적어도 30% 이상의 노력을 법적인 업무에 투입하는 변호사 1인 이상을 고용하여야 하며, 그의 역할은 주로 법적인 사무에 배당되어야 한다.[24] 이런 법률회사들은 1965년 이전에도 4개 정도는 있었던 것으로 파악되고 있으나, 주로 1970년대 초에 집중적으로 설립되었다. 공익법운동이 활발하게 일어났던 1976년의 조사에 의하면, 공익법무법인으로서의 요건을 충족시키는 조직은 72개에 이르는 것으로 나타나 있다.[25] 이 법인들의 조직형태를 살펴보면, 변호사의 숫자는 평균 7명이고, 변호사 이외에 적어도 1명 이상의 법 이외의 지원을 담당하고 있는 사무원이 있다. 이런 사람들은 행정가나 학자, 작가 혹은 로비스트 출신이다. 이런 사람들의 숫자는 회사당 5명 정도인 것으로 나타나 있다.

공익법무법인의 재원은 주로 재단의 출연금과 독지가의 기부나 증여, 회원의 회비 및 연방의 기금으로 충당된다. 공익법무법인의 업무는 주로 법적인 업무와 입법에 대한 관여활동, 연구활동, 행정업무에 대한 지원 등으로 구성된다. 이 가운데서 법적인 업무는 주로 소송과 협상 및 중재활동이 포함된다. 사무의 내용에 대해서 보면, 시민의 자유권 보장이나 환경보호, 방송매체 개혁 및 조세업무, 구빈법, 소비자보호 그리고 고용문제 등이 중요한 관심의 대상이다. 일반적으로는 사회 내의 각종차별에 대한 반대 운동과 정부의 신뢰성에 대한 문제제기를 하고 있다.

공익법무법인의 활동으로 수혜를 받는 사람들의 대상은 여자, 가난

---

24) J. F. Handler/B. Ginsburg/A. Snow, "The Public Interest Law Industry", in: Burton A. Weisbrod/Joel F. Handler/Neil K. Komesar, *Public Interest Law*, p. 49.

25) 정의에 따라서 이 숫자는 86개로 늘어나기도 한다. J. F. Handler/B. Ginsburg/A. Snow, *op. cit.*, p. 50.

한 사람, 지체부자유자, 동성애자 및 퇴역군인 등으로 일반적으로 사회에서 소외당하는 계층이 중심을 이루고 있다.

3) 美國公益法運動의 社會·經濟的 意義

미국 公益論議의 공통적인 맥락은 앞에서도 언급한 바와 마찬가지로 多元主義的인 사상을 배경으로 하여 모든 이익을 대표하는 요소를 제도에 반영시킬 수 있는 절차를 강조하는 데 있다. 영미에서 전통적으로 변호사는 법적인 분쟁에서 그가 대표하는 한쪽 당사자의 입장을 열심히 대표하다 보면 전체적인 공익은 자연히 달성된다는 것이 전제되어 있다.

그런데 문제는 사적 부문에 맡겨진 경제제도만으로는 공익달성이 제대로 되지 아니하는 경우가 있는 것이다. 이를 다른 말로는 市場의 失敗라고 부를 수 있는 것으로, 이 시장의 실패는 거래비용이나 외부효등이 그 원인으로 지목되고 있다. 이 경우에는 정부가 조세정책이나 소득재분배 정책 등의 방법으로 개입하는 것이 요망된다. 한편 정부의 개입이 바람직한 것이기는 하여도 정부가 개입한다고 하여 반드시 소망스러운 결과만을 가져오는 것은 아니다. 왜냐하면 시장의 실패와 마찬가지로 政府의 失敗도 있을 수 있기 때문이다. 이 때 이러한 실패를 교정하는 보충적인 방법으로 自發的인 公益法運動의 방법이 등장한다고 볼 수 있다.

앞에서 공익은 다의적 개념임을 살펴본 바 있다. 그런데 공익을 경제적인 측면에서 분석할 때에는 효율과 형평의 두 가지 요소로 나눌 수 있다.[26] 여기서 效率(efficiency)이라고 하는 것은 주로 사회적인 총산출의 크기를 의미하는 개념이며, 衡平(equity)이라는 것은 주로 사회적인 생산물이 개개인에게 귀속되는 몫의 정도와 그 방법을 가리킨다.[27] 이

---

26) 이들 두 요소는 공익을 형성하는 중요한 요소들이기는 하지만 단지 이들만이 공익의 요소가 된다는 의미는 아니다.

러한 의미의 공익을 사회복지와 관련시켜 본다면 사회복지가 이루어지기 위해서는 사회 내에서 생산되는 상품 및 서비스의 총량이 극대화되며, 또한 사회 내 생산물의 분배가 공평하게 이루어지는 경우라고 정의할 수 있다. 그런데 효율과 형평은 반드시 서로 배타적인 관계에 있는 것은 아니다. 비록 사람마다의 기호는 서로 다를 수 있으나 각자에게 '자신이' 원하는 것을 얻는 제도가 보장되며, 제한된 자원이 보다 더 생산적인 사람들에게 배분된다면 경제적인 효율성과 분배면의 효율성이 동시에 달성될 수도 있다.

미국에서는 전통적으로 경제활동의 대부분은 영리를 목적으로 활동하는 사적인 부분에 의하여 이루어져야 하는 것으로 간주되었다. 개인은 가능한 한 자유롭게 경제활동에 참여할 수 있어야 한다는 원리가 지배하여 온 셈이다. 그런데 效率性을 결정하는 데는 3가지의 서로 다른 기준들이 있을 수 있음을 주의하여야 한다. 우선 첫 번째로는 개인주의적인 윤리관에서 사회 전체의 복리를 그 사회를 구성하는 個個人의 福利를 合算한 것으로 나타낼 수 있다. 다른 한편으로는 사회를 유기적인 조직으로 생각하고, 그 구성원인 개개인을 초월하는 제도로 볼 수도 있다. 이런 관점에서는 구성원 개개인의 이익보다는 社會 그 자체가 存續할 수 있는 능력이나 가능성을 극대화하는 것이 더 중요한 공익이 될 수도 있다. 마지막으로 공익을 어떤 실질적인 내용을 가지는 것으로 보기보다는 '어떠한' 결과가 도출되기까지의 過程으로 보는 방법도 있다. 이 관점은 節次的 正義의 사고와 연결된다. 미국에서는 憲法이 보장하는 適正節次(due process)의 法理가 이런 절차적 사고의 경향을 잘 나타내어 주고 있다.

개인 혹은 기업이 효율에 도달할 수 없는 경우는 몇 가지의 경우로

---

27) Burton A. Weisbrod, "Conceptual Perspective on the Public Interest: An Economic Analysis", in: Burton A. Weisbrod/Joel F. Handler/Neil K. Komesar, *Public Interest Law*, p. 4.

나누어서 생각할 수 있다. 이러한 조건에는, ① 완전경쟁이 보장되지 못하는 경우, ② 외부효과(거래자가 제3자에게 비용 혹은 수익을 유발하는 경우)의 존재, ③ 거래비용 혹은 조직비용이 큰 경우, ④ 집단적 재화, 예를 들면 국방이나 사회간접시설 등 정상적인 수요 공급에 의해 해결되지 아니하는 부분 등이다. 이런 경우에는 소위 市場의 失敗가 초래된다.

사적 시장경제의 실패가 존재하는 경우에 이를 치유하는 손쉬운 대안으로는 흔히 政府의 介入이 가장 먼저 떠오르게 된다. 즉 정부는 법규에 의한 규제의 방법으로 혹은 재정정책 등의 방법으로 낮은 조직 및 거래비용으로 사적인 시장경제의 실패를 해결할 수 있는 이점이 있다. 즉 정부는 사인이 가지지 못하는 공권력이라는 유효한 통제무기를 사용함으로써 계약강제 등 의무화 조치를 통하여 사인들이 해결할 수 없는 문제를 해결할 수 있다.

效率性의 문제와 함께 衡平의 문제도 매우 중요하다. 衡平의 正義에는 여러 가지가 있을 수 있는데, 평등과 관련지어 생각해 보면 다음과 같다. 일반적으로 평등이라고 하면 결과에서의 평등을 의미하는 경우가 많다. 형평은 이와는 달리 각자에게 그에 합당한 대우를 해주는 것을 포함한다. 가령 자기의 능력이 미치지 못하는 경우에도 인간으로서의 최저한의 생존을 위한 물질적인 보조를 해 주는 것이 사회적으로 형평성이 있다고 할 수 있다. 사적인 시장경제에서는 효율성과 형평이 갈등하는 경우에는 일반적으로 효율성을 위해서 형평이 희생되는 경향이 있다. 이 때에 형평을 유지하기 위해서 사람들은 政府의 介入을 강력하게 요구하게 된다. 그러나 형평을 증진하는 데는 그에 상응하는 비용이 요구되는 경우가 흔하다. 이 비용은 우선 형평의 개념정의에 소용된다. 형평의 개념은 고정 불변한 것이 아니므로 개인처럼 즉흥적으로 행동할 수 없는 정부로서는 무엇이 형평에 맞는 것인지 법적인 방법으로 미리 정해 둘 필요가 있다. 다음으로는 형평을 위하여 개입하는 결과 뜻하지 아니한 不公平이 초래되는 경우도 있을 수 있다. 더 큰 문제로 정부의 개입이 과도할 경우에는 노동의욕이 상실되거나 불로소득을 노리는 사람들에 의해 사적 시장경제의 틀 자체가 위협받는 경우가 있을 수 있다.

이런 政府의 失敗를 보완하는 의미에서 등장한 것이 自發的인 公益運動이라고 볼 수 있다. 여기서 公益組織이라고 할 때에는 자발적인 조직으로서의 성격과 함께 외부효 혹은 형평의 증진이라는 효과를 가져오는 조직을 의미한다. 그런데 이런 효과를 가져오는 주체로는 상공회의소와 같은 영리단체도 있을 수 있다. 개인이 순수히 사적인 업무를 하는 과정에서 공익목적에 부합하는 결과를 낳을 수도 있다. 이런 의미에서 공익운동은 외부효과가 얼마나 큰가의 여부에 의하여 결정된다고 하는 상대적인 의미를 지닐 수밖에 없다. 나아가 공익법운동이란 이 가운데에서 법적인 방법을 견지하는 운동이다. 따라서 공익법운동은 다음과 같은 의미를 지닌다고 본다. 즉 公益法運動은 자발적인 운동이며, 사회적으로 잘 반영되지 아니하는 이익을 대변하는 성격을 지니며, 또한 이러한 이익들을 주로 소송의 방법에 의하여 대표하려는 운동이다.

4. 英國의 公益法運動

1) 英國 公益法運動의 登場

영국의 公法도 미국과 마찬가지로 자유주의적인 분위기에서 자라났다. 벤담 이후에는 정치와 도덕 및 법을 엄밀히 서로 구분해서 사고하려는 實證主義的인 성격이 매우 강하게 나타났다. 한편으로는 영국의 법전통은 국가정치에 대한 참여를 강조하는 경향보다는 권력에 대한 억제 및 통제의 성격이 상대적으로 강하게 나타난다. 이는 다이시가 말한 바와 마찬가지로 영국인의 자유는 자의적인 권력의 창출 및 광범위한 재량을 억제하는 데 있다는 전통과도 관련이 된다.[28] 이런 自由主義的

---

28) A. V. Dicey, *Introduction to the Law of the Constitution*, 1915, pp. 183-191. 다이시

적인 법이론은 또한 개인의 권익보호를 개인의 소권행사에만 맡겨 두고 있으며, 또한 이러한 경로를 통하여 보장되는 권리도 전통적인 범주의 권리 및 이익을 중심으로 한 것이었으므로 집단적인 이익에 대한 권리구제 이론을 개발하는 것은 힘들 수밖에 없었다. 마찬가지로 법원에 의한 권리구제의 내용도 권력남용의 내용을 변경하지는 못하고 그것의 구체적인 효과를 부정하는 데 그치는 수준이었다.

영국에서 공익이 가지는 법적인 의미에 대한 내용에 대해서도 다양한 입장이 존재하였다. 법사학자들은 전통적인 既得權 理論의 틀 안에서 이런 전통적인 권리를 잘 유지하고 이를 발전시키기 위한 법해석 및 司法作用을 곧 공익과 일치하는 것으로 해석하였다. 이러한 해석 안에서는 개인의 이익을 잘 보호하는 것은 곧 공익을 잘 달성하는 일이며, 그 주요한 무대는 바로 법원이 되었다. 법원은 판결을 함에 있어서 늘 문자화된 법 및 그것이 판례에 의하여 구체화된 판례법에 의존하게 된다. 따라서 이런 좁은 범위의 법이 소송 이외에 어떤 사회적으로 유익한 역할을 할 수 있을 것이라는 인식은 별로 없었다.

그렇지만 근대법의 다양한 역할을 감안할 때 법이 단지 법정 안에서 발생하는 소송사건을 해결하기 위해서만 존재한다는 시각은 너무 편협한 것이라고 보지 않을 수 없겠다. 사회 내에서 발생하는 다양한 행위는 반드시 법의 문언에 따라서만 이루어지는 것은 아니다. '法'과 '規則'은 종종 권위로 취급되지 아니하고 단지 '交涉條件' 가운데 하나로만 취급하는 경우가 있다.[29] 또한 法院만이 모든 법적 활동의 중심을

에 의하면 영국에서의 법의 지배는, 아무도 법에 의하지 아니하고는 신체나 재산상의 처벌을 받지 아니한다는 것, 누구나 통상적인 재판절차를 통해 자신의 권익을 주장할 수 있다는 것, 그리고 憲法의 일반적인 원칙들은 보통법 법원의 판결의 결과라는 세 가지로 구성된다고 한다.

29) 법원이 분쟁해결에 기여할 수 있는 방법으로는, ① 분쟁의 사적 해결에 영향을 미치거나 이를 통제할 수 있는 규범의 한정, ② 당사자의 합의에 불가결한 이행의 보증 혹은 사적인 해결의 인준, ③ 당사자들이 정당하게 분쟁

이루는 것도 아니다. 수적으로 계속 증가하고 있는 변호사들 모두가 법적인 사건의 해결에 매달리고 있는 것은 아니며, 법의 효용도 사회의 변화에 의하여 변화할 수밖에 없다. 近代 法制度는 사회에 대하여 끊임없이 규범적인 메시지를 발하고 있으며, 반면에 사회는 이 메시지에 대하여 다양한 형태로 변형을 가하고, 또 법적 메시지의 실체성을 부여하기도 한다.

2) 英國 公益法運動의 展望

영국에서도 사회적으로 약자인 소수인종, 빈민, 여성, 소비자 및 미혼모 등에 대한 법적인 권리구제를 위해서 公益法運動이 전개되었다. 이러한 공익법활동을 한 변호사들은 주로 法 센터(law centre)에[30] 속했던 변호사들이었다. 영국에서 법 센터는 1969년에 처음으로 창설되어 1979년에는 국가의 지원을 받기에 이르렀다. 1980년대 중반에 이르면

의 해결비용을 인상할 수 있도록 함으로써 사적인 해결을 확대, ④ 당사자들이 서로의 사건에 대하여 알도록 함으로써 불확실성을 줄임과 함께 사적 해결 가능성을 확대하는 일, ⑤ 법원의 관리들이 중재의 역할을 할 수 있는 기회를 제공, ⑥ 사건 가운데서 특정의 논점을 해소함으로써 사건의 해결을 비교적 용이하게 함, 그리고 ⑦ 당사자들이 합의에 이르지 못할 때 권위적으로 이를 해결하는 일 등이 있다. 여기서 우리가 전통적인 司法의 역할이라고 볼 수 있는 것은 마지막 두 개의 항목에 그치고 있음을 알 수 있다. Roger Cotterrell, *The Sociology of Law: An Introduction*, 1984, pp. 226-227.

30) 法 센터들은 다음과 같은 특징을 가진다. ① 비교적 가난한 계층에 대하여 무료 법률 서비스를 제공한다. ② 당해 법률 서비스는 특정 지역 내에서 행해진다. ③ 공익재단 혹은 자선재단의 보조금을 받는다. ④ 자금 지원자로부터 독립적으로 활동한다. ⑤ 적어도 2인 이상의 법정 변호사를 공용한다. ⑥ 변호사회 등의 전문 법률직업에 대한 특별한 적용을 받는다. ⑦ 법률구조공단의 법정 변호사보다 더 넓은 범위의 법률 서비스를 제공한다.

법 센터의 숫자는 56개에 이르게 된다. 이들 중 많은 숫자는 런던에 위치하고 있다.

법 센터는 지역사회의 이익을 위해서 봉사할 준비가 되어 있었고, 지역사회와 법 센터는 서로 밀접하게 협력하는 분위기가 조성되어 있어서 법센터는 불우한 사람들이 법률적인 구제를 받을 수 있는 적절한 방법을 제공하였다. 법 센터는 기획활동 및 사례별 활동 등의 다양한 방법으로 公益法運動을 전개하였다. 또한 경우에 따라서는 서로 간의 연대활동을 통해서도 다양한 법률적 수요에 대응하려고 노력하였다.

그런데 이런 법 센터의 모든 활동이 반드시 성공적인 것은 아니었다. 영국에서는 전통적인 議會의 優位觀念, 司法府의 消極性과 정치에 대한 편견 및 변화에 대한 만성적인 저항의식 등이 공익법 발전에 큰 장애요인이 되고 있다. 따라서 공익법 서비스가 보다 효율적으로 추진될 수 있도록 하기 위하여 여러 전략이 요구되었다.

특히, 1980년대에 들어서는 법률운동 단체 상호간에 공통의 목표와 정책입안을 위한 협력적인 분위기가 조성되었다. 이는 무엇보다도 과거 司法活動에 대한 개혁이 정부의 의도에 대한 의구심, 정책실패에 대한 불안감, 그리고 정치적 현실감각의 부족 등의 요인에 의해 좌절했다고 하는 공통된 인식에 의거한 것이었다. 그 방법으로는 우선 법률구조를 담당하는 변호사들에게 여러 가지의 인센티브를 줄 것이 요청되었다. 다음으로는 법률자문을 맡는 다양한 계층을 형성하는 일이 필요하게 되었다. 마지막으로는 법률 서비스 네트워크의 재조직을 통해 법률 서비스를 좀더 효율적으로 추진할 수 있는 다양한 방안들이 강구되었다.

영국의 공익법은 社會的으로 弱者인 여러 계층의 변호사에 대한 접근기회를 넓혀 주는 일에 그치는 것은 아니다. 오히려 그 목적은 사회적 권익에 대한 강한 權利意識을 창출해 내고 이러한 권리들을 실질적으로 확보해 내는 데 있다. 법이 단지 소송을 제기하는 수단 이상의 것임을 인정한다면, 그것은 사회 내의 약자들에게 이익이 될 수 있는 규칙을 만들어 내고, 법적인 과정을 그들을 위하여 재조직해 낼 수 있는 제도적인 기술을 확보함과 아울러 이것과 공동체의 제반활동을 결합할 필요성이 있다. 또한 공익법의 장래발전은 이를 추진할 수 있는 변호사, 판사 및 활동가 그룹들의 역량에 달려 있다. 또한 국가 지도자의 자세도 매우 중요하다고 본다.[31]

5. 小 結: 獨逸의 公益概念과 英美의 公益法運動 比較

1) 概 說

앞에서는 英美의 公益法運動을 중심으로 하여 영미에서의 公益概念 논의의 의의에 대하여 알아 보았다. 그러면 이제 이장의 결론에 갈음하여 영미의 공익법운동이 가지는 의의를 독일의 공익개념과 비교하면서 검토해 보기로 하겠다. 영미의 공익개념과 독일의 공익개념은 외관상으로는 전혀 다른 모습을 지닌다고 평가할 수 있겠다. 외관상 영미의 공익개념은 소송상 어떻게 일반적으로 잘 구제받지 못하고 있는 계층의 사람들의 이익을 보호해 줄 것인가 라는 문제로 나타나지만, 독일의 공익개념은 주로 입법을 통하여 미리 정해져 있는 법률구성요건으로서의 공익을 어떻게 행정에서 해석하며, 이러한 행정의 해석에 대하여 司法府가 어떤 평가 혹은 통제를 할 것인지가 문제 된다. 이러한 외관상의 차이는 여러 각도에서 달리 평가될 수 있을 것이다. 여기에서는 우선 일반적인 관점에서 독일과 영미의 司法制度 및 정치제도를 기준으로 고찰하고, 그 다음에 보다 근본적인 문제제기로서 법철학적인 관점에서 독일과 영미의 公益論에 대해 검토하여 보기로 한다.

우선 理念的인 차원에서 볼 때, 독일은 전통적으로 國家主義的인 색채가 강한 반면에 영미는 個人主義的인 색채가 강하다. 영미에서는 개인의 자유권의 신장을 바탕으로 하여 일찍부터 시민사회가 성립 · 발전

---

31) J. Cooper/R. Dhavan, *op. cit.*, pp. 38-39.

하였으나, 독일에서는 시민혁명을 경험하지 못하고, 위로부터의 개혁의 경로를 밟았다. 이는 사회의 발전에 있어서 개인의 자유에 바탕을 둔 시장제도를 원칙으로 하는가 아니면 어느 정도 국가가 이를 조정하고 간섭하는 사회주의적인 색채가 있느냐의 차이로 나타나기도 한다. 이러한 제도 아래서의 역기능적인 모습으로는 영미의 경우에는 개개인들의 환경이나 능력의 차이에 의한 사회에서의 빈부격차라든가 인종차별 혹은 성차별과 같은 문제가 크게 부각되었다. 그러나 독일에서는 개개인의 불평등한 사회적인 처우에 관한 문제보다는 오히려 국가에 의한 개인 자유의 과도한 제한이라든지 행정부의 재량권의 남용과 같은 문제가 부각되었다.

한편 國家權力 사이의 均衡에 관한 문제에 있어서도 영미와 독일은 다르다. 議會와 行政이 분리되어 있는가 독립되어 있는가만을 놓고 볼 때 영국과 미국 두 나라를 묶어서 독일에 대비시키는 것이 옳지 않을 수도 있다. 그러나 국가법 질서의 형성에 대한 司法府의 役割만을 놓고 보면 영국과 미국은 상당히 유사하다. 주지하듯이 영국과 미국은 모두 보통법의 질서 아래에 있으며, 중요한 법적인 판단은 사법부의 판결로 행해진다. 이 점이 법이란 먼저 의회에서 국민의 대표자들이 입법행위를 통하여 결정하는 것이며 사법부는 단지 이를 논리조작을 통하여 해석할 뿐이라고 하는 대륙법계의 독일과 다른 점이다. 公益의 決定過程에서 보면, 독일의 경우에 공익은 우선 의회의 결정에 의하여 공익의 내용과 실현방법이 법의 목적조항을 통하여 혹은 법률의 구성요건 규정의 형식으로 결정되고, 이것이 법원의 재판을 통하여 구체화된다. 법원은 가치판단을 통하여 공익의 내용을 형성하기도 하고, 법률의 해석을 통하여 공익을 구체화하기도 하며, 공익의 내용간에 서로 모순 충돌할 때에는 이를 조정하는 역할을 한다. 그러나 영미에서는 기본적으로 국가가 주도적으로 공익의 내용을 결정한다는 관념이 없을 뿐만이 아니라 그 내용은 일반적으로 민사재판이라는 對審構造를 통하여 결정된다고 하는 형식을 취한다. 따라서 公益的인 성격을 가지는 이익이 재판을 통하여 구제되지 못하는 경우에는 일차적으로는 재판에서의 공격과 방어를 통하여 당사자의 권익을 인정하는 판결을 이끌어 내고, 이러한 판결의 내용이 이제까지의 법의 해석과 현저히 다른 경우 이것이 계기가 되어 제도의 개혁으로 나아간다.

그런데 영미의 公益概念과 독일의 그것을 서로 비교할 때 그 차이점만을 강조하다 보면 양자가 가지는 類似點 혹은 相關性을 간과할 수 있음을 주의해야 한다. 우선 독일이나 특히 미국에서 공익개념이 사회적이나 법적으로 크게 주목받았던 시기의 특수성에 대하여 주목하여야 한다. 이 시기는 대강 1960년대 말에서 1970년대 초에 이르는 후기 산업발전의 시대와 일치한다. 이 때에는 소위 獨占資本主義의 시대라 하여 산업이 유례 없이 발전함과 동시에 대기업이 그 세력을 크게 확장하는 때였다. 그 결과로 한편으로는 소비자의 권익구제에 대한 각성이 강하게 일어났고, 한편으로는 산림감소, 공기오염, 자원고갈, 오존 층 파괴 등의 環境汚染 防止의 필요성이 강조되었다. 이런 문제는 원칙적으로 개인이나 기업의 이윤추구만을 목적으로 활동하는 사적 시장경제 안에서는 해결할 수 없기 때문에 國家 介入의 必要性이 주장되고, 한편으로는 公益法運動 등의 방법이 강구되었다. 여기에다 미국은 원래 특수한 인종차별 문제를 가지고 있는 사회이며, 이 시기에 와서 진보적인 정당의 득세로 인하여 그 문제가 본격적으로 공론화되었을 따름이다. 성차별의 철폐에 대한 문제는 여성 노동활동 인구의 증가 및 개인자유의 발전과정에서 늘 대두되어 온 문제이기도 하다. 이렇게 보면 영미와 독일의 공익개념이나 공익법운동이라는 것은 사회 경제의 발전에 따라서 필연적으로 대두되거나 강조된 개념으로, 영미와 독일에서는 법제도의 차이에 의하여 그 주장된 형식만 다를 뿐이라고 말할 수도 있겠다.

2) 法哲學의 相異性에서 오는 問題

독일의 公益概念과 영미의 公益概念이 서로 다른 원인에는 앞의 사회나 역사 혹은 제도적인 차이와 더불어 법이념의 저변을 형성하는 哲學의 차이점이 가져다 주는 영향도 적지 않다고 본다. 우선 영미의 법철학은 전통적으로 롤스로 대변되는 社會契約說的인 분위기가 매우 강하다. 비록 롤스는 공익의 내용에 대해서 명시적인 언급을 하지 않지만,[32] 正義論으로 대표되는 그의 철학은 사회 내 효율과 형평을 극대화하려는 기본적인 원칙을 담고 있다고 보면 크게 틀리지 아니할 것이다. 롤스의 정의론은 현대 미국의 법사상에 대하여 시사하는 점이 많으므로 우선 그의 저술을 통하여 논의하고자 한다.

롤스의 정의론의 목적은 사회 내 정의의 조건을 구성하는 일이다. 그 배경이 되는 가치로서는 인간의 자유와 평등을 전제로 하고 있다. 그리고 이를 구성해 내는 방법으로 無知의 帳幕(a veil of ignorance)이라는 장치를 이용한다. 무지의 장막이란 아무도 사회 내에서의 자신의 위치를 알지 못하는 상황을 가리킨다. 즉 이 상황에서는 자신의 지력이나 능력 혹은 신체의 튼튼함이나 허약함에 대한 어떤 사실도 알지 못한다. 또한 善에 대한 감정이나 삶에 대한 합리적인 계획도 알지 못하며, 또한 자신이 속해 있는 사회의 특수성에 대해서도 알지 못하는 상태이다. 또한 그가 어떤 세대에 속하는지도 알지 못하는 상황에 있다. 그러나 한편으로는 사회는 정의의 상황에 의하여 좌우되며, 정치나 경제 혹은 인간 심리에 대한 일반적인 사항에 관해서는 이해하고 있어야 한다.[33]

그 다음에 요구되는 것은 인간은 합리적으로 행동한다는 것이다. 이 합리적인 인간은 자신의 이익을 최대화하기 위해서 힘쓰게 된다. 또한

---

32) 롤스의 정의론에서 공익은 public good 혹은 common interest라는 표현과 대응된다. 여기서 전자는 公共財라는 의미로서 사적 시장경제를 통하여 조달되지 못하는 재화나 서비스를 지칭하고, 후자는 平等한 共通利益이라는 의미로 쓰인다. 그러나 이 가운데 어느 것도 독일에서 법개념으로 쓰이는 öffentliches Interesse라는 말에 대응되는 것은 아니라고 볼 것이다. J. Rawls, *op. cit.*, p. 212, pp. 266-270.

33) *Ibid.*, p. 136 이하.

합리적이라는 것은 누구나 공통적인 好惡의 感情을 가지고 있다는 것을 의미한다.[34)]

이런 조건들 아래서 도달하는 정의의 원리에는 두 가지가 있다. 첫째, 각자는 다른 사람의 자유와 조화되는 범위 내에서 가장 광범한 기본적인 자유에 대한 평등한 권리를 가져야 한다는 것이며, 둘째, 사회 및 경제상의 불평등은, ① 모든 사람의 이익을 위한 것으로 합리적으로 기대되고, ② 모든 사람에게 개방되어 있는 직위 및 직책에 부수되는 것이어야 한다는 것이다.[35)]

롤스의 정의론에서 특징적인 점은 두 가지 정의의 원리 가운데서 自由의 優位가 확고하다는 것이다. 그 이유는 자유는 절대로 포기할 수 없는 가치일 뿐만이 아니라 사회의 문명수준이 높아질수록 물질에 대한 한계효용은 자유에 비하여 체감되기 때문이다. 자유야말로 경제활동을 가능하게 만드는 조건이기 때문이다. 따라서 극도로 예외적인 경우가 아니라면 경제적인 이유 때문에 자기가 가지는 기본적인 자유를 그 대가로 지불한다는 것은 생각할 수 없는 일이기도 하다.[36)] 또한 인간이 인간으로서 건전하게 활동할 수 있도록 하는 원천은 人間의 自己尊重(self-esteem)에 있는 것으로 이 자기존중이라는 것은 사회적인 소득에 좌우되는 측면보다는 사회적으로 인정된 권리와 평등에 좌우되는 측면이 더 강하다. 따라서 사회가 안정되게 발전하기 위해서는 자기존중의 정신을 가지는 시민들로 가득할 필요성이 있으며, 이를 위해서는 自由와 權利 및 平等이 필수적인 조건이 된다. 한편 만일 오직 물질적인 재화에 의하여 사람들에 대한 존중의 정도가 정해지는 구조를 가지게 된다면 사회 내 기본적인 재화는 한정되어 있으므로 사람들 간에는 이를 서로 차지하기 위한 큰 싸움이 일어날 것이다. 왜냐하면 내가 물

34) *Ibid.*, p. 142 이하.

35) *Ibid.*, p. 60.

36) *Ibid.*, p. 542.

질적인 부를 늘리는 일은 바로 남의 부가 그만큼 감소되는 결과가 되기 때문에 사람들은 서로 질시하고 반목하게 될 것이다. 따라서 사람을 자유와 권리에 의하여 평가하고 그 자유와 권리에 대한 접근가능성에 대하여 평등한 기회를 제공하는 일은 정의를 가능케 하는 조건으로 필수적인 일이 아닐 수 없다.[37)]

정의의 주된 내용을 자유와 평등으로 보는 미국의 사고에 비하여 독일의 정의관은 이와는 조금 다르게 나타난다. 독일의 법철학자 라드부르흐는 사회적 정의 혹은 사회복리적 정의에 대하여 목적이념과 연결시키고 있다. 이 目的理念은 윤리로부터 도출된다. 윤리적인 재화론에 의하면 그 주체의 본질에 따라서 세 가지의 가치 그룹으로 구분된다. 그 주체는 각각 個人的 人格, 全體的 人格, 그리고 文化作品이다. 그런데 이 세 가지의 가치 간에는 서로 우월성이 정해져 있지 아니하다. 이러한 가치들의 서열은 언제 어느 때나 획일적으로 정해지는 것은 아니며, 시간과 장소에 따라서 혹은 사람들의 가치관에 따라서 서로 다르게 나타날 수 있는 가능성이 충분히 있다. 따라서 개인의 이런 가치관에 대한 선택의 문제는 당위의 영역이라기보다는 의욕의 영역에 있다.[38)]

미국과 독일의 정의에 대한 태도는 각국의 司法制度上의 특징과 연결되어 公益概念이 서로 다르게 나타나는 결과를 낳고 있다. 이러한 다른 결과를 낳게 하는 근본적인 차이는 궁극적으로 정의에 대한 영미의 節次的인 思考와 독일의 實體的인 思考와 관련이 있다고 본다. 영미에서는 정의에 관한 가장 기본적인 틀, 즉 만인의 자유 및 평등과 같은 원칙을 정해 두고 이 원칙에 따라서 자유시장 안에서 자기의 이익을 위하여 열심히 노력하도록 한다. 그러나 독일에서는 인간이 누려야 하는 구체적인 권리의 목록을 미리 자세히 정하여 두고 이 목적에 도달될 수 있도록 노력한다. 이러한 과정에서 행정의 개입이 상대적으로 커지게

---

37) *Ibid.*, pp. 345-346.

38) Gustav Radbruch, *Vorschule der Rechtsphilosophie*, 1947, S. 26ff.

되는데, 이러한 경향은 앞에서 언급한 대로 독일은 '市民革命'을 거치지 아니하고 '위로부터의 改革'에 의하여 성공했다고 하는 역사 및 전통과 관련이 있는 것이다. 또한 독일 官僚社會의 특수성도 무시할 수 없다.

이러한 관점에서 볼 때 公益槪念의 구체적인 현상 형태 뒤에는 언어와 마찬가지로 그 배경과 맥락에 따른 일정한 의미가 있는 것을 확인할 수 있다. 이러한 공익개념을 해석하는 데는 그 문화 및 전통의 특징을 잘 이해해야 한다. 그렇지만 이런 배경과는 관계없이 영미와 독일의 公益槪念 혹은 公益法運動이 가지고 있는 의미상의 공통점을 잘 이해해야 할 것이다. 그 공통점이란 다름 아닌 공익개념의 활성화는 근대 산업사회에서 나타나는 소외와 권리침해의 현상들을 해결하기 위하여 등장하였다는 것, 이러한 문제는 전통적인 공익개념 혹은 사법제도로는 해결할 수 없는 한계를 극복하기 위해서 사용되었다는 것, 그리고 그 내용에 있어서는 실체적인 내용보다는 절차적인 과정이 강조되고 있다는 점 등이다.

참고문헌

1. 국내문헌

姜求哲, 『講義 行政法 I』, 1997.

具然昌, 『축조해설 環境保全法』, 1981.

權五乘, 「土地問題와 土地公槪念」, 大韓辯護士協會, 『人權과 正義』, 1989. 7.

權寧星, 『憲法學原論』, 2001.

金南辰, 「行政에 있어서의 公益」, 『行政法의 基本問題』, 1989.

______, 「行政作用法의 準用法原則」, 『考試硏究』 1987/10.

______, 『行政法 I, II』, 2001.

金道昶, 『一般行政法論(上)』, 1993.

______, 『一般行政法論(下)』, 1993.

金東熙, 「우리나라 行政法上의 不當槪念에 관한 考察」, 『考試硏究』 1987/3.

______, 『行政法 I, II』, 2002.

金文顯, 「우리 헌법상의 토지공개념」, 韓國土地開發公社, 『土地開發』 1989. 4.

金相容, 「土地公槪念과 그 실천」, 韓國土地開發公社, 『土地開發』 1989. 4.

______, 「土地去來許可 申告制에 관한 考察」, 『考試界』 1989/2.

金世烈, 「토지공개념의 당위성과 토지가치 증가세」, 韓國土地開發公社, 『土地開發』 1989. 3.
金伊烈, 「行政審判法의 問題點」, 『考試界』 1985/5.
金哲洙, 『憲法學新論』, 2001.
金鐵容, 「토지의 공개념에 관한 검토」, 『大韓辯護士協會會誌』 1978. 10.
______, 『行政法 I, II』, 2002.
______, 「法治國家原理와 國家賠償改革」, 『考試研究』 1981/11, 1982/2.
朴鈗炘, 『最新行政法講義 (上), (下)』, 2001.
卞在玉, 『行政法講義(上)』, 1994.
徐元宇, 「行政法에 있어서의 公益槪念」, 『行政學의 諸問題』(청계 박문옥 박사 화갑기념논문집), 1986.
______, 「社會國家原理와 公法理論의 새로운 傾向 — 이른바 '公槪念' 論議의 展開와 관련하여」, 『現代法學의 諸問題』(徐燉珏 博士 華甲記念論文集), 1981(『行政法研究 I』, 1986 所收).
______, 「現代法을 보는 視角」, 『考試界』 1989/1.
______, 「土地去來許可制의 違憲論是非」, 『考試界』 1989/10.
______, 『現代行政法論(上)』, 1995.
石琮顯, 『一般行政法(上)』, 1995.
安溶敎, 『韓國憲法』, 1989.
梁承斗 · 李東科 · 金榮三, 『英美公法論』, 1985.
吳錫洛, 「환경규제의 문제점과 개선방향」, 大韓辯護士協會, 『人權과 正義』, 1993. 9.
柳瑗奎, 「公益事業의 變換과 還買權의 行使」, 大韓辯護士協會, 『人權과 正義』, 1992. 9.
尹世昌, 『新憲法』, 1983.
李康爀, 「基本權과 公共利益」, 『考試研究』 1978/5.
李尙圭, 『新行政法論(上)』, 1997.
______, 「土地去來許可制의 憲法的 問題」, 『判例月報』 제245호.

李相敦, 「環境政策基本法에 대한 考察」, 韓國公法學會, 『公法硏究』 제 21집, 1993.

李春燮, 「土地去來許可制 違憲論 是非」, 大韓辯護士協會, 『人權과 正義』, 1989. 7.

李太載, 「토지소유권의 특성과 토지공개념」, 韓國土地開發公社, 『土地開發』 1989. 4.

曺圭昌, 「土地公槪念의 모호성」, 『月刊考試』 1985. 1.

______, 「사유재산제도의 위기」, 『月刊考試』 1989. 8.

崔松和, 「行政法學에 있어서 公·私法 區別論의 思想史的 檢討」, 『韓國公法의 理論』(牧村 金道昶 博士 古稀紀念論文集), 1995.

______, 「韓國行政法學 50年의 成果와 21세기적 課題」, 서울大學校, 『法學』 36권 2호, 1995.

______, 「行政法上 公益槪念의 展開와 意義」, 『現代憲法學理論』(李鳴九 교수 화갑기념논문집), 1996.

______, 「公益槪念의 法問題化」, 서울大學校, 『法學』 40권 2호, 1999. 8.

______, 「判例에 있어서의 公益」, 韓國行政判例硏究會, 『行政判例硏究 VI』, 2001.

______, 『法治行政과 公益』, 2002.

許 營, 「土地公槪念有感」, 『法律新聞』 1989. 5. 18.

______, 「土地去來許可制의 憲法上 問題點」, 『考試硏究』 1989/8.

______, 『韓國憲法論』, 2001.

______, 『憲法理論과 憲法(中)』, 1994.

許在榮, 「토지공개념의 확대도입방안」, 大韓辯護士協會, 『人權과 正義』, 1989. 7.

洪井善, 『行政法原論 (上), (下)』, 2001.

______, 「收用類似侵害補償」, 『月刊考試』 1992/2.

2. 일본문헌

佐佐木毅/金泰昌,『公共哲學』(전10권), 東京大學出版會, 2002.

1.『公と私の思想史』

2.『公と私の社會科學』

3.『日本における公と私』

4.『歐美における公と私』

5.『國家と人間の公共性』

6.『經濟からみた公私問題』

7.『中間集團が開く公共性』

8.『科學技術と公共性』

9.『地球環境と公共性』

10.『21世紀公共哲學の地坪』

安達和志,「行政法における公益保護の再檢討」,『行政法の諸問題(上)』(雄川一郎先生獻呈論集), 1990.

晴山一穗,「田中行政法學における公共の福祉概念」,『福島大學商學論集』55卷 4號, 1987.

渡邊宗太郎,「公益の本質」,『公法雜誌』1卷 1號, 1935, pp. 35-46.

日本法社會學會(編),『公共の福祉』, 1968.

室井力 外 3人,『現代國家の公共性分析』, 1990.

小林直樹,「現代公共性の考察」,『公法研究』第51號, 1989.

桶口陽一,「日本國憲法下の〈公〉と〈私〉 — 公共の過剩と不在」, 日本公法學會(編),『公法における公共性』(公法研究 第54號), 1992.

畑博行,「憲法における公と私」, 日本公法學會(編),『公法における公共性』(公法研究 第54號), 1992.

廣澤明,「教育における公共性」, 日本公法學會(編),『公法における公共性』(公法研究 第54號), 1992.

渡名喜庸安,「警察の公共性」, 日本公法學會(編),『公法における公共

性』(公法研究 第54號), 1992.

花田達朗,「〈放送の公共性〉から〈放送による公共圏〉へ」, 日本公法學會(編),『公法における公共性』(公法研究 第54號), 1992.

宮崎良夫,「行政法における公益」, 日本公法學會(編),『公法における公共性』(公法研究 第54號), 1992.

原野翹,「行政の公共性と現代行政法の理論」, 日本公法學會(編),『公法における公共性』(公法研究 第54號), 1992.

山下淳,「土地法における公共性」, 日本公法學會(編),『公法における公共性』(公法研究 第54號), 1992.

見上崇洋,「交通法における法的規制の特質 — 公法における公共性」, 日本公法學會(編),『公法における公共性』(公法研究 第54號), 1992.

北村喜宣,「環境法における公共性」, 日本公法學會(編),『公法における公共性』(公法研究 第54號), 1992.

福家俊朗,「財政の公共性と法 — 財務行政の法的存在理由」, 日本公法學會(編),『公法における公共性』(公法研究 第54號), 1992.

亘理格,『公益と行政裁量』, 弘文堂, 2002.

3. 독일문헌

Achterberg, N., "Strukturen der Geschichte des Verwaltungsrechts und der Verwaltungsrechtswissenschaft", *DÖV* 1979.

Arnim, v. Hans Herbert, *Gemeinwohl und Gruppeninteressen*, 1977.

Baruzzi, A., Freiheit, *Recht und Gemeinwohl*, 1990.

Bredt, *Die Zonenenteignung und ihre Zulässigkeit in Preußen, Zugleich ein Betrag zur Lehre vom öffentlichen Interesse*, Leipzig, 1909.

Breuer, Rüdiger, "Umweltschutz und Gemeinwohl in der Rechtsordnung, dargestellt am Beispiel des Wasserrechts", in: *Bitburger Gespräche*, Jahrbuch 1983, München 1983, S. 65-84.

Brugger, “Konkretisierung des Rechts und Auslegung des Rechts”, *AöR* 119, 1994, S. 1-34.

Brunner, O. (Hrsg.), *Geschichtliche Grundbegriffe*, Bd. 4., 1978.

Bullinger, M., *Öffentliches Recht und Privatrecht*, 1968.

Dürig, Günter, *Die konstanten Voraussetzungen des Begriffs “Öffentliches Interesse”*, Diss. München, 1949.

_____, ““Bedürfnis” und “öffentliches Interesse” als Rechtsbegriffe”, *JZ* 1953, S. 535-537.

Erichsen, Hans-Uwe, *Allgemeines Verwaltungsrecht*, 10. Aufl., 1995.

Fach, “Begriff und Logik des öffentlichen Interesses”, *ARSP* 1974, S. 231-264.

Feindt, “Zur Gemeinwohlbindung des öffentlichen Dienstes”, *DÖD* 1975, 97ff.

Fleiner, Fritz, *Einzelrecht und öffentliches Interesse aus: Festgabe für P. Laband*, 1908, 2. Bd., 2. Abdruck, 1925.

Forsthoff, E., “Begriff und Wesen des sozialen Rechtsstaates”, *VVDStRL* 12, 1954, 8ff.

_____, *Deutsche Verfassungsgeschichte der Neuzeit*, 4. Aufl., Kohlhammer Studienbücher, 1961.

_____, *Die Verfassungsprobleme des Sozialstaates*, 1954.

_____, *Lehrbuch des Verwaltungsrechts*, Band 1. Allgemeiner Teil, 10. Aufl., 1973.

Frenzel, Michael, *Das öffentliche Interesse als Voraussetzung der Enteignung*, Berlin 1978.

Friauf, Karl Heinrich, “Polizei- und Ordnungsrecht”, in Ingo von Münch/ Eberhard Schmidt-Aßmann(Hrsg.), *Besonderes Verwaltungsrecht*, 9 Aufl., 1992, 121ff.

Häberle, Peter, ““Fiskalische” Interessen als “öffentliche” Interessen i.S. des § 80 Abs. 2 Nr. 4 VwGO”, *DVBl.* 1967, S. 220-225.

_____, “Besprechungen — Das Gemeinwohl als Schrankenschranke”, *AöR*

95, 1970, 86-125, 260-298.

______, "Gemeinwohljudikatur und Bundesverfassungsgericht — Öffentliches Interessen, Wohl der Allgemeinheit in der Rechtssprechung des BVerfG", *AöR* 95, 1970 Heft 2, 86-125, 260-298.

______, *Öffentliches Interesse als juristisches Problem*, 1970.

______, "Die Gemeinwohlproblematik in rechtswissenschaftlicher Sicht", *Rechtstheorie* 14, 1983, S. 257-284.

Habermas, *Jürgen, Strukturwandel der Öffentlichkeit*, 5. Aufl., 1971.

Haller, Carl Ludwig von, "Der Begriff und die rechtliche Stellung des Interesse im Verwaltungsrecht", *Württembergische Zeitschrift für Rechtflege und Verwaltung*, Heft 3, 1927.

Heß, Klaus-Günther, *Der Bergriff "Allgemeines Wohl" in der neueren Gesetzgebung*, Diss. Kiel 1937.

Hölscher, L., "Öffentlichkeit", in: O. Brunner/W. Conze/R. Koselleck (Hrsg.), *Geschichtliche Grundbegriffe*, Band 4, 1978.

Huber, E. R., *Deutsche Verfassungsgeschichte*, Band I, 1960.

Iro, Stephan Philipp, *Öffentliche Interessen bei den Genehmigungen von Stromezeugungsanlagen*, Baden-Baden 1997.

Isensee, Josef, "Gemeinwohl und Staatsaufgaben im Verfassungsstaat", in: Josef Isensee/Paul Kirchhof(Hrsg.), *Handbuch des Staatsrechts*(HdbStR), Bd. III, Heidelberg 1988, §57.

Jellinek, Walter, *Verwaltungsrecht*, 3. Aufl., Neudruck, 1966, S. 1ff.

Kissling, Christian, *Gemeinwohl und Gerechtigkeit*, 1993.

Klein, Hans Hugo, "Zum Begriff der öffentlichen Aufgabe", *DÖV* 1965, S. 755-759.

Klein, Walter, *Zum Begriff des öffentlichen Interesses*, Diss. Münster, 1969.

Knemeyer, F. L., "Der Schutz der Allgemeinheit und der Individuellen durch die polizei- und ordnungsrechtlichen Handlungsvollmachten der

Exekutive", *VVDStRL* 35, 1977, 233ff.

Koch, Harald, *Prozeßführung im öffentlichen Interesse*, Frankfurt am Main 1983.

Krawietz, "Unbestimmter Rechtsbegriff, Öffentliches Interesse und gesetzliche Gemeinwohlklausel als Entscheidungsproblem", *Staat* 1972, 349ff.

Krüger, Erwin, *Die Lehre vom "öffentlichen Interesse" in der Verwaltungsrechtswissenschaft*, 1932.

Külz, Helmut R., "Das "Wohl der Allgemeinheit" im Wasserhaushaltsgesetz", in: *Beiträge zum Recht der Wasserwirtschaft und zum Energierecht, Fs. zum 70. Geburtstag von Paul Gieseke*, Karlsruhe 1958, S. 187-224.

Laband, P., *Das Staatsrecht des Deutschen Reiches*, Band. 1, 5. Aufl., 1911.

Läufer, Thomas, ""Gemeinwohl" und "Öffentliches Interesse" — Summarische Wertsetzung oder unverzichtbare Rechtsprechungshilfe?", JuS 1975 Heft 11, S. 689-694.

Larenz, Karl, *Methodenlehre der Rechtswissenschaft*, 6. Aufl., Berlin/Heidelberg u.a. 1991.

Layer, Max, *Prinzipien des Enteignungsrechts, Staats- und völkerrechtliche Abhandlungen*, Band III, Leipzig, 1902.

Leisner, Walter, "Privatinteressen als öffentliches Interesse", *DÖV* 1970, S. 217-223.

Leuthold, C. E., *Öffentliches Interesse und öffentliche Klage im Verwaltungsrecht, Hirths Annalen des Deutschen Reichs* 1884, S. 321ff.

Link und Ress, "Staatszwecke im Verfassungsstaat", *VVDStRL* 48, 1990, S. 7-55.

Maier, H., *Die ältere deutsche Staats- und Verwaltungslehre*, 2. Aufl., München 1980.

Martens, Wolfgang, *Öffentlich als Rechtsbegriff*, 1969.

Maurer, Hartmut, *Allgemeines Verwaltungsrecht*, 12. Aufl., 1999.

Mayer, Otto, *Deutsches Verwaltungsrecht*, Band 1, 2, 3. Aufl., 1924(Nachdruck 1969).

Merkl, A., "Staatszweck und öffentliches Interesse", in *Verw. Archiv*, Jg, 1919, S. 211ff.

Meyer-Hesemann, Wolfgang, *Methodenwandel in der Verwaltungswissenschaft*, 1981.

Mohl, Robert v., *Das Staatsrecht des Königreiches Württemberg*, Band 1., 1. Aufl., 1829.

______, *Die Polizeiwissenschaft nach den Grundsätzen des Rechtsstaates*, 3 Bände, 3. Aufl., 1866.

Nelson, *Theorie des wahren Interesses*, 2. Aufl., 1936.

Neumann, Fr. J., *Das öffentliche Interesse mit Bezug auf Gebühren- und Steuerwesen, die Expropriation und die Scheidung von Privat- und öffentlichem Recht, Hirths Annalen des Deutschen Reichs* 1886, S. 357ff.

Orth/Fisch, "Interesse", in: Brunner/Conze/Kosellek(Hrsg.), *Geschichtliche Grundbegriffe III*, 1982, S. 305ff.

Ossenbühl, Fritz, *Umweltschutz und Gemeinwohl in der Rechtsordnung, Verwaltungsrundschau(VR)*, 1983, 301-308.

Pestalozza, Christian, "Öffentliche und staatliche Aufgaben", in: Fs. f. Hans Carl Nipperdey, Hrsg. v. Rolf Dietz, Heinz Hübner, Bd. II, München/Berlin 1965, S. 877-895.

Pitschas, Rainer, *Verwaltungsverantwortung und Verwaltungsverfahren*, 1990.

Radbruch, Gustav, *Vorschule der Rechtsphilosophie*, 1947.

Ruyter, Axel, *Die "Dynamisierung" des Gemeinwohlbegriffs* in S. 4 Abs. 2 EnWG, Frankfurt am Main/Berlin u.a., 1994.

Ryffel, u.a., *Wohl der Allgemeinheit und öffentliches Interesse*, Speyerer Schr. 39, 1968.

Sarwey, O.v., *Das öffentliche Recht und die Verwaltungsrechtspflege*, 1880.

Scheuner, U., "Pressfreiheit", *VVDStRL* 22, 1964, 1ff.

Schmidt, Walter, "Bürgerinitiativen - politische Willensbildung — Staatsgewalt", *JZ* 1978, 295ff.

_____, "Organisierte Einwirkungen auf die Verwaltung — Zur Lage der zweiten Gewalt", *VVDStRL* 33, 1975, 183-220.

_____, "Die Verwaltungsgerichtsbarkeit an den Grenzen des Verwaltungsrechtsschutzes", *NJW* 1978, 1769-1776.

Schmidt-Aßmann, Eberhard, "Zur Reform des Allgemeinen Verwaltungsrechts — Reformbedarf und Reformansätze", in: Wolfgang Hoffmann-Riem/Eberhard Schmidt-Aßmann/Gunnar Folke Schuppert (Hrsg.), *Reform des Allgemeinen Verwaltungsrechts*, 1993, S. 11-63.

_____, "Verwaltungslegitimation als Rechtsbegriff", *AöR* 116, 1991, 329-390.

Schürmann, Frank, *Öffentlichkeitsarbeit der Bundesregierung*, Berlin 1992.

Schulte, Hans, *Eigentum und öffentliches Interesse*, Berlin 1970.

Smend, Rudolf, "Zum Problem des Öffentlichen und der Öffentlichkeit", in: *Forschungen und Berichte aus dem Öffentlichen Rechts, Gedächtnisschrift für Walter Jellinek*, Hrsg. v. Otto Bachof, Martin Drath, Otto Gönnewein, Ernst Walz, München 1955, S. 11-20.

Stahl, Friedrich Julius, *Philosophie des Rechts*, I 3. Aufl., 1856, II 1 Bd. 3. Aufl., 1854.

Steiger, "Zur Entscheidung kollidierender öffentlicher Interessen bei der politischen Planung als rechtlichem Problem", in: *FS Wolff*, 1973, 385ff.

Stein, Lorenz, v., *Verwaltungslehre*, 8 Teile, 1866-1884.

Stettner, Rupert, "Gemeinwohl und Minimalkonsens", *Aus Politik und Zeitgeschichte* 28, 1978.

_____, "Öffentliches Interesse als juristisches Problem", *VerwArch* 65, 1974.

Stober, Rolf, *Allgemeines Wirtschaftverwaltungsrecht*, 12. Aufl., 2000.

_____, *Besonderes Wirtschaftverwaltungsrecht*, 12. Aufl., 2001.

Stolleis, Michael, *Gemeinwohlformeln im nationalsozialistischen Recht*, Berlin 1974.

_____, "Öffentliches Interesse als juristisches Problem", *VerwArch* 65, 1974, S. 1-30.

Stöcker, Birgit, *Die Gemeinwohltheorie Robert von Mohls als ein früher Ansatz des sozialen Rechtsstaatsprinzips*, 1992.

Streißler, Erich, "Zur Anwendbarkeit von Gemeinwohlvorstellungen in richterlichen Entscheidungen", in: *Zur Einheit der Rechts- und Staatswissenschaften*, Karlsruhe 1967, S. 1-47.

Tegethoff, Wilm, "Zum Begriff des "Gemeinwohls" in § 4 Energiewirtschaftsgesetz", in: *Europarecht, Energierecht, Wirtschaftsrechts*, Fs. f. Bodo Börner zum 70. Geburtstag, Hrsg. v. Jürgen F. Baur, Peter-Christian Müller-Graff, Manfred Zuleeg, Köln/Berlin/Bonn/München 1992, S. 607-623.

Thiere, Karl, *Die Wahrung überindividueller Interessen im Zivilprozeß*, 1980.

Uerpmann, Robert, *Das öffentliche Interesse*, 1999.

Ule, Carl Hermann, "Allgemeines Wohl und öffentliche Interessen in der Rechtsprechung der Verfassungs- und Verwaltungsgerichte", in: *Wohl der Allgemeinheit und öffentliche Interessen*, Berlin 1968, S. 125-148.

Ule, C. H., Laubinger, H. W., *Verwaltungsverfahrensrecht*, 4. Aufl., 1995.

Weber, Max, *Wirtschaft und Gesellschaft, Grundriss der verstehenden Soziologie* 2. Halbband, 1956.

Weustenfeld, Wilfried, *Die Bedeutung des "Gemeinwohls" im Rechts- und Staatsdenken der Gegenwart*, Diss. Münster 1962.

Wolff, Hans J., *Organschaft und Juristische Person*, Band 1: Juristische Person und Staatsperson, 1933.

______, *Verwaltungsrecht*, Bd. I, 1956, 7. Aufl., 1968.

Wolff, H. J./Bachof, O./Stober, R., *Verwaltungsrecht* I, 10. Aufl., 1994.

______, *Verwaltungsrecht* I, 11. Aufl., 1999.

______, *Verwaltungsrecht* II, 5. Aufl., 1987.

v. Zezschwitz, Friedrich, *Das Gemeinwohl als Rechtsbegriff*, Diss. Marburg 1967.

4. 영 · 미문헌

Bell, John, "Public Interest: Policy or Principle?", in: *Law and the Public Interest, ARSP Beitheft 55*, 1993.

Breyer, Stephen G./Stewart, Richard B., *Administrative Law and Regulatory Policy*, 2nd ed., 1985.

Breyer, Stephen G./Stewart, Richard B./Sunstein, Cass R./Spitzer, Matthew L., Administrative Law and Regulatory Policy, 5th ed., 2002.

Brownsword, Roger, ed., "Law and the Public Interest", *ARSP Beiheft 55*, 1993.

Chayes, Abram, "The Role of the Judge in Public Law Litigation", *59 Harvard Law Review 1281*, 1976.

Cooper, Jeremy/Dhavan, Rajeev, *Public Interest Law*, 1986.

Cotterrell, Roger, *The Sociology of Law: An Introduction*, 1984.

Denvir, J., *Toward a Political Theory of Public Interest Litigation*, 54 N.C.L. Rev. 1133, 1976.

Dicey, A. V., *Introduction to the Law of the Constitution*, 1915.

Dooyeweerd, Herman, *Roots of Western Culture*, 1979.

Downs, Anthony, "The Public Interest: Its Meaning in a Democracy", *29 Social Research*, 1962, pp. 1.

Dworkin, Ronald M., "Is Wealth Value?", *9 Journal of Legal Studies 191*, 1980.

______, "Is Wealth Value?", in: Ogus and Veljanovski ed., Readings in the

Economics of Law and Regulation, 1984, pp. 46.

Flathman, Richard E., *The Public Interest: An Essay Concerning the Normative Discourse of Politics*, 1966.

Friedrich, Carl J., ed., Nomos V: *The Public Interest*, 1962, pp. 107-114.

Garland, M. B., "Deregulation and Judicial Review", *98 Havard Law Review 505*, 1985.

Griffith, Ernest S., "The Ethical Foundations of the Public Interest", in C. J. Friedrich ed., *The Public Interest Nomos V*(1962), pp. 15.

Gunter, Gerald, *Individual Rights in Constitutional Law*, 4th ed., University Casebook Series, 1985.

Handler, J. F./Ginsburg, B./Snow, A., "The Public Interest Law Industry", in: Burton A. Weisbrod/Joel F. Handler/Neil K. Komesar, *Public Interest Law*, 1978, pp. 42-79.

Held, Virginia, *The Public Interest and Individual Interest*, 1960.

Holm, Gehard, *In Defense of the Public Interest, Social Research XXVII*, 1960, pp. 301.

Homburger, A., "Private Suit in the Public Interest on the U.S.A.", *23 Buffalo L. Rev. 343*, 1974.

Lampman, Robert J., "Recent Thought on Egalitarianism", *Quarterly Journal of Economics*, LXXI, May, 1957, pp. 234-266.

Marks, F. Raymond/Leswing, Kirk/Fortinsky, Barbara A., *The Lawyer, The Public and Professional Responsibility*, 1972.

Meyerson, Martin/Banfield, Edward C., *Politics, Planning and the Public Interest*, 1955.

Milne, A. J. M., *The Public Interest, Political Controversy, and the Judges in: Law and the Public Interest*(ARSP Beiheft 55), 1993.

Phelps, Edmund S., ed., *Economic Justice*, Harmondsworth, Middlesex, England: Penguin Books Ltd., 1973.

Posner, Richard A., *Economic Analysis of Law*, 4. ed., 1992.

Rawls, John, *A Theory of Justice*, 1971.

Robin, "Lawyers for Social Change: Perspectives on Public Interest Law", *28 Stan. L. Rev. 207*, 1976.

Rose-Ackerman, Susan, "Progressive Law and Economics — And the New Administrative Law", *98 Yale Law Journal 341*, 1988.

Schubert, Glendon, *The Public Interest*, 1960.

Sheldon, "Public Interest Law: A Step Toward Social Balance", *Ariz L. Rev. 13*, 1971.

Stewart, Richard B., "The Reformation of American Administrative Law", *88 Harvard Law Review 1667*, 1975.

Sunstein, Cass R., "Deregulation and Hard Look Doctrine", *1983 Supreme Court Review 177*, 1984.

Weisbrod, Burton A., "Conceptual Perspective on the Public Interest", Burton A. Weisbrod ed., *Public Interest Law*, 1978, pp. 4-29.

Wilson, J. Q., *The Politics of Regulation*, 1980.

찾아보기

ㅇ

ㅈ

ㅊ

崔松和

1941년 6월 27일 출생
서울대학교 법과대학 및 동 대학원
미국 하버드 옌칭연구소 객원교수, 동 법과대학 객원교수
대구대학교 대학원 명예법학박사
서울대학교 부총장 · 총장직무대리
영남대학교 법학전문대학원 석좌교수
한국공법학회 회장
한국행정법학회 회장
한국행정판례연구회 회장
동아시아행정법학회 이사장
인문사회연구회 이사장
경제인문사회연구회 이사장
대법원공직자윤리위원회 위원장
헌법재판소공직자윤리위원회 위원
중앙토지수용위원회 위원
총무처 정보공개법 제정위원회 위원장
총무처 행정절차법 제정위원회 위원
법무부 행정소송법 개정위원회 위원
대법원 행정소송법 개정위원회 위원
법무부 행정소송법 개정위원회 위원장
대법원 사법정책연구원 원장 등 역임

현 서울대학교 법과대학/법학전문대학원 명예교수

公益論

公法的 探究

펴낸곳 서울대학교출판문화원
펴낸이 성낙인
지은이 최송화

초판 1쇄 발행 2002년 8월 30일
초판 5쇄 발행 2016년 8월 5일

출판등록 제15-3호
주소 (08826) 서울특별시 관악구 관악로 1
대표전화 02-880-5252 팩스 02-888-4148
마케팅팀(주문상담) 02-889-4424, 02-880-7995
이메일 snubook@snu.ac.kr
홈페이지 www.snupress.com

ISBN 978-89-521-1550-8 93360

2004년 대한민국학술원 우수학술도서